BIGVOCA

BIGVOCA

신영준 지음

머리말

1. 영어 정복의 꿈

"도대체 얼마나 공부를 해야 영어를 잘할까?"

이 물음에 대한 답을 알고 싶었다. 주변의 영어를 잘하는 사람들에게 물어봐도 시원한 답변은 돌아오지 않았다. 외국 생활을 6년이나 했다. 전공분야의 영어는 그다지 문제없이 읽을 수 있었지만 전공서적이 아닌 원서는 읽기가 너무 어려웠다. 또 외신을 접해도 쉽게 이해할 수 없었다.

"도대체 뭐가 문제일까?"

곰곰이 생각해보니 답은 간단했다. 다른 것은 둘째치고 단어의 뜻을 모르면 해석이 절대로 불가능했다. 그럼 얼마나 많은 단어를 알아야 한단 말인가? 조사를 해보니 영어를 모국어로 쓰는 사람들은 대략 3~5만 개 사이의 어휘를 안다고 한다. 그럼 얼마나 많은 단어를 알아야 불편함 없이 영어로 의사소통이 가능한지 궁금해졌다.

2. 우리는 얼마나 많은 단어를 알아야 하는가?

단어의 사용 빈도는 거듭제곱의 법칙(멱법칙)을 따른다는 것은 잘 알려진 사실이다. 거듭제곱의 법칙을 간단히 설명하자면 큰 사건이 일어날 확률은 낮고 일상적인 사건이 일어날 확률은 높다는 법칙이다. 더 구체적인 비유를 들자면 큰 지진이 일어날 확률은 매우 낮고 우리가 느끼지 못하는 작은 강도의 지진은 아주 자주 발생한다는 것이다. 그래도 혹시 이해가 안 된다면 우리가 자주 들어본 파레토의 법칙(인구 20%가 80%의 부를 가진다.)을 생각하면 된다. 자주 사용되는 20%의 단어가 총 단어 사용량의 80%를 차지하는 것이다. 원어민이 평균 4만 개의 단어를 알고 있다는 것을 고려하면 우리는 그것의 20%, 즉 8000개의 단어를 알면 영어를 외국어로 쓰는 입장에서 충분히 많이 아는 것이라고 통계적으로 결론을 내릴 수 있다.

3. BIGVOCA의 탄생

나에게는 그 마법의 영어 8000단어가 너무나도 절실히 필요했다. 그래서 조사를 시작했다. 역시 '구글신'은 모든 것을 알고 있었다. 검색을 해보니 온라인상에서 영어 단어 뭉치들을 찾는 것은 그렇게 어려운 일이 아니었다. 그중에서도 가장 큰 뭉치는 모든 책을 전자화하는 구텐베르크 프로젝트에서 추출된 단어 뭉치였다. 2만 4천 권의 책에서 추려진 단어의 모수는 약 8억 개였다. 구텐베르크 프로젝트의 책들은 저작권이 만료된 고전이 많아서 단어 뭉치 안에는 고어가 많았다. 그래서 단점을 보강하기 위해 TV 대본(script)과 다양한 자료에서 만들어진 단어 뭉치들과 합쳐서 단어 모집단을 11억 개로 늘렸다.

4. BIGVOCA의 완성

11억 개 단어 모집단에서 우선순위 2만 단어를 추려냈다. 고어를 빼고 이름과 지명 같은 고유명사도 다 제거했다. 그 작업만 꼬박 1년이 걸렸다. 2만 개를 추려도 추가 작업이 남아 있었다. 빅데이터는 말 그대로 데이터일 뿐이다. 그 결과에 대한 판단은 우리가 해야 한다. 2만 개의 단어 안에는 예를 들어 take라고 하면 takes, taking, taken, took가 모두 포함되어 있었다. 그래서 관련 단어들은 묶어주고 불필요한 것은 제거하는 작업을 진행했다. 그러면서 표제어를 알면 직관적 추론이 가능한 관련 어휘들은 전부 표제어와 함께 묶었다. 그렇게 작업을 하니 우리가 외워야 할 표제어는 8천 개로 줄어들었다. 행복했다.

5. BIGVOCA가 진리인 이유

우선순위를 검증하는 작업은 구글의 Ngram Viewer를 통해 이뤄졌다. 구글 Ngram Viewer로 검색할 수 있는 책은 700만 권이다. 실로 어마어마한 데이터라고 말할 수 있다. 8000개로 추려진 단어를 일일이 Ngram viewer에 검색해서 2008년(검색이 가능한 가장 최근 연도) 기준으로 그 우선순위를 검증했다. 결과는 그래프(1)에서 보면 알 수 있듯이 거듭제곱의 법칙을 놀라울 정도로 아주 잘 충족시켰다. 최종 우선순위는 2008년 기준으로 거듭제곱 법칙을 충족시키지 못하는 단어를 제거하는 보정 작업을 통해서 그래프(2)에서 보이는 것처럼 완벽하게 구성되었다.

Ngram viewer를 이용하면 정확히 단어가 몇 년도에 몇 퍼센트 쓰였는지까지 알 수 있다. 8000개의 표제어가 700만 권에서 쓰인 총 빈도는 45%였다. 어? 생각보다 적은 것이 아닌가? 그렇지 않다. 우선 고유

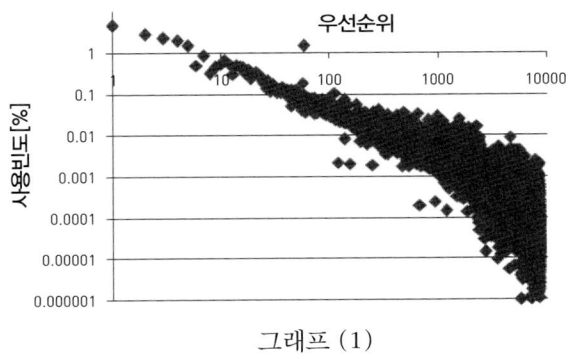

그래프 (1)

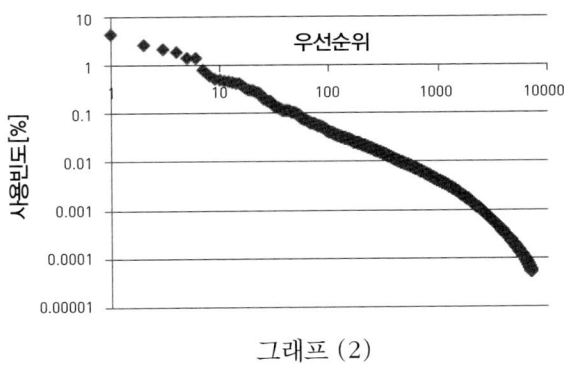

그래프 (2)

명사를 우선순위에서 제거했기 때문에 상당수의 빈도가 빠진다. 예를 들어 China는 원래 우선순위를 적용했으면 800위 정도에 들어가는 아주 중요한 단어이다. 또 다른 예로 take 같은 경우는 동사원형을 제외하고 현재분사, 과거분사 같은 경우는 다 관련 어휘로 표제어 8000개에서 빠졌기 때문에 이런 데이터를 모두 합하면 실제로는 90%가 넘는다(앞에서 우리가 언급했던 파레토의 법칙에 완벽하게 부합하는 수치이다.). 표제어와 부록에 실린 관련 어휘를 다 알게 되면 700만 권을 기준으로 했을 때 90%의 사용 빈도에 해당하는 단어는 다 알게 된다. 3억 개의 표본을 대상으로 조사하여 우선순위 3000단어를 발표한 A New General Service List에 따르면 7000개 정도의 어휘를 알면 95% 이상의 사용 빈도에 해당하는 단어를 아는 것이라고 한다.

앞에서 언급한 것처럼 BIGVOCA의 우선순위는 시대를 반영했다. 예를 들어 interact라는 단어는 과거에 많이 사용되지 않았기 때문에 그 어떤 사전에서도 흔히 우선순위 범주로 여겨지는 별표시가 없다. 하지만 1940년대와 2000년의 interact의 사용 빈도를 비교하면 20배가 늘어난 것을 확인할 수 있다. 웬만한 중요도 별 두 개짜리 단어들보다 interact가 빈번하게 사용되고 있는 것이다. 이런 식으로 시대를 반영했기 때문에 BIGVOCA로 공부하면 평소 학업이나 업무에서 공부한 단어가 실제로 나올 확률이 극도로 높아진다. 시험의 지문들은 여러 문헌에서 일부 발췌한 것이기 때문에 시험을 잘 볼 확률 또한 당연히 높아진다.

6. BIGVOCA의 신뢰도 검증

단어장에 실린 단어가 얼마나 포괄적으로 적용될 수 있는지 CNN 머리기사 제목 모음과 수능 영어 부분을 가지고 신뢰도 검증을 진행하였다. 뉴스 제목은 단어를 모르면 그 뜻을 절대 알 수가 없다. 제목의 단어 하나하나가 정말 중요하기 때문에 평가 대상으로 아주 적절했다. 50일 정도 CNN 홈페이지에 뜨는 다양한 주제의 머리기사 제목으로 단어장의 포괄범위를 평가한 결과 뉴스 제목에 쓰인 단어의 98%가 평균적으로 단어장에 포함되는 것으로 확인되었다. 최근 5개년 수능을 평가했을 때 99%의 단어가 단어장 표제어와 관련 어휘에 포함되는 것이 판명되었다(단어장 서두에 언급한 접두사와 접미사를 적용했을 때 100% 직관적 추론이 가능한 단어는 포함된다고 평가하였다.). 일본 수능의 영어 파트를 테스트하여도 BIGVOCA 우선순위 단어에 모든 출제 어휘가 100% 포함되었다(일본 수능 영어의 난이도는 우리나라보다는 많이 낮다.). 또 대중이 얼마나 단어를 알고 있는지 페이스북을 통해 총 2000여 명을 대상으로 조사하였다. 우선순위 2000번을 넘어가면 설문 퀴즈 정답률이 60% 이하로 떨어지고 4000번만 넘어가도 40% 이하로 떨어지는 것을 볼 수 있었다. 대부분의 일반인이 독해에 꼭 필요한 어휘를 모르고 있다는 사실이 확인된 것이다. 마지막으로 실제 CNN에서 표제어가 얼마나 많은 기사에서 쓰였는지 검증을 해보았다. 그래프(3)에서 확인할 수 있듯이 BIGVOCA 단어 우선순위와 실제로 단어가 포함된 기사 개수의 관계는 거듭제곱의 법칙에 아주 잘 부합되었다. 우선순위가 높을수록 많은 기사에서 빈번하게 사용되었다는 것이다.

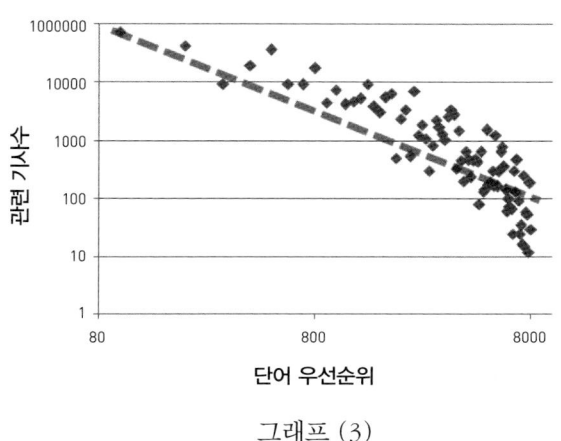

그래프 (3)

7. BIGVOCA의 작업을 마치며...

모든 결과를 떠나서 나 자신이 최종 결과물을 통해 왜 영어를 못하는지 알게 되었다. 그래도 외국에서 공부하고 생활한 덕분에 전반부의 단어 4000개는 80% 이상을 알고 있었다. 하지만 후반부의 단어 4000개는 30%만 알고 있었다. 그렇기에 전공과 관련되지 않은 글들은 도저히 읽을 수 없었던 것이다. 모국어가 영어가 아닌 이상 영어를 배울 때 단어를 의도적으로 암기하지 않고 영어를 잘할 수 있는 방법은 없다. 8000개는 생각보다 그렇게 많은 숫자는 아니다. 또 무작정 외울 것이 아니라 우선 단어장의 core 편에 있는 4000개의 단어만 순서대로 확실히 외워도 영어 실력은 엄청나게 향상될 것이다. 지금 대한민국의 영어 교육은 대부분 회화 위주로 구성되어 있다. 물론 잘 말하고 듣는 것은 매우 중요하다. 하지만 공부나 업무를 하려면 읽고 쓰기가 우선적으로 되어야 한다. 잘 읽고 잘 쓰려면 가장 필요한 조건은 적절한 어휘를 아는 것이다.

그렇게 2년이 넘는 작업이 드디어 끝났다. 다니던 회사까지 그만두고 작업을 했다. 참으로 긴 시간이었고 정말 열심히 만들었다. 많은 분께 도움이 되었으면 좋겠다. 대한민국 사람 모두가 단어를 암기한다고 해도 영어를 원어민처럼 유창하게 하지는 못하겠지만 어떤 지문을 봐도 어느 정도 내용을 추론할 수 있고, 또 자기 분야의 업무를 정확한 단어로 표현할 수 있도록 돕는 것이 내 꿈이다. 꿈을 이루기 위해 나는 단어장 출간에서 작업을 끝내지는 않을 것이다. 팟캐스트에 모두가 무료로 들을 수 있도록 모든 표제어의 예문을 올릴 것이며, 다양한 프로젝트들을 통해서 많은 분이 포기하지 않고 영어 단어를 외울 수 있도록 꾸준히 활동할 것이다. 그렇게 열심히 노력해서 '콩글리시'가 말도 안 되는 영어를 뜻하는 것이 아니라 한국의 고유 악센트와 문화를 담고 있는 진짜 영어가 되도록 만들고 싶다.

마지막으로 감사의 말을 전하고 싶다. 영어 전문가가 아니다 보니 정말 많은 분이 도와주셨다. 우선 감수를 해주신 황예슬 선생님, 김필립 선생님, 황지환 선생님께 진심으로 감사의 말씀을 드리고 싶다. 또 우선순위 확인과 예문 작성에 도움을 준 Bruce, James에게도 감사를 드린다. 작업 관련 모든 프로그래밍을 도와준 나의 오랜 절친 태웅이에게도 정말 고맙다는 말을 전하고 싶다. 출판 전반에 관련하여 조언과 지지를 해주신 고영성 작가님에게도 진심으로 감사의 인사를 드린다. 또 2년 동안 나에게 무한한 사랑과 지지를 주신 사랑하는 페친/팔로워 여러분께도 진심으로 고맙다는 말씀을 드리고 싶다. 마지막으로 남편의 무모해 보이는 사직까지 허락해준 최고의 아내 추현경 여사와 새벽에 작업할 때 귀여운 잠꼬대로 아빠에게 미소를 준 신채아 아기에게 정말 고맙고 사랑한다고 전하고 싶다.

저자 신영준

사용 설명서 (User Guide)

1 단어를 본격적으로 외우기 전에 다음 장에 나오는 필수 접두사/접미사를 외워야 합니다. 필수 접두사/접미사를 알고 있으면 아주 많은 단어의 뜻을 쉽게 유추할 수 있습니다. 반드시 외우고 단어 암기를 시작해야 합니다.

2 우선 단어를 순서대로 외우는 것이 중요합니다. 철저하게 빅데이터를 바탕으로 우선순위에 근거하여 만들어진 단어장이기 때문에 순서대로 외우는 것이 가장 효율적인 방법입니다.

3 1~300 사이에는 대명사나 전치사 같은 문법을 위한 단어들이 많이 있습니다. 그런 단어들은 무리해서 외우려고 하지 마시고 이런 단어가 있다는 것만 알고 넘어가시면 됩니다. 이런 단어들은 매우 빈번하게 모든 문장에서 계속 나오기 때문에 많이 읽어야 자연스럽게 체득이 됩니다.

4 단어만 외우면 기억 속에 오래 남지도 않고 나중에 문맥을 파악할 때 쉽게 적용을 하기도 어렵습니다. 그러므로 예문을 찾아가면서 외우시는 것이 훨씬 효과적입니다. 지면 관계상 문장을 포함하지 못해

모든 표제어의 예문은 팟캐스트 [영어 독서 공부합시다]의 [단어교실]에 꾸준히 업데이트할 예정입니다.

5 각 페이지에는 동기부여나 영감을 주는 좋은 명언들이 한 문장씩 있습니다. 하루에 한 문장 정도는 통째로 외우는 것이 좋습니다. 명언 암기를 통해 문장 단위의 감각을 키우고 나중에 암기한 단어를 습득한 문장 형식에 적용하면 아주 유창한 영어를 구사할 수 있습니다.

6 표제어를 다 외웠으면 꼭 부록에 있는 관련 어휘도 공부해야 합니다. 표제어를 정확히 외운다면 관련 어휘의 뜻은 쉽게 추론할 수 있게 됩니다.

7 그렇게 단어를 외웠으면 본인에 수준에 맞는 영어 기사나 책을 꼭 읽어야 합니다. 그렇게 실제 문장에 적용된 단어를 자꾸 접해야 진짜 단어가 체득되고 그 단어들을 통해 영어를 자유자재로 구사하게 됩니다.

★ **BIGVOCA** 발음기호는 Phonemic Respelling 방식으로 표기하였습니다. 단어 몇 개를 www.dictionary.com에서 찾아 직접 소리로 익히시면 쉽게 이해하실 수 있습니다.

추천 예시 단어) light, eight, ship, sheep, oat, ought, look, Luke, alpha, organic, binocular, pronunciation

반드시 알아야 하는 접두사/접미사

단어를 외우기 전에는 핵심 접두사/접미사는 반드시 외워야 합니다. 접두사/접미사를 잘 알고 있으면 아주 많은 단어의 뜻을 기존에 알고 있던 단어들로부터 쉽게 유추할 수 있습니다. 그래서 합성어의 뜻이 직관적인 기본 접두사와 접미사를 정리했습니다. 본격적으로 단어를 외우기 전에 꼭 암기하세요!

접두사

1. [반하여] anti → (사회적인) social - (반사회적인) antisocial
2. [부정] dis → (동의하다) agree - (반대하다) disagree
3. [틀린] mis → (이해하다) understand - (오해하다) misunderstand
4. [부정/반대] un → (하다) do - (원래대로 돌리다/취소하다) undo
5. [아니다/비(非)] non → (멈추다) stop - (직행의/연속적인) nonstop
6. [다시] re → (재생하다) play - (다시 재생하다) replay
7. [만들다] en → (위험) danger - (위험에 빠뜨리다) endanger
8. [바꾸다] trans → (형태) form - (변형시키다) transform
9. [뒤에] post → (전쟁) war - (전후(戰後)의) postwar

10. [미리] pre → (보다) view – (예습하다) preview
11. [아래에] sub → (의식하는) conscious – (잠재의식의) subconscious
12. [반대] in/im/ir/il → (직접적인) direct – (간접적인) indirect
13. [~보다 많이/보다 나은] out → (보다) look – (전망) outlook

접미사

1. 명사를 만드는 접미사

동사+-ment, -at(s)ion, -i(s)tion, -t(s)ion, -al, -ance 등
develop → development, convert → conversion, arrive → arrival, ignore → ignorance

형용사+-ness, -(i)ty, -th ,-y, -ance 등
kind → kindness, able → ability, true → truth, important → importance

동사+-er, -ar, -or, -ant, -ent, -ee 등
teach → teacher, attend → attendant, employ → employee

2. 형용사를 만드는 접미사

명사+-ant, -ful, -less(부정의미), -ous, -ent, -al, -ly, -y, -ic(al) 등
resonance → resonant, beauty → beautiful, care → careless, danger → dangerous, addition → additional

동사+-ing, -ive, -able 등

surprise → surprising, act → active, respect → respectable

3. 동사를 만드는 접미사

명사, 형용사, 혹은 어근+-ify, -ize, -en, -ate 등

active → activate, final → finalize, terr(or) → terrify, deaf → deafen

4. 부사를 만드는 접미사

형용사 + -ly, 명사 + -wise 등

easy → easily, clock → clockwise

information

우리는 산업시대를 지나 정보화시대에 살고 있습니다. 과연 그럼 정보화시대에 핵심인 정보(information)라는 단어는 각종 자료에서 얼마나 언급되고 있을까요? 그래프에서 보이는 것처럼 정보(information)라는 단어의 사용 빈도는 기하급수적으로 늘어나고 있습니다. 그러면 여기서 질문을 하게 됩니다. 우리는 정보화시대에 올바르게 정보를 습득하고 있을까요? 세상에 쓰여 있는 정보의 90%는 영어로 쓰여 있다고 해도 과언이 아닙니다. 특히 세계적인 학회 등은 모두 영어로 정보를 공유하기 때문에 영어를 모르면 최신 그리고 양질의 정보를 접할 수 없습니다. 당장 세계에서 가장 큰 백과사전이 된 위키피디아만 보아도 한글로 쓰인 정보는 단순히 양으로만 비교해도 영어의 백 분의 일도 안 됩니다. 질까지 고려하면 만 분의 일이 안 된다고 보셔도 됩니다. 영어는 단순히 시험을 위해서 공부해야 하는 것이 아닙니다. 정보화시대에 영어로 정보를 자유롭게 습득하지 못한다는 것은 문맹보다 더 무서운 '정보맹'이 된다는 것을 의미합니다. 함께 파이팅하고 열심히 영어 단어를 외워 보실까요?

[X축: 연도, Y축: 총 단어 중 사용 빈도]

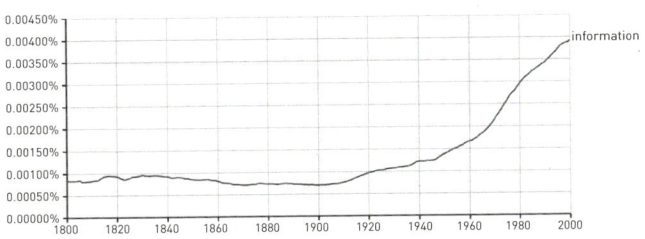

0001	**the** [th *uh*]	(이미 나온 명사를 다시 언급할 때) 그, 저, 가장 적절한, 가장 중요한
0002	**of** [uhv]	~의, ~으로부터, ~을/를, ~대한
0003	**and** [and]	그리고, ~와/과, ~고, ~더하기, 그래서
0004	**to** [too]	~쪽으로, ~까지, ~에 대한, ~을 위한, ~하러, ~하려고, ~하는 가운데
0005	**in** [in]	~안에, ~으로, ~에, ~하는 중에
0006	**a** [ey]	〈글 속에 처음 언급되는 단수형 명사 앞에 쓰임〉, 하나의 ~라는 사람
0007	**that** [*th* at]	저것, 저, 그, 그렇게, 그만큼, 그 정도
0008	**for** [fawr]	~을 위하여, 위한, ~의, ~에 대해, ~을 대표하여, ~을 찬성하는, ~의 대신에
0009	**as** [az]	~처럼[같이], ~으로서, ~하면서, ~만큼, ~한, ~하는 동안에, 때문에
0010	**with** [with]	~와 함께, ~때문에, ~을 가진, ~이 달린, ~을 써서, ~에 대해, ~을 포함하여
0011	**I** [ahy]	나는, 나, 내가
0012	**not** [not]	않다, 아니다, 없다
0013	**on** [on]	위에, 계속하여, ~에, ~의 표면에

1. Records are made to be broken. It is in man's nature to continue to strive to do just that. _Richard Branson
기록은 경신되기 위해 세워지는 것이다. 인간 본성에 내재된 것은 바로 그러한 노력을 지속하려는 특성이다. _리처드 브랜슨

0014	**it** [it]	그것, 이것, 아기(특히 성별을 모를 경우에 씀)
0015	**be** [bee]	있다, 존재하다, (어디에) 위치하다, 참석[출석]하다, 존재하다
0016	**by** [bahy]	~에 의하여, ~옆에, ~까지는, ~을 지나, ~동안에, ~에 따르면, ~을 지나서
0017	**or** [awr]	또는, 혹은, 즉, ~이나, 말하자면
0018	**from** [fruhm]	~에서, ~으로부터, ~출신의, ~에서 떨어진
0019	**he** [hee]	그, 그는, 그것은, 그 사람은, 남자, 수컷
0020	**at** [at]	~에서, ~에 있는, ~에 있어서, ~의 상태에, ~에 종사[열중]하여, ~을 통하여
0021	**you** [yoo]	당신, 너, 여러분, 자네
0022	**have** [hav]	가지다, 얻다, 걸리다, 낳다, 소유하다, (특질·특징이) 있다, 먹다
0023	**this** [*th* is]	(가까이 있는 것을 가리켜) 이, 이것, 이 정도로, 이렇게
0024	**which** [wich]	어느[어떤], 어떤 사람(들), 어느 것
0025	**but** [buht]	그러나, 하지만, 뿐만 아니라, 아니면, ~외에, 오직
0026	**they** [*th* ey]	그들, 그것들, (일반) 사람들, 저들

---

2. I hated every minute of training, but I said, 'Don't quit. Suffer now and live the rest of your life as a champion.' _Mohamed Ali
훈련 시간의 일분일초가 싫었다. 하지만 스스로 되뇌었다. '그만두지 말자. 이 순간의 고통으로 남은 삶을 챔피언으로 살 수 있잖아.' _무하마드 알리

0027	**all** [awl]	모든, 모두, 전혀, 최대한의, 완전히, 온통, 아주, 몹시, 너무나도, 양쪽 다
0028	**one** [wuhn]	한 번, 하나, 어느, 유일한, 한 개
0029	**can** [kan]	할 수 있다, 할 줄 알다, 해도 된다, 깡통, 통조림으로 가공하다, 해고하다
0030	**we** [wee]	우리
0031	**will** [wil]	~할 것이다, ~일 것이다, 의도하다, 유언으로 남기다, 의지, 유언
0032	**more** [mawr]	더 많은 수의, 더 많이, 이상으로, 또한, 더욱
0033	**she** [shee]	그녀, 그 여자, 여성, 암컷
0034	**who** [hoo]	누구, 어느[어떤] 사람
0035	**other** [uh*th*-er]	다른, 다른 사람[것], 기타의, 나머지의, 반면에
0036	**do** [doo]	하다, 해나가다, 되어가다, 공부하다, 해결하다, 끝내다
0037	**so** [soh]	그래서, 그렇다면, 그렇게, 그러니, 따라서
0038	**when** [wen]	언제, 경우, 때 얼마쯤에서
0039	**there** [*th* air]	〈어떤 것이 존재·발생함을 나타낼 때 씀〉, 거기에, 그곳에, 있는(존재하는)

3. Instead of learning from other people's success, learn from their mistakes. Most of the people who fail share common reasons (to fail) whereas success can be attributed to various different kinds of reasons. _Jack Ma
타인의 성공보다는 실패에서 배움을 얻어라. 실패에는 대개 공통된 이유가 있게 마련이지만, 성공은 여러 요인이 작용하는 결과물이다. _마윈

0040	**out** [out]	밖에, 벗어나서, 밖으로, 틀린, 가능하지 않는, 완전히, 끝까지
0041	**into** [**in**-too]	안으로, 속으로, ~방향으로, ~에 대한[관련된]
0042	**time** [tahym]	시간, 때, 시기, 동안, 당시, 곱(배), 시간의, 시간을 재다
0043	**about** [*uh*-**bout**]	약, 좀, 거의, ~에 대하여, ~대한, ~주위에
0044	**than** [*th* an]	~보다, ~보다는, ~이외의, 다름 아닌
0045	**no** [noh]	없다, 아니다, ~하지 말다, 부인하다, 반대
0046	**if** [if]	만약, ~라면, 만일
0047	**up** [uhp]	위로, 위쪽으로, 위로 향한, 완전히, 다, 다 끝난, 명랑한, 기분 좋은, 올리다
0048	**what** [wuht]	(의문문에서) 무엇, 몇, 어떤, 무슨, (감탄문에서) 정말[얼마나]
0049	**also** [**awl**-soh]	또한, 게다가, 역시
0050	**some** [suhm]	조금[몇몇의], 일부의, 어떤[무슨], (전체 중의) 일부, (숫자 앞에 쓰여) 약
0051	**may** [mey]	~일지 모른다, ~일 수도 있다, ~인지도 모른다, ~해도 되다[좋다], 5월
0052	**only** [**ohn**-lee]	유일한, 단 하나의, 불과, 단지, 오로지, 겨우, ~하지 않다면, ~만 아니라면

4. Take time to deliberate, but when the time for action has arrived, stop thinking and go in. _Napoleon Bonaparte
고민할 시간을 가져라, 그러나 행동할 순간이 오면 생각을 멈추고 뛰어들어라. _나폴레옹 보나파르트

0053	**such** [suhch]	그런[그러한], (정도를 강조하여) 그 정도의, 아주
0054	**like** [lahyk]	좋아하다, 원하다, ~와 비슷한, ~와 같이, ~처럼, ~같은
0055	**any** [**en**-ee]	어느, 어떤, 아무(것), 전혀, 조금도
0056	**first** [furst]	첫, 첫 (번)째의, 첫째, 우선, 맨 먼저, 처음(으로), 차라리
0057	**then** [*th* en]	그때, 그 다음에, 그러고는, 또, 게다가, 그러니까, (그) 당시의
0058	**over** [**oh**-ver]	~위에, 저편으로, 넘어지게, 쓰러지게, 뒤집어, 너머[건너], ~이상, 끝이 난
0059	**see** [see]	보다, 목격하다, (방송·공연 등을) 구경하다, 알다, 이해하다, 발견하다, 만나다
0060	**most** [mohst]	최대[최고](의), 가장 많은[많은], 대부분(의), 대단히, 극도로, 완전히
0061	**should** [sh*oo* d]	~해야 한다, ~일 것이다, ~하여야 한다
0062	**between** [bih-**tween**]	사이[중간]에, 가운데, ~간에, ~끼리, ~을 하느라, 그 사이에
0063	**people** [**pee**-*puh* l]	사람들, 국민[주민들/민족/종족], 일반인들, 대중, ~에 살다, ~으로 가득 채우다
0064	**through** [throo]	~을 통해[관통하여], 사이로, ~을 사이에 두고, 지나[거쳐/통과하여], 때문에
0065	**very** [**ver**-ee]	매우, 아주, 정말, (다름 아닌) 바로 그[이], (장소·시간을 강조하여) 맨[가장]

> 5. They must often change, who would be constant in happiness or wisdom. _Confucius
> 늘 행복하고 지혜로운 사람이 되려면 자주 변해야 한다. _공자

0066	**where** [wair]	어디에, 어디로, 어디에서, 그곳에서[거기에서]
0067	**way** [wey]	방법, 방식, 식, 투, 양식, 태도, 길, 아주 멀리, 큰 차이로, 훨씬
0068	**many** [**men**-ee]	많은, 여러, 몇, 다수의, 다양한
0069	**well** [wel]	잘, 좋게, 제대로, 철저히, 완전히, 아주, 상당히, 건강한, 좋은, 온당한, 적절한
0070	**how** [hou]	어떻게, 어떠하여, 얼마나, 정말, ~하는 대로
0071	**after** [**af**-ter]	뒤에, 후에, 다음에, 나중에, ~에도 불구하고, ~을 쫓는
0072	**work** [wurk]	일하다, 작업하다, 직장에 다니다, 작동되다, 효과가 있다, 일, 직장, 업무
0073	**even** [**ee**-vuh n]	조차, 훨씬, 더 정확히 말하면, (심지어) ~하기까지 하게, 평평한, 균등한, 고른
0074	**new** [nyoo]	새로운, 새로 산, 현대의, 최신 형태의
0075	**because** [bih-**kawz**]	~때문에, ~니까, ~하다고 해서, 왜냐하면
0076	**life** [lahyf]	삶, 생명, 목숨, 생물, (개인의) 평생, 시절[기간], 수명, 생활
0077	**must** [muhst]	반드시~해야 한다, ~임에 틀림없다, 꼭 해야[봐야/사야 등] 하는 것, 필수품
0078	**now** [nou]	지금, 이제, 오늘날에는, 곧, 즉각, ~이니까, ~인 이상은

6. We always overestimate the change that will occur in the next two years and underestimate the change that will occur in the next ten. Don't let yourself be lulled into inaction. _Bill Gates
사람들은 2년 뒤의 변화를 과대평가하면서 10년 뒤의 변화는 과소평가한다. 나태함에 빠지지 마라. _빌 게이츠

0079	**before** [bih-**fawr**]	전[앞]에, 이전에, ~하기 전에, ~하기까지, 진작, 전에, 예전에
0080	**much** [muhch]	매우, 많은, 훨씬, 크게, 대부분
0081	**just** [juhst]	딱[꼭], 바로 그 순간에, 간신히, 막, 방금, 그저, 단지, 좀, 공정한, 적절한
0082	**same** [seym]	같은, 동일한, 꼭 같은, 똑같은[동일한] 것, 똑같이
0083	**back** [bak]	뒤쪽, 등, 허리, 등뼈, 척추, 뒤쪽의, 과거의, 밀린, 뒤로 물러서다, 도와주다
0084	**know** [noh]	알다, 알고 있다, 깨닫다, 이해하다
0085	**make** [meyk]	만들다[제작/제조하다], 이루다, (돈을) 벌다, (어떻게 되도록) 하다, 정리하다
0086	**use** [yooz]	쓰다, 사용[이용]하다, 소비하다, 사용, 이용, 용도, 쓰임새, 사용능력
0087	**each** [eech]	각각, 각자, 각각의, 각자의
0088	**man** [man]	(성인) 남자, 사람들, 인류, (어떤 장소·기계에서[를]) 일하다[담당하다]
0089	**own** [ohn]	자신의, 스스로 하는, 고유의, 자기 것, 소유하다, 인정하다
0090	**down** [doun]	아래로, 낮은 곳으로, 따라, 넘어져, 통틀어, 내리다, 아래에 놓다, 격추하다
0091	**good** [goo d]	좋은[괜찮은], 즐거운, 기쁜, 다행스러운, 능한[훌륭한], 선(善), 도움, 소용

7. Those who do not want to imitate anything, produce nothing.
_Salvador Dali
아무것도 모방하려 하지 않는 사람은 그 무엇도 만들어내지 않는다. _살바도르 달리

0092	**both** [bohth]	둘 다(의), 양쪽의, 쌍방의
0093	**long** [lawng]	(길이가) 긴, 오랜, 장거리의, (심리적으로) 힘든, 바쁜, 간절히 바라다
0094	**day** [dey]	하루, 날, 요일, 낮, 주간, 시기[시대/시절]
0095	**under** [**uhn**-der]	아래에, 속에, 미만의, ~에 따르면[따라], (~되고 있는) 중인, (더) 아래쪽의
0096	**world** [wurld]	세계, 세상, 속세, 현세, 지구, 지구 같은 행성
0097	**right** [rahyt]	옳은, (상태가) 맞는, 오른쪽의, 정확히, 즉시, 옳은 일, 권리, 바로잡다
0098	**get** [get]	받다, 얻다, 구하다, 겪다, (어떤 상태가) 되게 하다, 이해하다, (탈 것을) 타다
0099	**might** [mahyt]	~일지도 모른다, ~할 수 있다, ~할지도 모른다, (강력한) 힘[에너지], 권력
0100	**still** [stil]	아직도, 여전히, 그런데도, 훨씬, 가만히 있는, 고요한, 바람 한 점 없는, 증류기
0101	**while** [wahyl]	~하는 동안[사이], ~인 데 반하여, ~에도 불구하고, ~까지, 잠깐, 잠시, 동안
0102	**part** [pahrt]	일부, 약간, 부분, 일원, 구성원, 부품, 배역, 역할, 헤어지다, 갈라놓다, 반쯤
0103	**little** [**lit**-l]	작은, 약간의, 조금, 어린, 거의 없는, 그다지[별로]
0104	**take** [teyk]	(시간이) 걸리다, 가지다, 받다, 얻다, 데려가다, 잡다[집다], (사진을) 찍다, 먹다

> 8. There is an immeasurable distance between late and too late. _Og Mandino
> 늦은 것과 매우 늦은 것 사이에는 측정할 수 없을 만큼의 거리가 놓여 있다. _오그 만디노

0105	**different** [**dif**-er-*uh* nt]	다른, 차이가 나는, 각각 다른, (각양)각색의, 색다른, 특이한
0106	**too** [too]	너무, 지나치게, 몹시, 아주, 썩, 그것도, ~도 또한
0107	**without** [wi*th*-**out**]	~없이, ~하지 않고, ~없는
0108	**found** [found]	설립하다, (도시나 국가를) 세우다, ~의 기반을 두다, (금속을) 주조하다
0109	**place** [pleys]	장소, 곳, 부위, 부분, 위치, 놓다[두다], 설치[배치]하다, 입상하다
0110	**never** [**nev**-er]	결코[절대/한 번도] ~않다, 설마, 그럴 리가(아주 뜻밖임을 나타냄)
0111	**go** [goh]	가다, 다니다, 떠나다, 하러 가다, 되어가다, 시작하다, 계속하다, 출발하다
0112	**here** [heer]	여기에[에서/로], 이리, 지금, 이 시점[순간]에
0113	**against** [*uh*-**geynst**]	~에 반대하여, ~에(게) 불리한, ~가까이, ~에 대비하여, ~와 비교하여
0114	**case** [keys]	경우, 사실, 실정, 사례[경우], 사건, 소송, 용기, 통, 상자
0115	**system** [**sis**-t*uh* m]	체계, 제도, 체제, (하나의 기관으로 본) 몸, (동물 체내의) 계[계통/기관계]
0116	**great** [greyt]	큰[많은], 엄청난, 대단한, 위대한, 좋은, 영향력이 큰, 중요한
0117	**off** [awf]	없어져, 떨어져, 취소된, 제공이 안 되는, (근무를) 쉬는, 할인되어, 상한

9. To be able to concentrate for a considerable time is essential to difficult achievement. _Bertrand Russell
상당한 시간 동안 집중할 수 있다는 것은 어려운 성취에 있어 필수적이다. _버트런드 러셀

0118	**state** [steyt]	상태, 국가, 정부, 주(州), 국가의, 국가적인, 주(州)[주립]의, 진술하다, 명시하다
0119	**need** [need]	필요로 하다, ~해야 하다, 필요(성), 욕구, 요구
0120	**number** [**nuhm**-ber]	수, 숫자, 번호, (사람들의) 집단[무리], 번호를 매기다, (특정 집단에) 들어가다
0121	**come** [kuhm]	오다, 이르다, 되다, 나오다, 돌아오다
0122	**think** [thingk]	생각하다, 사고하다, 예상하다, 계획을 하다
0123	**during** [*doo* r-ing]	동안[내내], (~하는) 중에, 때
0124	**within** [wi*th*-**in**]	이내에[안에], 내부[안]에, 안쪽에, 안쪽, 내부
0125	**hand** [hand]	손, 도움, 역할[영향력], 일손[노동자], 사람 손으로 하는, 건네주다, 넘겨주다
0126	**high** [hahy]	높은, 많이 든, 고위의, 고귀한, 많은[대단한], 고음의, 최고, 고기압, 도취감
0127	**example** [ig-**zam**-*puh* l]	예[사례/보기], 본보기, 전형, 전례(가 되는 행위)
0128	**old** [ohld]	나이 든, 오래된, 낡은, 예전, 이전의, 나이가 ~인
0129	**say** [sey]	말하다, 표현하다, 나타내다, 발언권, 결정권
0130	**every** [**ev**-ree]	모든, 마다, 하나하나 다, 가능한 모든, 충분한

> 10. Thought is an infection. In the case of certain thoughts, it becomes an epidemic. _Wallace Stevens
> 생각은 전염병이다. 어떤 생각들의 경우에 그것은 유행병이 된다. _월리스 스티븐스

0131	**often** [**aw**-f*uh* n]	자주, 종종, 흔히, 보통
0132	**power** [**pou**-er]	힘[세력], 권력, 정권, 능력, 기회, 권한, 동력, 동력을 공급하다, 작동시키다
0133	**year** [yeer]	(1년 열두 달로 이뤄진) 해[년/연], 학년, 나이
0134	**again** [*uh*-**geyn**]	한 번 더, 다시, 거기에다가, 또
0135	**thought** [thawt]	생각, 사고(력), 심사숙고, 사색, 사상
0136	**few** [fyoo]	(수가) 많지 않은[적은], 몇몇의, 소수의, 약간의, 소수, 적은 수
0137	**order** [**awr**-der]	순서, 정돈[정리], 질서, 명령, 지시, 주문, 명령[지시]하다, 주문하다, 정리하다
0138	**left** [left]	왼쪽의, 좌측의, 왼쪽[좌측], 좌파, 좌익
0139	**always** [**awl**-weyz]	항상, 언제나, 늘, 언제까지나
0140	**set** [set]	(특정한 위치에) 놓다, (기기 등을) 맞추다, 설정하다, 집합, 위치한, 계획된
0141	**end** [end]	끝, 종료, 종말, 최후, 목적, 목표, 끝내다, 끝나다, 끝을 맺다
0142	**important** [im-**pawr**-tnt]	중요한, 중대한, 소중한, 의미 있는, 영향력이 큰, 권위 있는
0143	**water** [**waw**-ter]	물, (강·바다 등의) 수면, (국가의) 영해, 물을 주다, 물을 공급하다, 눈물이 나다

---

11. Change will not come if we wait for some other person or some other time. We are the ones we have been waiting for. We are the change that we seek. _Barack Obama

다른 사람이 가져오는 변화나 더 좋은 시기를 기다리기만 한다면 결국 변화는 오지 않을 것이다. 우리 자신이 바로 우리가 기다리던 사람들이다. 우리 자신이 바로 우리가 찾는 변화다. _버락 오바마

0144	**small** [smawl]	작은[적은], 소규모의, 사소한, 소문자의, 거의 없는, 많지 않은, 잘게, 작게
0145	**point** [point]	점, 의견[주장], 요점, 시점, 지점, (사물의 뾰족한) 끝, 가리키다, 겨누다, 향하다
0146	**away** [*uh*-**wey**]	떨어져[떨어진 곳에], 다른 데(로), 자리에 없는, 결석한, 원정 경기로
0147	**find** [fahynd]	찾다[발견하다], 되찾다, 찾아[알아]내다, 알게 되다, 여기다[생각하다], 발견물
0148	**around** [*uh*-**round**]	대략, 쯤, 사방에, 빙 둘러, 여기저기, 주변에 있는, (빙) 돌아[돌려]
0149	**information** [in-fer-**mey**-sh*uh* n]	정보, 자료, 지식
0150	**want** [wawnt]	원하다, 바라다, ~해야 한다, 원하는[필요한] 것, 부족, 결핍, 가난, 빈곤
0151	**less** [les]	더 적은[덜한], 더 적게, 덜하게, ~을 빼고[계산에 넣지 않고]
0152	**though** [*th* oh]	비록 ~일지라도, ~임에도 불구하고, ~이지만, 그렇지만[하지만]
0153	**form** [fawrm]	종류, 유형, 방식[형태], 서식(書式), 모습[형체], 기량, 솜씨, 형성되다, 구성하다
0154	**home** [hohm]	집[가정], 주택, 고향, 시설[거주지], 서식지, 집의, 가정의, 집에[으로]
0155	**public** [**puhb**-lik]	일반인[대중]의, 대중을 위한, 공공의, 대중적으로 알려진, 일반 사람들, 대중
0156	**large** [lahrj]	큰, 많은, 대형의, 대규모의, 광범위한, 거대한

> 12. Challenges are what make life interesting; overcoming them is what makes life meaningful. _Joshua J. Marine
> 도전은 인생을 흥미롭게 만들며, 도전의 극복이 인생을 의미 있게 한다. _조슈아 J. 마린

0157	**however** [hou-**ev**-er]	하지만, 그러나, 그렇지만, 그런데
0158	**last** [lahst]	마지막의, 가장 최근의, 지난, 마지막[최후의] 사람[물건], 계속되다, 견디다
0159	**process** [**pros**-es]	과정[절차], 공정(工程), (원자재 등을) 가공[처리]하다
0160	**fact** [fakt]	사실, 실제, 실상
0161	**human** [**hyoo**-m*uh* n]	인간, 사람, 인간[사람]의, 인간적인, 인간이기에 갖게 되는
0162	**family** [**fam**-*uh*-lee]	가족, 가정, 가구(家口), 집안 식구, 가문, 가계, 가족[가정]의, 가족에게 알맞은
0163	**among** [*uh*-**muhng**]	~에 둘러싸인, ~의 가운데에, ~중에서, ~사이에, ~간에
0164	**give** [giv]	주다, 제공하다, 기부를 하다, 내놓다, 쓰다[들이다], (생각을) 굽히다, 늘어지다
0165	**head** [hed]	머리, 책임자, 맨 윗부분, 앞쪽, 향하다, 책임지다, 선두에 있다, 제목을 붙이다
0166	**far** [fahr]	멀리, 떨어져, 오래 전에, 훨씬, ~까지[만큼], 저쪽의, 가장 멀리 있는
0167	**since** [sins]	~부터[이후], ~한 때로부터, ~때문에, ~여서, 그 이후로
0168	**political** [p*uh*-**lit**-i-k*uh* l]	정치와 관련된, 정치적인, 정당의, 정파의, 정치적으로 활발한, 정략적인
0169	**until** [uhn-**til**]	~할 때까지, ~까지, ~이 되어 비로소

13. Aim for the moon. If you miss, you may hit a star. _W. Clement Stone
달을 향해 쏴라. 빗나간다면 별이라도 맞출 것이다. _W. 클레멘트 스톤

0170	**law** [law]	법, 사법제도, 규범[규율], 법칙[원칙], 규칙
0171	**data** [**dey**-t*uh*]	자료[정보/데이터]
0172	**body** [**bod**-ee]	몸, 신체, 몸통, 본체, 중심부, 단체[조직], 많은 양[모음]
0173	**course** [kawrs]	강의, 강좌, (학)과목, (배나 비행기의) 항로, 방향, 방침, 추이, 전개, 흐름
0174	**rather** [**rath** -er]	꽤, 약간, 상당히, 더 정확히 말하면, 오히려, 차라리
0175	**face** [feys]	얼굴, 표면, 겉면, 마주 보다[향하다], (상황에) 직면하다, 직시하다
0176	**put** [p*oo* t]	놓다[두다/넣다], 밀어[집어] 넣다, 부착하다, 달다, (어떤 상태에) 처하게 하다
0177	**name** [neym]	이름, 성명, 명성, 유명인, 이름을 지어주다, 지명[임명]하다, (정확히) 말하다
0178	**side** [sahyd]	쪽[측], 편, 옆(면), 측면, 가[끝], 가장자리
0179	**change** [cheynj]	변하다, 바꾸다, 교체하다, (옷을) 갈아입다, 환전하다, 변화, 잔돈, 갈아타기
0180	**look** [l*oo* k]	보다, 쳐다보다, 찾아보다, ~처럼 보이다, ~인 것 같다, 보기, 표정, 외모
0181	**help** [help]	돕다, 거들다, 도움이 되다, (음식 · 음료 등을) 먹다[마시다], 지원, 도움, 구조
0182	**become** [bih-**kuhm**]	~이 되다, ~해지다, ~에 어울리다, 알맞다, 적당하다

> 14. When we are no longer able to change a situation - we are challenged to change ourselves. _Viktor E. Frankl
> 상황을 바꾸는 것이 더 이상 불가능할 때 우리는 스스로를 변화시켜야 한다. _빅터 프랭클

0183	**possible** [**pos**-*uh*-b*uh* l]	가능한, 있을 수[가능성] 있는, 받아들일 수 있는, 가능성 있는 사람[것]
0184	**second** [**sek**-*uh* nd]	제2의, 둘째의, 또 하나의, 보조의, 다음으로, 두 번째, 지원자, 후원자, 후원하다
0185	**present** [**prez**-*uh* nt]	현재의, 참석한, 있는, 존재하는, 선물, 현재, 수여하다, 제출하다, 보여주다
0186	**young** [**yuhng**]	젊은, 어린, 신생의, 젊은이들, (동물의) 새끼
0187	**ever** [**ev**-er]	어느 때고, 언제든, 한 번이라도, 항상, 도대체
0188	**love** [**luhv**]	사랑, 애정, 기쁨, 즐거움, 사랑하다, 대단히 좋아하다, 대단히 ~하고 싶다
0189	**mind** [**mahynd**]	마음, 정신, 생각, 사고방식, 언짢아하다, 상관하다, 개의하다
0190	**value** [**val**-yoo]	가치, 중요성, 유용성, 가치관, 값, 가치 있게 생각하다, (가치를) 평가하다
0191	**yet** [**yet**]	아직, 이제[앞으로], 거기에[그 위에] 또, 지금까지, 이제까지, 그렇지만
0192	**country** [**kuhn**-tree]	국가, 나라, 지역[고장], 시골, 전원
0193	**person** [**pur**-s*uh* n]	사람, 개인, 인물, 인간
0194	**next** [**nekst**]	다음[뒤/옆]의, 이후의, 앞으로, 차기, 다음 사람[것]
0195	**business** [**biz**-nis]	사업, 상업, 장사, (직장의) 일, 업무, (관여되는) 일, 소관

---

15. If something's important enough, you should try. Even if you - the probable outcome is failure _Elon Musk
실패가 예상될지라도, 충분히 중요하다고 생각하는 일이라면 도전하라. _엘론 머스크

0196	**general** [**jen**-er-*uh* l]	일반[보편/전반]적인, 대강의, 대체적인, 대략적인, (군대의) 장군
0197	**room** [r*oo* m]	방, 객실, 자리[공간], 여지
0198	**group** [groop]	무리[집단], (기업의) 그룹, (무리를 지어) 모이다[모으다], (그룹으로) 나누다
0199	**whether** [**we***th* -er]	~인지 아닌지, ~이든지 아니든지
0200	**several** [**sev**-er-*uh* l]	(몇)몇의, 각각[각자]의
0201	**school** [skool]	학교, (대학의) 학부, 학과, (물고기 등의) 떼[무리], 훈련[단련]시키다, 교육하다
0202	**nothing** [**nuhth**-ing]	아무것도 ~아니다[없다], 조금도 ~않다, 아무것도 없음[아닌 것], 무(無)
0203	**once** [wuhns]	한 번, (과거) 언젠가[한때/한동안], 하자마자, 할 때
0204	**house** [hous]	집, 주택, 가옥, 살 곳을 주다, 거처를 제공하다, 보관[수용/소장]하다
0205	**whole** [hohl]	전체[전부]의, 모든, 온전한, 한 덩어리로[통째로] 된, 완전체, 전체
0206	**book** [b*oo* k]	책, 저서, 도서, (방대한 책의) 권, 편, 예약하다, 기록하다
0207	**early** [**ur**-lee]	(계획보다) 빠른[이른], 초기의, 조기의, 일찍, 빨리
0208	**least** [leest]	가장 적은[작은], 최소(의)

16. The roots of education are bitter, but the fruit is sweet. _Aristotle
교육의 뿌리는 쓰나, 그 열매는 달다. _아리스토텔레스

0209	**control** [k*uh* n-**trohl**]	지배, 통제[제어], 억제, 제어장치, 지배[통제]하다, 제어[제한]하다
0210	**enough** [ih-**nuhf**]	필요한 만큼의[충분한], 필요한 만큼 되는 수[양], ~할 만큼, 그런대로, 충분히
0211	**level** [**lev**-*uh* l]	정도[수준], 규모, 높이, 층, 평평한, 대등한, 평평하게 하다, 동등하게 만들다
0212	**above** [*uh*-**buhv**]	~보다 위에[위로], ~보다 많은, ~을 넘는, ~보다 우위인, 앞에 말한
0213	**light** [lahyt]	빛, 광선, 불, 밝은[환한], 연한, 가벼운, 불을 붙이다, 불을 켜다, 비추다
0214	**study** [**stuhd**-ee]	공부[연구], 학습, 학문, (개인 가정의) 서재, 공부하다, 배우다, 검토하다
0215	**together** [t*uh*-**geth** -er]	함께, 같이, 함께 하여[결합하여], 합의하여, 동시에, (사람이) 흔들림 없는
0216	**night** [nahyt]	밤, 야간, 밤의, 야간의
0217	**thing** [thing]	(사물을 가리키는) 것[거], 물건, 사물, 상황, 일, 짓
0218	**self** [self]	(어떤 사람의 평상시) 모습, 본모습, 자아, 자신, 자기 자신의 이익[기쁨]
0219	**nature** [**ney**-cher]	자연, 천성, 본성, 본질, 종류, 유형
0220	**almost** [**awl**-mohst]	거의
0221	**certain** [**sur**-tn]	확실한, 틀림없는, 확신하는, 어떤, 무슨, 어느 정도의, 약간의, 일부

17. No one saves us but ourselves. No one can and no one may. We ourselves must walk the path. _Buddha
구원은 자기 자신 안에서 찾아야 한다. 누구도 대신해줄 수 없으며, 대신하려 하지 않을 것이다. 우리는 스스로의 힘으로 길을 걸어가야만 한다. _부처

0222	**question** [**kwes**-ch*uh* n]	질문, 의문, (시험) 문제, 질문하다, 심문하다, 의심하다, 의문을 갖다
0223	**sense** [sens]	감각, 의식, 느낌, 지각, 일리, (어구의) 의미, 뜻, 감지하다, 느끼다
0224	**war** [wawr]	전쟁, 싸움, 투쟁, 반목
0225	**line** [lahyn]	선[줄], 경계(선), 계통[체계/계보], (글의) 행, (기차) 선로, 줄을 세우다
0226	**support** [s*uh*-**pawrt**]	지지[옹호/재청]하다, 지원하다, 후원하다, 떠받치다, 지지, 지원, 버팀대, 지주
0227	**let** [let]	~하게 해주다, 허락하다, 허용하다, ~하자[합시다]
0228	**father** [**fah**-*th* er]	아버지, 조상, 시조, (가톨릭교 등의) 신부, 아버지가 되다, 창시하다
0229	**mother** [**muh***th* -er]	어미, 어머니, 수녀원장, (어머니로서·어머니처럼) 보살피다[돌보다]
0230	**child** [chahyld]	아이, 어린이, 자식
0231	**able** [**ey**-b*uh* l]	~할 수 있는, 재능 있는, 능력 있는
0232	**heart** [hahrt]	심장, 가슴, 마음, 핵심, 하트 모양
0233	**woman** [**woo** m-*uh* n]	여자, 여성, 여인, 부인
0234	**tell** [tel]	말하다, 알리다[전하다], (정확히) 알다, 판단하다

18. Success is not final, failure is not fatal: it is the courage to continue that counts. _Winston Churchill
성공은 결론이 아니며, 실패는 치명적인 것이 아니다. 중요한 것은 그 과정을 지속하는 용기다.
_윈스턴 처칠

0235	**full** [foo l]	가득한, 빈 공간이 없는, 그득한[아주 많은], 배부르게 먹은, 완전한, 모든, 바쁜
0236	**already** [awl-**red**-ee]	이미, 벌써, 이전에
0237	**history** [**his**-tuh-ree]	역사, (개인·가정·장소의) 이력[내력/전력]
0238	**along** [uh-**lawng**]	~을 (죽·계속) 따라, 앞으로, 함께, 진척되어
0239	**open** [**oh**-puh n]	열려 있는, 펼쳐진, 영업을 하는, 개방된, 열다, 펼치다, 시작하다
0240	**common** [**kom**-uh n]	흔한, 공동의, 공통의, 보통의, 평범한, 공유지, 공원, (학교 등의) 식당
0241	**true** [troo]	사실인, 참인, 맞는, 진짜의, 정확한, 충실한
0242	**view** [vyoo]	관점, 시야, 경관[전망], (개인적인) 견해, ~라고 여기다, 보다, 둘러보다
0243	**half** [haf]	반, 절반, 전반[후반], 절반의, 절반 정도로, 절반쯤, 부분적으로
0244	**matter** [**mat**-er]	문제[일/사안], 상황, 사태, 물질[물건/성분], 중요하다, 문제되다
0245	**kind** [kahynd]	종류, 유형, 친절한; 다정한
0246	**care** [kair]	돌봄, 보살핌, 조심, 걱정, 상관하다, 관심을 가지다, 배려하다, 애를 쓰다
0247	**particular** [per-**tik**-yuh-ler]	특정한, 특별한, 까다로운, 자세한 사실[사항]

19. The follies which a man regrets the most in his life are those which he did not commit when he had the opportunity. _Helen Rowland
사람이 인생에서 가장 후회하는 어리석은 행동은 기회가 있을 때 저지르지 않았던 것이다. _헬렌 롤랜드

남이 한 번에 가능해도, 스스로 백 번을 행하며, 남이 열 번에 능해도, 스스로 천 번을 행하라. 그렇게 해낼 수만 있다면, 비록 어리석은 사람이라도 현명해지며, 비록 약한 자라도 강해질 것이다. 〈중용〉

What others can do at a time, try a hundred times; what others can do ten times, try a thousand times. If one can try that much, a fool will be wise, and a weak will be strong.

0248	**result** [ri-**zuhlt**]	결과, 결실, 성과, (~의 결과로) 발생하다[생기다]
0249	**experience** [ik-**speer**-ee-*uh* ns]	경험[경력], 체험, 겪다, 경험하다, 경험으로 깨닫다
0250	**why** [wahy]	왜, 어째서, 무엇 때문에
0251	**interest** [**in**-ter-ist]	관심, 흥미, 호기심, 관심사, 취미, 이자, 이익, 이해관계, 관심[흥미]을 보이다
0252	**individual** [in-d*uh*-**vij**-oo-*uh* l]	각각[개개]의, 개인의, 1인용[분]의, 개성 있는, 독특한, 개인, 개성 있는 사람
0253	**white** [wahyt]	흰, 흰색의, 하얀, 백인의, 하얗게 질린, 창백한, 흰색, 백색, 백인
0254	**research** [ri-**surch**]	연구, (연구) 조사, 연구[조사]하다
0255	**money** [**muhn**-ee]	돈, 금전, 재산, 금액
0256	**word** [wurd]	단어, 낱말, 말, 이야기, 약속, 보장, 소식, 소문, (특정한) 말[단어]을 쓰다
0257	**effect** [ih-**fekt**]	영향, 결과, 효과, (작가 등이 만들어내는) 인상, 소지품, (결과를) 가져오다
0258	**model** [**mod**-l]	모형, (상품의) 본보기, 모범, (의류·사진) 모델, 모델로 일하다, 모형을 만들다
0259	**problem** [**prob**-l*uh* m]	문제, 곤란한 일, 문제를 일으키는, 지도하기 어려운
0260	**thus** [*th* uhs]	이렇게 하여, 이와 같이, 따라서, 그러므로

20. Well done is better than well said. _Benjamin Franklin
말보다 실천이 낫다. _벤저민 프랭클린

0261	**free** [free]	자유로운, 통제를 받지 않는, 무료의, 사용 중이 아닌, 풀어주다, 시간을 주다
0262	**moment** [**moh**-m*uh* nt]	잠깐, 잠시, (정확한 시점을 나타내는) 순간, (특정한) 때[시기]
0263	**show** [shoh]	보여주다, 증명하다, 제시하다, 알려[가르쳐]주다, 공연, (방송) 프로그램, 전시
0264	**position** [p*uh*-**zish**-*uh* n]	위치, 자리, 상태, 처지, 입장, 직위, 순위, (특정한 위치에) 두다, 자리를 잡다
0265	**real** [**ree**-*uh* l]	진짜의, 현실적인, 실제의, 진정한, 진실된, 정말,
0266	**period** [**peer**-ee-*uh* d]	기간, 시기(時期), 시대, (일과를 나눠 놓은) 시간, 생리, 시대의, 시대적인
0267	**language** [**lang**-gwij]	언어, 표현, 말씨, (움직임·기호·소리를 통한) 의사 전달
0268	**local** [**loh**-k*uh* l]	(자신이 살고 있는 특정) 지역의, 현지의, (인체의) 일부에 대한, 주민, 현지인
0269	**quite** [kwahyt]	꽤, 상당히, 지극히, 더없이, 완전히, 전적으로, 아주, 정말
0270	**class** [klas]	학급[반], 수업, 강좌, 계층, 부류, 종류, 우아함, 등급, 분류하다, 일류의
0271	**area** [**air**-ee-*uh*]	지역, 구역, (사물의 특정) 부분, 분야[부문], 면적
0272	**keep** [keep]	유지하다, 계속하다[반복하다], 지체하게 하다, 기르다, 부양하다
0273	**subject** [**suhb**-jikt]	주제, 사안, 학과, 과목, 주어, 국민, 의존하는, 조건으로 하는, 권한 아래 있는

> 21. Always aim at complete harmony of thought and word and deed. Always aim at purifying your thoughts and everything will be well.
> _Mahatma Gandhi
> 항상 생각과 말과 행동이 완전한 조화를 이루도록 하라. 항상 생각을 정화하는 것을 목표로 하면 모든 것이 잘될 것이다. _마하트마 간디

0274	**land** [land]	육지, 뭍, 땅, 국토, 지역, 시골[농촌/농토], 내려앉다, 착륙하다, 도착하다
0275	**therefore** [*th* air-fawr]	그러므로, 그러니, 결과로서
0276	**feel** [feel]	느끼다, 의식하다, 감지하다, (손으로) 더듬다, 공감하다, 감촉, 느낌, 낌새
0277	**century** [**sen**-ch*uh*-ree]	100년, 세기
0278	**reason** [**ree**-z*uh* n]	이유, 까닭, 사유, 근거, 이성, 사고력, 판단하다, 추리[추론]하다, 사고하다
0279	**believe** [bih-**leev**]	믿다, 생각하다[여기다], ~라는 의견을 갖다
0280	**potential** [p*uh*-**ten**-sh*uh* l]	가능성이 있는, 잠재적인, 가능성, 잠재력
0281	**necessary** [**nes**-*uh*-ser-ee]	필요한, 필연적인, 불가피한
0282	**past** [past]	(시간상으로) 지나간, 이전의, 지나서, 넘어서서, 과거, 지난날
0283	**further** [**fur**-*th* er]	더, 더 나아가, 더 멀리, 뿐만 아니라, 게다가, 더 이상의, 추가의, 발전시키다
0284	**low** [loh]	낮은, 아랫부분의, 줄어든[부족한], 질 낮은, 낮은 수준, 아주 힘든 시기, 저기압
0285	**service** [**sur**-vis]	(손님에 대한) 서비스, (공공) 사업, 근무, 봉사, 점검[정비], 점검[정비]하다
0286	**door** [dawr]	문, 문간

---

22. Love is what we were born with. Fear is what we learned here.
_Marianne Williamson
사랑은 우리가 가지고 태어난 것이다. 두려움은 우리가 여기서 배운 것이다. _마리안 윌리엄슨

0287	**short** [shawrt]	짧은, 키가 작은, 부족한, 아주 짧게 느껴지는, 아쉬운, 무뚝뚝한
0288	**especially** [ih-**spesh**-*uh*-lee]	특히, 특별히, 유난히
0289	**city** [**sit**-ee]	도시, 시, 시민들, ~한 장소
0290	**call** [kawl]	부르다, 전화하다, 칭하다, (새나 동물이) 울다, 전화 (통화), 요청, 판정
0291	**read** [reed]	읽다, 판독하다, 이해하다, 읽기, 독서, 아는 것이 많은
0292	**clear** [kleer]	분명한, 확실한, 투명한, 맑은, 치우다, 맑아지다, 다시 원활해지다, 승인하다
0293	**soon** [soon]	곧, 머지않아, 이내, 빨리
0294	**sure** [sh*oo* r]	확신하는, 확실히 아는, 틀림없이, 반드시, 안정된, 흔들림 없는
0295	**type** [tahyp]	형(태), 유형, 종류, 활자, 타자 치다[입력하다], 유형[종류]을 알아내다
0296	**air** [air]	공기, 공중, 하늘, 느낌[인상], 태도, 발표하다, 방송하다, 환기시키다
0297	**mean** [meen]	의미하다, 뜻하다, 의도하다, 못된, 심술궂은, 보통의, 평균의, 중용, 중도, 평균
0298	**term** [turm]	용어, 말, 학기, 기간, (특정한 이름·용어로) 칭하다[일컫다]
0299	**provide** [pr*uh*-**vahyd**]	제공[공급]하다, 주다, 규정하다

23. Fortune and love favor the brave. _Ovid
행운과 사랑은 용감한 사람들을 편애한다. _오비디우스

0300	**analysis** [uh-**nal**-uh-sis]	분석, 해석, 분석 연구
0301	**health** [helth]	건강, 건전, 보건, 의료, 번영, 안녕
0302	**black** [blak]	검은, 어두운, 캄캄한, 흑인의, 암담한, 암울한, 검은색, 어둠, 흑인, 검게 만들다
0303	**age** [eyj]	나이, 연령, 수명, 시기, 시대, 나이가 들다, 노화시키다, 숙성시키다,
0304	**idea** [ahy-**dee**-uh]	발상, 생각, 방안, 계획, 감[인상], 느낌, 견해, 신념
0305	**community** [kuh-**myoo**-ni-tee]	공동체[사회], 주민, 지역사회, 공동체 의식, (식물의) 군락, (생물의) 군집
0306	**single** [**sing**-guh l]	단 하나의, 단일의, 혼자인, 1인용의, 1인실, 독신자, 단식 (대회), 일루타
0307	**rate** [reyt]	속도, 비율, 요금, 평가하다[여기다], 등급[순위]을 매기다, ~할 가치가 있다
0308	**role** [rohl]	(조직·사회·관계 내에서의) 역할, (배우의) 역할[역/배역], 임무, 기능
0309	**field** [feeld]	들판, 밭, 지역, 분야, 현장, 경기장, 장(場), 수비를 보다, (질문 등을) 처리하다
0310	**market** [**mahr**-kit]	시장, 마켓, 상가, (상품을) 내놓다[광고하다]
0311	**specific** [spi-**sif**-ik]	구체적인, 명확한, 분명한, 특정한
0312	**policy** [**pol**-uh-see]	정책, 방침, 방책, 제도, 규정

---

24. Why join the navy if you can be a pirate? _Steve Jobs
만약 당신이 해적이 될 수 있다면 왜 해군에 입대하겠는가? _스티브 잡스

0313	**approach** [*uh*-**prohch**]	다가가다[오다], (수준 등이) 근접하다, (업무 등에) 착수하다, 접근, 처리 방법
0314	**behind** [bih-**hahynd**]	(위치가) 뒤에, (발달 진도가) 뒤떨어져[늦어], 뒤에 (숨은), 배후에, 과거에
0315	**available** [*uh*-**vey**-l*uh*-b*uh* l]	가능한, 유효한, 구할[이용할] 수 있는, (사람들을 만날) 시간[여유]이 있는
0316	**voice** [vois]	목소리, 음성, 발언권, (말로) 나타내다[표하다], 유성음으로 발음하다
0317	**evidence** [**ev**-i-d*uh* ns]	증거, 흔적, 증언, 증언[입증]하다, 증거가 되다
0318	**understand** [uhn-der-**stand**]	이해하다, 알아듣다, 알다, 여기다, 생각하다, 추측하다
0319	**hard** [hahrd]	단단한, 굳은, 어려운, 힘든, 곤란한, 열심히 하는, 냉정한, 매정한, 명백한
0320	**close** [klohz]	닫다, 끝나다, 덮다, 가까운, 친밀한, 면밀한, 거의 ~할 것 같은, 철저한, 끝
0321	**story** [**stawr**-ee]	이야기, 줄거리, (신문·잡지 등의) 기사, 일대기, 역사
0322	**account** [*uh*-**kount**]	계좌, (회계) 장부, 이용 계정, 설명, 해석, 단골, 간주하다, 여기다
0323	**future** [**fyoo**-cher]	미래, 장래[앞날], 장래성, (유망한) 장래, 미래의, 향후의, 장차의
0324	**company** [**kuhm**-p*uh*-nee]	회사, 단체, 함께 있음, (집에 온) 손님, (군대) 중대
0325	**cause** [kawz]	원인, 이유, (정치·사회적 운동) 조직[대의명분], 야기하다[초래하다]

25. If you're going through hell, keep going. _Winston Churchill
지옥 길을 걸어야만 한다면, 멈추지 말고 계속 가라. _윈스턴 처칠

0326	**turn** [turn]	돌다, 돌아가다, 바뀌다, (어떤 상태가) 되게 하다, 넘기다, 돌기, 회전, 순번
0327	**similar** [**sim**-*uh*-ler]	비슷한, 유사한, 닮은
0328	**education** [ej-*oo*-**key**-sh*uh* n]	교육, (특정한 종류의) 지도, 훈련, 교육학
0329	**toward** [t*uh*-**wawrd**]	~쪽으로, ~을 향하여, ~쪽에, ~편에, 바야흐로 일어나려는, 임박해 오는
0330	**return** [ri-**turn**]	돌아오다[가다], 반납하다, 되돌려 주다[갚다], 돌아옴[감], 귀환, 반납, 수익
0331	**perhaps** [per-**haps**]	아마, 어쩌면, 아마도
0332	**society** [s*uh*-**sahy**-i-tee]	사회, 집단, 협회, 단체, 사교계
0333	**strong** [strawng]	튼튼한, 힘센, 강력한, 확실한, 실력[능력] 있는, 쟁쟁한, 건강한
0334	**near** [neer]	가까운, 가까이, 인접한, 비슷한, 거의, (시간·거리상으로) 가까워지다
0335	**practice** [**prak**-tis]	연습하다, 실천하다, 연습, 실습, 실행, 실천, 관행, 관례, 업무[영업/사무실]
0336	**party** [**pahr**-tee]	파티, 정당, (여행·방문 등을 함께 하는) 단체, (계약 등의) 당사자, 파티를 하다
0337	**force** [fawrs]	힘, 물리력, 효력, 집단[단체], 무장 병력[부대], 군사력, 강요하다, ~하게 만들다
0338	**due** [dyoo]	~때문에, ~하기로 되어 있는, 지불해야 하는, 적절한, 마땅한, 마땅한 것

26. To live is to suffer, to survive is to find some meaning in the suffering.
_Friedrich Nietzsche
삶은 고통이며 생존은 그 속에서 무언가 의미를 찾는 과정이다. _프리드리히 니체

0339	**nor** [nawr]	~도 (또한) 아니다[없다], ~도 그렇다[마찬가지이다]
0340	**poor** [poo r]	가난한, 불쌍한, (질적으로) 좋지 못한, 형편없는, (자원 등이) 빈약한[부족한]
0341	**live** [liv]	살다[거주하다/지내다], 생존하다, 생활하다, 인생을 즐기다
0342	**include** [in-**klood**]	포함하다, 포괄하다, 포함시키다
0343	**morning** [**mawr**-ning]	아침, 오전
0344	**play** [pley]	놀다, 장난을 치다, 경기를 하다, 연주하다, 연기하다, 놀이, 연극, 운용, 작용
0345	**cost** [kawst]	값, 비용, 경비, 노력[희생/손실], 비용이 들다, 희생시키다, 비용을 산출하다
0346	**function** [**fuhngk**-sh*uh* n]	(사람·사물의) 기능, 행사, 의식, 함수, (제대로) 기능하다[작용하다]
0347	**ground** [ground]	땅바닥, 지면, 땅, 공터, 구내[경내], (그림의) 배경, ~의 이유, 좌초되다, 빻은
0348	**alone** [*uh*-**lohn**]	혼자, 다른 사람 없이, 단독으로, 외로운
0349	**attention** [*uh*-**ten**-sh*uh* n]	주의 (집중), 주목, 관심, 흥미, 보살핌, 치료, 배려, 차려 (자세)
0350	**food** [food]	식량, 음식, 식품, 먹이
0351	**space** [speys]	공간[자리], 땅, 장소, (장소가) 널찍함, 우주, 기간, (사물 사이에) 간격을 두다

27. With self-discipline most anything is possible. _Theodore Roosevelt
자기 절제를 통해 거의 모든 것이 가능하다. _테오도어 루즈벨트

0352	**theory** [**thee**-*uh*-ree]	이론, 학설, (개인적) 의견[생각]
0353	**risk** [risk]	위험, 위험 요소[요인], 우려, 위태롭게 하다, 위험을 무릅쓰다
0354	**chapter** [**chap**-ter]	(책의) 장, (개인의 삶이나 역사상의 특정) 시기[장], (협회 등의) 지부
0355	**major** [**mey**-jer]	주요한, 중대한, 심각한, (음악) 장조의, (대학생이 공부하는) 전공의, 소령, 전공
0356	**late** [leyt]	늦은, 지각[연착]한, 밤이 깊은, 이미 사망한, 늦게, 밤늦게
0357	**leave** [leev]	떠나다[출발하다], 그만두다, 미루다, 그대로 두다, 남기다, 휴가, 허가
0358	**friend** [frend]	친구, 동지, 후원자, 지지자
0359	**method** [**meth**-*uh* d]	방법, 체계성
0360	**energy** [**en**-er-jee]	정력, 활기, 기운, 에너지, 동력자원
0361	**rest** [rest]	나머지, 휴식, 수면, 쉬다, 휴식을 취하다, (어떤 것에) 받치다, 그대로 남다
0362	**current** [**kur**-*uh* nt]	현재의, 지금의, 통용되는, 흐름, 해류, 기류, 전류, 경향[추세]
0363	**section** [**sek**-sh*uh* n]	부분, 부문, 구획, (조립식) 부품, (조직의) 부서[과], 구역[지구], 절개[절단]하다
0364	**wife** [wahyf]	아내, 처, 부인

28. Love all, trust a few, do wrong to none. _William Shakespeare
모두를 사랑하되, 몇 사람만 믿으라. 누구에게도 잘못을 저지르지 말라. _윌리엄 셰익스피어

0365	**property** [**prop**-er-tee]	재산, 소유물, 부동산, 건물, 건물 구내, 속성[특성]
0366	**table** [**tey**-b*uh* l]	식탁, 테이블, 탁자, 표, 목록, 순위표
0367	**blood** [bluhd]	피, 혈액, 혈통, 혈연, 유혈, 희생
0368	**although** [awl-*th* **oh**]	(비록) ~이긴 하지만, 그러나, 하지만
0369	**front** [fruhnt]	앞면[앞부분], 앞쪽, 일선, (최) 전선, 향하다[면하다], 이끌다[대표하다]
0370	**outside** [**out**-sahyd]	겉(면), 바깥쪽, 밖[바깥], 겉면의, 바깥쪽의, 외부의, (가능성이) 거의 없는, 밖에
0371	**difficult** [**dif**-i-kuhlt]	어려운, 힘든, 힘겨운, 곤란한, 까다로운, 비협조적인
0372	**top** [top]	맨 위, 꼭대기, 정상, 위[윗면], 최고, 뚜껑, 맨 위의, 최고의, 더 높다, 최고이다
0373	**material** [m*uh*-**teer**-ee-*uh* l]	직물, 천, 재료, 자료, (책 등의) 소재, 물질[물리]적인, 주목할 만한
0374	**structure** [**struhk**-cher]	구조, 구조물, 건축물, 체계, 짜임새, 조직하다, 구조화하다
0375	**son** [suhn]	아들, 자식, 자손
0376	**court** [kawrt]	법정, 법원, (운동 경기) 코트, 대궐, 궁궐, 환심을 사려고 하다, 자초하다
0377	**amount** [*uh*-**mount**]	총액, 총계, 양(quantity), 액수, (얼마가) 되다, ~에 해당[상당]하다

> 29. Success does not consist in never making mistakes but in never making the same one a second time. _George Bernard Shaw
> 성공은 실수를 저지르지 않는 것에서 나오는 게 아니라, 같은 실수를 저지르지 않는 데서 나온다.
> _조지 버나드 쇼

0378	**main** [meyn]	가장 큰[중요한], 주된, (수도·가스를 나르는) 본관, (전선 중) 간선
0379	**culture** [**kuhl**-cher]	문화, 교양, 세련, 사고방식, 재배, 양식, 배양 조직, (미생물·조직 등을) 배양하다
0380	**plan** [plan]	계획, 방안, 지도, 배치도, 도면[설계도], 계획을 세우다, 구상[설계]하다
0381	**increase** [in-**krees**]	(양·수·가치 등이) 증가하다, 인상되다, 늘다, (양·수·가치 등의) 증가[인상]
0382	**special** [**spesh**-*uh* l]	특별한, 특수한, 특유의, 독특한, 전문의, 특별한 것
0383	**answer** [**an**-ser]	대답, 회신, 대응, 해답, 답, 해결책, 대답하다, 대응하다, 들어맞다, 부합하다
0384	**private** [**prahy**-vit]	사유의, 개인 소유의, 사적인, 은밀한, 민간의, 사립의, 사생활의, 이등병
0385	**situation** [sich-oo-**ey**-sh*uh* n]	상황, 처지, 환경, (건물·도시의) 위치[환경]
0386	**physical** [**fiz**-i-k*uh* l]	육체[신체]의, 물질의, 물리적인, 자연법칙상의, 물리학의
0387	**character** [**kar**-ik-ter]	성격, 기질, 특징, 특질, 개성, 인격, 글자, 부호, (책·영화 등의) 등장인물
0388	**else** [els]	(이미 언급된 것에 덧붙여) 또 다른, 그 밖의
0389	**act** [akt]	행동[행위/짓], (국회를 통과한) 법률, 가식, 행동하다, 연기하다, 영향을 미치다
0390	**purpose** [**pur**-p*uh* s]	목적, 용도, 의도, 결단력

30. Never look back unless you are planning to go that way.
_Henry David Thoreau
다시 가려는 계획이 없는 한 되돌아보지 마라. _헨리 데이비드 소로

0391	**beyond** [bih-**yond**]	~저편에[너머], 이후[지나], (능력·한계 등을) 넘어서는, 건너편에, 그 너머에
0392	**run** [ruhn]	달리다[뛰다], 운영[제공]하다, 운행하다, 계속되다, 흐르다, 달리기, 운행
0393	**influence** [**in**-floo-*uh* ns]	영향, 영향력, 영향을 주다[미치다]
0394	**fire** [fahy*uh* r]	불, 화재, 불길, 발사, 충격, 사격[발사/발포]하다, 해고하다, 발화[점화]되다
0395	**ask** [ask]	물어보다, 묻다, 부탁하다[요청하다], 초대하다, 청하다
0396	**church** [church]	교회, 교단[파]
0397	**object** [**ob**-jekt]	물건, 물체, 목적, 목표, (동작·감정·사상 등의) 대상, 반대하다, 항의하다
0398	**size** [sahyz]	크기[규모], 치수[사이즈], 크기[치수]를 표시[부여]하다, 크기[치수]를 바꾸다
0399	**total** [**toht**-l]	총, 전체의, 완전한, 전면적인, 합계, 총수[총점/총액], 합계를 내다
0400	**significant** [sig-**nif**-i-k*uh* nt]	(영향을 줄 정도로) 중요한[의미 있는/커다란], (은밀하게) 의미심장한
0401	**letter** [**let**-er]	편지, 글자, 문자, 마크[글자]를 찍다[쓰다]
0402	**big** [big]	큰, 대규모의, 거대한, 거창한, 중대한, 중요한, 크게
0403	**surface** [**sur**-fis]	표면[표층], 지면, 외관, 수면으로 올라오다, (갑자기) 드러나다, 표면화되다

31. When you fish for love, bait with your heart, not your brain.
_Mark Twain
사랑의 낚시를 하려거든 머리가 아닌 가슴으로 미끼를 던져야 한다. _마크 트웨인

0404	**population** [pop-yuh-**ley**-shuh n]	인구, (모든) 주민, 무리, 집단, 개체군, 모(母)집단
0405	**test** [test]	시험[테스트/검사], 시험대, 시금석, 시험[테스트]하다
0406	**simple** [**sim**-puh l]	간단한, 단순한, 소박한, 평범한, 간결한
0407	**hope** [hohp]	바라다, 희망[기대]하다, 희망, 기대
0408	**according** [uh-**kawr**-ding]	~에 따라서[의해서], 일치하여
0409	**response** [ri-**spons**]	대답, 응답, 회신, 답장, 반응, 대응, 부응
0410	**hear** [heer]	듣다, 들리다
0411	**town** [toun]	(도시(city)보다 작은) (소)도시, 읍, 시내, 번화가, (시골과 대비되는) 도시 생활
0412	**quality** [**kwol**-i-tee]	질(質), 우수함, 고급, 양질, (사람의) 자질, 특성, 특징, 고급[양질]의
0413	**range** [reynj]	범위[폭], 다양성, 사정거리, (범위가) A에서 B 사이이다[다양하다], 배열하다
0414	**design** [dih-**zahyn**]	설계, 디자인, 도안, 계획, 의도, 디자인[설계/도안]하다, 고안하다
0415	**program** [**proh**-gram]	프로그램, 프로그램을 짜다[설정하다]
0416	**move** [moov]	움직이다, 옮기다, 진행되다, 조치하다, 조치, 행동, 이동, 움직임, 이사

> 32. Knowing others is wisdom, knowing yourself is Enlightenment.
> _Lao Tzu
> 다른 사람을 아는 것은 지혜로움이지만 스스로를 아는 것은 명철함이다. _노자

0417	**project** [**proj**-ekt]	(연구·생산을 위한) 계획[기획], 과제, 연구 프로젝트, (흥미를 끄는) 목표[활동]
0418	**key** [kee]	열쇠, 키, (이해·성취의) 비결[실마리], 건반, 가장 중요한, 핵심적인, 필수적인
0419	**military** [**mil**-i-ter-ee]	군대, 군인, 군사의, 무력의
0420	**bring** [bring]	가져오다, 데려오다, 제공해주다, 야기하다, ~하게 하다, 기소[고발]하다
0421	**talk** [tawk]	말하다, 이야기하다, 수다를 떨다, 이야기, 대화, 논의, 회담, 연설, 강연
0422	**art** [ahrt]	미술, 예술, 미술품, 인문학, 기술
0423	**seem** [seem]	~인 것 같다, ~하는 것처럼 보이다
0424	**below** [bih-**loh**]	아래에, 밑에, 미만의, 이하의, ~보다 못하여
0425	**pay** [pey]	지불하다, 납부하다, 내다, 대가를 치르다, 이득이 되다, 급료, 보수
0426	**office** [**aw**-fis]	사무실[집무실/연구실], 사무소, 사옥, 지위, 공직, 직무[일], 정권
0427	**paper** [**pey**-per]	종이, 신문, 서류, 논문, 과제물[리포트], 벽지, 도배하다
0428	**issue** [**ish**-oo]	주제[안건], 쟁점, 사안, (정기 간행물의) 호, 발행, 공표하다, 발부[교부]하다
0429	**text** [tekst]	본문, (모든 형태의) 글, 문서, 원고[원문], 교재, (전화로) 문자를 보내다

33. Success is simple. Do what's right, the right way, at the right time.
_Arnold H. Glasow
성공이란 단순하다. 올바른 일을, 올바른 방법으로, 올바른 시간에 하라. _아놀드 글래소우

0430	**hundred** [**huhn**-drid]	백, 100, (수없이) 많은, 수백의
0431	**respect** [ri-**spekt**]	존경(심), 경의, 존중, 정중, (측)면, 사항, 존경하다, 준수하다
0432	**lead** [leed]	안내하다, 이끌다, 이르다, 지휘하다, 선두[우세], 앞섬, 실마리, 선례, 납
0433	**trade** [treyd]	거래, 무역, 영업, 장사, (특정) 업계, 거래[교역/무역]하다, 맞바꾸다
0434	**indeed** [in-**deed**]	정말[확실히], 참으로, 사실[실은]
0435	**bad** [bad]	안 좋은, 불쾌한, 나쁜, 형편없는, 서투른, 부적절한, 해로운, 나쁜 사람[것/일]들
0436	**modern** [**mod**-ern]	현대의, 근대의, 현대적인, 모던한, 최신의, 새로운, 선구적인
0437	**loss** [laws]	분실, 상실, 손실, 죽음[사망], 인명 손실, (시합에서의) 패배
0438	**sound** [sound]	소리, 음향, 음, ~처럼 들리다, (소리를) 내다[울리다], 견실한, 건강한
0439	**manner** [**man**-er]	(일의) 방식, (사람의) 태도, (특정 사회·문화의) 예의, (특정 집단의) 관습
0440	**dead** [ded]	죽은, 작동을 안 하는, 활기[흥미]가 없는, 생명이 없는, 완전히, 아주
0441	**music** [**myoo**-zik]	음악, 곡, 악보
0442	**original** [uh-**rij**-uh-nl]	원래의, 원본의, 최초의, 독창적인, 창작의, 원본, 특이한 사람

---

34. People are not lazy. They simply have impotent goals - that is, goals that do not inspire them. _Tony Robbins

사람들은 게으르지 않다. 사람들은 단지 무력한 목표가 있을 뿐이다. 즉, 그들에게 영감을 주지 못하는 목표들을 갖고 있다. _토니 로빈스

0443	**patient** [**pey**-sh*uh* nt]	환자, 참을성[인내심] 있는
0444	**job** [job]	일, 직장, 일자리, 책임, 책무, 과제, 작업
0445	**international** [in-ter-**nash**-*uh*-nl]	국제적인, 국제의
0446	**image** [**im**-ij]	인상[이미지], 영상, 그림[조각/상], 상[모습], 은유
0447	**girl** [gurl]	소녀, 여자아이, 딸, 아가씨
0448	**report** [ri-**pawrt**]	알리다, 발표하다, 보도하다, 신고[보고]하다, 보도, 기록, 보고서
0449	**basis** [**bey**-sis]	근거, 이유, 기준 (단위), 기반, 기초
0450	**speak** [speek]	이야기하다, 말하다, 연설[발표]하다
0451	**meet** [meet]	만나다[모이다], 마중 가다, 닿다[합류하다], (요구 등을) 충족시키다, 지불하다
0452	**source** [sawrs]	원천, (연구 · 집필 등을 위한) 자료, (특정한 곳에서 무엇을) 얻다, 공급자를 찾다
0453	**earth** [urth]	지구, 세상, 땅, 지면, 흙, 접지, 접지하다
0454	**complete** [k*uh* m-**pleet**]	가능한 최대의, 완벽한, 완전한, 완료된, 완료하다, 끝마치다, 완전하게 만들다
0455	**start** [stahrt]	시작하다, 시동을 걸다[작동시키다], 출발하다, 시작[출발/처음], 출발점[선]

35. Excellence is the best deterrent to racism or sexism. _Oprah Winfrey
탁월함은 인종차별과 성차별에 대한 최고의 억제제이다. _오프라 윈프리

0456	**foreign** [**fawr**-in]	외국의, 대외의, 다른 국가들과 관련된, 이질적인, 이물질
0457	**cell** [sel]	세포, (벌집 같은 큰 구조의 작은) 칸, 감방, 독방, 수도실, 암자
0458	**rule** [rool]	규칙, 원칙, 통치, 자, 지배, 통치하다, 지배하다, 결정을 내리다, 줄을 긋다
0459	**try** [trahy]	노력하다, 애를 쓰다, (법원에서) 심리[재판]하다, 시도
0460	**lot** [lot]	(수 · 양이) 많음, 다수, 많은, 대단히, 훨씬, 품목, 지역[부지], 운명, 운
0461	**price** [prahys]	값, 가격, (치러야 할) 대가, 값[가격]을 매기다[정하다], 가격을 비교하다
0462	**create** [kree-**eyt**]	창조[창작/창출]하다, (어떤 느낌을) 자아내다[불러일으키다]
0463	**hour** [ou*uh* r]	시간, 시각, 때[순간], 한 시간
0464	**today** [t*uh*-**dey**]	오늘, 요즈음, 현재, 오늘날에, 요즈음, 현재
0465	**disease** [dih-**zeez**]	질병, 병, 질환, 병폐
0466	**instead** [in-**sted**]	대신에, 그보다도
0467	**dark** [dahrk]	어두운, 캄캄한, 짙은, 검은(색의), 비밀스러운, 사악한, 음울한, 어둠
0468	**hold** [hohld]	잡고 있다, 들고 있다, 유지하다, 지속되다, 견디다, 수용하다, 잡기

36. Predicting rain doesn't count. Building arks does. _Warren Buffett
비를 예측하는 것은 중요하지 않다. 방주를 짓는 것이 중요하다. _워런 버핏

0469	**deep** [deep]	깊은, (색깔이) 짙은, 극심한, 심각한, 심오한, 난해한
0470	**direct** [dih-**rekt**]	직접적인, 직행의, 단도직입적인, 직계의, ~로 향하다, 지휘하다, 안내하다
0471	**step** [step]	(발)걸음, 걸음걸이, 단계, 움직임, 계단, (발걸음을 떼어놓아) 움직이다[서다]
0472	**follow** [fol-oh]	(뒤를) 따라가다[오다], 뒤를 잇다, (논리적) 결과가 나오다, 모방하다, 이해하다
0473	**site** [sahyt]	위치[장소], 현장[부지], (인터넷) 사이트, (특정한 장소에) 위치시키다
0474	**appear** [uh-**peer**]	~인 것 같다, 나타나다, 보이기 시작하다, 출연하다, 변호하다
0475	**capital** [**kap**-i-tl]	(국가의) 수도, 자본금, 자금, 자산, 자본가, 대문자, 사형의, 대문자의
0476	**cut** [kuht]	자르다, 베어내다, 빼다[삭제하다], 끊다, (베인) 상처, 삭감, 삭제, 자른 부분
0477	**red** [red]	빨간(색의), 붉은, 빨강, 빨간[붉은]색, 적포도주
0478	**organization** [awr-g*uh*-n*uh*-**zey**-sh*uh* n]	조직(체), 단체, 기구, 준비, 구성, 구조, 체계성
0479	**condition** [k*uh* n-**dish**-*uh* n]	상태, (요구) 조건, (물리적) 환경, 생활, 길들이다[훈련시키다], 영향을 미치다
0480	**consider** [k*uh* n-**sid**-er]	사려[고려/숙고]하다, 여기다[생각하다], 자세히 바라보다
0481	**round** [round]	둥근, 원형의, 대략의, 한 차례, (시합의) 회, 둥글게 만들다, (커브 등을) 돌다

37. Quality means doing it right when no one is looking. _Henry Ford
품질이란 아무도 보지 않을 때 올바르게 일을 처리하는 것이다. _헨리 포드

0482	**fear** [feer]	공포, 두려움, 무서움, 두려워[무서워]하다, 우려[염려]하다
0483	**access** [**ak**-ses]	(장소로의) 입장[접근], 접근권, 증대, 접속하다, 접근하다
0484	**income** [**in**-kuhm]	소득, 수입
0485	**deal** [deel]	거래, 합의, 취급, 처리, 많은, 많이, 다루다, 처리하다, 취급하다, 거래하다
0486	**distance** [**dis**-t*uh* ns]	거리, 간격, 차이, 관여[개입]하지 않다[않게 하다], 간격을 두다
0487	**page** [peyj]	페이지, 쪽, 면, 안내 방송을 하다, (개인 호출기로) 연락[호출]하다
0488	**die** [dahy]	죽다, 사망하다, 사라지다, 없어지다, 멎다, 금형[주형]
0489	**degree** [dih-**gree**]	(단위의) 도[급], 정도, 학위
0490	**stage** [steyj]	(발달·진행상의) 단계[시기], 무대, 개최하다[무대에 올리다], (일을) 벌이다
0491	**standard** [**stan**-derd]	수준[기준], (도덕) 규범, 표준 단위[규격], 일반적인, 보통의, 표준규격에 맞춘
0492	**length** [length]	길이, 거리, (무엇이 계속되는 긴) 시간[기간]
0493	**ready** [**red**-ee]	준비가 된, 즉시 이용할 수 있는, 막 ~하려는, 재치 있는, 준비[대비]시키다
0494	**bed** [bed]	침대, (강·바다 등의) 바닥, 화단, 모판, 지층, (단단히) 놓다[설치하다]

38. Effective leadership is not about making speeches or being liked; leadership is defined by results not attributes. _Peter Drucker
효과적인 리더십이란 연설을 하거나 호감을 얻는 것이 아니다. 리더십은 특성이 아니라 결과로 정의된다. _피터 드러커

단어로 세상 읽기

factory

청년 실업난이 점점 가속화되어 가고 있습니다. 그 핵심 원인은 과연 무엇일까요? 그건 대한민국의 산업구조가 가장 큰 이유인 것 같습니다. 대한민국의 가장 큰 산업은 제조업입니다. 하지만 이 제조업이 점점 위축되고 있습니다. 제조업의 핵심적인 단어는 아마도 공장(factory)일 것입니다. 그래프에서 보이는 것처럼 공장(factory)이라는 단어의 사용 빈도수는 점점 줄어들고 있습니다. 많은 부분에서 기술의 발전은 포화 상태로 치닫고 있기 때문에 제조업에서 새로운 일자리나 부가가치가 창출되기는 쉽지 않은 상황입니다. 그렇다면 정보화시대에 걸맞게 콘텐츠의 수출이 더욱 활발하게 이루어져야 하겠지만 그것 또한 쉽지 않습니다. 역시 가장 큰 걸림돌은 언어입니다. 똑같은 스마트폰 애플리케이션을 만들어도 영어로 서비스하면 시장은 수십 배가 더 커집니다. 영어는 '스펙'의 문제가 아니라 이제 생존의 문제입니다. 영어를 잘하는 법은 간단합니다. 우선 그 시작은 단어 암기입니다. [X축: 연도, Y축: 총 단어 중 사용 빈도]

덧. 그래프에 나오는 두 개의 피크는 세계 1, 2차 대전 시기와 일치합니다. 모든 것을 파괴하는 전쟁 기간이 공장(factory)을 통한 생산이 가장 활발한 시기라는 것은 참 아이러니합니다.

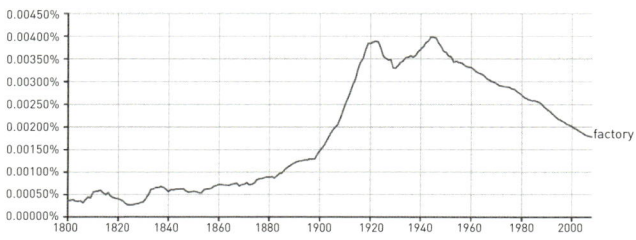

0495	**forward** [**fawr**-werd]	앞으로, 미래로, 더 일찍[빨리], 앞쪽에, (물건·정보를) 보내다[전달하다]
0496	**note** [noht]	메모, 기록, 필기, 편지, 쪽지, 증서, 문서, 음, 음표, 주목[주의]하다, 언급하다
0497	**success** [s*uh* k-**ses**]	성공, 성과, 성공한 사람[것], 성공작
0498	**boy** [boi]	소년, 남자[사내]아이, (어린) 아들
0499	**list** [list]	목록, 명단, 리스트[목록/명단/일람표]를 작성하다, (특정한 순서로) 열거하다
0500	**positive** [**poz**-i-tiv]	긍정적인, 확신 있는, 확실한, 양성의, 적극적인, 긍정적인 것, 양성반응
0501	**legal** [**lee**-g*uh* l]	법률과 관련된, 법이 허용하는[요구하는], 합법적인
0502	**inside** [in-**sahyd**]	안[내부]에[으로], (언급된 시간) 이내[안]에, 안(쪽), 속, 내부, 안쪽의, 내부의
0503	**financial** [fi-**nan**-sh*uh* l]	금융[재정]의, 돈이 있는
0504	**spirit** [**spir**-it]	정신, 영혼, 기분, 마음, 태도, 자세, 재빨리[감쪽같이] 채어가다
0505	**remember** [ri-**mem**-ber]	기억하다[나다], 명심[유념]하다, 상기하다, 회고하다
0506	**fall** [fawl]	떨어지다, 내리다, 넘어지다, 패하다, 늘어지다, 넘어짐, 폭포, 하락, 멸망
0507	**former** [**fawr**-mer]	예전[옛날]의, 과거[이전]의, (둘 중에서) 전자의, (둘 중에서) 전자

39. He who loves practice without theory is like the sailor who boards ship without a rudder and compass and never knows where he may cast.
  _Leonardo da Vinci
  이론 없이 실행을 좋아하는 사람은 키와 나침반 없이 항해하며 자신이 어디로 가는지 모르는 선원과 같다. _레오나르도 다 빈치

0508	**car** [kahr]	승용차, 자동차
0509	**sea** [see]	바다, 파도, ~해(海), (바다처럼) 많음, 다량, 다수
0510	**environment** [en-**vahy**-r*uh* n-m*uh* nt]	환경, (주위의) 상황
0511	**pain** [peyn]	아픔, 통증, 고통, 고통스럽게 하다
0512	**share** [shair]	함께 쓰다, 공유하다, 나누다, 몫, 지분, 주식
0513	**figure** [**fig**-yer]	수치, 숫자, 인물, 사람[모습], 도표, 중요하다[중요한 부분이다], 생각[판단]하다
0514	**learn** [lurn]	배우다, 학습하다, 알게 되다, 깨닫다, 깨우치다, 암기하다
0515	**authority** [*uh*-**thawr**-i-tee]	권한, 지휘권, 재가, 인가, 권위, 권위자
0516	**week** [week]	주(週), 일주일, 평일[주중]
0517	**complex** [k*uh* m-**pleks**]	복잡한, 복합의, 복합건물, (건물) 단지, 덩어리[집합체], 강박관념
0518	**series** [**seer**-eez]	연속, 연쇄, 일련, 시리즈, 직렬연결
0519	**except** [ik-**sept**]	(누구·무엇을) 제외하고는[외에는], ~라는 것 외에는, 제외하다
0520	**faith** [feyth]	믿음[신뢰], 신앙(심), 신용, 믿음

---

40. Motivation is what gets you started. Habit is what keeps you going.
_Jim Rohn
동기부여는 당신을 시작하게 하는 것이다. 습관은 당신을 계속 나아가도록 하는 것이다. _짐 론

0521	**entire** [en-**tahy**uh r]	전체의, 완전한, 흠이 없는
0522	**moral** [**mawr**-uh l]	도덕과 관련된, 도덕상의, 도의상의, 도덕적인, 도덕률[정조 관념], 교훈
0523	**focus** [**foh**-kuh s]	집중하다[시키다], 초점을 맞추다, (렌즈 등을) (~에) 맞추다, 초점, 주목, 진원지
0524	**road** [rohd]	도로, 길
0525	**middle** [**mid**-l]	중앙, (한)가운데, 중간, (한)가운데[중앙/중간]의
0526	**final** [**fahyn**-l]	마지막의, 최종적인, 변경할 수 없는, 결정적인, 결승전, 기말시험
0527	**easy** [**ee**-zee]	쉬운, 수월한, 용이한, 편안한, 안락한, 수월한[너그러운]
0528	**eye** [ahy]	눈, 시력, 시각, (특히 탐이 나거나 의심스러워서) 쳐다보다
0529	**tax** [taks]	세금, 세금을 부과하다, 과세하다, (육체적·정신적으로) 힘들게 하다
0530	**allow** [uh-**lou**]	(무엇을 하도록) 허락하다, 용납하다, 가능하게 하다, 인정하다, 받아들이다
0531	**fine** [fahyn]	질 높은, 괜찮은, 건강한, 섬세한, 촘촘한, 고운, 순도 높은, 미사여구의
0532	**science** [**sahy**-uh ns]	과학, 자연과학, (과학적) 지식
0533	**region** [**ree**-juh n]	지방, 지역, (인체의) 부위[부분]

41. Fatigue is the best pillow. _Benjamin Franklin
피로는 최고의 베개이다. _벤저민 프랭클린

0534	**content** [**kon**-tent]	내용물, 목차, 함유량, 내용[주제], 만족[자족]하는, ~에 자족하다, 만족시키다
0535	**hair** [hair]	머리카락, 머리털, 두발, 털, 체모
0536	**soul** [sohl]	영혼, 혼, 정신, 마음, ~의 전형
0537	**wide** [wahyd]	넓은, 폭넓은, 다양한, 전반적인, 일반적인, 완전히, 있는 대로다, 활짝
0538	**wrong** [rawng]	틀린, 잘못된, 이상[문제]이 있는, 부적절한, 나쁜, 틀리게, 나쁜 행동, 잘못, 부정
0539	**sort** [sawrt]	종류, 부류, 유형, (데이터) 분류[정렬], 분류하다, 구분하다
0540	**latter** [**lat**-er]	(둘 중에서) 후자의, (나열된 것들 중에서) 마지막의, 후반의[끝 무렵의], 마지막
0541	**average** [**av**-er-ij]	평균의, 보통의, 일반적인, 평범한, 평균, 보통, 평균이 되다, 평균을 내다
0542	**memory** [**mem**-*uh*-ree]	기억(력), 추억, 회상
0543	**central** [**sen**-tr*uh* l]	중심이 되는, 가장 중요한, 중앙의, (거리상으로) 중심가의
0544	**instance** [**in**-st*uh* ns]	사례, 경우, 예로 들다
0545	**appropriate** [*uh*-**proh**-pree-it]	적절한, (불법적으로나 무단으로) 도용[전용]하다, (돈의 사용처를) 책정하다
0546	**stand** [stand]	서다, 세우다, (특정한 상황에) 있다, 견디다, 태도[의견], 반항, 가판대, 관중석

42. Each new book is a tremendous challenge. _Peter Straub
각각의 새로운 책은 하나의 거대한 도전이다. _피터 스트라우브

0547	**husband** [**huhz**-b*uh* nd]	남편, 절약하다
0548	**lay** [ley]	놓다, 눕히다, 깔다, 널다, (알을) 낳다, 제출[제시]하다, 전문 지식이 없는
0549	**ago** [*uh*-**goh**]	(얼마의 시간) 전에
0550	**million** [**mil**-*yuh* n]	100만, 수많은
0551	**doubt** [dout]	의심, 의혹, 의문, 확신하지 못하다, 의심하다, 의문[의혹]을 갖다
0552	**brother** [**bruh***th* -er]	형, 오빠, 남동생, 형제 (같은 사람)
0553	**date** [deyt]	날짜, 시기[때/시대], 약속, (남녀 간의) 데이트, 날짜를 적다, 구식이 되다
0554	**equal** [**ee**-kw*uh* l]	(수 · 양 · 가치 등이) 동일한, 평등한, 대등한 사람[것], 같다, 맞먹다, 필적하다
0555	**strength** [strength]	힘, 기운, 용기, 내구력, 견고성, 세력, 영향력, 강점, 장점, 세기[강도]
0556	**write** [rahyt]	쓰다, 집필하다, 작성하다, 기록하다
0557	**industry** [**in**-d*uh*-stree]	산업, 공업, 제조업, 근면성
0558	**peace** [pees]	평화, 평온(함), 평화로움, 화평, 화목
0559	**desire** [dih-**zahy***uh* r]	욕구, 갈망, 욕정, 바라는[희망하는] 사람[것], 바라다, 원하다, 욕정을 느끼다

> 43. Every animal leaves traces of what it was; man alone leaves traces of what he created. _Jacob Bronowski
> 모든 동물은 그것이 어떤 모습이었는지의 자취들을 남긴다. 오직 인간만이 그가 만들어낸 것의 자취들을 남긴다. _제이콥 브로노우스키

0560	**offer** [**aw**-fer]	제의[제안]하다, 권하다, 제공하다, 바치다[올리다], 제의, 제안
0561	**nation** [**ney**-sh*uh* n]	국가, 나라, (한 국가의 전체) 국민, 민족
0562	**team** [teem]	팀, 단체, 팀을 짜다
0563	**critical** [**krit**-i-k*uh* l]	비판적인, 비난하는, 대단히 중요한[중대한], 위태로운
0564	**king** [king]	왕, 국왕, 제왕
0565	**event** [ih-**vent**]	사건[일], 행사, 경기[종목]
0566	**produce** [pruh-**dyoos**]	생산하다, 낳다, 만들어내다[창조하다], 제작하다, 생산물[품], 농작[산]물
0567	**wish** [wish]	원하다, 바라다, 기원하다, 빌다, 바람, 의도, 소망, 소원, 기원
0568	**author** [**aw**-ther]	작가, 저자, (계획 등의) 입안자, 쓰다, 저술하다
0569	**beautiful** [**byoo**-t*uh*-f*uh* l]	아름다운, 멋진, 훌륭한
0570	**cold** [kohld]	추운, 차가운, 냉정한, 식은, 추위, 감기, 무턱대고, 계획 없이
0571	**stop** [stop]	멈추다, 정지하다, 중단하다, 끝나다, 그치다, 멈춤, 중단, 정류장, 정거장
0572	**member** [**mem**-ber]	구성원[일원], 회원

---

44. I paint objects as I think them, not as I see them. _Pablo Picasso
나는 대상들을 보는 대로가 아니라 생각한 대로 그린다. _파블로 피카소

0573	**mass** [mas]	(형체가 없는) 덩어리, (모여 있는) 무리, 질량, 대량의, 많이 모이다[모으다]
0574	**status** [**stey**-t*uh* s]	(법적) 신분[자격], (사회적) 지위, 중요도, (진행 과정상의) 상황
0575	**recent** [**ree**-s*uh* nt]	최근의, 최신의, 새로운
0576	**normal** [**nawr**-m*uh* l]	보통의, 평범한, 정상적인, (정신 상태가) 정상인, 보통, 평균, 정상
0577	**window** [**win**-doh]	창문, 창, 창구, (잠깐 동안의) 기회
0578	**student** [**stood**-nt]	학생, 생도, ~에 관심이 아주 많은 사람
0579	**born** [bawrn]	태어난, 생긴, 타고난, 선천적인
0580	**literature** [**lit**-er-*uh*-cher]	문학, 문예, (특정 분야의) 문헌[인쇄물]
0581	**religion** [ri-**lij**-*uh* n]	종교, 수도[신앙] 생활, 종교와도 같은 것, (개인의 삶에서) 아주 중요한 것
0582	**wall** [wawl]	벽, 장벽, 담, 담[성벽]으로 에워싸다
0583	**remain** [ri-**meyn**]	계속[여전히] ~이다, (없어지지 않고) 남다, 남아 있다
0584	**weight** [weyt]	무게, 체중, 무거운 것, 추, 부담, 중요성, 영향력, 무겁게 하다, 가중치를 주다
0585	**solution** [s*uh*-**loo**-sh*uh* n]	(문제·곤경의) 해법, 해결책, (퀴즈·수학 문제의) 해답, 정답, 용액

45. Always do right. This will gratify some people and astonish the rest.
_Mark Twain
언제나 바른 행위를 하라. 그것은 일부 사람들을 만족시킬 것이며, 나머지 사람들을 깜짝 놀라게 할 것이다. _마크 트웨인

0586	**task** [task]	(특히 힘든 · 하기 싫은) 일, 과업, 과제, (~에게) 과업[과제]을 맡기다[주다]
0587	**previous** [**pree**-vee-*uh* s]	이전의, 앞선, 먼저의, 예비의, 먼젓번의
0588	**extent** [ik-**stent**]	정도[규모], 크기, 범위
0589	**opinion** [*uh*-**pin**-*yuh* n]	의견, 견해, 여론, (개인의) 생각
0590	**claim** [kleym]	주장하다, 청구[신청]하다, (관심을) 끌다, 주장, (재산 등에 대한) 권리, 청구
0591	**lack** [lak]	부족, 결핍, ~이 없다[부족하다]
0592	**thousand** [**thou**-*zuh* nd]	1000, 천, 수천의, 수많은
0593	**primary** [**prahy**-mer-ee]	주된, 주요한, 기본적인, (순서 · 단계상으로) 최초[초기]의, 초등교육[학교]의
0594	**cross** [kraws]	X표, 십자가, 혼합, 이종교배, 가로지르다, 교차하다, 이종교배하다
0595	**bit** [bit]	조금, 약간, 잠깐, 한 조각, 부분, 일부, (컴퓨터) 비트
0596	**impact** [**im**-pakt]	(강력한) 영향, 충격, 충돌
0597	**attempt** [*uh*-**tempt**]	시도, 도전, 살해기도, 시도하다, 애써 해보다
0598	**popular** [**pop**-y*uh*-ler]	인기 있는, 대중[통속]적인, 대중들의[보통 사람들의]

46. Life is too short for long-term grudges. _Elon Musk
누군가를 원망하며 시간을 허비하기에 인생은 짧다. _엘론 머스크

0599	**box** [boks]	상자, 갑[함], 네모, 칸, 움막[초소], ~와 권투를 하다, 상자에 넣다
0600	**basic** [**bey**-sik]	기본적인, 기초적인, 근본적인
0601	**concept** [**kon**-sept]	개념, 관념, 구상(된 것)
0602	**stay** [stey]	계속[그대로] 있다[머무르다/남다], 머무름, 방문
0603	**opportunity** [op-er-**too**-ni-tee]	기회
0604	**begin** [bih-**gin**]	시작하다, 시작되다, 출발하다
0605	**game** [geym]	게임, 경기, 시합, 놀이, 투지만만한
0606	**active** [**ak**-tiv]	활동적인, 적극적인, 활발한, 왕성한, 유효한
0607	**volume** [**vol**-yoom]	용량, 용적, 음량[볼륨], (책이나 잡지의) 권
0608	**network** [**net**-wurk]	(그물처럼 얽혀 있는) 망, (사람·기업체 등의) 관계, 네트워크를 형성하다
0609	**evening** [**eev**-ning]	저녁, 밤, 야간(오후 6시경부터 잠자리에 들 때까지의 시간), 저녁 행사[공연]
0610	**principle** [**prin**-s*uh*-p*uh* l]	원칙, 원리, 신조[주의], (물리·자연의) 법칙
0611	**floor** [flawr]	바닥, 층, 마루, 참가자, 작업장, 발언권, 때려눕히다, 바닥을 깔다

---

47. We're never in lack of money. We lack people with dreams, (people) who can die for those dreams. _Jack Ma

자금은 절대 부족하지 않다. 우리에게 부족한 것은 꿈을 가진, 그리고 죽을힘을 다해 그 꿈을 좇는 사람들이다. _마윈

0612	**distribute** [dih-**strib**-yoot]	나누어주다, 분배[배부]하다, (상품을) 유통시키다
0613	**effort** [**ef**-ert]	수고, 수고를 요하는 것, 노력, 공, 활동, 결과, 결실
0614	**scale** [skeyl]	규모[범위], 등급, 눈금, 축적, 치석, 치석을 제거하다, 크기를 조정하다
0615	**address** [uh-**dres**]	주소, 연설, 호칭, 연설하다, (봉투에) 주소를 쓰다, 말을 걸다, 호칭을 부르다
0616	**either** [**ee**-*th* er]	(둘 중) 어느 하나[것](의), 각각[양쪽](의), 역시, 또한, 게다가
0617	**measure** [**mezh**-er]	측정하다[재다], 판단[평가]하다, 조치[정책], 양[정도], 척도[기준], 계량기
0618	**picture** [**pik**-cher]	그림, 사진, 화면, 모습, 묘사, 심상, (전반적인) 상황, 상상하다, 묘사하다
0619	**continue** [k*uh* n-**tin**-yoo]	(쉬지 않고) 계속되다, 계속하다, 재개하다[재개되다]
0620	**neither** [**nee**-*th* er]	(둘 중) 어느 것도 ~아니다, (부정문을 만들며) ~도 마찬가지이다[그렇다]
0621	**serious** [**seer**-ee-*uh* s]	심각한, 진지한, 만만찮은, 진심인
0622	**post** [pohst]	우편, (병사 등의 근무) 위치[구역], 기둥[말뚝], 발송하다, 게시[공고]하다
0623	**style** [stahyl]	방식, 형식, 유행, 양식, 품격, 스타일을 만들다[디자인하다], 칭하다, 부르다
0624	**communication** [k*uh*-myoo-ni-**key**-sh*uh* n]	의사소통, 연락, 통신

---

48. You will never do anything in this world without courage. It is the greatest quality of the mind next to honor. _Aristotle
용기 없이는 아무것도 할 수 없다. 그것은 명예 다음으로 가장 중요한 심성이다. _아리스토텔레스

0625	**flow** [floh]	흐름, 계속적인 공급, 밀물, 흐르다, 계속 흘러가다, 술술 나오다, 넘쳐나다
0626	**relation** [ri-**ley**-sh*uh* n]	관계[관련(성)], 연관, 친척
0627	**river** [**riv**-er]	강, 하천, 강물, 다량의 흐름
0628	**daughter** [**daw**-ter]	딸, (딸에 비유된 것으로) 소산, 결실
0629	**pass** [pas]	지나가다, 통과하다, 건네주다, 합격하다, 합격[통과], 출입증, 지나감
0630	**negative** [**neg**-*uh*-tiv]	부정적인, 나쁜, 비관적인, 소극적인, 반대하는, 음성의, 마이너스의, 부정, 음성
0631	**reference** [**ref**-er-*uh* ns]	참고, 참조, (~에 대해) 말하기, 문의, 추천서, 참고 문헌, 참고 표시를 하다
0632	**base** [beys]	기초, 기반, 기지, 맨 아래 부분, 기초의, 비도덕적인, 야비한
0633	**trust** [truhst]	신뢰, 신임, (법률) 신탁, 신탁금, 위탁 사업체, 신뢰하다, 신임하다, 믿다
0634	**tree** [tree]	나무, 수목
0635	**media** [**mee**-dee-*uh*]	(신문·텔레비전 등의) 매체[미디어/대중매체]
0636	**sun** [suhn]	해, 태양, 햇볕, 햇빛, 햇볕을 쬐다
0637	**army** [**ahr**-mee]	군대, 육군, 부대[집단]

49. I've learned that people will forget what you said, people will forget what you did, but people will never forget how you made them feel.
_Maya Angelou

한 가지 깨달은 것이 있다. 사람들은 당신의 말, 당신의 행동은 잊어버리게 마련이다. 하지만 그들이 당신 때문에 어떤 감정을 느꼈는지는 영원히 잊혀지지 않을 것이다. _마야 안젤루

0638	**chance** [chans]	가능성, 기회, 우연, 운, 위험(성), 운에 맡기다, 우연히 하다[발생하다]
0639	**develop** [dih-**vel**-*uh* p]	성장[발달]하다, 개발하다, 발생하다, (이야기 등을) 전개시키다, 현상하다
0640	**visit** [**viz**-it]	방문하다[찾아가다], 체류하다, 머물다, 시찰하다, 방문, 찾아가기, 만남
0641	**require** [ri-**kwahy***uh* r]	필요하다, 필요로 하다, 요구하다
0642	**regard** [ri-**gahrd**]	~으로 여기다[평가하다], 간주하다, 관심, 고려, 배려, 존경, 안부(의 말)
0643	**police** [p*uh*-**lees**]	경찰, 치안을 유지하다, (규칙 준수를) 감시하다
0644	**mouth** [mouth]	입, (항아리 등의) 주둥이, 입 모양으로만 말하다, (입으로만) 떠들다
0645	**oil** [oil]	석유, (요리용) 기름, 식용유, 오일, (기계 등에) 기름[윤활유]을 치다
0646	**reach** [reech]	이르다, 닿다, 도달하다, 뻗다, 내밀다, 연락하다, 거리, 범위, 권한
0647	**news** [nyooz]	소식, 근황, 뉴스, 뉴스거리
0648	**till** [til]	~까지, ~까지는
0649	**receive** [ri-**seev**]	받다, 받아들이다, 청취[수신]하다, (부상 등을) 입다[당하다]
0650	**rise** [rahyz]	증가하다, 일어나다, (해 등이) 뜨다, 거세지다, 봉기하다, 증가, 오르기, 상승

50. We are shaped by our thoughts; we become what we think. When the mind is pure, joy follows like a shadow that never leaves. _Buddha
관념이 존재를 다듬는다. 우리는 생각의 산물이다. 정신이 순수할 때, 행복은 그림자처럼 따라오기 마련이다. _부처

0651	**temperature** [**tem**-per-*uh*-cher]	온도, 기온, 체온
0652	**blue** [bloo]	파란, 푸른, 새파래진, 질린, 우울한, 외설적인, 도색의, 파란[푸른]색
0653	**charge** [chahrj]	요금, (경찰의) 기소, 비난, 책임, 담당, 청구하다, 기소하다, 임무를 맡기다
0654	**actual** [**ak**-choo-*uh* l]	(사실임을 강조하여) 실제의, 사실상의, 진짜의, 현실의
0655	**happy** [**hap**-ee]	행복한, 기쁜, 마음에 드는, 다행스러운, (말·생각·행동이) 적절한
0656	**supply** [s*uh*-**plahy**]	공급[비축], 보급품[물자], 제공, (특히 대량으로) 공급[제공]하다
0657	**board** [bawrd]	판자, 널, 판, 이사회, 위원회, 승선[승차/탑승]하다, 학교 기숙사에서 살다
0658	**demand** [dih-**mand**]	(강력히 요청하는) 요구, 수요, 요구하다, 따지다, 필요로 하다, 요구되다
0659	**determine** [dih-**tur**-min]	결정하다, 결심하다, 확정하다, 밝히다, 측정하다
0660	**duty** [**doo**-tee]	(도덕적·법률적) 의무, 직무, 임무, (특히 국내로 들여오는 물품에 대한) 세금
0661	**search** [surch]	찾기, 수색, 검색, 찾아[살펴]보다, 뒤지다, 수색[검색]하다, 검문하다
0662	**marriage** [**mar**-ij]	결혼 생활, 결혼, 결혼식
0663	**speech** [speech]	연설, 담화, 언어능력, 구어(口語), 말, (연극의) 대사, 화법

51. Weakness of attitude becomes weakness of character. _Albert Einstein
나약한 태도는 나약한 성격이 된다. _알버트 아인슈타인

0664	**green** [green]	녹색[초록빛]의, 푸른, (과일이) 덜 익은, 친환경적인, 녹색, 초록색, 녹지화하다
0665	**command** [k*uh*-**mand**]	명령, 지휘, 통솔, 사령부, 지휘부, 명령하다, 지시하다, 지휘하다
0666	**factor** [**fak**-ter]	요인, 인자, (증가·감소의) 양[비율], (측정도를 나타낸) 지수
0667	**record** [ri-**kawrd**]	기록, 경력, 전력, 음반, 레코드, (글·영화 등으로) 기록하다, 녹음[녹화]하다
0668	**film** [film]	영화, 필름, 얇은 막, 촬영하다, 찍다
0669	**heavy** [**hev**-ee]	무거운, 육중한, (양·정도 등이 보통보다) 많은[심한], 힘든, 심각한
0670	**sleep** [sleep]	(잠을) 자다, 잠, 수면
0671	**file** [fahyl]	파일, 서류철, (앞뒤로 늘어선) 줄, (문서 등을) 보관하다[철하다], 줄지어 가다
0672	**staff** [staf]	직원, 참모, 간부, 동료, 직원으로 일하다, 직원을 제공하다
0673	**separate** [**sep**-*uh*-reyt]	분리된, 따로 떨어진, 독립된, 서로 다른, 별개의, 분리하다, 갈라지다, 구분짓다
0674	**month** [muhnth]	(달력에서의) 달, (일) 개월
0675	**foot** [f*oo* t]	발, 발 부분, 걸음, 보행, 최하부, 최저부
0676	**contact** [**kon**-takt]	연락[접촉], (무엇에) 닿음, 접함, 관계, 연줄, (전화·편지 등으로) 연락하다

52. He who can, does. He who can not, teaches. _George Bernard Shaw
할 수 있는 자는 행한다. 할 수 없는 자는 가르친다. _조지 버나드 쇼

0677	**arm** [ahrm]	팔, 소매, (강·육지의) 줄기[갈래], (조직의) 부문, 무장하다[시키다]
0678	**attack** [uh-**tak**]	폭행, 공격, 맹비난, 엄습, 침범, 대처, 폭행하다, 공격하다, 침범하다
0679	**occur** [uh-**kur**]	일어나다, 발생하다, 존재하다[발견되다]
0680	**labor** [**ley**-ber]	노동, 근로, 수고, 애씀, 고심, 업무, 노동당, 노동의, 노동에 관한, 노동당의
0681	**exercise** [**ek**-ser-sahyz]	운동, 연습[훈련], 연습문제, 운동하다, (권력·권리·역량 등을) 행사[발휘]하다
0682	**stock** [stok]	(상점의) 재고, 비축물, 주식자본, 가축, (상품을 갖춰 두고) 있다, 비축된
0683	**firm** [furm]	회사, 딱딱한, 단단한, 확고한, 변치 않을, 다지다, 단단하게 하다, 안정되다
0684	**essential** [uh-**sen**-shuh l]	필수적인, 극히 중요한, 본질[근본]적인, 필수[기본]적인 것, 핵심 사항, 요점
0685	**global** [**gloh**-buh l]	세계적인, 지구의, 전반[전체/포괄]적인
0686	**mental** [**men**-tl]	정신의, 정신적인, 마음의
0687	**contrast** [kuh n-**trast**]	대조, 대비, 대조적인 사람[것], 명암, 차이, 대조하다, 대비시키다
0688	**brain** [breyn]	뇌, 머리, 지능, 똑똑한 사람, (계획의) 입안자[구안자]
0689	**rich** [rich]	부유한, 돈 많은, 부자인, 다채로운, 풍요로운, 호화로운, 사치스러운

---

53. You cannot have a proud and chivalrous spirit if your conduct is mean and paltry; for whatever a man's actions are, such must be his spirit.
_Demosthenes

행동이 비열하고 하찮다면 그 정신이 자랑스럽고 의로울 수 없습니다. 사람의 행동이야말로 그의 정신이기 때문입니다. _데모스테네스

0690	**walk** [wawk]	걷다, 걸어가다, 산책하다, (걸어서) 바래다주다, 걷기, 산책, 걸음걸이, 도보여행
0691	**message** [**mes**-ij]	메시지, 전갈, 성명, (전화) 문자, 교훈, (전화로) 문자를 보내다
0692	**perfect** [**pur**-fikt]	완벽한[완전한/온전한], 더할 나위 없이 좋은, 꼭 알맞은
0693	**phase** [feyz]	(변화·발달 과정상의 한) 단계[시기/국면], (일의 진행을) 단계적으로 하다
0694	**unless** [uhn-**les**]	~하지 않는 한, ~이 아닌 한, ~한 경우[때] 외에는
0695	**race** [reys]	경주, 달리기 (시합), 레이스, 경쟁, 인종, 종족, 품종, 경주[경쟁]하다, 질주하다
0696	**heat** [heet]	열기, 열, 온도, 더위, (특히 조리용) 불, 압박감, 뜨겁게 만들다, 뜨거워지다
0697	**impossible** [im-**pos**-uh-buh l]	불가능한, 대단히 곤란한, 난감한, 불가능한 것
0698	**add** [ad]	첨가[추가]하다, 덧붙이다, 합하다[더하다], 보태다
0699	**capacity** [kuh-**pas**-i-tee]	용량, 수용력, 생산능력, (공식적인) 지위[역할], 배기량
0700	**female** [**fee**-meyl]	여성[여자]인, 암컷의, 여성의, 열매를 맺는, 암나무의, 암컷, 여성
0701	**serve** [surv]	(상품·서비스를) 제공하다, 근무[복무]하다, 쓰일 수 있다[적합하다], 서브
0702	**color** [**kuhl**-er]	색(깔), 빛깔, 총천연색의, 컬러의, 색칠[염색]하다, (부정적인) 영향을 끼치다

54. The man who has no imagination has no wings. _Mohamed Ali
상상하지 않는 자에겐 날개가 있을 수 없다. _무하마드 알리

0703	**computer** [k*uh* m-**pyoo**-ter]	컴퓨터, 계산기
0704	**path** [path]	길, 통로, 진로, 계획
0705	**explain** [ik-**spleyn**]	설명하다, 이유를[가] 대다[되다], 해명하다
0706	**sight** [sahyt]	시력, 보기, 봄, 시야, 광경[모습], 명소[관광지], 갑자기 보다[찾다]
0707	**piece** [pees]	한 부분[조각], 한 개, 파편, 구성 요소, 부품, (작품) 한 점
0708	**carry** [**kar**-ee]	나르다, 들고 있다, 가지고 다니다, (병을) 옮기다, 수반되다, ~로 데려가다
0709	**otherwise** [**uh***th* -er-wahyz]	(만약) 그렇지 않으면[않았다면], 그 외에는, 다르게[다른 방법으로], 달리
0710	**worth** [wurth]	~의 가치가 있는, ~할 가치가 있는, ~의 재산을 가진, 가치, 값어치
0711	**sign** [sahyn]	징후, 흔적, 표지판, 신호, 부호, 기호, 서명하다, 계약하다, 신호를 보내다
0712	**internal** [in-**tur**-nl]	내부의, 체내의, 국내의, 내적인, 마음속의
0713	**center** [**sen**-ter]	중심, 중앙, 한가운데, 중심[중앙]에 두다, 집중시키다, 중심의, 중심에 있어서의
0714	**none** [nuhn]	아무도 ~않다, 조금도 ~않다, 결코 ~않다
0715	**master** [**mas**-ter]	주인, 달인, 석사 학위, 스승님, 숙달[통달]하다, 억누르다, 가장 큰[중요한]

55. The worst form of inequality is to try to make unequal things equal.
_Aristotle
최악의 불평등은 평등하지 않은 것들을 평등하게 만들어버리려는 시도이다. _아리스토텔레스

0716	**proper** [**prop**-er]	적절한, 제대로 된, 올바른[정당한], 엄밀한 의미의
0717	**strategy** [**strat**-i-jee]	(특정 목표를 위한) 계획[전략], 수립[집행], (군사적인) 전략
0718	**avoid** [uh-**void**]	방지하다, 막다, 모면하다, (회)피하다
0719	**economy** [ih-**kon**-uh-mee]	경기, 경제, (경제 주체로서의) 국가, 절약, 아끼기
0720	**review** [ri-**vyoo**]	검토, (책 · 영화 등에 대한) 논평[비평], 보고서, 복습, 재검토하다, 논평하다
0721	**constant** [**kon**-stuh nt]	끊임없는, 거듭되는, 변함없는, (수학) 정수, 항수
0722	**benefit** [**ben**-uh-fit]	혜택, 이득, 특전[수당], 보험금, 자선 행사, 유익[유용]하다, 득을 보다
0723	**skin** [skin]	피부, 껍질, (뱀 등의) 허물, 가죽, 가죽을 벗기다, 껍질을 벗기다
0724	**relative** [**rel**-uh-tiv]	비교적인, 비교상의, 상대적인, ~와 관련지은, ~와 관련된, 친척, 동족, 동류
0725	**fair** [fair]	공정한, 공평한, 타당한, 상당한, 제법 큰, (날씨가) 맑은, 박람회
0726	**gold** [gohld]	금, 금화, 금붙이, 금빛, 황금색, 금빛[황금색]의
0727	**summer** [**suhm**-er]	여름, 여름의, 여름을 지내다
0728	**ancient** [**eyn**-shuh nt]	고대의, 아주 오래된, 먼 옛날의, 고대인

56. Courage is what it takes to stand up and speak; courage is also what it takes to sit down and listen. _Winston Churchill
용기란 일어나 말할 수 있게 하는 자질이다. 동시에 용기는 앉아서 들을 수 있게 하는 것이기도 하다.
_윈스턴 처칠

0729	**hot** [hot]	더운[뜨거운], 매운, 얼얼한, 치열한[뜨거운/열띤], 인기 있는
0730	**sufficient** [s*uh*-**fish**-*uh* nt]	충분한, 흡족한
0731	**advantage** [ad-**van**-tij]	유리한 점, 이점, 장점, 유리하게 하다
0732	**shape** [sheyp]	모양, 형태, 상태, 체형, 모양으로 만들다, (중요한 영향을 미쳐서) 형성하다
0733	**conflict** [k*uh* n-**flikt**]	갈등[충돌], 물리적 충돌, 분쟁, 투쟁, 상충하다, 충돌하다, 모순되다
0734	**progress** [**prog**-res]	진전, 진척, 나아감, 진전을 보이다, 진행하다, (앞으로) 나아가다
0735	**horse** [hawrs]	말, (마차에) 말을 매다
0736	**wind** [wind]	바람, (운동ㆍ악기 연주 때 필요한) 숨[호흡], 관악기
0737	**chief** [cheef]	주된, (계급ㆍ직급상) 최고위자인, (단체의) 최고위자[장], 추장, 족장
0738	**dear** [deer]	사랑하는, 소중한, ~에게, 이런[저런/맙소사/어머나], 여보[자기/당신]
0739	**ship** [ship]	(큰) 배, 선박, 함선, 실어 나르다, 수송[운송]하다, 구입할 수 있다, 출하하다
0740	**construction** [k*uh* n-**struhk**-sh*uh* n]	건설, 공사, 건축[구조]물, 구조, 구성
0741	**prevent** [pri-**vent**]	~하는 것을 막다, 예방하다, 방지하다

> 57. I always like to look on the optimistic side of life, but I am realistic enough to know that life is a complex matter. _Walt Disney
> 항상 인생의 긍정적인 면을 보는 걸 좋아한다. 동시에 인생이 복잡한 것이라는 걸 알 만큼은 현실적이다. _월트 디즈니

인생 요령 [1]

(1) 언제나 목표는 최대한 단순하고 명확하게 한다.
(2) 마무리를 잘못하면 모든 것을 망친다. 마무리 하나 잘하면 망친 것도 살린다.
(3) 공부할 때 절대 눕지 않는다. (그럴 바엔 차라리 그냥 자는 게 낫다.)

Life Tip [1]

(1) Your goals should always be simple and clear.
(2) Failed finale ruins everything. Great finale saves the ruined.
(3) Don't lie down when studying. (Just sleep.)

0742	**cover** [**kuhv**-er]	씌우다[가리다], 덮다, 바르다[뒤덮다], 다루다, 포함하다, 덮개, 커버, 표지, 엄호
0743	**male** [**meyl**]	남자[남성/수컷]의, 남자, 남성, 수컷, 수나무[꽃 등]
0744	**pretty** [**prit**-ee]	어느 정도, 꽤, 아주, 매우, 매력적인, 예쁜, 귀여운, 보기[듣기] 좋은, 멋진
0745	**scene** [**seen**]	현장, 장면[광경/상황], 풍경, 풍경화[사진], 무대
0746	**glass** [**glas**]	유리, 한 잔(의 양), 유리 제품[그릇], 안경
0747	**break** [**breyk**]	깨다, 부수다, 고장나다, 어기다, 쉬다, (관계를) 끝내다, 휴식, 중단, 골절
0748	**civil** [**siv**-*uh* l]	시민(들)의, 민간의(종교나 군대와 상대되는 의미), 민사상, 정중한, 예의 바른
0749	**unit** [**yoo**-nit]	구성단위, (상품의) 한 개[단위], (특정 임무를 위한) 부대[단체], 부서, 단원
0750	**enemy** [**en**-*uh*-mee]	적, 적대자, 반대자, 장애물
0751	**choose** [**chooz**]	선택[선정]하다, 고르다, 결정하다
0752	**initial** [ih-**nish**-*uh* l]	처음의, 초기의, 이름의 첫 글자[머리글자], 성명의 첫 글자들을 표시하다
0753	**pattern** [**pat**-ern]	(정형화된) 양식, 패턴, 모범, 무늬, 무늬를 이루다, 양식[패턴]을 형성시키다
0754	**aware** [*uh*-**wair**]	알고[의식/자각하고] 있는, 눈치채고 있는, 의식이 높은[관심이 많은]

58. It takes many good deeds to build a good reputation, and only one bad one to lose it. _Benjamin Franklin
명성을 쌓기 위해서는 수많은 선행을 해야 한다. 그리고 그 명성을 잃는 데는 단 하나의 악행이면 충분하다. _벤저민 프랭클린

0755	**sample** [**sam**-p*uh* l]	(통계 조사의) 표본, 샘플, 견본품, 맛보다, 표본조사를 하다, 샘플을 녹음하다
0756	**sex** [seks]	성(性), 성별, 성행위, 성관계, 암수[성별]를 감별하다
0757	**fast** [fast]	빠른, 빨리, 지체 없이, 단단히 고정된, 단단히, 완전히, 단식[절식]하다, 단식
0758	**balance** [**bal**-*uh* ns]	균형[평형], 안정, 조화, 저울, 잔고, 균형을 유지하다, 상쇄되다, 견줘 보다
0759	**apply** [*uh*-**plahy**]	신청하다, 지원하다, 적용하다, (페인트·크림 등을) 바르다, 전념[몰두]하다
0760	**street** [street]	거리, 길거리, 도로
0761	**exist** [ig-**zist**]	존재[실재/현존]하다, (특히 힘들게 근근이) 살아가다
0762	**element** [**el**-*uh*-m*uh* nt]	요소, 성분, (화학적) 원소, 부분, 원리, 부류[파], 약간의 놀라움, 악천후
0763	**exchange** [iks-**cheynj**]	교환, 주고받음, 맞바꿈, 환전, 얘기를 나눔, 교환하다[주고받다], 맞바꾸다
0764	**goal** [gohl]	골, 득점, 목표
0765	**save** [seyv]	구해내다, 구조하다, 저축하다, 아끼다, (컴퓨터) 저장하다, (슛을) 막다
0766	**code** [kohd]	암호, 부호, 코드, 관례[규칙], 부호로 처리하다, 암호로 쓰다, 코드화하다
0767	**animal** [**an**-*uh*-m*uh* l]	동물, 짐승, 동물적인

---

59. Your pain is the breaking of the shell that encloses your understanding.
_Khalil Gibran
고통은 세상에 대한 당신의 이해의 껍데기를 깨뜨릴 것이다. _칼릴 지브란

0768	**plant** [plant]	식물, 공장, (대규모 기계류의) 시설, (나무 등을) 심다, 자리를 잡다
0769	**bottom** [**bot**-*uh* m]	맨 아래 (부분), 바닥, (아래쪽의) 뒷면, 맨 아래[안/끝]쪽에
0770	**evil** [**ee**-v*uh* l]	사악한, 악랄한, 악마의, 몹시 불쾌한, 지독한, 악, 유해물, 악폐
0771	**responsible** [ri-**spon**-s*uh*-b*uh* l]	책임이 있는, 책임감 있는, 원인이 되는
0772	**gain** [geyn]	(이익·혜택을) 얻다, (경험 등을 차츰) 쌓다, (가치가) 오르다, 증가, 개선, 이익
0773	**conduct** [**kon**-duhkt]	실시하다, 지휘하다, (열이나 전기를) 전도하다, 경영, 수행, 처리, 행동
0774	**motion** [**moh**-sh*uh* n]	운동, 움직임, 동작[몸짓], 발의, 동의, 동작[몸짓]을 해 보이다
0775	**bank** [bangk]	은행, 둑, 제방, 통장에 돈을 넣다, 예금하다, 쌓다
0776	**trial** [**trahy**-*uh* l]	재판, 공판, 시험[실험], (능력 등을) 시험하다
0777	**fight** [fahyt]	싸우다[전투하다], 다투다[겨루다], 분투하다, 싸움, 투쟁, 전투, 경기[승부]
0778	**suggest** [s*uh* g-**jest**]	제안[제의]하다, 추천하다, 시사[암시]하다
0779	**contract** [**kon**-trakt]	계약[약정], 줄어들다, 수축하다, 계약하다, (결혼/제휴를 정식으로) 약속하다
0780	**sister** [**sis**-ter]	언니, 누나, 여동생, 자매, 여성 동지, 수녀(님)

60. When angry count to ten before you speak. If very angry, count to one hundred. _Thomas Jefferson
화가 났다면 입을 열기 전에 10까지 세어라. 머리끝까지 화가 났다면 100까지 세어라. _토머스 제퍼슨

0781	**enter** [**en**-ter]	들어가다[오다], (활동·상황 등을) 시작하다, (시험에) 응시하다, 입력하다
0782	**external** [ik-**stur**-nl]	외부의, 밖의, 외면의, 외부에서 작용하는, 외국의, 대외적인, 외부, 외면, 외관
0783	**send** [send]	보내다, 발송하다, 전하다
0784	**practical** [**prak**-ti-k*uh* l]	현실[실질/실제]적인, 타당한, 현실성 있는, 실용적인, 유용한, 거의 완전한
0785	**battle** [**bat**-l]	전투, 투쟁[다툼], 싸움, 싸우다, 투쟁하다
0786	**stress** [stres]	스트레스, 긴장, 역점, 강조, 악센트, 강조하다, 강세를 두다, 스트레스를 받다
0787	**drive** [drahyv]	운전하다, 태워다 주다, 추진시키다, (어떤 행동을 하도록) 만들다, 주행, 충동
0788	**vision** [**vizh**-*uh* n]	시력, 눈, 시야, 환상, 상상, 환영[환각], 비전
0789	**prior** [**prahy**-er]	(다른 무엇·특정 시간보다) 사전의, 우선하는, ~전[앞]의[에]
0790	**fit** [fit]	(모양·크기가) 맞다, 가봉하다, 설치하다, 끼우다, 건강한, 적합한, 발작
0791	**concern** [k*uh* n-**surn**]	영향을 미치다, 관련되다, 우려하게 만들다, 중시하다, 우려, 배려, 관심사
0792	**couple** [**kuhp**-*uh* l]	두 사람[개], 남녀, 커플, 부부, (두 대의 차량이나 기계 따위를) 연결[결합]하다
0793	**perspective** [per-**spek**-tiv]	관점, 시각, (문제 해결을 위한 사고에서의) 균형감, 원근법, 전망

> 61. Some people want it to happen, some wish it would happen, others make it happen. _Michael Jordan
> 누군가는 바라고, 다른 누군가는 희망하고 있을 때, 또 다른 누군가는 그것을 현실로 이루어낸다. _마이클 조던

0794	**ought** [awt]	~해야 하다, ~할 의무가 있다, ~임에 틀림없다, 해야 할 일, 의무, 책임
0795	**strange** [streynj]	이상한, 낯선
0796	**notice** [**noh**-tis]	주목, 알아챔, 공고문[안내문], 안내판[문], 알림, 통지, 의식하다, 주목하다
0797	**village** [**vil**-ij]	마을, 부락, 촌락, 마을 사람들, 부락민들
0798	**smile** [smahyl]	(소리를 내지 않고) 웃다, 미소 짓다, (소리 없는) 웃음, 미소
0799	**correct** [k*uh*-**rekt**]	맞는, 정확한, 옳은, (태도가) 올바른, 바로잡다, 정정하다, (과제를) 검사하다
0800	**straight** [streyt]	똑바로 (일직선으로), 곧장, 곧바로, 솔직[정직]하게, 직선 구간, 정리된, 깔끔한
0801	**spread** [spred]	펼치다[펴다], 퍼지다[확산되다], 번지다, 퍼뜨리다, 확산, 전파, 폭넓음
0802	**accept** [ak-**sept**]	받아들이다, 수락하다, 인정하다, 감내하다
0803	**shot** [shot]	발사, 발포, 총성, 포성, (운동 경기) 슛, 사진, 시도, 한 잔[모금]
0804	**trouble** [**truhb**-*uh* l]	문제, 곤란, 골칫거리, 곤경, 고장, 괴롭히다, 애먹이다, 귀찮게 하다
0805	**client** [**klahy**-*uh* nt]	의뢰인[고객], 거래처
0806	**soil** [soil]	토양, 흙, 국가, 국토, 땅, 더럽히다

62. Just learning to think in another language allows you to see your own culture in a better viewpoint. _Gates McFadden
단지 다른 언어로 생각하는 일을 배우는 것만으로 당신이 자신의 문화를 보다 나은 관점으로 보게끔 한다. _게이츠 맥파든

0807	**south** [south]	남쪽, 남부, 남쪽[남부]에 있는, 남쪽으로 향하는, 남쪽으로
0808	**administration** [ad-min-*uh*-**strey**-sh*uh* n]	관리[행정] (업무), 집행, (특히 미국의) 행정부, (약물) 투여
0809	**speed** [speed]	속도, 빠름, 빨리 가다[이동하다], 속도위반을 하다
0810	**gas** [gas]	기체, 가스, 휘발유, 가솔린, 가스를 공급하다, 독가스로 살해하다
0811	**domestic** [d*uh*-**mes**-tik]	국내의, 가정(용)의, 집안의, 가정적인, 사육되는, 애완용의
0812	**safe** [seyf]	안전한, 안심할 수 있는, 무사한, 신중한, 증거에 입각한, 금고
0813	**rose** [rohz]	장미(꽃), 장밋빛, 장밋빛의
0814	**bear** [bair]	곰, 참다, 떠맡다[감당하다], 지탱하다[견디다], (아이를) 낳다
0815	**expect** [ik-**spekt**]	예상[기대]하다, 요구하다[바라다]
0816	**credit** [**kred**-it]	신용거래, 융자(금), 신용도, 잔고, 칭찬, 인정, 학점, 입금하다, 공이라고 말하다
0817	**represent** [rep-ri-**zent**]	대표[대신]하다, 대변[변호]하다, 표현하다[나타내다], 상징하다
0818	**relevant** [**rel**-*uh*-v*uh* nt]	(밀접하게) 관련 있는, 적절한, (사람들의 삶 등에) 의의가 있는
0819	**federal** [**fed**-er-*uh* l]	연방제의, 연방 정부의

---

63. The purpose of human life is to serve and to show compassion and the will to help others. _Albert Schweitzer
인생의 목적은 봉사하고 동정심 및 남들을 돕고자 하는 의지를 나타내는 것이다. _알버트 슈바이처

0820	**check** [chek]	살피다[점검하다], 알아보다[확인하다], 억제하다, 확인, 점검, 조사, 억제
0821	**upper** [**uhp**-er]	더 위에 있는, 위쪽의[상부의], 고지대의, 상류의, 북부의, 윗부분
0822	**press** [pres]	신문, 언론, 기자들, 보도, 인쇄(기), 출판사, 압축 기계, 누르다, 꾹 밀어 넣다
0823	**lady** [**ley**-dee]	여자분, 여성, 숙녀, 부인
0824	**drug** [druhg]	(불법적인) 약물, 마약, 의약품, 약, 약물을 투여[주입]하다, 약을 타다[섞다]
0825	**fellow** [**fel**-oh]	녀석[친구], 동료, (학술·전문직 단체의) 회원, 같은 처지에 있는, 동료의
0826	**watch** [woch]	보다, 지켜보다, 주시하다, 시계, 감시, 망보기, 주시, 불침번
0827	**double** [**duhb**-*uh* l]	두 배의, 두 개로 된, 2인용의, 두 배, 꼭 닮은 사람[물건], 두 배로 만들다
0828	**generation** [jen-*uh*-**rey**-sh*uh* n]	세대, 시대, (특히 전기·열 등의) 발생
0829	**edge** [ej]	끝, 모서리, (칼) 날, 위기, (약간의) 우위, 조금씩 움직이다, 테두리를 두르다
0830	**version** [**vur**-zh*uh* n]	~판[형태], 버전, (특정한 입장에서 밝힌) 설명[생각/견해]
0831	**acid** [**as**-id]	(맛이) 신, 산성(酸性)의, 신랄한, 매서운
0832	**build** [bild]	(건물을) 짓다, 건설하다, 만들어내다, (감정이) 커지다, (사람의) 체구

64. Gratitude preserves old friendships, and procures new. _Anonymous
감사함은 오랜 우정들을 보존하며, 새로운 우정들을 획득한다. _작자 미상

0833	**title** [**tahyt**-l]	제목, 표제, 직함, 칭호, 작위, 서적, 출판물, 제목[표제]을 붙이다
0834	**maintain** [meyn-**teyn**]	유지하다[지키다], 주장하다, (가족을) 부양하다, 계속하다, 관리하다
0835	**happen** [**hap**-*uh* n]	(특히 계획하지 않은 일이) 발생하다, 일어나다, 우연히 ~하다
0836	**usual** [**yoo**-zhoo-*uh* l]	흔히 하는[있는], 평상시의, 보통의
0837	**tradition** [tr*uh*-**dish**-*uh* n]	전통, 관습
0838	**regular** [**reg**-y*uh*-ler]	규칙적인, 정기적인, 잦은, 주기적인, 보통의, 평상시의, 단골손님
0839	**president** [**prez**-i-d*uh* nt]	대통령, 회장
0840	**career** [k*uh*-**reer**]	직업, 직장[사회] 생활, (일을 하면서 보내는) 생활[경력], (제멋대로) 달리다
0841	**mine** [mahyn]	광산, 갱, 지뢰, (광물질을) 캐다, 채굴하다, 지뢰를 매설하다
0842	**wild** [wahyld]	야생의, 자생의, 제멋대로 구는, 사나운, 격렬한, (야생 상태의) 자연, 미개척지
0843	**location** [loh-**key**-sh*uh* n]	장소[곳/위치], (영화의) 야외촬영지[로케이션]
0844	**birth** [burth]	탄생, 출생, 출산, 시작, 출현, 가문, 집안
0845	**fish** [fish]	물고기, 생선, 어류, 낚시하다[낚다], (손으로) 찾다

> 65. Talent is God-given. Be humble. Fame is man-given. Be grateful. Conceit is self-given. Be careful. _John Wooden
> 재능은 신이 준 것이다. 겸손하라. 명성은 사람이 준 것이다. 감사하라. 자만은 스스로 준 것이다. 조심하라. _존 우든

0846	**officer** [**aw**-f*uh*-ser]	장교, (고위) 공무원, 관리, 경관, 경찰
0847	**secret** [**see**-krit]	비밀의, 남몰래 하는, 남이 모르는, 은밀한, 비밀, 기밀, 비결, 비법, 신비
0848	**error** [**er**-er]	실수, 오류
0849	**youth** [yooth]	어린 시절, 젊음, 청춘, 젊은이, 청년
0850	**seek** [seek]	(발견하기 위해) 찾다, (필요한 것을 얻으려고) 구하다, 청하다
0851	**reduce** [ri-**doos**]	줄이다, 축소하다, 낮추다, 감소시키다
0852	**opposite** [**op**-*uh*-zit]	다른 편[쪽]의[건너편의], 맞은편의, (정)반대의, 반대, 반의어
0853	**identify** [ahy-**den**-t*uh*-fahy]	(신원 등을) 확인하다[알아보다], 찾다, 발견하다, (신원 등을) 알아보게 하다
0854	**phone** [fohn]	전화(기), 수화기, 전화를 걸다[하다]
0855	**aid** [eyd]	원조, 지원, 도움, 보조 기구, 보조물, (특히 일이 수월해지도록) 돕다
0856	**conversation** [kon-ver-**sey**-sh*uh* n]	대화, 회화
0857	**eat** [eet]	(음식 · 밥 등을) 먹다, 식사하다
0858	**audience** [**aw**-dee-*uh* ns]	청중[관중], 시청자[독자/관람객], 접견, 알현

66. Ambition is like love, impatient both of delays and rivals. _Buddha
야망은 사랑처럼 지체와 경쟁자 양쪽 모두를 참지 못한다. _부처

0859	**article** [**ahr**-ti-k*uh* l]	(신문·잡지의) 글, 기사, (합의서·계약서의) 조항, (문법) 관사, 물품[물건]
0860	**describe** [dih-**skrahyb**]	말하다[서술하다], 묘사하다, 표현하다, 기술하다
0861	**ordinary** [**awr**-dn-er-ee]	보통의, 일상적인, 평범한
0862	**buy** [bahy]	사다, 구입하다, (대가를 치르고) 얻다, 매수하다, (사거나 팔) 물건, 구입
0863	**soft** [sawft]	부드러운, 푹신한, 연한[무른], 은은한, 가벼운, 나약한
0864	**official** [*uh*-**fish**-*uh* l]	공식적인, 공인된, 정식의, (고위) 공무원[관리], 임원
0865	**suppose** [s*uh*-**pohz**]	추정[추측]하다, 가정[상정]하다, ~인 것 같다[듯하다]
0866	**touch** [tuhch]	(손 등으로) 만지다, 접촉하다, 감동시키다, 촉각, 만지기, 감촉, 솜씨, 흔적
0867	**wait** [weyt]	기다리다, 대기하다, 미뤄지다, 기다리기, 기다림
0868	**familiar** [f*uh*-**mil**-yer]	익숙한, 친숙한, 잘 아는, 스스럼없는
0869	**crime** [krahym]	범죄, 범행, 죄악
0870	**target** [**tahr**-git]	목표, (목표로 하는) 대상, 표적[목표물], 과녁, (공격의) 표적으로 삼다, 겨냥하다
0871	**stone** [stohn]	돌, 석조, 돌멩이, 비석, (과일 등의) 씨, 돌을 던지다, 씨를 제거하다

> 67. Optimism is the faith that leads to achievement. Nothing can be done without hope and confidence. _Helen Keller
> 낙관은 성취에 도달하게 하는 신념이다. 희망과 확신 없이는 아무것도 이룰 수 없다. _헬렌 켈러

0872	**spring** [spring]	봄, 용수철, 탄력, 탄성, 샘, 생기, 활기, 휙 움직이다, (갑자기) 뛰어오르다, 튀다
0873	**minute** [**min**-it]	(시간 단위의) 분, 잠깐, 회의록, 메모, 극히 작은, 상세한, 회의록을 작성하다
0874	**college** [**kol**-ij]	대학(교), 전문학교, 학부[단과 대학]
0875	**obtain** [*uh* b-**teyn**]	(특히 노력 끝에) 얻다[구하다/입수하다], (규칙·시스템 등이) 존재하다
0876	**broad** [brawd]	(폭이) 넓은, 일반적인, 개괄적인, 광대한, 악센트가 강한, 암시가 아주 분명한
0877	**doctor** [**dok**-ter]	의사, 박사, 조작[변조]하다, (음식물에) 유독 물질을 섞다
0878	**dog** [dawg]	개, (개·여우·늑대의) 수컷, (오랫동안) 괴롭히다, (누구 뒤를) 바싹 따라가다
0879	**iron** [**ahy**-ern]	철, 쇠, 철분, 다리미, 다리미질을 하다, (강인하기가) 무쇠[철] 같은
0880	**absence** [**ab**-s*uh* ns]	결석, 결근, 부재, 없음, 결핍
0881	**dry** [drahy]	마른, 건조한, 비가 오지 않는, (감정이) 메마른, 재미없는, 마르다, 말리다
0882	**silence** [**sahy**-l*uh* ns]	고요, 적막, 정적, 침묵, 조용히 하게 하다, (반대 의견을) 침묵시키다
0883	**philosophy** [fi-**los**-*uh*-fee]	철학, 생각, 이념, 이론
0884	**reaction** [ree-**ak**-sh*uh* n]	반응, 반작용, 반발, 반동, 반력

68. Leadership and learning are indispensable to each other. _John F. Kennedy
리더십과 배움은 서로 필수 불가결한 관계다. _존 F. 케네디

0885	**output** [**out**-p*oo* t]	생산량, 산출량, (컴퓨터의) 출력, 전력[에너지 등]의 양, (정보 등의) 출력 위치
0886	**baby** [**bey**-bee]	아기, 새끼, 어린, 작은, 아기처럼 다루다
0887	**danger** [**deyn**-jer]	위험, 위험한 사람[물건/일], 위협
0888	**commercial** [k*uh*-**mur**-sh*uh* l]	상업의, 이윤을 낳는[목적으로 한], 영리 위주의, 상업적인, 광고 (방송)
0889	**machine** [m*uh*-sheen]	기계, 기구, 기계의[에 의한], 기계로 만들다
0890	**confidence** [**kon**-fi-d*uh* ns]	신뢰, 자신(감), 확신
0891	**agent** [**ey**-j*uh* nt]	대리인, 중개상, 에이전트, 중요한 작용을 하는 사람[것]
0892	**grow** [groh]	커지다[늘어나다/증가하다], 자라다[크다], 재배하다, 성장[발달]하다
0893	**mode** [mohd]	(특정한) 방식[방법/유형], 기분, 태도, 음계, (수학) 최빈수, 최빈값
0894	**portion** [**pawr**-sh*uh*]	(더 큰 것의) 부분[일부], (음식의) 1인분, 몫, (부분·몫으로) 나누다[분배하다]
0895	**novel** [**nov**-*uh* l]	소설, 새로운, 신기한
0896	**transfer** [trans-**fur**]	이동[이송/이전]하다, 옮기다, 넘겨주다, 환승하다, 이동, 환승, 이적
0897	**bound** [bound]	얽매인, ~향하는, 경계, 범위, 튀어오르다, 뛰다, 경계를 이루다

> 69. Slow and steady wins the race. _Aesop
> 느리더라도 꾸준하면 경주에서 이긴다. _이솝

0898	**sit** [sit]	앉다, 앉히다, (어떤 곳에) 있다, (어떤 지위 등을) 맡아보다, 개회하다
0899	**judge** [juhj]	판사, 심판, 심사위원, 판단하다[여기다], 추정[짐작]하다, 판정하다
0900	**mere** [meer]	겨우 ~의, ~에 불과한, 단지 ~만의, 단순한, 순전한, 작은 호수
0901	**numerous** [**nyoo**-mer-*uh* s]	많은, 다수의
0902	**corner** [**kawr**-ner]	모서리, 모퉁이, (방·상자의) 구석, 외딴곳, 곤경, 가두다, 몰아넣다, 다가가다
0903	**store** [stawr]	상점, 매장, 백화점, 비축량, 상품[물품], 저장고, 저장하다, (정보를) 기억하다
0904	**obvious** [**ob**-vee-*uh* s]	분명한[명백한], 확실한, 너무 뻔한
0905	**principal** [**prin**-s*uh*-p*uh* l]	주요한, 주된, 학장, 총장, (꾸어 주거나 투자한) 원금, 주연배우
0906	**therapy** [**ther**-*uh*-pee]	치료, 요법
0907	**detail** [dih-**teyl**]	세부 사항[세목], 구체적 내용, 자세한 정보[사항], 상세히 알리다[열거하다]
0908	**challenge** [**chal**-inj]	도전, 시험대, 문제, 난제, 이의를 제기하다, 도전하다, 검문하다, 수하하다
0909	**square** [skwair]	정사각형 모양의, 제곱의, 정사각형, 광장, 제곱, 사각형으로 만들다, 제곱하다
0910	**dinner** [**din**-er]	(하루 중에 먹는 가장 주된) 식사[밥], 저녁 식사, 만찬 (행사)

70. Prolonged idleness paralyzes initiatives. _Anonymous
나태함이 오래 계속되면 진취성을 마비시킨다. _작자 미상

0911	**fresh** [fresh]	신선한, 갓 딴[만든], 새로 생긴, 생생한, 새로운, 꽤 쌀쌀한
0912	**chair** [chair]	의자, 의장직[석], 의장, (대학의) 학과장, 의장을 맡다
0913	**formal** [**fawr**-m*uh* l]	격식을 차린, 정중한, 공식적인, 정식의, 형식적인, 일정한 양식[계획]에 따른
0914	**protect** [pr*uh*-**tekt**]	보호하다, 지키다, 보장하다
0915	**improve** [im-**proov**]	개선되다, 나아지다, 개선하다, 향상시키다
0916	**quiet** [**kwahy**-it]	조용한, 한산한, 한가한, 차분한, 침착한, 고요, 조용해지다, 진정시키다
0917	**warm** [wawrm]	따뜻한, 따스한, 훈훈한, (정답·비밀 등에) 근접한, 따뜻해지다, 데우다
0918	**sir** [sur]	(상점·식당 등에서) 이름을 모르는 남자에 대한 경칭으로 씀, 경(卿)
0919	**draw** [draw]	그리다, 끌다, 끌어당기다, 뽑아내다, 비기다, (돈을) 인출하다, 추첨, 무승부
0920	**willing** [**wil**-ing]	기꺼이 하는, 자발적인, 열렬한, 적극적인
0921	**pure** [py*oo* r]	순수한, 깨끗한, 완전한, 순전한, 순결한, (혈통 등이) 순종의
0922	**feature** [**fee**-cher]	특색, 특징, 특성, 이목구비, 특집 기사[방송], 특별히 포함하다, 특징을 이루다
0923	**breath** [breth]	숨, 입김, 호흡, 기미, 잠깐 동안, 순간,

71. Anyone can steer the ship when the sea is calm. _Publilius Syrus
바다가 잔잔할 때는 누구나 배의 키를 잡을 수 있다. _퍼블릴리어스 사이러스

0924	**famous** [**fey**-m*uh* s]	유명한, 잘 알려진, 명성이 있는
0925	**hit** [hit]	때리다[치다], 부딪치다, 맞히다, 타격을 주다, 치기, 강타, 타격
0926	**immediate** [ih-**mee**-dee-it]	즉각적인, 당면한, 목전의, 가장 가까운, 직속의, 직접적인 (영향을 미치는)
0927	**train** [treyn]	열차, (줄지은) 무리[일행], 연속, 일련, 교육[훈련]시키다, 연마하다
0928	**achieve** [*uh*-**cheev**]	달성하다, 성취하다, 해내다[이루다], 잘 해내다, 성공하다
0929	**clinical** [**klin**-i-k*uh* l]	임상의, 임상 치료의, 냉담한, (방 등이) 간소한
0930	**tone** [tohn]	어조, 말투, 분위기[논조], 음조, 색조, (피부 등의) 탄력, 억양, 탄력 있게 만들다
0931	**winter** [**win**-ter]	겨울, (어디에서) 겨울을 나다
0932	**gender** [**jen**-der]	성, 성별
0933	**afraid** [*uh*-**freyd**]	두려워[무서워]하는, 겁내는, 걱정하는[불안한], 염려하는
0934	**wonder** [**wuhn**-der]	궁금하다, 궁금해하다, (크게) 놀라다, 경탄, 불가사의, 경탄스러운 사람[것]
0935	**perform** [per-**fawrm**]	(일·의무 등을) 행하다[실시하다], 공연[연주/연기]하다, (작동하며) 돌아가다
0936	**despite** [dih-**spahyt**]	~에도 불구하고, 자기도 모르게[엉겁결에]

72. Notice that the stiffest tree is most easily cracked, while the bamboo or willow survives by bending with the wind. _Bruce Lee
이걸 알아둬라. 단단한 나무는 쉽게 꺾이겠지만, 대나무와 버드나무는 불어오는 바람에 몸을 숙여 살아남는다. _이소룡

0937	**notion** [**noh**-sh*uh* n]	개념, 관념, 생각
0938	**native** [**ney**-tiv]	(사람이) 태어난 곳의, 토박이의, 원주민의, 타고난, 토착민, 현지인, 토종
0939	**false** [fawls]	틀린, 사실이 아닌, 인조의[가짜의], 위조된, 거짓된, 기만적인
0940	**combination** [kom-b*uh*-**ney**-sh*uh* n]	조합, 결합, 연합, 배합
0941	**prove** [proov]	입증[증명]하다, 드러나다[판명되다], (반죽이) 부풀다
0942	**contain** [k*uh* n-**teyn**]	포함하다, 들어 있다, 함유하다, (감정을) 억누르다[참다], 방지하다[억제하다]
0943	**huge** [hyooj]	(크기 · 양 · 정도가) 막대한[엄청난], 거대한, 크게[엄청] 성공한
0944	**hospital** [**hos**-pi-tl]	병원
0945	**struggle** [**struhg**-*uh* l]	투쟁하다, 몸부림치다, 힘겹게 나아가다, (차지하기 위해) 겨루다, 투쟁, 몸부림
0946	**unique** [yoo-**neek**]	유일무이한, 독특한, (아주) 특별한, 고유의, 특유의
0947	**lose** [looz]	잃어버리다, 분실하다, 포기해야 하다, 지다[패하다], 허비하다
0948	**equipment** [ih-**kwip**-m*uh* nt]	장비, 용품, 기기, 설비, 부품
0949	**occasion** [*uh*-**key**-zh*uh* n]	경우, 기회, 때, 행사, 이유, 원인, 원인이 되다, 야기하다

73. In the realm of ideas everything depends on enthusiasm; in the real world all rests on perseverance. _Johann Wolfgang von Goethe

발상의 영역에서는 모든 것이 열정에 달려 있다. 실제 세계에서는 모든 것이 인내에 달려 있다.
_요한 볼프강 폰 괴테

0950	**background** [**bak**-ground]	(일·개인·사진 등의) 배경, 바탕
0951	**slow** [sloh]	느린, 천천히 움직이는, 지체하는, 활기가 없는, 느리게, 천천히, 천천히 가다
0952	**seat** [seet]	자리, 좌석, 걸상, (의자의) 앉는 부분, 의석, 의원권, 앉히다, 앉다
0953	**travel** [**trav**-uh l]	여행하다, 이동하다, 장거리 운송에 잘 견디다, 여행, 출장, 이동
0954	**escape** [ih-**skeyp**]	달아나다, 탈출하다, 벗어나다[빠져나오다], 피하다[모면하다], 탈출, 누출
0955	**rock** [rok]	바위, 암석, 암반, (음악) 록, 바위처럼 든든한 사람, 뒤흔들다, 흔들리다
0956	**sector** [**sek**-ter]	부문[분야], 지구, 부채꼴(부분)
0957	**fundamental** [fuhn-d*uh*-**men**-tl]	근본[본질]적인, 핵심적인, 필수적인, 기본적인
0958	**whereas** [wair-**az**]	반면에, ~임에 비하여, ~인데도, ~한 사실이 있으므로
0959	**document** [**dok**-y*uh*-m*uh* nt]	서류, 문서, (상세한 내용을) 기록하다, 서류로 입증하다[뒷받침하다]
0960	**dream** [dreem]	꿈, 희망, 포부, 몽상, (자면서) 꿈을 꾸다, (바라는 일을) 꿈꾸다[상상하다]
0961	**urban** [**ur**-b*uh* n]	도시의, 도회지의
0962	**establish** [ih-**stab**-lish]	설립[설정]하다, (특히 공식적인 관계를) 수립하다, 확고히 하다, 규명하다

74. All lovers swear more performance than they are able.
_William Shakespeare
모든 연인들은 그들이 할 수 있는 것 이상의 실행을 맹세한다. _윌리엄 셰익스피어

0963	**core** [kawr]	(과일의) 속, 중심부, 핵심, 핵심적인, 가장 중요한, (과일의) 심[가운데]을 파내다
0964	**station** [**stey**-sh*uh* n]	역, 정거장, 방송국, 지위, (업무적) 위치, 주둔시키다, (어떤 위치로) 보내다
0965	**ratio** [**rey**-shoh]	비율, 비(比)
0966	**divine** [dih-**vahyn**]	신성한[신의], (직감으로) 알다, 예측하다, 점치다
0967	**indicate** [**in**-di-keyt]	(간접적으로) 내비치다[시사하다], (글로) 명시하다, (계기가) 가리키다
0968	**wealth** [welth]	부(富), (많은) 재산, 부유함, 풍부한 양, 다량
0969	**brief** [breef]	(시간이) 짧은, 잠시 동안의, (말·글이) 간단한, (옷이) 짧은, ~에 대해 보고하다
0970	**heaven** [**hev**-*uh* n]	천국, 천당, 하늘나라, 낙원
0971	**journey** [**jur**-nee]	(특히 멀리 가는) 여행[여정/이동], (특히 장거리를) 여행[이동]하다
0972	**tend** [tend]	경향이 있다, 동향[성향]을 보이다, 돌보다, 보살피다
0973	**option** [**op**-sh*uh* n]	선택(할 수 있는 것), (기기의) 옵션, 선택과목, (특정 자산의 매매) 선택권[옵션]
0974	**spot** [spot]	점, 반점, (지저분한) 얼룩, (특정한) 곳[장소/자리], 발견하다, 찾다, 알아채다
0975	**bar** [bahr]	술집[바], 막대(기), 빗장을 지르다, 막다[차단하다], ~을 제외하고

75. Perfection is not attainable, but if we chase perfection we can catch excellence. _Vince Lombardi
완벽의 경지에는 도달할 수 없다. 그러나 완벽을 추구한다면 탁월함을 얻을 수 있다. _빈스 롬바디

0976	**mail** [meyl]	우편 (제도), 우편물, 우편물을 발송하다, 메일[이메일]을 보내다
0977	**please** [pleez]	부디, 제발, 정말, (남을) 기쁘게 하다, 기분[비위]을 맞추다
0978	**permission** [per-**mish**-*uh* n]	허락, 허가, 승인
0979	**ill** [il]	아픈, 병든, 나쁜, 잘못된, 좋지 않은, 불길한
0980	**intelligence** [in-**tel**-i-j*uh* ns]	지능, 정보, 기밀, 정보 요원들
0981	**conclusion** [k*uh* n-**kloo**-zh*uh* n]	결론, (최종적인) 판단, (연설·글 등의) 결말[마무리], (협정 등의) 체결
0982	**interview** [**in**-ter-vyoo]	면접(시험), 인터뷰[회견], 면담, 면접을 보다, 인터뷰[회견]를 하다, 면담하다
0983	**express** [ik-**spres**]	나타내다, 표(현)하다, (액체를) 짜내다, 급송으로 보내다, 급행의, 신속한
0984	**camp** [kamp]	야영지, 텐트, 캠프, 수용소, 막사, 측[진영], 야영하다, 머물다[지내다]
0985	**tool** [tool]	연장, 도구, 공구, (목적을 이루기 위한) 수단, 꼭두각시, 앞잡이
0986	**neck** [nek]	목, (옷의) 목 부분, (목같이) 좁고 기다란 것
0987	**cancer** [**kan**-ser]	암, (비유) 암적인 요소
0988	**severe** [s*uh*-**veer**]	극심한, 심각한, (처벌이) 가혹한[혹독한], 엄한, 엄격한

76. I learned that courage was not the absence of fear, but the triumph over it. The brave man is not he who does not feel afraid, but he who conquers that fear. _Nelson Mandela

용기란 두려움이 없는 상태가 아니라 그것을 이겨내는 것이다. 용감한 사람이란 두려움을 느끼지 않는 자가 아니라 그것을 정복하는 자이다. _넬슨 만델라

단어로 세상 읽기

war

이 단어장은 빅데이터를 기반으로 만들어졌습니다. 특히 최종 단어 사용 빈도 우선순위 보정은 구글 Ngram Viewer 기준으로 이루어졌습니다. 구글 Ngram Viewer에는 700만 권의 데이터베이스가 있습니다. 한 평생 700권의 책을 읽기도 쉽지 않은데 그것의 만 배인 700만 권입니다. 그래서 그 데이터의 위력을 아주 잘 보여주는 단어 하나를 테스트해보았습니다. 바로 전쟁(war)입니다. 그래프에서 보시면 아시겠지만 아주 큰 두 개의 피크(peak)를 보실 수 있습니다. 그 두 개의 피크가 나오는 시기는 예상했던 것처럼 세계 1, 2차 대전이 있었던 기간입니다. 당시는 전쟁이 모든 것이었기 때문에 수많은 문헌에 전쟁(war)이라는 단어가 아주 많이 언급된 것입니다. 당연한 것 같아도 순전히 무작위로 선정한 책들에서 뽑아낸 데이터에서 전쟁이라는 단어를 그래프로 뽑아냈는데 역사적인 사실과 일치한다는 것에 저는 상당히 놀랐습니다. 빅데이터의 힘은 실로 어마어마합니다. 서두에 언급한 것처럼 이 단어장은 빅데이터를 기반으로 만들어졌습니다. 믿고 외우시면 됩니다. 가장 효율적으로 외울 수 있는 단어장이 BIGVOCA입니다. [X축: 연도, Y축: 총 단어 중 사용 빈도]

0989	**frame** [freym]	틀[액자], 뼈대[프레임], 골격, 한 장면, 틀[액자]에 넣다, 죄를 뒤집어씌우다
0990	**cash** [kash]	현금, 현찰, 돈, 자금, 수표를 현금으로 바꾸다
0991	**sky** [skahy]	하늘, 상공, (공을) 높이 쳐올리다
0992	**promise** [**prom**-is]	약속하다, ~일 것 같다, ~의 조짐을 보이다, 약속, 가능성, 장래성, 징조
0993	**damage** [**dam**-ij]	손상, 피해, 훼손, 악영향, 손상을 주다, 피해를 입히다, 훼손하다
0994	**contemporary** [k*uh* n-**tem**-p*uh*-rer-ee]	동시대의, 현대의, 당대의, (어떤 사람과) 동년배[동시대인]
0995	**narrative** [**nar**-*uh*-tiv]	(소설 속 사건들에 대한) 묘사[기술/이미지], 서술(기법)
0996	**season** [**see**-z*uh* n]	계절, (1년 중에서 특정한 활동이 행해지는) 철[시즌], (양념을) 치다
0997	**capable** [**key**-p*uh*-b*uh* l]	(능력·특질상) ~을 할 수 있는, 유능한, 가능한
0998	**attitude** [**at**-i-tood]	(정신적인) 태도[자세], 사고방식, 반항적인[고집스런] 태도, (몸의) 자세
0999	**aspect** [**as**-pekt]	측면, 양상, 모습, 관점, (건물·땅 등의) 방향
1000	**drink** [dringk]	음료, 마실 것, 음료 한 잔, (한 잔) 술, 마시다, 술을 마시다
1001	**lie** [lahy]	거짓말하다, 누워 있다, 눕다, 놓여 있다, 위치해 있다, 거짓말

77. While we stop to think, we often miss our opportunity. _Publilius Syrus
신중하지 않으면 찾아온 기회를 놓치기 일쑤이다. _퍼블릴리어스 사이러스

1002	**forest** [**fawr**-ist]	숲, 삼림
1003	**agree** [*uh*-**gree**]	동의하다, 합의가 되다, 찬성하다, 승인하다, 일치하다
1004	**island** [**ahy**-l*uh* nd]	섬, 도(島)
1005	**ahead** [*uh*-**hed**]	(공간·시간상으로) 앞으로, 앞에, 미리, (시합에서) 앞선
1006	**silk** [silk]	비단, 실크, 명주실, 견사
1007	**campaign** [kam-**peyn**]	(사회·정치적 목적을 위한 조직적인) 운동[활동], 군사작전, 캠페인을 벌이다
1008	**mission** [**mish**-*uh* n]	임무, 사절단[파견단], 포교, 사명[천직], 길고 험난한 여정에 나서다, 파견하다
1009	**maximum** [**mak**-s*uh*-m*uh* m]	(크기·빠르기 등이) 최고[최대]의, (양·규모·속도 등의) 최고[최대]
1010	**ideal** [ahy-**dee**-*uh* l]	이상적인, 가장 알맞은, 완벽한, 이상, 이상적인 것[사람], 이상형
1011	**sentence** [**sen**-tns]	(문법) 문장, 형벌, 형, (형의) 선고, (형을) 선고하다
1012	**distinct** [dih-**stingkt**]	뚜렷한, 분명한, 뚜렷이 다른[구별되는], 별개의
1013	**component** [k*uh* m-**poh**-n*uh* nt]	(구성) 요소, 부품
1014	**district** [**dis**-trikt]	지구[지역], 구역

> 78. Never forget that only dead fish swim with the stream.
> _Malcolm Muggeridge
> 단지 죽은 물고기들만이 물결을 따라 흘러간다는 것을 결코 잊지 말라. _말콤 머거리지

1015	**layer** [**ley**-er]	막[층/겹/켜], (시스템 등의 일부를 이루는) 층[단계]
1016	**via** [**vahy**-uh]	(어떤 장소를) 경유하여[거쳐], (특정한 사람·시스템 등을) 통하여
1017	**medium** [**mee**-dee-*uh* m]	중간의, 중간, (대중 전달용) 매체[수단], (특정한 목적을 위한) 도구, 표현 수단
1018	**apart** [*uh*-**pahrt**]	(거리·공간·시간상으로) 떨어져, 따로, 헤어져, 조각조각, 산산이, 분리된
1019	**assume** [uh-**soom**]	(사실일 것으로) 추정[상정]하다, (권력·책임을) 맡다, (특질·양상을) 띠다
1020	**excellent** [**ek**-s*uh*-l*uh* nt]	훌륭한, 탁월한, 뛰어난
1021	**sin** [sin]	(종교·도덕상의) 죄, 죄악, 죄를 지음, 잘못, 죄를 짓다
1022	**advance** [ad-**vans**]	진전, 발전, 선금, 증가, 나아가다, 진행시키다, 증가하다, 선불을 주다
1023	**discuss** [dih-**skuhs**]	상의[의논/논의]하다, (무엇에 대해 말이나 글로) 논하다
1024	**technical** [**tek**-ni-k*uh* l]	과학기술의, 기술적인, 기술[기법]의, (특정 주제와 관련된) 전문적인, 구체적인
1025	**display** [dih-**spley**]	전시[진열]하다, 보여주다[디스플레이하다], 표현하다, 전시, 진열, 표현
1026	**wave** [weyv]	파도, 물결, (특정한 활동의) 급증, 파장, 손짓하다, 흔들리다, 약간 곱슬거리다
1027	**wood** [w*oo* d]	나무, 목재

---

79. I find that nonsense, at times, is singularly refreshing.
_Charles Maurice de Talleyrand-Perigord
나는 터무니없는 생각이 가끔은 몹시 참신한 생각이라는 것을 깨달았다. _샤를 모리스 드 탈레랑 페리고르

1028	**narrow** [**nar**-oh]	좁은, 편협한, 엄밀한, 아슬아슬하게 된, 좁아지다, (눈이) 찌푸려지다
1029	**annual** [**an**-yoo-*uh* l]	매년의, 연례의, 연간의, 한 해의, 연감[연보], 일년생 식물
1030	**maybe** [**mey**-bee]	어쩌면, 아마, (제안을 나타내어) 혹시, 글쎄
1031	**limit** [**lim**-it]	한계(점), 한도, (허용 한도에 대한) 제한, (장소·지역의) 경계, 제한하다
1032	**weak** [week]	약한, 힘이 없는, 희미한, 취약한
1033	**empty** [**emp**-tee]	비어 있는, 빈, 공허한, 무의미한, ~이 없는, 비우다, 꺼내다[쏟다]
1034	**sum** [suhm]	합, 합계, 총계, 총합, 전부, 액수, (간단한) 계산, 산수
1035	**shoulder** [**shohl**-der]	어깨, 어깨 부분, 어깨살, (도로의) 갓길, (책임을) 짊어지다, 어깨로 밀치다
1036	**solid** [**sol**-id]	단단한, 고체의, 고형의, 견고한, 속이 꽉 찬, 탄탄한, 믿음직한, 고체, 고형물
1037	**sweet** [sweet]	달콤한, 단, 달콤한 향기가 나는, 듣기 좋은, 상냥한, 다정한, 단 것
1038	**kill** [kil]	죽이다, 목숨을 빼앗다, 끝장내다, 죽이기[없애기]
1039	**typical** [**tip**-i-k*uh* l]	전형적인, 대표적인, 보통의, 일반적인, 늘 하는 식[행동]의
1040	**vast** [vast]	(범위·크기·양 등이) 어마어마한[방대한/막대한]

> 80. Success is a lousy teacher. It seduces smart people into thinking they can't lose. _Bill Gates
> 성공은 형편없는 교사다. 그것은 똑똑한 사람들을 유혹하여 그들은 패할 수 없다고 생각하게끔 만든다. _빌 게이츠

1041	**clean** [kleen]	깨끗한, 맑은, 전과가 없는, 정정당당한, (맛이) 개운한, 닦다, 청소하다, 청소
1042	**examination** [ig-zam-*uh*-**ney**-sh*uh* n]	시험, 검사, 조사, 검토, 진찰
1043	**spend** [spend]	(돈을) 쓰다, (시간을) 보내다, (에너지 · 노력 등을) 들이다, 비용, 경비
1044	**joy** [joi]	기쁨, 즐거움, 환희, 행복, 기쁨의 근원
1045	**release** [ri-**lees**]	풀어 주다, 석방[해방]하다, 방출하다, 발산하다, 놓아주다, 석방, 발표, 개봉
1046	**block** [blok]	(단단한) 사각형 덩어리, 구역, 방해, 차단, 막다, 차단하다, 방해하다, 저지하다
1047	**sequence** [**see**-kw*uh* ns]	(일련의) 연속적인 사건들, (사건 · 행동 등의) 순서[차례]
1048	**concentration** [kon-s*uh* n-**trey**-sh*uh* n]	정신 집중, (노력 등의) 집중, 농도
1049	**relief** [ri-**leef**]	안도, 안심, (고통 · 불안 등의) 경감[완화/제거], 구호품, 재정 지원[보조금]
1050	**boat** [boht]	배, 보트
1051	**guide** [gahyd]	안내(서), 안내인, 인도자[지도자], 지침, 지표, 안내하다, 인도하다, 설명하다
1052	**thin** [thin]	얇은, 가는, 마른, 여윈, 묽은, 옅은, 가냘픈, 묽게 만들다, 옅어지다, 줄어들다
1053	**chain** [cheyn]	사슬, 쇠줄, 목걸이, 일련, 띠, (호텔 등의) 체인, 속박, (사슬로) 묶다

---

81. In heaven, all the interesting people are missing. _Friedrich Nietzsche
천국에는 흥미로운 사람이 하나도 없다. _프리드리히 니체

1054	**input** [**in**-p*oo* t]	입력, 투입, 조언, 입력하다
1055	**ice** [ahys]	얼음, 얼음판[빙상], (케이크에) 당의를 입히다
1056	**profit** [**prof**-it]	(금전적인) 이익, 수익, 이윤, 이득, 이득[이익]을 얻다[주다]
1057	**election** [ih-**lek**-sh*uh* n]	선거, (선거에서의) 당선
1058	**metal** [**met**-l]	금속
1059	**song** [sawng]	노래, 곡, 노래 부르기
1060	**copy** [**kop**-ee]	복사[복제], (책·신문 등의) 한 부, 원고[소식/기사], 복사[복제]하다, 베끼다
1061	**forget** [fer-**get**]	잊다, 잊어버리다, 체념하다, 망각하다
1062	**secure** [si-**ky*oo* r**]	안심하는, 안전한, 확실한, 단단한, 얻어내다, 고정시키다, 안전하게 지키다
1063	**join** [join]	연결하다[되다], (하나로) 합쳐지다, 가입하다, 합류하다, 연결[접합] 부위
1064	**recognize** [**rek**-*uh* g-nahyz]	알아보다[알다], (존재·진실성을) 인정[인식]하다, 공인[승인]하다
1065	**wine** [wahyn]	포도주, 와인, (포도 외의 식물·과실로 만든) 술, (검붉은) 포도주색
1066	**imagine** [ih-**maj**-in]	상상하다, (마음속으로) 그리다, (무엇이 사실일지도 모른다고) 생각하다

82. One loyal friend is worth ten thousand relatives. _Euripides
한 명의 진정한 친구는 만 명의 친척만 한 가치가 있다. _에우리피데스

1067	**drop** [drop]	떨어지다[떨어뜨리다], 눈길을 떨구다, 빼다, 그만두다, 방울, 소량, 하락
1068	**sell** [sel]	(돈을 받고) 팔다[매각/매도하다], 팔리다, 매각하다, 납득시키다
1069	**plane** [pleyn]	비행기, (평평한) 면, (사고·발달의) 차원, 대패, 평면인, 대패질을 하다, 활주하다
1070	**cycle** [**sahy**-k*uh* l]	자전거, 오토바이, 순환, 회전[사이클], 자전거를 타다, 자전거로 다니다
1071	**apparent** [*uh*-**par**-*uh* nt]	분명한, 명백한, 누가 봐도 알 수 있는, ~인 것처럼 보이는[여겨지는]
1072	**quick** [kwik]	빠른[신속한], 즉각적인, 지체 없는, 빨리, 신속히
1073	**cast** [kast]	던지다[보내다], 배역을 정하다[맡기다], 출연자들[배역진], 거푸집, 던지기
1074	**beside** [bih-**sahyd**]	옆에, ~에 비해[견줘]
1075	**inner** [**in**-er]	내부[안쪽]의, 중심부 가까이의, (감정 등이) 내밀한, 내면의
1076	**subsequent** [**suhb**-si-kw*uh* nt]	그[이] 다음의, 차후의
1077	**plain** [pleyn]	숨김없는, 있는 그대로의, 분명한, 무늬가 없는, 보통의[평범한], 평원, 평지
1078	**domain** [doh-**meyn**]	(지식·활동의) 영역[분야], (책임의) 범위, 소유지[영토]
1079	**shift** [shift]	옮기다, 이동하다, 바뀌다, 달라지다, 책임을 전가하다, 변화, 교대 근무, 교대조

83. Do what you can, with what you have, where you are.
_Theodore Roosevelt

할 수 있는 것을, 현재 가진 것과 함께, 지금의 위치에서 행하라. _테오도어 루즈벨트

#	단어	발음	뜻
1080	**visible**	[**viz**-uh-buh l]	(눈에) 보이는, 알아볼 수 있는, 가시적인, 뚜렷한
1081	**criminal**	[**krim**-uh-nl]	범죄의, 형사상의, 죄악이 되는, 범인, 범죄자
1082	**emphasis**	[**em**-fuh-sis]	강조, 역점, 주안점, 강한 어조
1083	**thick**	[thik]	두꺼운, 두툼한, (부피가) 굵은, 숱이 많은, 걸쭉한, 빽빽한, 짙은[자욱한]
1084	**band**	[band]	(대중음악) 밴드, 악단, (어울려 다니는) 무리, 띠, 끈, 띠[줄무늬]를 두르다
1085	**customer**	[**kuhs**-tuh-mer]	손님, 고객
1086	**beneath**	[bih-**neeth**]	아래[밑]에, (수준 등이) ~보다 못한
1087	**silver**	[**sil**-ver]	은, 은화, 은식기류, 은색, 은백색, 은색[은백색]의, 은[은백색]으로 도금하다
1088	**kitchen**	[**kich**-uh n]	부엌, 주방
1089	**estate**	[ih-**steyt**]	사유지[토지], 단지[지구], 소유권, (한 개인의, 특히 유산으로 남겨진) 재산
1090	**dress**	[dres]	드레스, 원피스, 옷, 옷을 입다[입히다], 정장을 입다, (상처를) 치료하다, 다듬다
1091	**surprise**	[ser-**prahyz**]	뜻밖의[놀라운] 일[소식], 놀라움, 기습, 깜짝 놀라게 하다, 놀라게 하다, 기습하다
1092	**height**	[hahyt]	(사물의) 높이, (사람의) 키[신장], 높음, 큰 키, 높이, 고도, 최고조, 절정

> 84. Don't listen to their words; fix your attention on their deeds.
> _Albert Einstein
> 그들의 말을 듣지 말고 그들의 행위에 집중하라. _알버트 아인슈타인

1093	**crisis** [**krahy**-sis]	위기, 최악의 고비
1094	**reform** [ri-**fawrm**]	(체제·법률 등을) 개혁[개선]하다, 개심을 하다, 교화되다, 개혁[개선]
1095	**insurance** [in-**shoo** r-*uh* ns]	보험, 보험업, 보험금, 보험료, (미래의 불행에 대비한) 보호[예방] 수단
1096	**enjoy** [en-**joi**]	즐기다, 즐거운 시간을 보내다, 누리다, 향유하다
1097	**noise** [noiz]	소음, 잡음, 시끄러움
1098	**glad** [glad]	기쁜, 반가운, 고마운, 기꺼이 ~하려는
1099	**garden** [**gahr**-dn]	뜰, 정원, 공원, 정원 가꾸기를 하다
1100	**circle** [**sur**-k*uh* l]	원형, 동그라미, 원, ~계[사회], 빙빙 돌다, 동그라미를 그리다
1101	**link** [lingk]	(사람·사물 사이의) 관련(성)[관계], (교통·통신) 연결 (수단), 연결하다, 관련되다
1102	**pair** [per]	쌍[짝], 두 사람, 2인조, (둘씩) 짝을 짓다, 부부가 되다
1103	**consequence** [**kon**-si-kwens]	(발생한 일의) 결과, 중요함
1104	**appeal** [*uh*-**peel**]	호소, 간청, 매력, 항소(抗訴), 상고(上告), 항소하다, 매력적이다, 호소하다
1105	**participation** [pahr-tis-*uh*-**pey**-sh*uh* n]	참가, 참여

85. Thorough preparation makes its own luck. _Joe Poyer
철저한 준비가 스스로의 운을 만든다. _조 포이어

1106	**depth** [depth]	깊이, 심도, 가장 깊은[극단적인/심한] 부분, (빛깔의) 농도
1107	**absolute** [**ab**-s*uh*-loot]	절대적인, 완전한, 완벽한, 확실한, 확고한, 절대적인 것
1108	**decide** [dih-**sahyd**]	결정하다, 판결을 내리다, 결심하게 되다
1109	**survey** [ser-**vey**]	(설문) 조사, 측량, 조망, 살피다, 점검하다, 조망하다, 측량하다, (설문) 조사하다
1110	**mention** [**men**-sh*uh* n]	(말·글로 간단히) 말하다, 언급[거론]하다, 언급[거론]
1111	**injury** [**in**-j*uh*-ree]	부상, 손상, 상처[피해]
1112	**column** [**kol**-*uh* m]	기둥[원주], (인쇄된 페이지의) 세로단, 세로줄, (신문 등의) 정기 기고란
1113	**select** [si-**lekt**]	(보통 체계적으로) 선발[선택]하다, 엄선된, (부자·상류층이 이용하는) 고급의
1114	**weather** [**we***th* -er]	날씨, 기상, 일기예보, 기상통보, 햇빛[비바람]에 변하다, 무사히 헤쳐 나가다
1115	**extreme** [ik-**streem**]	극도의, 극심한, 지나친, 심각한, 극단적인, 극단, 극도
1116	**debate** [dih-**beyt**]	(격식을 갖춘) 토론[토의/논의], 논쟁, 논란, (격식을 갖춰) 논의하다, 숙고하다
1117	**academic** [ak-*uh*-**dem**-ik]	학업의, 학교의, 학리적인, 학문의, 학구적인, 탁상공론의, 비실용적인, 교수
1118	**contrary** [**kon**-trer-ee]	다른[반대되는], (성질·방향이) 정반대되는

> 86. I am grateful for what I am and have. My thanksgiving is perpetual.
> _Henry David Thoreau
> 지금의 내 모습과 내가 가진 것에 감사한다. 나에겐 1년이 매일 추수감사절이다. _헨리 데이비드 소로

1119	**doctrine** [**dok**-trin]	교리, 신조, 정책, 주의, (정부 정책상의) 원칙, 독트린
1120	**fashion** [**fash**-uh n]	패션, 의류업, (행동·문화 등의) 유행하는 방식, (의상 등의) 유행, 만들다[빚다]
1121	**raise** [reyz]	들어 올리다[들다], 일으켜 세우다, 인상하다, (사람 등을) 모으다, 사육하다
1122	**union** [**yoon**-yuh n]	조합, 협회, 연방, 연합, 통합, 결합
1123	**nice** [nahys]	좋은, 즐거운, 멋진, 친절한, 다정한
1124	**wonderful** [**wuhn**-der-fuh l]	아주 멋진, 신나는, 훌륭한, 경이로운, 불가사의한
1125	**host** [hohst]	(손님을 초대한) 주인, 주최측, 진행자, (기생 생물의) 숙주, 주최하다, 진행하다
1126	**bright** [brahyt]	밝은, 눈부신, 선명한, 밝은, 발랄한, 생기 있는, 똑똑한, 희망적인
1127	**alive** [uh-**lahyv**]	살아 있는, (생기·감정 등이) 넘치는, 존속하는, 가득한, 의식하는, 알고 있는
1128	**net** [net]	(무엇을 잡거나 가리기 위한) 그물[망], 망사, 순이익을 올리다, 그물로 잡다
1129	**minimum** [**min**-uh-muh m]	최저의, 최소한의, 최소한도, 최저(치), 극히 적은 양
1130	**taste** [teyst]	맛, 미각, 시식, 경험[맛보기], 기호, 취향, ~ 맛이 나다, 맛보다, 경험하다
1131	**ball** [bawl]	공, 공 모양의 물체, 덩이, 뭉치, 동그랗게 만들다, 동그랗게 되다

---

87. The secret of getting ahead is getting started. _Mark Twain
앞으로 나아가는 비결은 일단 시작하는 것이다. _마크 트웨인

1132	**entry** [**en**-tree]	들어감[옴], 입장, 등장, 출입, 가입, 참가, 출전, 출품
1133	**mountain** [**moun**-tn]	산, 산더미
1134	**sale** [seyl]	판매, 매출(량), 영업, 경매, 공매
1135	**adult** [**ad**-uhlt]	성인, 어른, 다 자란 동물, 성인의, 다 자란, 어른다운, 성숙한, 성인용의
1136	**yellow** [**yel**-oh]	노란색, 노랑, 노란, 노란색의, 노랗게 되다, 노래지다
1137	**debt** [det]	빚, 부채, 빚[부채]을 진 상태, 은혜를 입음, 신세를 짐
1138	**partner** [**pahrt**-ner]	동반자, 애인, 동업자, 동맹국, 협력 단체, (함께 하는) 파트너가 되다
1139	**brown** [broun]	갈색[밤색/고동색], (피부가) 갈색인[햇볕에 탄], 갈색, 밤색, 갈색이 되다
1140	**crowd** [kroud]	사람들, 군중, 무리, 일반 대중, (어떤 장소를) 가득 메우다, (생각이) 밀려오다
1141	**department** [dih-**pahrt**-m*uh* nt]	부서[부처/학과]
1142	**bone** [bohn]	뼈, 골격, 유골, (생선이나 고기의) 뼈를 바르다[제거하다]
1143	**rural** [**roo** r-*uh* l]	시골의, 지방의
1144	**chemical** [**kem**-i-kuh l]	화학의, 화학적인 (변화를 수반한)

> 88. Stay committed to your decisions, but stay flexible in your approach.
> _Tony Robbins
> 결정을 밀고 나가되 접근 방법에서는 유연하라. _토니 로빈스

1145	**twice** [twahys]	두 번, 두 배[갑절]로
1146	**visual** [**vizh**-oo-*uh* l]	시각의, (눈으로) 보는, 시각 자료
1147	**stream** [streem]	개울, (계속 이어진) 줄[흐름], 연속[이어짐], 줄줄[계속] 흐르다[흘러나오다]
1148	**wisdom** [**wiz**-d*uh* m]	지혜, 슬기, 현명함, 타당성, 지식
1149	**association** [*uh*-soh-see-**ey**-sh*uh* n]	협회, 연계, 유대, 제휴, 연관, 연상, 연관성
1150	**equation** [ih-**kwey**-zh*uh* n]	방정식, 등식, 동일시, (여러 가지 요소들을 고려해야 하는) 상황[문제]
1151	**track** [trak]	(걸어 다녀서 생긴) 길, 발자국, (바퀴) 자국, (기차) 선로, 추적하다[뒤쫓다]
1152	**screen** [skreen]	(텔레비전 등의) 화면, 영화, 칸막이, 차폐물, 차단하다, 검진하다, 가려내다
1153	**click** [klik]	찰칵[딸깍]하는 소리를 내다, 클릭하다[누르다], 손발이 잘 맞다, 찰칵, 클릭함
1154	**device** [dih-**vahys**]	장치[기구], 폭발물, 폭탄, 방책, 계책
1155	**parallel** [**par**-*uh*-lel]	평행한, (둘 이상의 일이) 병행하는, 아주 유사한[상응하는] 사람[것], 병행하다
1156	**mark** [mahrk]	표시하다, 흔적을[이] 내다[남다], 기념하다, 채점하다, 자국, 흔적, 표시, 점
1157	**teach** [teech]	가르치다, 가르쳐주다, 깨닫게 하다, 알려주다

---

89. Surround yourself with only people who are going to lift you higher.
_Oprah Winfrey
당신을 더 나은 사람으로 만들어줄 사람들과만 어울려라. _오프라 윈프리

1158	**threat** [thret]	협박, 위협, 위협적인 존재, 우려
1159	**purchase** [**pur**-ch*uh* s]	구입, 구매, 매입, 구입[구매/매입]하다
1160	**sorry** [**sor**-ee]	미안한, 안쓰러운, 애석한, 유감스러운, 후회하는, 딱한, 비참한
1161	**aside** [*uh*-**sahyd**]	한쪽으로, (길을) 비켜, 따로, ~외에는, 방백, 소리 낮춰 하는 말, 여담
1162	**proportion** [pr*uh*-**pawr**-sh*uh* n]	(전체의) 부분, (전체에서 차지하는) 비율, 균형, 비례
1163	**ring** [ring]	반지, 고리, 종소리, (벨이) 울리다, 전화를 걸다, 울려 퍼지다, 둘러싸다
1164	**proof** [proof]	증거, 증명, 입증, 교정쇄, 견딜 수 있는, 방수 처리를 하다, 교정쇄를 만들다
1165	**rain** [reyn]	비, 빗물, (비처럼 많이) 쏟아지는 것, 비가 오다, (비처럼) 쏟아지다[쏟아붓다]
1166	**substance** [**suhb**-st*uh* ns]	물질, 실체, 본질, 핵심, 요지, 중요성
1167	**possession** [p*uh*-**zesh**-*uh* n]	소유, 소지, 보유, 소유물, 소지품
1168	**flat** [flat]	평평한, 고른, 반반한, 납작한, 김빠진, 펑크 난, 반음 낮은, 평평한 부분, 내림음
1169	**fruit** [froot]	과일, 열매, (땅에서 나는 모든) 산물, 열매를 맺다
1170	**gift** [gift]	선물, 기증품, 재능, 재주

90. Basically, when you get to my age, you'll really measure your success in life by how many of the people you want to have love you actually do love you. _Warren Buffett
기본적으로, 제 나이쯤 되면, 당신을 사랑해주길 바라는 사람들 가운데 몇이나 실제로 당신을 사랑하는지가 삶의 성공을 가르는 기준이 될 것입니다. _워렌 버핏

#	단어	의미
1171	**discourse** [**dis**-kawrs]	담론, 담화
1172	**map** [map]	지도, 약도, 지도를 만들다, (배치·구조 등에 대한 정보를) 발견하다[보여주다]
1173	**sudden** [**suhd**-n]	갑작스러운, 급작스러운
1174	**rapid** [**rap**-id]	빠른, 급속한, 급격한, 신속한, 가파른
1175	**library** [**lahy**-brer-ee]	도서관, 서재, 총서[시리즈], 장서들
1176	**sick** [sik]	아픈, 병든, 넌더리 나는[신물나는/지긋지긋한], 멀미가 나는
1177	**farm** [fahrm]	농장, 농원, 농가, 사육[양식]장, 농사를 짓다[경작하다], 기르다[사육하다]
1178	**load** [lohd]	짐[화물], (짐의) 무게, 하중, 작업[업무]량, 부담, 싣다[적재하다], 장전하다
1179	**evolution** [ev-*uh*-**loo**-sh*uh* n]	진화, (점진적인) 발전[진전]
1180	**hurt** [hurt]	다치게[아프게] 하다, 아프다, 감정이 상하다, 피해를 보다, 다친, 상처
1181	**parent** [**pair**-*uh* nt]	부모[어버이], (동물·식물의) 부모[조상](이 되는 것)
1182	**outcome** [**out**-kuhm]	결과, 성과
1183	**defense** [dih-**fens**]	방어, 방위, 수비, (군사) 방어 시설, 변명, 변호, (학위 심사 등의) 문답 시험

91. Be brave. Take risks. Nothing can substitute experience. _Paulo Coelho
용감해져라. 위험을 감수해라. 경험을 대신할 수 있는 것은 아무것도 없다. _파울로 코엘료

1184	**approximate** [*uh*-**prok**-s*uh*-mit]	거의 정확한, 근사치인, (성격·양·자질 등이) 비슷하다[가깝다]
1185	**listen** [**lis**-*uh* n]	듣다, 귀 기울이다, 경청하다, (귀 기울여) 듣기, 경청(하기)
1186	**scheme** [skeem]	(운영) 계획, 제도, 책략, 책략을 꾸미다, 획책하다
1187	**category** [**kat**-i-gawr-ee]	범주, 분류
1188	**rare** [rair]	드문[보기 힘든/희귀한], 진귀한
1189	**prison** [**priz**-*uh* n]	교도소, 감옥, 수용소
1190	**extra** [**ek**-str*uh*]	추가의, 여분의, 추가되는 것, 엑스트라, 단역배우, 추가로, 각별히, 특별히
1191	**reflect** [ri-**flekt**]	(거울·유리 위에 상을) 비추다, 반사하다, (감정 등을) 나타내다, 심사숙고하다
1192	**radio** [**rey**-dee-oh]	라디오, 무선, 무선 통신 장치, 무선 연락을 하다, 무전을 보내다
1193	**trip** [trip]	(특히 짧은) 여행, 이동[오고감], 발을 헛디딤, 헛디디다, (스위치를) 작동시키다
1194	**composition** [kom-p*uh*-**zish**-*uh* n]	구성 요소들, (음악·미술·시) 작품, 작곡, 작문, (그림 등의) 구도
1195	**superior** [s*uh*-**peer**-ee-er]	우수한[우월한], 뛰어난, 거만한, 상관의, 상급의, 윗사람, 선배, 상급자, 상관
1196	**gun** [guhn]	총, 대포, 총 모양의 기구, (엔진이) 고속으로 돌아가다

92. A word in earnest is as good as a speech. _Charles Dickens
진실한 말 한마디는 연설만큼 위력이 있다. _찰스 디킨스

1197	**guess** [ges]	추측[짐작]하다, (추측으로) 알아맞히다[알아내다], 추측, 짐작
1198	**aim** [eym]	목적, 목표, 겨냥, 조준, (무엇을 성취하는 것을) 목표하다, 겨누다, 겨냥하다
1199	**committee** [k*uh*-**mit**-ee]	위원회
1200	**democracy** [dih-**mok**-r*uh*-see]	민주주의, 민주국가, 평등, 민주적인 대우
1201	**fail** [feyl]	실패하다, 떨어지다[낙제하다], 불합격[낙제]시키다, 고장나다, 낙제, 불합격
1202	**define** [dih-**fahyn**]	(단어·구의 뜻을) 정의하다, 규정하다, 분명히 밝히다, 윤곽을 분명히 나타내다
1203	**transition** [tran-**zish**-*uh* n]	(다른 상태·조건으로의) 이행(移行)[과도(過渡)]
1204	**sharp** [shahrp]	날카로운, 예리한, 급격한, 선명한, 뚜렷한, 반음 높은 음, 뾰족한 것
1205	**nuclear** [**nyoo**-klee-er]	원자력의, 핵(무기)의, (원자)핵의
1206	**grace** [greys]	우아함, 품위, 은총, 감사기도, 꾸미다[장식하다], 빛내다[영예롭게 하다]
1207	**ear** [eer]	귀, 청각, (곡식의) 이삭
1208	**conscious** [**kon**-sh*uh* s]	의식하는, 자각하는, 의도적인, 특별한 관심이 있는
1209	**fat** [fat]	뚱뚱한, 살찐, 비만인, 두툼한, 넓은, (양·액수가) 많은, 지방, 비계, (요리용) 기름

---

93. Adversity causes some men to break; others to break records.
_William Arthur Ward

역경 앞에서 누군가는 무너지지만, 다른 누군가는 새로운 기록을 세운다. _윌리엄 아서 워드

1210	**waste** [weyst]	낭비하다, 헛되이 주다[쓰다], 낭비, 쓰레기, 불모지, 폐허의, 쓸모가 없어진
1211	**investigation** [in-ves-ti-**gey**-sh*uh* n]	(범죄·상황 등에 대한) 수사[조사], (어떤 주제·문제에 대한) 조사[연구]
1212	**intervention** [in-ter-**ven**-sh*uh* n]	사이에 둠, 개재, 조정, 중재, (타국의 내정 등에 대한) 개입, (내정) 간섭
1213	**quantity** [**kwon**-ti-tee]	(세거나 잴 수 있는) 양, 수량, 분량, 다량, 다수
1214	**dance** [dans]	춤, 무용, 댄스, 춤을 추다
1215	**chest** [chest]	가슴, 흉부, 궤[상자]
1216	**resource** [**ree**-sawrs]	자원, 재원(財源), 재료[자산], 지략, 기략(機略), 자원[재원]을 제공하다
1217	**permanent** [**pur**-m*uh*-n*uh* nt]	영구[영속]적인, 불변의, 상설의, (고용 등이) 종신의
1218	**hall** [hawl]	(건물 입구 안쪽의) 현관, (건물 안의) 복도, 홀[회관/실]
1219	**thank** [thangk]	감사하다, 고마워하다, 감사를 표하다[전하다]
1220	**instrument** [**in**-str*uh*-m*uh* nt]	악기, (특히 섬세하거나 과학적인 작업에 쓰는) 기구, 도구, 수단
1221	**instruction** [in-**struhk**-sh*uh* n]	설명, 지시, (컴퓨터의 작동) 명령, 가르침, 지도, 설명하는
1222	**vote** [voht]	(선거 등에서의) 표, 투표, 표결, 의사표시를 하다, 투표하다, (투표로) 선출하다

94. Do not think that love, in order to be genuine, has to be extraordinary. What we need is to love without getting tired. _Mother Teresa
사랑이, 참되기 위해서는, 특별해야 한다고 생각하지 마라. 지치지 않고 사랑하는 것이 우리에게 필요한 것이다. _테레사 수녀

1223	**argue** [**ahr**-gyoo]	언쟁을 하다, 다투다, (논거를 들어) 주장하다, 분명히 보여주다, 입증하다
1224	**university** [yoo-n*uh*-**vur**-si-tee]	대학교
1225	**slave** [sleyv]	노예, 노예나 다름없는 사람, 종속 장치, 노예처럼[고되게] 일하다
1226	**abuse** [*uh*-**byooz**]	남용, 오용, 학대, 욕설, 남용[오용]하다, 학대하다, 욕을 하다
1227	**snow** [snoh]	(날씨) 눈, 눈이 오다[내리다], (감언이설로) 혹하게 하다
1228	**root** [root]	뿌리, 근원, 기원, 뿌리를 내리다, (무엇을 찾기 위해) 파헤치다
1229	**afterward** [**af**-ter-werd]	(그) 후에, 나중에
1230	**wise** [wahyz]	지혜로운, 현명한, 슬기로운
1231	**virtue** [**vur**-choo]	선, 선행, 미덕, 덕목, 장점
1232	**milk** [milk]	(소 · 염소 등의) 우유, (소 등의) 우유[젖]를 짜다, (부정직한 방법으로) 뽑아내다
1233	**fill** [fil]	채우다, 충족시키다, (구멍 등을) 때우다, (강한 감정으로) 가득 차게 하다, 실컷
1234	**edition** [ih-**dish**-*uh* n]	(출간된 책의 형태로 본) 판, (시리즈 간행물 · 방송물의 특정) 호[회], 1회분
1235	**index** [**in**-deks]	색인, (물가 · 임금 등의) 지수, 지표, 색인을 만들다[달다], 물가와 연동시키다

95. Neither comprehension nor learning can take place in an atmosphere of anxiety. _Rose Kennedy
이해도 학습도 불안한 분위기에서는 일어나지 않는다. _로즈 케네디

실수는 누구나 할 수 있다. 하지만 아무나 실수에서 배우지는 못한다. 자신에 대해 반성하여 스스로를 발전시키면 실수는 '실력'이 된다. 자신의 과오를 인정하지 않고 아무런 변화도 이뤄내지 못한다면 실수는 '실패'가 되고 만다.

Anyone can make mistakes, but not just anyone can learn from them. If you learn from your mistakes and develop yourself, mistakes become "abilities". If you don't acknowledge your mistakes and don't change anything, mistakes become "failures".

1236	**catch** [kach]	(움직이는 물체를) 잡다[받다], 붙잡다, (병에) 걸리다, 이해하다, 잡기, 걸쇠
1237	**win** [win]	이기다, 따다[차지하다], 얻다[획득하다], 승리
1238	**equivalent** [ih-**kwiv**-*uh*-l*uh* nt]	동등한[맞먹는], 상당하는, 등가의, 상당[대응]하는 것, 등가물
1239	**card** [kahrd]	카드, 결정적인 수단[방책], 명함
1240	**hence** [hens]	이런 이유로, 그러므로, 앞으로
1241	**tea** [tee]	(음료) 차, 홍차, 찻잎
1242	**thereby** [*th* air-**bahy**]	그렇게 함으로써, 그것 때문에
1243	**cognitive** [**kog**-ni-tiv]	인식의, 인지의
1244	**coast** [kohst]	해안, 연안, 해변, 관성으로 움직이다, 부드럽게 움직이다, 수월하게 해내다
1245	**angle** [**ang**-g*uh* l]	각도, 각, 기울기, (사물을 보는) 각도[시각], 관점
1246	**remove** [ri-**moov**]	없애다, 제거하다, (어떤 곳에서) 치우다[내보내다], (옷 등을) 벗다, 해고하다
1247	**expose** [ik-**spohz**]	(가려져 있는 것을) 드러내다, 폭로하다, (유해한 환경 등에) 노출시키다
1248	**favor** [**fey**-ver]	호의, 친절, 은혜, 부탁, 평판, 유행, 호의를 보이다, 찬성하다, 편들다, 돌보다

96. Excellence is the gradual result of always striving to do better. _Pat Riley
탁월함은 언제나 보다 잘하려고 노력하는 것의 점진적인 결과이다. _팻 라일리

1249	**plate** [pleyt]	접시, 그릇, 한 접시, 요리, (자동차) 번호판, 도금한 금속, 도금하다, 판을 대다
1250	**transport** [trans-**pawrt**]	수송, 차량, 이동 (방법), 운송, 운송업, 수송하다, 이동시키다, 귀양 보내다
1251	**count** [kount]	(수를) 세다, 계산하다, 중요하다, (정식으로) 인정되다, 계산, 기소 조항, 죄목
1252	**western** [**wes**-tern]	서쪽에 위치한, 서부의, 서향의, 서양의
1253	**preserve** [pri-**zurv**]	지키다[보호하다], 보존[관리]하다, 저장하다, 전유물, 설탕 절임, 잼
1254	**muscle** [**muhs**-*uh* l]	근육, (육체적인) 힘, 근력, (요구나 주장에 따르도록 하는) 압력
1255	**tall** [tawl]	키가 큰, 높은, 높이[키]가 ~인, 보통보다 긴 듯한, (수량이) 많은, 엄청난
1256	**welfare** [**wel**-fair]	(개인 · 단체의) 안녕[행복], 복지, 후생
1257	**legislation** [lej-is-**ley**-sh*uh* n]	(의회에서 통과되는) 제정법, 법률의 제정, 입법 행위
1258	**minister** [**min**-*uh*-ster]	장관[각료], 성직자, 목사
1259	**channel** [**chan**-l]	채널, 주파수대, (의사소통) 경로, 수로, (돈 · 생각 등을) 쏟다[돌리다], 보내다
1260	**era** [**eer**-*uh*]	(특정한 성격 · 사건에 의해 다른 시대들과 구별되는) 시대, 대(代)
1261	**bridge** [brij]	다리, 가교, 교량, 다리를 놓다[형성하다]

> 97. Time is the scarcest resource and unless it is managed nothing else can be managed. _Peter F. Drucker
> 시간은 가장 희소한 자원이며 잘 다뤄지지 않는 한 그 밖의 어떤 것도 잘 다뤄질 수 없다. _피터 드러커

1262	**witness** [**wit**-nis]	목격자, (법정에서 증언을 하는) 증인, (사건·사고를) 목격하다, 증명[입증]하다
1263	**experiment** [ik-**sper**-*uh*-m*uh* nt]	실험, 시도, 시험, 실험을 하다, 시험 삼아 해보다
1264	**print** [print]	인쇄하다, (책·신문 등을) 찍다, (눌러서 자국을) 찍다[새기다], 활자, 출판, 판화
1265	**guard** [gahrd]	감시, 경호, 경비[감시] 요원, 보초, 방어 자세, 지키다, 보호하다, 경비를 보다
1266	**button** [**buht**-n]	(옷의) 단추, (기계를 작동시키기 위해 누르는) 버튼[단추], 단추를 잠그다
1267	**terrible** [**ter**-*uh*-b*uh* l]	끔찍한, 소름끼치는, 심한, 지독한, 기분[몸]이 안 좋은, 형편없는
1268	**flight** [flahyt]	비행, 항공편[항공기], 계단, 탈출, 도피, (함께 비행하는 새의) 떼, 비행편대
1269	**treat** [treet]	다루다, 대우하다, 치료하다, 처치하다, 대접하다, 한턱내다, 대접, 한턱
1270	**logic** [**loj**-ik]	논리, 타당성, 논리학
1271	**sake** [seyk]	동기, 이익, 목적, 원인, 이유
1272	**quarter** [**kwawr**-ter]	4분의 1, (매 정시 앞·뒤의) 15분, 사분기, 막사, 4등분하다, 숙소를 제공하다
1273	**van** [van]	화물차, 밴, 승합차, (열차의) 화물칸
1274	**perception** [per-**sep**-sh*uh* n]	지각, 자각, 통찰력, 인식(하여 갖게 된 생각)

---

98. Effort only fully releases its reward after a person refuses to quit.
_Napoleon Hill
노력은 사람이 그만두길 거부할 때만 그 보상을 전부 준다. _나폴레온 힐

1275	**scope** [skohp]	(무엇을 하거나 이룰 수 있는) 기회[여지/능력], 범위, 샅샅이 살피다
1276	**spite** [spahyt]	앙심, 악의, (고의적으로) 괴롭히다, in spite of: ~에도 불구하고
1277	**institution** [in-sti-**too**-sh*uh* n]	기관[단체/협회], 보호 시설, 제도[관습], (제도·법률 등의) 시행[도입]
1278	**shop** [shop]	가게, 상점, (가게에서 물건을) 사다, 쇼핑하다
1279	**honor** [**on**-er]	명예, 영예, 면목, 체면, 경의, 존경, 존경하다, 공경하다, 예우하다, 명예의
1280	**intention** [in-**ten**-sh*uh* n]	의도, 목적, 의향, 마음가짐
1281	**poem** [**poh**-*uh* m]	(한 편의) 시(詩)
1282	**publication** [puhb-li-**key**-sh*uh* n]	출판, 발행, (신문·보고서 등을 통한) 발표[공개]
1283	**curve** [kurv]	곡선, 만곡(부), 커브, 곡선으로 나아가다, 곡선을 이루다
1284	**liberty** [**lib**-er-tee]	자유, 허가, 멋대로 함, 지나친 자유
1285	**angry** [**ang**-gree]	화난, 성난, 분개한
1286	**stable** [**stey**-b*uh* l]	안정된, 안정적인, 차분한, 안정된
1287	**respond** [ri-**spond**]	대답[응답]하다, 답장을 보내다, (재빨리·적절히) 대응[반응]하다, 차도를 보이다

99. Innovation distinguishes between a leader and a follower. _Steve Jobs
혁신은 지도자와 추종자를 구별한다. _스티브 잡스

1288	**dynamic** [dahy-**nam**-ik]	(서로 관계되는 세력·영향력 사이의) 역학, 동역학, 원동력
1289	**suit** [soot]	정장, (특정한 활동 때 입는) ~옷[복], 편리하다[맞다], (옷·색상 등이) 어울리다
1290	**territory** [**ter**-i-tawr-ee]	(국가·통치자가 다스리는) 지역, 영토, (자기 소유로 여기는) 영역, (업무) 구역
1291	**bill** [bil]	고지서, 청구서, 계산서, (국회에 제출된) 법안, (새의) 부리, 청구서를 보내다
1292	**bread** [bred]	빵, 식빵, (일상생활의) 주식물
1293	**wear** [wair]	입고[착용하고] 있다, 닳다, 낡다, 해어지다, 옷, 착용, 입기, 닳음, 마모
1294	**skill** [skil]	기술, 실력, 솜씨, 기능, 기량
1295	**pick** [pik]	고르다, 선택하다, 뽑다, (꽃을) 꺾다, (과일 등을) 따다, 고르기, 선택된 사람[것]
1296	**translation** [trans-**ley**-shuh n]	번역[통역], (다른 형태로) 옮김, 변형
1297	**regulation** [reg-yuh-**ley**-shuh n]	규정, 통제, 단속, 규정된
1298	**comfort** [**kuhm**-fert]	안락, 편안, 위로, 위안, 편의 시설[도구], 위로[위안]하다, 달래다
1299	**match** [mach]	성냥, 시합, 맞수, 아주 잘 어울리는 사람[것], 어울리다, 일치하다, 연결시키다
1300	**efficient** [ih-**fish**-uh nt]	능률적인, 유능한, 효율적인

> 100. Harmony makes small things grow; lack of it makes great things decay. _Sallust
> 조화는 작은 것들을 자라게 하며, 조화의 결여는 위대한 것들을 썩게 한다. _살루스티우스

1301	**border** [**bawr**-der]	국경[경계], (국경·경계를) 접하다, 가장자리를 이루다
1302	**promote** [pr*uh*-**moht**]	촉진[고취]하다, 홍보하다, 승진[진급]시키다
1303	**worship** [**wur**-ship]	예배, 숭배, 흠모, 열렬한 사랑, 숭배하다, 예배를 보다, 흠모하다
1304	**shut** [shuht]	닫다, 차단하다, 감다, 폐쇄하다, 다물다, 닫힌, 덮인, 감긴
1305	**holy** [**hoh**-lee]	신성한[성스러운], 경건한, 독실한
1306	**busy** [**biz**-ee]	바쁜, 분주한, 붐비는, 열심인, 통화 중인, 너무 복잡한, 바쁘다, ~에 매달리다
1307	**atmosphere** [**at**-m*uh* s-feer]	(지구의) 대기, (방이나 한정된 공간의) 공기, 분위기, 기운
1308	**passion** [**pash**-*uh* n]	열정, 열망, 울화, 성화, 격정, 욕정
1309	**breast** [brest]	(여자의) 유방, 가슴, 마음, (꼭대기에) 오르다, 가슴으로 밀다
1310	**handle** [**han**-dl]	다루다[처리하다], 만지다[들다/옮기다], (상품을) 취급[거래]하다, 손잡이
1311	**sacred** [**sey**-krid]	성스러운, 종교적인, 신성시되는
1312	**regime** [r*uh*-**zheem**]	정권, 제도, 체제
1313	**cup** [kuhp]	컵, 잔, 두 손을 (컵 모양으로) 동그랗게 모아 쥐다

---

101. Life is either a daring adventure or nothing. _Helen Keller
인생은 대담한 모험 또는 아무것도 아닌 것, 둘 중의 하나이다. _헬렌 켈러

1314	**manage** [**man**-ij]	운영[경영/관리/감독]하다, (어떻게든) 해내다, (자기 힘으로) 다루다[감당하다]
1315	**hell** [hel]	지옥, 지옥 같은 곳
1316	**glory** [**glawr**-ee]	영광, 영예, 찬란한 아름다움, 장관, 자랑스러운[명예로운] 것, 찬양[영광]
1317	**yield** [yeeld]	(수익·결과 등을) 내다[산출하다], 항복하다, 양도[양보]하다, 산출량, 총수익
1318	**liquid** [**lik**-wid]	액체, 액체 형태의, 액상의, 현금화하기 쉬운, 유동적인, (소리가) 청아한
1319	**reply** [ri-**plahy**]	대답하다, 답장[답신]을 보내다, 대응하다, 대답, 대응
1320	**fun** [fuhn]	재미[즐거움](를 주는 것), 장난, 재미있는, 즐거운
1321	**climate** [**klahy**-mit]	기후, 분위기, 풍조
1322	**electronic** [ih-lek-**tron**-ik]	(장치가) 전자의, 전자 활동에 의한, 전자 장비와 관련된
1323	**grass** [gras]	잔디, 풀, 목초
1324	**tongue** [tuhng]	혀, 혓바닥, 언어, 말씨, 말버릇, 혀를 대다[핥다]
1325	**medicine** [**med**-*uh*-sin]	의학, 의술, 의료, 약, 약물
1326	**murder** [**mur**-der]	살인(죄), 살해, 살해[살인]하다, (제대로 못해서) 망치다

> 102. Be gentle to all, and stern with yourself. _St. Teresa of Avila
> 모두에게 온화하라. 그리고 자신에게는 엄격하라. _아빌라의 성 테레사

1327	**enable** [en-**ey**-b*uh* l]	~을 할 수 있게 하다, (무엇을) 가능하게 하다
1328	**pride** [prahyd]	자랑스러움, 자부심, 긍지, 자존심, 자랑거리, 자만심, 우월감
1329	**cool** [kool]	시원한, 서늘한, 차분한, 침착한, 냉담한, 멋진, 끝내주는, 식히다, 식다
1330	**flesh** [flesh]	(사람·동물의) 살, 고기, (사람의) 피부, (과일의) 과육, 육체[몸]
1331	**violent** [**vahy**-*uh*-l*uh* nt]	폭력적인, 난폭한, 격렬한, 맹렬한, 극심한, 지독한, 끔찍한
1332	**sugar** [sh**oo** g-er]	설탕, 당분, 당, 설탕을 넣다[뿌리다/입히다]
1333	**steel** [steel]	강철, 강(鋼), 철강업, 총칼, 무기, 무력
1334	**minor** [**mahy**-ner]	작은[가벼운](별로 크지·중요하지·심각하지 않은), 단조의, 단음계의
1335	**grave** [greyv]	무덤, 묘, 산소, 죽음, 사망, 심각한, 중대한
1336	**concrete** [**kon**-kreet]	콘크리트로 된, 사실에 의거한, 구체적인, 실체가 있는
1337	**victory** [**vik**-t*uh*-ree]	승리, 성공
1338	**traffic** [**traf**-ik]	차량들, 교통(량), 운항[운행], 수송, (전자 통신 장치를 이용한) 통신, 밀거래
1339	**versus** [**vur**-s*uh* s]	(스포츠 경기 등에서) ~대(對), ~에 비해[~와 대조적으로]

103. The principle of true art is not to portray, but to evoke. _Jerzy Kosinski
진정한 예술의 원리는 묘사하는 것이 아닌 일깨우는 것이다. _저지 코진스키

1340	**item** [**ahy**-tuh m]	항목[사항], 물품[품목], 재료
1341	**route** [root]	길[경로/루트], (버스·기차 등의) 노선, 보내다[전송하다]
1342	**salt** [sawlt]	소금, (화학) 염(鹽), 소금을 넣다[치다], 염장하다, 소금이 든, 소금에 절인
1343	**discipline** [**dis**-uh-plin]	규율, 훈육, 기강, 절제력, 단련법, 징계하다, 훈육하다, 스스로를 단련하다
1344	**laugh** [laf]	(소리내어) 웃다, 재미있어 하다, 비웃다, 조소하다, 웃음(소리), 재미있는 일[것]
1345	**harm** [hahrm]	해, 피해, 손해, 해치다, 해를 끼치다, 손상시키다
1346	**depend** [dih-**pend**]	의존하다, 의지하다, 믿다, 신뢰하다, 달려 있다, 좌우되다
1347	**nose** [nohz]	코, (항공기 등의) 앞부분, 후각, 천천히 조심스럽게 나아가다[전진하다]
1348	**beat** [beet]	(시합에서) 이기다, 물리치다, 때리다, 통제하다, 고동치다, 고동, 맥박, 박자
1349	**universe** [**yoo**-nuh-vurs]	은하계, 우주, (특정한 유형의) 경험 세계
1350	**tired** [tahyuh rd]	피로한, 피곤한, 지친, 싫증난[물린/지긋지긋한], (어떤 것이) 지겨운
1351	**smoke** [smouk]	연기, (담배를) 피우다, 연기를 내뿜다, (고기·생선을) 훈제하다[훈연 저장하다]
1352	**sand** [sand]	모래, 모래사장, (매끈해지도록) 사포[모래]로 닦다

104. A proverb is no proverb to you until life has illustrated it. _John Keats
속담은 삶이 그것을 실지로 보여주기 전까지는 당신에게 속담이 아니다. _존 키츠

1353	**hole** [hohl]	구덩이, 구멍, 지저분한 곳[집], 허점, (메워야 할) 공백[빈자리], 구멍을 내다
1354	**star** [stahr]	별, 항성, 별 모양[무늬]인 것, 주연[주역], 최고, 주연을 맡다, 별표를 표시하다
1355	**estimate** [**es**-t*uh*-meyt]	추정(치), 추산, 견적서, 추산[추정]하다, 예상하다, 평가하다, 견적하다
1356	**grand** [grand]	웅장한, 장려한, 원대한, 야심 찬, 위엄 있는, 당당한
1357	**involve** [in-**volv**]	수반[포함]하다, 관련[연루]시키다, 참여시키다
1358	**accurate** [**ak**-yer-it]	정확한, 정밀한, (목표물에) 명중하는
1359	**fate** [feyt]	운명, (초월적인 힘으로서의) 숙명
1360	**pull** [p*oo* l]	끌다, 당기다, 끌어[잡아]당기다, 뽑다[빼다], 끌기, 끌어[잡아]당기기
1361	**web** [web]	거미줄, (복잡하게 연결된) 망, 인터넷
1362	**sheet** [sheet]	침대에 깔거나 덮는 얇은 천, (납작하게 되어 있는 것의) 한 장, 편편한 지역
1363	**counter** [**koun**-ter]	계산대, 판매대, (전자) 계측기, (남의 생각·입장 등에 대한) 반작용[반대]
1364	**executive** [ig-**zek**-y*uh*-tiv]	(기업이나 조직의) 경영[운영]진, 이사, 중역, 행정부, 경영의, 행정의, 고급의
1365	**frequent** [**free**-kw*uh* nt]	잦은, 빈번한, (특정 장소에) 자주 다니다

> 105. If you get up in the morning and think the future is going to be better, it is a bright day. Otherwise, it's not. _Elon Musk
> 아침에 눈을 떴을 때 앞으로 다가올 순간들이 더 나아질 것이라 생각한다면 그것으로 그날은 멋진 날이다. 그렇게 생각하지 않는다면 그날 역시 좋지 못한 날이다. _엘론 머스크

1366	**suffer** [**suhf**-er]	(질병·슬픔 등에) 시달리다, 고통받다, 겪다[당하다], 더 나빠지다, 악화되다
1367	**phrase** [freyz]	(문법) 구(句), 구절, 관용구, (말·글을 특정한 방식으로) 표현하다
1368	**score** [skawr]	득점, 점수[지수], 악보, 배경음악, 아주 많은, 득점을 올리다, 점수를 받다
1369	**adequate** [**ad**-i-kwit]	(특정한 목적이나 필요에) 충분한[적절한], 부족하지 않은
1370	**depression** [dih-**presh**-uh n]	우울증, 우울함, 암울함, 불경기, 불황
1371	**strike** [strahyk]	치다, 부딪치다, 때리다, 공격하다, 파업하다, 파업, 공격, 때리기, 차기
1372	**branch** [branch]	나뭇가지, 지사, 분점, 분과[부서], (강 등의) 지류, (둘 이상으로) 갈라지다
1373	**topic** [**top**-ik]	화제, 주제
1374	**gate** [geyt]	문, 정문, 대문, 출입구
1375	**bird** [burd]	새
1376	**contribute** [kuh n-**trib**-yoot]	기부[기증]하다, 원인이 되다, 기여하다, 이바지하다, 기고하다, 의견을 말하다
1377	**cry** [krahy]	울다, 울부짖다, 외치다, 비명, 고함, 외침, 울음, 울기
1378	**royal** [**roi**-uh l]	국왕[여왕]의, 성대한, 위풍당당한, 장엄한, 왕족

106. All things are difficult before they are easy. _Thomas Fuller
모든 일이 그렇다. 쉽기 전에는 어렵다. _토머스 풀러

1379	**admit** [ad-**mit**]	인정[시인]하다, (범행·잘못 등을) 자백하다, 입장[입학]을 허락하다
1380	**bag** [bag]	가방, 백, 포대, 자루, 봉투, 봉지[가방 등]에 넣다
1381	**landscape** [**land**-skeyp]	풍경, 경관, 풍경화(법), (나무·꽃 등을 심어) 조경을 하다
1382	**session** [**sesh**-*uh* n]	(특정한 활동을 위한) 시간[기간], (의회 등의) 회기[회의], 학년, 연주회
1383	**hat** [hat]	모자, 모자를 씌우다
1384	**meat** [meet]	(식용하는 짐승·조류의) 고기, 육류, 골자, 알맹이
1385	**engage** [en-**geyj**]	관여하다, 약혼하다, 종사하다, 협상하다, (부품들이) 맞물리다
1386	**grade** [greyd]	(상품의) 품질, 등급, 성적, 학점, 학년, 정도, (등급을) 나누다, 성적을 매기다
1387	**diagnosis** [dahy-*uh* g-**noh**-sis]	진단, 진찰
1388	**linear** [**lin**-ee-er]	(직)선의, 선으로 된, 직선 모양의, 길이의
1389	**consent** [k*uh* n-**sent**]	동의[허락], 합의, (정식) 인가, 동의[허락]하다
1390	**theme** [theem]	주제, (음악 작품의) 주제[테마] 부분, (특정한 시대의 분위기를 살린) ~풍의
1391	**phenomenon** [fi-**nom**-*uh*-non]	현상, 경이로운 사람

107. Good habits formed at youth make all the difference. _Aristotle
어린 시절 형성된 좋은 습관이 훗날 모든 차이를 결정짓는다. _아리스토텔레스

1392	**shore** [shawr]	(바다·호수 따위) 기슭, 해안[해변], 호숫가
1393	**fly** [flahy]	날다, 비행[운항]하다, (비행기·우주선을) 타고 가다, 나부끼다, 빨리 가다, 파리
1394	**organic** [awr-**gan**-ik]	유기농의, 화학비료를 쓰지 않는, (인체) 장기[기관]의, 유기적인, 서서히 생기는
1395	**expense** [ik-**spens**]	(어떤 일에 드는) 돈, 비용, (업무상의) 경비, 돈[비용]이 드는 일
1396	**motor** [**moh**-ter]	모터, 전동기, 발동기, 모터가 달린, 자동차의, (근육에 의한) 운동의
1397	**courage** [**kur**-ij]	용기, 담력, 배짱
1398	**captain** [**kap**-tuh n]	선장, 기장, 대위, (해군의) 대령, (스포츠 팀의) 주장, 주장[배의 선장]이 되다
1399	**altogether** [awl-tuh-**geth**-er]	완전히, 전적으로, 모두 합쳐, 총, 전체적으로 보아, 대체로
1400	**discover** [dih-**skuhv**-er]	발견하다, 찾다[알아내다], (가수·배우 등을) 발굴하다
1401	**ride** [rahyd]	타다[몰다], 승마하다, 타고 달리기[가기], 승마, (차를 타고 가는) 길, 놀이기구
1402	**revolution** [rev-uh-**loo**-shuh n]	혁명, 변혁, (행성의) 공전, (축을 중심으로 한) 회전
1403	**decline** [dih-**klahyn**]	줄어들다, 감소[축소/위축]하다[되다], 거절하다, (지속적인) 감소[하락/축소]
1404	**matrix** [**mey**-triks]	행렬, (사회·개인 성장하는) 모체[기반], (그물처럼 엮여져 있는) 망

---

108. Three things cannot be long hidden: the sun, the moon, and the truth. _Buddha
세상엔 오랜 시간 숨길 수 없는 세 가지가 있다. 태양, 달, 그리고 진실. _부처

1405	**fault** [fawlt]	잘못, 책임, 단점, 결점, 결함, 흠, 고장, 나무라다, 흠잡다
1406	**mistake** [mi-**steyk**]	실수, 잘못, 오류, 오해[오인]하다, 잘못 판단하다
1407	**reputation** [rep-y*uh*-**tey**-sh*uh* n]	평판, 명성
1408	**crucial** [**kroo**-sh*uh* l]	중대한, 결정적인
1409	**ethical** [**eth**-i-k*uh* l]	윤리적인, 도덕에 관계된, 도덕적으로 옳은, 도덕적인
1410	**exact** [ig-**zakt**]	정확한, 정밀한, 꼼꼼한, 빈틈없는, 요구하다, 받아내다
1411	**mutual** [**myoo**-choo-*uh* l]	상호 간의, 서로의, (둘 이상 사람들) 공동[공통]의
1412	**proud** [proud]	자랑스러워하는, 자랑스러운, 자존심[자부심]이 강한, 위풍당당한
1413	**throw** [throh]	던지다, 내던지다, (어떤 상태로) 내몰다, (성질을) 부리다, 던지기, 던진 거리
1414	**observe** [*uh* b-**zurv**]	보다[(보고) 알다/목격하다], 관찰[관측/주시]하다, (법률 · 규칙 등을) 준수하다
1415	**attend** [*uh*-**tend**]	참석하다, ~에 다니다, 주의를 기울이다, 수행하다[돌보다]
1416	**conception** [k*uh* n-**sep**-sh*uh* n]	(계획 등의) 구상, 이해, 신념, (난소의) 수정
1417	**stuff** [stuhf]	물건, 물질, 것[것들], 가장 중요한 요소[것], (빽빽이) 채워 넣다, 쑤셔 넣다

---

109. When you make the sacrifice in marriage, you're sacrificing not to each other but to unity in a relationship. _Joseph Campbell
결혼 생활 중 하는 희생은 상대방을 위한 것이 아니라 관계의 합일을 위한 희생이다. _조지프 캠벨

1418	**honest** [**on**-ist]	정직한, 솔직한, 순수[정직]해 보이는, 정직하게 번, 힘든 노력의 대가인
1419	**worry** [**wur**-ee]	걱정하다, 걱정[불안]하게 만들다, 성가시게[귀찮게] 하다, 걱정, 우려, 걱정거리
1420	**devote** [dih-**voht**]	바치다, 쏟다, 기울이다, 충당하다, (신 등에게) 봉납[봉헌]하다
1421	**instant** [**in**-st*uh* nt]	즉각적인, 즉석의, 절박한, 순간, 아주 짧은 동안, 순간
1422	**finger** [**fing**-ger]	손가락, (장갑의) 손가락 부분, (빵·과자·땅 등) 길쭉한 것
1423	**victim** [**vik**-tim]	피해자[희생자/환자], 제물, 희생물
1424	**intensity** [in-**ten**-si-tee]	강렬함, 강함, 격렬함, (빛 등의) 강도[세기]
1425	**blind** [blahynd]	눈이 먼, 맹인인, 맹목적인, 눈이 멀게 만들다, 맹목적으로 만들다
1426	**delay** [dih-**ley**]	지연, 지체, 미룸, 연기, 미루다, 연기하다, 지연시키다, 지체하게 하다
1427	**incident** [**in**-si-d*uh* nt]	(특이하거나 불쾌한) 일[사건], 사태, 분쟁
1428	**desk** [desk]	책상, 프런트[접수처], 안내소, 창구
1429	**conference** [**kon**-fer-*uh* ns]	(보통 여러 날 동안 대규모로 열리는) 회의[학회], (공식) 회담, 협의, 연맹
1430	**sad** [sad]	슬픈, 애석한, 통탄할, 우울한, 상태가 안 좋은

110. Success consists of going from failure to failure without loss of enthusiasm. _Winston Churchill
성공은 계속되는 실패 속에서도 열정을 잃지 않고 나아가는 것에 달려 있다. _윈스턴 처칠

1431	**prepare** [pri-**pair**]	준비하다[시키다], 대비[채비/각오]하다, (약 등을) 조제하다
1432	**budget** [**buhj**-it]	예산, (지출 예상) 비용, (정부·회사 등의) 예산(안)
1433	**moon** [moon]	달, (행성의) 위성, 서성거리다, 멍하니 기간을 보내다
1434	**pocket** [**pok**-it]	주머니, 호주머니, 호주머니에 넣다, (얼마의 돈을) 벌다
1435	**vary** [**vair**-ee]	(크기·모양 등에서) 서로[각기] 다르다, (상황에 따라) 달라지다, 변화를 주다
1436	**billion** [**bil**-y*uh* n]	10억, 엄청난 양
1437	**demonstrate** [**dem**-*uh* n-streyt]	입증[실증]하다, (행동으로) 보여주다, (사용법을) 설명하다, 시위에 참여하다
1438	**priest** [preest]	(가톨릭 등의) 사제[신부], 성직자
1439	**row** [roh]	열[줄], 노를 젓다, 노젓기
1440	**architecture** [**ahr**-ki-tek-cher]	건축학[술], 건축 양식, 아키텍처, 컴퓨터 시스템의 구성
1441	**genetic** [j*uh*-**net**-ik]	유전적인, 유전학의, 발생의
1442	**vessel** [**ves**-*uh* l]	(대형) 선박[배], (액체를 담는) 그릇[용기], (동물의) 혈관, (식물의) 물관[도관]
1443	**sacrifice** [**sak**-r*uh*-fahys]	희생, 제물, 제물을 바침, 희생하다, 희생시키다, 제물을 바치다

> 111. All the adversity I've had in my life, all my troubles and obstacles, have strengthened me... You may not realize it when it happens, but a kick in the teeth may be the best thing in the world for you. _Walt Disney
> 그간 겪은 모든 역경과 고난, 장애물은 나를 단련시켰다... 그 순간엔 알아차리지 못하겠지만, 그런 실망스러운 순간은 당신에게 가장 중요한 것이다. _월트 디즈니

1444	**leg** [leg]	다리, (여정·경주의) 구간, (특히 서둘러) 걷다, 달리다
1445	**tiny** [**tahy**-nee]	아주 작은[적은], 조그마한
1446	**rank** [rangk]	지위, 계급, (고급) 등급, (등급·순위를) 매기다[평가하다], 악취가 나는
1447	**belong** [bih-**lawng**]	소속하다, 속하다, 제자리[알맞은 위치]에 있다, 소속감을 느끼다
1448	**port** [pawrt]	항구 (도시), 항만 (시설), (컴퓨터의) 포트, (소프트웨어를) 복사하다
1449	**alcohol** [**al**-k*uh*-hawl]	술, 알코올
1450	**shadow** [**shad**-oh]	그림자, 어둠, 그늘, (보통 나쁜) 영향, 미행하다, 그늘을 드리우다, 함께 하다
1451	**dust** [duhst]	(흙)먼지, 티끌, (미세한) 가루, 먼지를 털다, 털어내다, (고운 가루를) 뿌리다
1452	**vital** [**vahyt**-l]	필수적인, 생명유지와 관련된, 생명유지에 필수적인, 활력이 넘치는
1453	**arise** [uh-**rahyz**]	생기다, 발생하다, (무엇의 결과로) 유발되다, 발달하기 시작하다, 비롯되다
1454	**hill** [hil]	언덕, (나지막한) 산, 경사로
1455	**calm** [kahm]	침착한, 차분한, 잔잔한, 바람이 없는, 진정시키다, 평온, 진정, 침착함, 차분함
1456	**shock** [shok]	충격, 충격적인 일, (의학적인) 쇼크, 충격을 주다, 깜짝 놀라게 하다

112. Do not go where the path may lead, go instead where there is no path and leave a trail. _Ralph Waldo Emerson
길이 난 곳으로 가지 마라. 길이 없는 곳으로 가 너의 발자국을 남겨라. _랠프 월도 에머슨

1457	**pale** [peyl]	(사람 · 얼굴 등이) 창백한, 핼쑥한, (색깔이) 엷은[옅은/연한], (빛이) 약한, 흐릿한
1458	**rational** [**rash**-uh-nl]	합리적인, 이성적인, 논리적인
1459	**roof** [roof]	지붕, 천장, 지붕을 덮다[씌우다/올리다]
1460	**prominent** [**prom**-uh-nuh nt]	중요한, 유명한, 눈에 잘 띄는, 두드러진, 현저한, 툭 튀어나온, 돌출된
1461	**anxious** [**angk**-shuh s]	불안해하는, 염려하는, 열망하는, 간절히 바라는
1462	**slight** [slahyt]	약간의, 조금의, 경미한, 작고 여윈, 가냘픈, 모욕, 무시, (사람을) 무시하다
1463	**storm** [stawrm]	폭풍, 폭풍우, 우레, 기습[급습]하다, (화가 나서) 쿵쾅대며 가다, 호통 치다
1464	**uniform** [**yoo**-nuh-fawrm]	제복, 군복, 교복, 유니폼, 획일적인, 균일한, 한결같은
1465	**fuel** [**fyoo**-uh l]	연료, 부채질하는[기름을 끼얹는 격이 되는] 것, 연료를 공급하다, 부채질하다
1466	**zone** [zohn]	지역[지구/구역], 부분, 지역[지구]로 정해 두다, (땅을) 구획짓다
1467	**random** [**ran**-duh m]	무작위의, 닥치는 대로[임의로/마구잡이로] 하는
1468	**digital** [**dij**-i-tl]	(통신 등이) 디지털 (방식)을 쓰는, 디지털 방식의, 손가락의
1469	**wet** [wet]	젖은, 비가 오는, 궂은, 아직 마르지 않은, 적시다, 궂은 날씨, 액체

---

113. The mind is ever ingenious in making its own distress.
_Oliver Goldsmith

마음은 스스로의 고민거리를 만들어내는 데 있어서 언제나 뛰어난 창의력을 보여준다. _올리버 골드스미스

1470	**overcome** [oh-ver-**kuhm**]	극복하다, (남을) 이기다, 압도하다
1471	**ultimate** [**uhl**-t*uh*-mit]	궁극[최종]적인, 최후의, 최고[최상/최악/최대]의, 근본적인, 극치
1472	**senior** [**seen**-yer]	고위[고급/상급/상위]의, 최고학년의, 아버지의, 선임, 고령자, 선배
1473	**interface** [**in**-ter-feys]	인터페이스, (다른 주제·시스템의) 접점, 접속하다[되다]
1474	**gray** [grey]	회색, 쥐색, 회색의, 납빛의, 흐린, 우중충한, 회색으로 만들다, 백발이 되게 하다
1475	**vehicle** [**vee**-i-k*uh* l]	차량, 탈것, 운송 수단, (감정 표현·목표 달성 등의) 수단[매개체]
1476	**surgery** [**sur**-j*uh*-ree]	수술, 외과, (국회의원과의) 면담
1477	**curious** [**ky***oo* r-ee-*uh* s]	궁금한, 호기심이 많은, 별난, 특이한, 기이한
1478	**custom** [**kuhs**-t*uh* m]	관습, 풍습, 습관
1479	**smooth** [smoo*th*]	매끈한, 부드러운, 고루 잘 섞인, 순조로운, 매끈하게 하다, (고루) 펴 바르다
1480	**grant** [grant]	(공식적·법적으로) 승인하다, (내키지 않지만) 인정하다, 보조금
1481	**enormous** [ih-**nawr**-m*uh* s]	막대한, 거대한
1482	**corporation** [kawr-p*uh*-**rey**-sh*uh* n]	(큰 규모의) 기업[회사], 법인, 조합

114. Setting goals is the first step in turning the invisible into the visible.
_Anthony Robbins

목표를 세우는 것은 보이지 않는 것을 보이는 것으로 바꾸는 첫 번째 단계이다. _앤서니 라빈스

단어로 세상 읽기

friend & love & happy

지금부터 행복의 비밀을 빅데이터로 밝혀보겠습니다. 누구나 인생의 궁극적 지향점은 행복한 상태일 것입니다. 그래서 "행복한(happy)"라는 단어를 가장 먼저 검색해 보았습니다. happy라는 단어는 슬프게도 그 사용 빈도가 꾸준히 줄다가 다행히 20세기 말부터 다시 사용 빈도가 늘어나기 시작했습니다. 만약에 happy라는 단어랑 빈도수 변화 패턴이 일치하는 단어가 있다면 그 단어가 행복의 비밀에 관한 실마리를 제공하지 않을까요? 제가 어떤 개념을 대표하는 수백 개의 단어를 매칭시켜 본 결과 아주 흥미롭게 happy와 거의 똑같은 패턴으로 움직이는 두 단어를 발견할 수 있었습니다. 바로 친구(friend)와 사랑(love)이었습니다. 이 세 단어가 정말로 아주 강력하게 연결되어 있다는 증거는 바로 세계 1, 2차 대전입니다. 그래프에서 볼 수 있듯이 세 단어 모두 1, 2차 대전 기간에 사용 빈도수가 많이 감소되는 것을 확인할 수 있습니다. 전쟁 기간에는 수많은 친구를 잃게 되고 또 만나지도 못하게 됩니다. 우리가 사랑할 대상들이 사라지기 때문에 사랑도 할 수 없게 되고, 그 결과 불행해지는 것이지요. 사용 빈도수가 똑같이 꾸준히 줄다가 비슷한 시점에서 동시에 증가하는 것도 매우 흥미롭습니다. [X축: 연도, Y축: 총 단어 중 사용 빈도]

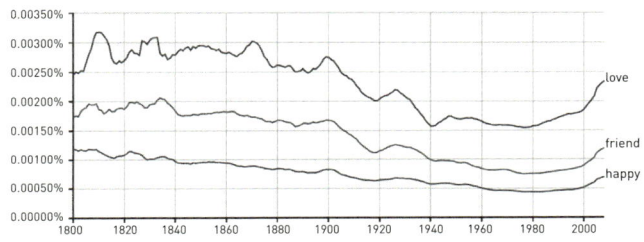

1483	**decrease** [dih-**krees**]	(크기 · 수 등이) 줄다[감소하다], 줄이다[감소시키다], 감소, 하락
1484	**soldier** [**sohl**-jer]	군인, 병사
1485	**rough** [ruhf]	고르지[매끈하지] 않은, 거친, 대충[대강] 한, 개략적인, 거칠게, 난폭하게
1486	**temple** [**tem**-p*uh* l]	신전, 사원, 절, 사찰, 회당, 관자놀이
1487	**string** [string]	끈, 줄, 일련, (악기의) 현[줄], 조건, 묶다[매달다], (실 등에) 꿰다, 현악기의
1488	**bond** [bond]	유대, 끈, 채권, 보석금, 굴레, 속박, 접착, 접착[결합]시키다, 유대감을 형성하다
1489	**enterprise** [**en**-ter-prahyz]	기업, 회사, 대규모 사업, (민간) 산업, 진취성, 기획력
1490	**oxygen** [**ok**-si-j*uh* n]	산소
1491	**hypothesis** [hahy-**poth**-*uh*-sis]	가설, 추정, 추측
1492	**accident** [**ak**-si-d*uh* nt]	사고[재해], 우연, 우발사고
1493	**reveal** [ri-**veel**]	(비밀 등을) 드러내다[밝히다/폭로하다], (보이지 않던 것을) 드러내 보이다
1494	**formula** [**fawr**-my*uh*-luh]	공식, 화학식, 제조법, (특정한 상황에서 쓰는) 정형화된[판에 박힌] 문구
1495	**vertical** [**vur**-ti-k*uh* l]	수직의, 세로의, 종적(縱的)인, (선 · 면의) 수직

115. Good ideas are common – what's uncommon are people who'll work hard enough to bring them about. _Ashleigh Brilliant

좋은 발상은 흔하다 – 흔하지 않은 것은 그것들을 실현하기에 충분할 만큼 열심히 일할 사람들이다. _애슐레이 브릴리언트

1496	**blow** [bloh]	(입으로) 불다, (바람이) 불다, 코를 풀다, (폭탄으로) 날려 버리다, 강타, 코풀기
1497	**pray** [prey]	기도하다[빌다], 기원하다, 간절히 바라다
1498	**servant** [**sur**-v*uh* nt]	하인, 종, 고용인, 종업원
1499	**habit** [**hab**-it]	버릇, 습관, 습성, 의복, 복장
1500	**forever** [fawr-**ev**-er]	영원히, 항상, 아주 오랜 시간, 쉴 새 없이
1501	**feed** [feed]	밥[우유]을 먹이다, 먹이를 주다, (기계에) 넣다, (충고 등을) 주다, 우유, 먹이
1502	**acute** [*uh*-**kyoot**]	격심한, (질병이) 급성의, (감각이) 예민한, 잘 발달된, (관찰력 등이) 예리한
1503	**loud** [loud]	(소리가) 큰, 시끄러운, (색깔·무늬등이) 야단스러운
1504	**burden** [**bur**-dn]	부담, (심리적) 짐, (운반하기 힘든) 짐, 부담[짐]을 지우다, 짐을 나르다
1505	**guy** [gahy]	남자, 녀석, 사내
1506	**tension** [**ten**-sh*uh* n]	긴장, 긴장감, 갈등, 불안, 팽팽함, 팽팽하게 하다
1507	**syndrome** [**sin**-drohm]	증후군, 일련의 증상
1508	**coat** [koht]	외투, 코트, 털[가죽], (표면을 덮고 있는) 칠[도금], (막 같은 것을) 덮다[입히다]

> 116. People can be induced to swallow anything, provided it is sufficiently seasoned with praise. _Moliere
> 만약 칭찬으로 충분히 간만 맞춰진다면, 사람들은 어떤 것도 삼키도록 유도될 수 있다. _몰리에르

1509	**operate** [**op**-*uh*-reyt]	작동되다, 조작하다, 운용되다, 작업하다, 수술하다, (군사) 작전을 벌이다
1510	**apartment** [*uh*-**pahrt**-m*uh* nt]	아파트, (휴양지) 콘도
1511	**guilty** [**gil**-tee]	죄책감이 드는, 가책을 느끼는, 유죄의, (잘못된 일에 대해) 책임이 있는
1512	**mixture** [**miks**-cher]	혼합물[혼합체], 혼합 재료, 혼합, 섞기
1513	**nerve** [nurv]	신경, 긴장, 불안, (어려움·위험에 맞서는) 용기, 대담성, 용기를 내어 ~하다
1514	**excess** [ik-**ses**]	(어떤 정도를) 지나침, 과도, 초과량[액], (보험 청구액의) 본인 부담분, 초과한
1515	**emotion** [ih-**moh**-sh*uh* n]	(희로애락의) 감정, 정서
1516	**psychology** [sahy-**kol**-*uh*-jee]	심리학, 심리, 심리 작용
1517	**velocity** [v*uh*-**los**-i-tee]	속도, 빠른 속도
1518	**lake** [leyk]	호수
1519	**meal** [meel]	식사[끼니], 으깬 곡물
1520	**afford** [*uh*-**fawrd**]	(금전적·시간적) 여유[형편]가 되다, ~하여도 된다, 제공하다
1521	**peculiar** [pi-**kyool**-yer]	(불쾌하거나 걱정스러울 정도로) 이상한[기이한], 특유한[고유한]

---

117. The dread of evil is a much more forcible principle of human actions than the prospect of good. _John Locke

악에 대한 두려움은 선에 대한 전망보다 인간 행동들의 훨씬 더 강한 원리이다. _존 로크

1522	**welcome** [**wel**-k*uh* m]	환영하다, (다정하게) 맞이하다, 기꺼이 받아들이다, 반가운, 환영받는, 환영
1523	**dozen** [**duhz**-*uh* n]	12개짜리 한 묶음, 다스, 다수, 여러 개[명/번]
1524	**remote** [ri-**moht**]	외진, 외딴, (시간상으로) 먼, 가깝지 않은, 원격의, (가능성이) 희박한
1525	**revenue** [**rev**-*uh* n-yoo]	(정부·기관의) 수익[수입/세입]
1526	**valley** [**val**-ee]	계곡, 골짜기
1527	**breakfast** [**brek**-f*uh* st]	아침(밥), 아침 식사, 아침(밥)을 먹다
1528	**throat** [throht]	목구멍, 목
1529	**county** [**koun**-tee]	자치주[군]
1530	**capture** [**kap**-cher]	포로로 잡다, 차지하다, (흥미·관심 등을) 사로잡다, 포착하다, 생포, 포획
1531	**sword** [sawrd]	(무기로 쓰이는) 칼, 검
1532	**loose** [loos]	헐거워진[풀린], 묶여[매여] 있지 않은, 느슨한, 마구 늘어놓다, 느슨하게 하다
1533	**eternal** [ih-**tur**-nl]	영원한, 불멸의, 끊임없는
1534	**electric** [ih-**lek**-trik]	전기의, 전기를 이용하는[생산하는/생산되는], 열광(케)하는, 전기 (장치[설비])

118. Nothing can stop the man with the right mental attitude from achieving his goal; nothing on earth can help the man with the wrong mental attitude. _Thomas Jefferson
정신이 바른 사람이 목표에 도달하는 것은 그 무엇도 막을 수 없다. 한편 정신이 바르지 못한 사람을 도와줄 수 있는 것은 아무것도 없다. _토머스 제퍼슨

1535	**tube** [tyoob]	튜브, 대롱 모양의 것, (기체·액체를 실어 나르는) 관, 텔레비전
1536	**radical** [**rad**-i-k*uh* l]	근본적인, 철저한, 급진적인, 과격한, 급진주의자, 과격파
1537	**fund** [fuhnd]	(특정 목적을 위한) 기금[자금], (이용 가능한) 돈[자금], 자금[기금]을 대다
1538	**gaze** [geyz]	(가만히) 응시하다[바라보다], 응시, (눈여겨보는) 시선[눈길]
1539	**compensation** [kom-p*uh* n-**sey**-sh*uh* n]	보상(금), (좋지 않은 점을 완화해주는) 보상[이득]
1540	**testimony** [**tes**-t*uh*-moh-nee]	증거, 증언(보통 법정에서 하는 것)
1541	**glance** [glans]	흘낏[휙] 보다, 휙휙[대충] 훑어보다, 흘낏[휙] 봄
1542	**recall** [ri-**kawl**]	기억해내다, 생각나게 하다, 다시 불러들이다, 회수하다, 기억, 복귀 명령, 회수
1543	**gap** [gap]	(공간적) 틈[구멍/간격], 공백, 격차[차이]
1544	**axis** [**ak**-sis]	(중심) 축, 축선, (도표의) 축, (대칭체의) 중심축, (국가들 간의) 연합
1545	**profile** [**proh**-fahyl]	옆얼굴(의 윤곽), 개요(서), 인지도, 윤곽, 개요를 알려주다, 프로필을 작성하다
1546	**fortune** [**fawr**-ch*uh* n]	운[행운], 운수[미래], 재산, 부, (개인·국가 등이 겪는) 성쇠[부침]
1547	**stick** [stik]	막대기, 꼬챙이, 기어 레버, 달라붙다, 고수하다, 찌르다, (급히) 집어넣다

> 119. My father used to say that it's never too late to do anything you wanted to do. And he said, 'You never know what you can accomplish until you try.'_Michael Jordan
> 아버지는 '원하는 것이 있다면, 그것을 하기에 너무 늦은 때란 없다'고 말하곤 하셨다. 그리고는 '무엇을 성취해낼 수 있는지는, 도전하기 전까지 알 수 없는 법'이라고 말하셨다. _마이클 조던

1548	**club** [kluhb]	클럽, 동호회, 사교 단체, (곤봉 같은 것으로) 때리다
1549	**decade** [**dek**-eyd]	10[십]년
1550	**steady** [**sted**-ee]	꾸준한, 고정적인, 안정된, 믿을 수 있는, 균형을 잡다, 진정되다, 안정되게
1551	**temporary** [**tem**-p*uh*-rer-ee]	일시적인, 임시의, 임시 고용인
1552	**nurse** [nurs]	간호사, 간호하다, (병 등을) 치료하다, (감정 등을) 품다, 보살피다, 젖을 먹이다
1553	**mood** [mood]	기분, 분위기, 감정, 마음, 변덕, 기분이 안 좋은 때
1554	**lesson** [**les**-*uh*n]	수업[교습/교육], 가르침, 교훈, (교과서의) 과
1555	**compare** [k*uh*m-**pair**]	(A와 B를) 비교하다, 필적하다[비교가 되다], (A를 B에) 비유하다
1556	**format** [**fawr**-mat]	(전반적인) 구성 방식, (책 등의) 판형, 서식을 만들다, (페이지의) 체재를 갖추다
1557	**diverse** [dih-**vurs**]	다양한, 가지각색의
1558	**oral** [**awr**-*uh*l]	구두[구술]의, 입[구강]의, 공기를 비강으로 내보내지 않고 발음되는, 구두시험
1559	**strain** [streyn]	(세게) 잡아당기다, 긴장시키다, 극도로 사용하다, 부담, 압력, (근육 등의) 염좌
1560	**extend** [ik-**stend**]	더 길게[크게/넓게] 만들다, 연장하다, 확대[확장]하다, 느리다, 뻗다

120. Walking with a friend in the dark is better than walking alone in the light. _Helen Keller
빛나는 곳에서 혼자 걷는 것보다 친구와 함께 어둠 속을 걷는 편이 낫다. _헬렌 켈러

1561	**paragraph** [**par**-*uh*-graf]	단락, 절
1562	**chronic** [**kron**-ik]	(병이) 만성적인, 만성질환을 앓고 있는, 지독히 안 좋은
1563	**wound** [woond]	(흉기에 의한) 상처, 부상 (마음의) 상처, 상처를 입히다
1564	**assist** [*uh*-**sist**]	돕다, (어떤 일에) 도움이 되다, 지원하다, 어시스트[도움주기]
1565	**plot** [plot]	구성[줄거리], 음모, 음모하다, 도표를 만들다, (좌표를) 나타내다, 구성을 짜다
1566	**expert** [**ek**-spurt]	전문가, 전문가의, 전문적인, 숙련된
1567	**faculty** [**fak**-*uh* l-tee]	능력[기능], 재능, (대학의) 학부, (대학·학교의) 교직원
1568	**inspire** [in-**spahy***uh* r]	고무[격려]하다, 영감을 주다, (감정 등을) 불어넣다[고취시키다]
1569	**destroy** [dih-**stroi**]	파괴하다, 말살하다, 죽이다[살처분하다]
1570	**plenty** [**plen**-tee]	풍부[충분]한 양, 많이, 충분히 큰, 풍요로움[풍성함], 풍부한, 충분한
1571	**seed** [seed]	씨, 씨앗, 종자, 근원, 씨가 맺다[여물다], 씨앗을 뿌리다
1572	**explore** [ik-**splawr**]	답사[탐사/탐험]하다, 탐구[분석]하다, (손이나 발 등으로) 더듬어 보다[살피다]
1573	**complicated** [**kom**-pli-key-tid]	복잡한, 뒤얽힌

121. The time to repair the roof is when the sun is shining. _John F. Kennedy.
날이 좋을 때 지붕을 수리해야 한다. _존 F 케네디

1574	**abroad** [*uh*-**brawd**]	해외에(서), 해외로, (소문·느낌 등이) 널리 퍼져[떠다녀]
1575	**prefer** [pri-**fur**]	더 좋아하다[원하다/택하다], 선호하다
1576	**crew** [kroo]	승무원, 무리, 일당, (함께 일을 하는) 팀, 반, (특히 배의) 승무원[선원]을 하다
1577	**ocean** [**oh**-sh*uh* n]	대양, 바다
1578	**proceed** [pr*uh*-**seed**]	(계속) 진행하다[되다], 계속하다, (특정 방향으로) 나아가다[이동하다]
1579	**interior** [in-**teer**-ee-er]	내부, 내륙, (한 국가의) 국내 문제[내정], 내부의
1580	**dose** [dohs]	(약의) 복용량[투여량], (어느 정도의) 양, 약간, ~에게 먹이다[투여하다]
1581	**hate** [heyt]	몹시 싫어하다[질색하다], 미워[증오]하다, 증오, 아주 싫은[질색인] 것[사람]
1582	**outer** [**ou**-ter]	바깥 표면의, 바깥쪽의, 외부의, 외곽의
1583	**mirror** [**mir**-er]	거울 (같은 것), 반영하는 것, (거울처럼) 잘 보여주다, 반영하다, 비추다
1584	**movie** [**moo**-vee]	영화
1585	**behalf** [bih-**haf**]	이익, 원조, 자기편, 지지, 대신
1586	**chamber** [**cheym**-ber]	회의실, (특정 목적용) ~실(室), 공간[방]

122. Faith is taking the first step even when you don't see the whole staircase. _Martin Luther King, Jr
당신이 계단 전체를 바라보지 않더라도, 믿음은 이미 첫걸음을 떼고 있다. _마틴 루터 킹

1587	**council** [**koun**-s*uh* l]	의회, 자문 위원회, 협의회, 평의회, 대책 회의
1588	**candidate** [**kan**-di-deyt]	(선거의) 입후보자[출마자], (일자리의) 후보자, 지원자, 가능성이 큰 사람[집단]
1589	**equity** [**ek**-wi-tee]	공평, 공정, (한 회사의) 자기자본, (자산의) 순수 가치, 보통주
1590	**default** [dih-**fawlt**]	채무불이행, 초기 설정
1591	**sphere** [sfeer]	(기하) 구(球), 구체, (활동·영향·관심) 영역, (행성을 둘러싸고 있는) 층[권]
1592	**park** [pahrk]	공원, 경기장, (특정 목적을 위한) 지역[단지], 주차하다, 보류하기로 하다
1593	**praise** [preyz]	칭찬, 찬사, 찬양, 칭찬하다, 찬송[찬미]하다
1594	**hide** [hahyd]	감추다[숨기다], 숨다, 가리다, 은신처, (곤경에 처했을 때의) 목숨[안전], 가죽
1595	**wire** [wahy*uh* r]	전선, 선, 철사, 전선을 연결하다, 송금하다, 철사로 연결하다, 도청 장치를하다
1596	**pool** [pool]	수영장, 웅덩이[못], 이용 가능 인력, 공동 이용 자금, (공동 자금 등을) 모으다
1597	**panel** [**pan**-l]	(목재·유리·금속으로 된) 판, 천 조각, (토론하는) 패널, 판으로 덮다[장식하다]
1598	**coverage** [**kuhv**-er-ij]	(신문·텔레비전·라디오의) 보도, (책·연구 등에 포함된 정보의) 범위, 보급(률)
1599	**transaction** [tran-**sak**-sh*uh* n]	거래, 매매, 처리(과정)

---

123. Mistakes are always forgivable, if one has the courage to admit them.
_Bruce Lee

어떠한 실수를 범하더라도, 용서받을 길은 열려 있다. 그것이 실수라는 것을 인정할 용기가 있다면.
_이소룡

1600	**discrimination** [dih-skrim-*uh*-**ney**-sh*uh* n]	차별, 안목, 식별력, (구별되는) 차이
1601	**symbol** [**sim**-b*uh* l]	상징(물), (과학 · 수학 · 음악 등에서 쓰이는) 부호[기호]
1602	**anyway** [**en**-ee-wey]	게다가, 그래도, 그런데, 그건 그렇고
1603	**brand** [brand]	상표, 브랜드, (특정한) 종류[유형], 낙인, 낙인을 찍다
1604	**boundary** [**boun**-d*uh*-ree]	경계(선), 분계선, 영역
1605	**gentle** [**jen**-tl]	온화한, 순한, 조용한, 조심스러운, 완만한, (영향 등이) 가벼운[순한]
1606	**essay** [**es**-ey]	글, 소론, 수필, 작문, 논문, 과제물[리포트], 시도, 시도[기도]하다
1607	**cat** [kat]	고양이, 고양잇과 동물
1608	**constitute** [**kon**-sti-toot]	구성하다, 간주하다, ~에 해당하다, (어떤 단체를) 설립[설치]하다, 제정하다
1609	**dimension** [dih-**men**-sh*uh* n]	크기, 치수, (상황의) 규모[범위]
1610	**god** [god]	신, 창조주, 우상
1611	**noble** [**noh**-b*uh* l]	고결한, 고귀한, 숭고한, 웅장한, 장려한, 귀족의, 상류층[귀족]
1612	**shoe** [shoo]	신, 신발, 구두

124. You are never too old to set another goal or to dream a new dream.
_C. S. Lewis

새로운 목표를 세우고 또 다른 꿈을 꾸기에 너무 늦은 나이란 없다. _C. S. 루이스

1613	**emergency** [ih-**mur**-j*uh* n-see]	비상 (사태), 돌발 사건, 긴급한 경우
1614	**trace** [treys]	추적하다, (형체 · 윤곽을) 따라가다, (선을) 그리다, 자취, 흔적, 기록
1615	**grain** [greyn]	곡물, (곡식의) 낟알, (특정한 물질의) 알갱이, 아주 조금, (목재 · 암석 등의) 결
1616	**stomach** [**stuhm**-*uh* k]	위(胃),복부, 배, 속, 즐기다, 참다, 견디다, 먹을[넘길] 수 있다
1617	**push** [p*oo* sh]	밀다, (특정 상태가 되도록) 밀고 나가다, 누르다, 강요하다, 밀기, 누르기, 분투
1618	**split** [split]	나누다, 분열시키다, 쪼개다, 헤어지다, 분담하다, 분열, 분할, (길게 찢어진) 틈
1619	**raw** [raw]	익히지 않은, 원자재의, 가공되지 않은, 몹시 추운, (충격적일 정도로) 노골적인
1620	**advertise** [**ad**-ver-tahyz]	광고하다, (자신을) 알리다, 홍보하다
1621	**fiction** [**fik**-sh*uh* n]	소설, 허구
1622	**abstract** [ab-**strakt**]	추상적인, 관념적인, 추상화, 초록, 개요
1623	**excite** [ik-**sahyt**]	흥분시키다[들뜨게 만들다], 자극하다, 불러일으키다[촉발시키다]
1624	**sympathy** [**sim**-p*uh*-thee]	동정, 연민, 동조, 지지, 동의, 공감
1625	**nevertheless** [nev-er-*th* *uh*-**les**]	그렇기는 하지만, 그럼에도 불구하고

125. Winning is habit. Unfortunately, so is losing. _Vince Lombardi
승리는 습관이다. 불행히도 패배도 그렇다. _빈스 롬바디

#	단어	뜻
1626	**profession** [pr*uh*-**fesh**-*uh* n]	직업[직종], (특정 직종) 종사자들, 전문직, 공언, 천명
1627	**distinguish** [dih-**sting**-gwish]	구별하다, 구별 짓다, 차이를 보이다, 식별하다, 알아듣다[보다], 유명하게 되다
1628	**verse** [vurs]	운문, (시의) 연, (노래의) 절
1629	**comment** [**kom**-ent]	논평, 언급, (잘못의) 지적[비판], 논평하다, 견해를 밝히다
1630	**gay** [gey]	(특히 남자가) 동성애자인, 동성애자의, 따분한[매력 없는/재미 없는], 동성애자
1631	**encounter** [en-**koun**-ter]	맞닥뜨리다, (새롭거나 뜻밖의 대상과) 접하다, (예상 밖의) 만남[접촉/조우]
1632	**array** [*uh*-**rey**]	(인상적인) 집합체[모음], (수·기호 등의) 배열, 배열하다, (전투 대열로) 배치하다
1633	**valid** [**val**-id]	(법적·공식적으로) 유효한[정당한], (논리적으로) 타당한[근거 있는]
1634	**empire** [**em**-pahy*uh* r]	제국, 기업 왕국, 거대 기업
1635	**finish** [**fin**-ish]	끝내다[마치다/마무리짓다], (남아 있는 것을) 마저 먹다, 마지막 부분[끝]
1636	**deliver** [dih-**liv**-er]	배달하다, 데리고 가다, (연설 등을) 하다, (판결 등을) 내리다, 출산하다
1637	**massive** [**mas**-iv]	(육중하면서) 거대한, 엄청나게 큰[심각한]
1638	**lunch** [luhnch]	점심, (특히 식당에서) 점심 식사를 하다

126. Imperfection is beauty, madness is genius and it's better to be absolutely ridiculous than absolutely boring. _Marilyn Monroe
불완전은 아름다움이고, 광란은 천재성이며 완전히 지루한 것보단 완전히 멍청한 것이 낫다. _마릴린 먼로

1639	**occupation** [ok-y*uh*-**pey**-sh*uh* n]	직업, 점령, (건물 · 방 · 토지 등의) 사용, 거주
1640	**obligation** [ob-li-**gey**-sh*uh* n]	(법적 · 도의적) 의무, 마땅히 해야 할 일
1641	**hero** [**heer**-oh]	영웅, (소설 · 영화 등의) 남자 주인공
1642	**tight** [tahyt]	(고정된 상태 등이) 단단한, 꽉 조이는, 단호한, 빠듯한, 막상막하의, 유대가 강한
1643	**loan** [lohn]	대출[융자](금), 빌려줌, 대여
1644	**Atlantic** [at-**lan**-tik]	대서양, 대서양의, 대서양 연안 제국의, 아틀라스 산맥의
1645	**orientation** [awr-ee-*uh* n-**tey**-sh*uh* n]	(목표하는) 방향, 지향, (사람의) 성향, 예비 교육, (물체가 향하고 있는) 방향
1646	**bare** [bair]	벌거벗은, 맨−, 헐벗은, 텅 빈, 가장 기본적인, (신체의 일부를) 드러내다
1647	**tomorrow** [t*uh*-**mawr**-oh]	내일, 미래
1648	**summary** [**suhm**-*uh*-ree]	요약, 개요, 간략한, 약식[즉결]의
1649	**feedback** [**feed**-bak]	피드백, 되먹임, 반응, 의견
1650	**uncle** [**uhng**-k*uh* l]	삼촌, 외삼촌, 고모부, 이모부, 아저씨
1651	**dialogue** [**dahy**-*uh*-lawg]	(책 · 연극 · 영화에 나오는) 대화, (대립 관계에 있는 집단 · 국가 사이의) 대화

---

127. We are each of us angels with only one wing, and we can only fly by embracing one another. _Lucretius
우리는 각자 하나의 날개만을 가진 천사들이며, 우리는 서로를 껴안음으로써 날 수 있다. _루크레티우스

1652	**commission** [k*uh*-**mish**-*uh* n]	위원회[위원단], 수수료[커미션], 의뢰[주문], 성직직, 의뢰하다, 임관시키다
1653	**arrive** [*uh*-**rahyv**]	도착하다, 배달되다, (어떤 순간이) 도래하다, 찾아오다
1654	**mystery** [**mis**-t*uh*-ree]	수수께끼, 미스터리, 신비스러운[수수께끼 같은] 사람[것], 신비, 불가사의
1655	**burst** [**burst**]	터지다, 파열하다, 불쑥 가다[오다/움직이다], ~으로 터질 듯하다, 터뜨림, 파열
1656	**terror** [**ter**-er]	(극심한) 두려움[무서움], 공포(심), 공포의 대상, 두려운[무서운] 존재, 테러
1657	**bottle** [**bot**-l]	병, 한 병 (가득한 양), 용기, 자신감, 병에 담다, 병조림하다
1658	**platform** [**plat**-fawrm]	(기차역의) 플랫폼, 연단, 강단, (정당의) 정견[공약], 기반, (도약의) 발판
1659	**peak** [**peek**]	절정, 최고조, 봉우리[꼭대기/정상], 뾰족한 것, 절정에 달하다, 절정기[최상]의
1660	**vice** [**vahys**]	(섹스·마약 관련된) 범죄, 악, 악덕 행위, 비행
1661	**node** [**nohd**]	(나무줄기의) 마디, (연결망의) 교점[접속점], (관절 부근의) 절(節)
1662	**tender** [**ten**-der]	상냥한, 다정한, (음식이) 연한, 연약한, 응찰하다, 제출하다, 입찰
1663	**innocent** [**in**-*uh*-s*uh* nt]	아무 잘못[죄]이 없는, 무죄인, 결백한, 무고한, 악의 없는, 순결한, 순결한 사람
1664	**genuine** [**jen**-yoo-in]	진짜의, 진품의, 진실한, 진심 어린

---

128. Chance is always powerful. Let your hook be always cast; in the pool where you least expect it, there will be a fish. _Ovid
우연은 강력하다. 항상 낚싯바늘을 던져두라. 기대하지 않는 곳에 물고기가 있을 것이다. _오비디우스

1665	**coal** [kohl]	석탄, (특히 타고 있는) 석탄 조각
1666	**mobile** [**moh**-b*uh* l]	이동하는, 이동식의, 움직임이 자유로운, 기동성 있는, 모빌, 자동차, 휴대폰
1667	**conviction** [k*uh* n-**vik**-sh*uh* n]	유죄 선고[판결], (강한) 신념[의견], 확신
1668	**desert** [**dez**-ert]	사막, (도와주거나 않고) 저버리다, (장소를) 버리다[떠나다], 탈영하다
1669	**diet** [**dahy**-it]	식사[음식], 식습관, 규정식, 다이어트, 다이어트를 하다
1670	**conscience** [**kon**-sh*uh* ns]	양심, (양심의) 가책, 도덕심
1671	**cattle** [**kat**-l]	(집합적으로) 소
1672	**deny** [dih-**nahy**]	부인[부정]하다, 사실이 아니라고 말하다, 인정하지[받아들이지] 않다
1673	**deck** [dek]	갑판, 마루처럼 달아내어 앉아서 쉴 수 있게 만든 곳, 꾸미다, 때려눕히다
1674	**survive** [ser-**vahyv**]	살아남다, 생존[존속]하다, (위기 등을) 견뎌내다, 더 오래 살다
1675	**conservative** [k*uh* n-**sur**-v*uh*-tiv]	보수적인, 보수당의, (실제 수나 양보다) 적게 잡은, 보수주의자
1676	**profound** [pr*uh*-**found**]	(영향 · 느낌 · 경험 등이) 엄청난[깊은], (지식 · 이해 등이) 깊은[심오한]
1677	**lord** [lawrd]	왕, 영주, (귀족을 칭하는) 경(卿), 각하, 주인

---

129. The superior man acts before he speaks, and afterwards speaks according to his action. _Confucius
군자는 말하고자 하는 바를 먼저 행하고, 그 후에는 자신이 행함에 따라 말하느니라. _공자

1678	**delight** [dih-**lahyt**]	(큰) 기쁨[즐거움], 큰 기쁨을 주는 것, 크게 기쁜[즐거운] 일, 많은 기쁨을 주다
1679	**farther** [**fahr**-*th* er]	(공간·시간상으로) 더 멀리, 더 먼, 더 나아가서
1680	**reward** [ri-**wawrd**]	보상, 현상금, 보상금, 사례금, 보상[보답/사례]하다
1681	**smell** [smel]	냄새[향]가 나다, 냄새[향]를 맡다, 감지하다, 낌새를 느끼다, 냄새, 악취, 후각
1682	**wedding** [**wed**-ing]	결혼, 혼례
1683	**introduce** [in-tr*uh*-**doos**]	소개하다, (TV·라디오 프로를) 진행하다, 전하다[들여오다], 내놓다[도입하다]
1684	**companion** [k*uh* m-**pan**-y*uh* n]	동반자, 동행, (마음 맞는) 친구[벗], 동지, 가정 도우미, 안내서[지침서]
1685	**trend** [trend]	동향, 추세
1686	**spectrum** [**spek**-tr*uh* m]	(빛의) 스펙트럼, 빛띠, (특질·생각 등의) 범위[영역]
1687	**vain** [veyn]	헛된, 소용없는, 자만심이 강한, 허영심이 많은
1688	**genius** [**jeen**-y*uh* s]	천재성, 천재, 귀재, 특별한 재능
1689	**affair** [*uh*-**fair**]	일[문제], 사건, 업무, 불륜 (관계), 정사
1690	**secretary** [**sek**-ri-ter-ee]	비서, 총무[서기], (정부 부처의, 대통령이 선정하는) 장관

130. My mother was determined to make us independent. When I was four years old, she stopped the car a few miles from our house and made me find my own way home across the fields. I got hopelessly lost. _Richard Branson
어머니는 우리가 독립심 강한 아이가 되길 바라셨다. 4살일 때, 어머니는 집에서 몇 마일 떨어진 곳에서 차를 세우시고는 내게 알아서 집까지 찾아오라고 하셨다. 나는 완전히 길을 잃었었다. _리처드 브랜슨

1691	**rear** [reer]	뒤쪽, 뒤쪽의, 부양하다, 사육하다, 앞다리를 들어 올리며 서다, 우뚝 솟다
1692	**roll** [rohl]	두루마리, (둥글게 말아 놓은) 통, 둥근 빵, 구르기, 뒹굴다, (둥글게) 말다[감다]
1693	**bus** [buhs]	버스, 버스로 실어 나르다, 버스로 통학시키다, 빈 그릇[식탁] 치우는 일을 하다
1694	**judicial** [joo-**dish**-*uh* l]	사법[재판]의
1695	**midst** [midst]	중앙, 한가운데
1696	**magazine** [mag-*uh*-**zeen**]	잡지, (연발총의) 탄창, 무기[화약]고
1697	**solve** [solv]	(문제 · 곤경을) 해결[타결]하다, (수학 문제 등을) 풀다[해결하다]
1698	**wage** [weyj]	(보통 주 단위로 받는) 임금[급료], (전쟁 · 전투 등을) 벌이다[계속하다]
1699	**rely** [ri-**lahy**]	의지하다, 신뢰하다, 믿다
1700	**integrity** [in-**teg**-ri-tee]	진실성, 완전한 상태, 온전함
1701	**assess** [*uh*-**ses**]	(특성 · 자질 등을) 재다[가늠하다], (가치 · 양을) 평가[사정]하다
1702	**schedule** [**skej**-ool]	(작업) 일정, (방송) 프로그램 편성표, 명세서, 일정[시간 계획]을 잡다, 예정하다
1703	**innovation** [in-*uh*-**vey**-sh*uh* n]	혁신, 쇄신, 획기적인 것

131. He who is not courageous enough to take risks will accomplish nothing in life. _Mohamed Ali

리스크를 감내할 용기가 없는 사람이라면 삶에서 아무것도 이뤄낼 수 없을 것이다. _무하마드 알리

1704	**tale** [teyl]	이야기, 소설
1705	**precious** [**presh**-*uh* s]	귀중한, 값비싼, 소중한, (못마땅함) 지나치게 점잔을 빼는, 정말 거의 없는
1706	**sheep** [sheep]	양
1707	**wheel** [weel]	바퀴, (자동차 등의) 핸들, 자동차, (바퀴 달린 것을) 밀다[끌다], 태우고 가다
1708	**interval** [in-**ter**-v*uh* l]	(두 사건 사이의) 간격, 중간 휴식 시간, 잠깐[사이], (음악) 음정
1709	**plastic** [**plas**-tik]	플라스틱, 신용카드, 플라스틱으로 된, 형태를 만들기가 쉬운, 인조 같은
1710	**blame** [bleym]	비난하다, ~을 탓하다, ~책임[때문]으로 보다, 비난, 책망, 탓
1711	**tail** [teyl]	꼬리, 꼬리 부분, (동전의) 뒷면, 미행자, 미행하다
1712	**adopt** [*uh*-**dopt**]	입양하다, 채택하다, 적용하다, 도입하다, (태도·표정 등을) 취하다
1713	**reverse** [ri-**vurs**]	뒤바꾸다, 반전시키다, 서로 바꾸다, 후진하다, 반대, 좌절, 실패, 반대의
1714	**moderate** [**mod**-er-it]	보통의, 중간의, (특히 정치적인 견해가) 중도의[온건한], 적당한, 적정한
1715	**treaty** [**tree**-tee]	조약, 협정
1716	**statistics** [st*uh*-**tis**-tiks]	통계, 통계학

---

132. Learn from yesterday, live for today, hope for tomorrow. The important thing is not to stop questioning. _Albert Einstein
어제로부터 배우고, 오늘에 충실하고, 내일에 희망을 가져라. 중요한 건 질문을 멈추지 않는 것이다. _알버트 아인슈타인

1717	**fancy** [**fan**-see]	장식이 많은, 화려한, 값비싼[고급의], 복잡한, 공상, 상상, 욕망, 상상하다
1718	**sing** [sing]	노래하다, (새가) 지저귀다, 울다
1719	**brilliant** [**bril**-y*uh* nt]	훌륭한, 멋진, 아주 성공적인, 눈부신, 뛰어난, 우수한, 아주 밝은
1720	**repeat** [ri-**peet**]	(말 · 글로) 반복하다, 되풀이하다, 따라 하다, 재방송, 반복[되풀이]
1721	**beach** [beech]	해변, 바닷가, 해수욕장, 바닷가[해변]로 오다[가져오다]
1722	**explicit** [ik-**splis**-it]	분명한, 명쾌한, 명백한, 노골적인, (사람이) 솔직한, 터놓고 말하는
1723	**flower** [**flou**-er]	꽃, 화초, 꽃을 피우다, 개화하다, 번성하게 되다
1724	**yard** [yahrd]	마당, 뜰, (학교의) 운동장, (길의 단위) 야드
1725	**magic** [**maj**-ik]	마법, 마술, 마력, 마법[마술]의, 마력을 발휘하는, 아주 특별한
1726	**precise** [pri-**sahys**]	정확한, 정밀한, 엄밀한, 꼼꼼한
1727	**cotton** [**kot**-n]	목화, 면직물, 면화, 솜
1728	**appointment** [*uh*-**point**-m*uh* nt]	(특히 업무 관련) 약속, 임명, 지명, (책임 있는) 직위, 직책
1729	**log** [lawg]	통나무, (항해 · 비행 등의) 기록, 일지에 기록하다, 항해[비행]하다, 벌목하다

133. Our greatest glory is not in never failing, but in rising up every time we fail. _Ralph Waldo Emerson
가장 위대한 영광은 실패를 범하지 않는 데서 오지 않는다. 실패하더라도 매번 일어나는 데서 오는 것이다. _랠프 월도 에머슨

라임으로 외우자!

정말로 어려워 인생의 **방향**을 정하는 것은	direction
넘치는 **정보** 속에서	information
정신 바짝 차리고 **주의**를 기울여 봐도	attention
나만의 성공 **방정식**을 만드는 것은 너무 어려워	equation
심사숙고 끝에 나만의 길을 가겠다고 말하면	consideration
사람들의 **반응**은 한결같이 부정적이야	reaction
내 계획은 잘 안될 거라고 **언급**들만 하지	mention
그러나 난 상관없어 그들의 의견은 내 **선택사항**에는 없거든	option
꿈에 도전하는데 그들의 **허락** 따위는 필요하지 않아	permission
내게 필요한 것은 할 수 있다는 불꽃 같은 **열정**	passion
굳은 결심으로 스스로 **진화**해	evolution
그리고 반드시 나 자신을 위한 **혁명**을 이뤄내고 말 거야	revolution

1730	**laboratory** [**lab**-r*uh*-tawr-ee]	실험실
1731	**mercy** [**mur**-see]	자비, 고마운[다행스러운] 일
1732	**utility** [yoo-**til**-i-tee]	(수도 · 전기 · 가스 같은) 공익사업, 유용성
1733	**shame** [sheym]	수치심[창피/부끄러움], 망신, 애석한 일, 부끄럽게 하다, 망신 시키다
1734	**professor** [pr*uh*-**fes**-er]	교수[정교수]
1735	**citizen** [**sit**-*uh*-z*uh* n]	(한 국가의 공민권을 가진) 시민, (특정 지역의) 주민, 시민
1736	**journal** [**jur**-nl]	신문[잡지], 저널, 학술지, 일기
1737	**classic** [**klas**-ik]	일류의, 최고 수준의, 전형적인, 대표적인, 고전적인, 고전, 명작, 모범
1738	**jury** [**j**oo **r**-ee]	배심원단, (시합의) 심사위원단
1739	**beam** [beem]	빛줄기, 기둥, 환한 미소, 활짝 웃다, (라디오 · 텔레비전 전파를) 방송하다, 비추다
1740	**correlation** [kawr-*uh*-**ley**-sh*uh* n]	상호 관계, 연관성
1741	**cloth** [klawth]	옷감, 직물, (특정 용도의) 천
1742	**odd** [od]	이상한, 특이한, 특별한 형태[크기]가 없는, 다양한, 홀수의, 이용할[쓸] 수 있는

---

134. Being ignorant is not so much a shame, as being unwilling to learn.
_Benjamin Franklin

배우지 않으려는 것보다, 무지함이 덜 부끄러운 것이다. _벤저민 프랭클린

1743	**commerce** [**kom**-ers]	무역, 상업
1744	**routine** [roo-**teen**]	정례적인, 일상적인, 판에 박힌, 지루한, (지루한 일상의) 틀, (판에 박힌) 일상
1745	**asset** [**as**-et]	자산, 재산, 유산
1746	**mad** [mad]	미친, 정신이상인, 말도 안 되는, 정신 나간, 터무니없는, 미치도록 좋아하는
1747	**corn** [kawrn]	옥수수, 곡식, 낟알, 작은 알갱이로 만들다, 곡물을 심다, 소금에 절이다
1748	**miss** [mis]	놓치다[빗나가다], 이해[파악]하지 못하다, 그리워하다, (여성) 양(孃), 아가씨
1749	**knife** [nahyf]	칼, 나이프, 칼로 찌르다[죽이다]
1750	**steam** [steem]	증기, 김, 증기력, 수증기, 김[증기]을 내뿜다, (음식을) 찌다, 빠르게 가다[오다]
1751	**ritual** [**rich**-oo-*uh* l]	(종교상의) 의식 절차, (제의적) 의례, 의식상의, 의례적인
1752	**dispute** [dih-**spyoot**]	분쟁, 분규, 반박하다, 이의를 제기하다, 분쟁을 벌이다, (차지하기 위해) 다투다
1753	**affection** [*uh*-**fek**-sh*uh* n]	애착, 보살핌, (이성에 대한) 애정
1754	**defeat** [dih-**feet**]	패배시키다[물리치다/이기다], 무산[좌절]시키다, 패배, 타도, 타파
1755	**attorney** [*uh*-**tur**-nee]	변호사, (사업·법률적 문제의) 대리인

> 135. If you talk to a man in a language he understands, that goes to his head. If you talk to him in his language, that goes to his heart.
> _Nelson Mandela
> 상대가 '이해'할 수 있는 언어로 말하면 그의 머리에 닿게 된다. 그러나 그 사람 자체의 언어로 말할 때면 그의 가슴에 향할 것이다. _넬슨 만델라

1756	**insight** [**in**-sahyt]	통찰력, 이해, 간파
1757	**shell** [**shel**]	껍데기[껍질], 뼈대, 조개, 포탄, (사람의) 겉모습[외피], 포격하다, 껍질을 까다
1758	**legitimate** [li-**jit**-*uh*-mit]	정당한, 타당한, 적당한, 합법적인, 적법한, (아이가) 적출인
1759	**stem** [**stem**]	(식물의) 줄기, (포도주 잔의 가늘고 기다란) 손잡이 부분, (흐름을) 막다
1760	**satisfy** [**sat**-is-fahy]	만족시키다, 충족시키다[채우다], 확신하게 하다, 납득시키다
1761	**crown** [kroun]	왕관, 왕위, 맨 위, 꼭대기, 왕관을 씌우다, 왕위에 앉히다, 꼭대기에 ~이 있다
1762	**trail** [treyl]	자국[흔적], 자취, 오솔길, 시골길, 산길, 끌다, 끌리다, 느릿느릿 걷다, 추적하다
1763	**bitter** [**bit**-er]	(언쟁 등이) 격렬한, (사람들이) 억울해 하는, 쓰라린, 맛이 쓴, 혹독한, 매서운
1764	**pursue** [per-**soo**]	추구하다, 밀고 나가다[해나가다], (논의 · 조사 · 관여 등을) 계속하다, 뒤쫓다
1765	**priority** [prahy-**awr**-i-tee]	우선 사항, 우선, 우선권
1766	**curriculum** [k*uh*-**rik**-y*uh*-l*uh* m]	교육과정
1767	**respective** [ri-**spek**-tiv]	각자의, 각각의
1768	**theology** [thee-**ol**-*uh*-jee]	신학

> 136. The surest way to corrupt a youth is to instruct him to hold in higher esteem those who think alike than those who think differently.
> _Friedrich Nietzsche
> 젊은이를 타락시키는 가장 확실한 방법은 똑같이 생각하는 사람을 존경하도록 하고, 다르게 생각하는 사람들을 멀리하도록 지시하는 것이다. _프리드리히 니체

1769	**ongoing** [**on**-goh-ing]	계속 진행 중인
1770	**stroke** [strohk]	(공을 치는) 타법[타격], 치기, 때리기, 수영법, (글씨의) 획, 뇌졸중, 발작
1771	**wing** [wing]	날개, 계파[진영], (어디로) 날아가다, 신속히 보내지다[발송되다]
1772	**appreciate** [uh-**pree**-shee-eyt]	진가를 알아보다[인정하다], 고마워하다, (제대로) 인식하다, 가치가 오르다
1773	**repair** [ri-**pair**]	수리[보수/수선]하다, (상황을) 바로잡다, 수리, 보수, 수선
1774	**migration** [mahy-**grey**-shuh n]	(사람·철새 등의 대규모) 이주[이동]
1775	**evaluate** [ih-**val**-yoo-eyt]	(가치·품질 등을) 평가하다[감정하다]
1776	**palace** [**pal**-is]	궁전, 왕실, 대궐 같은 집, 대저택
1777	**yesterday** [**yes**-ter-dey]	어제, 과거
1778	**rent** [rent]	집세, 방세, 지대, 임차료, 빌리다, 임차하다, 임대하다
1779	**paint** [peynt]	페인트, 그림물감, 페인트를 칠하다, (그림물감으로) 그리다[쓰다], 화장을 하다
1780	**discharge** [dis-**chahrj**]	(어떤 장소나 직무에서) 떠나는 것을 허락하다, 해고하다, 이행하다, 방출, 배출
1781	**agriculture** [**ag**-ri-kuhl-cher]	농업, 농경

137. Happiness is when what you think, what you say, and what you do are in harmony. _Mahatma Gandhi
행복은 당신의 생각, 말 행동이 조화를 이룰 때 찾아온다. _마하트마 간디

1782	**salvation** [sal-**vey**-sh*uh* n]	(기독교에서) 구원, (재난 등으로부터의) 구조[구제]
1783	**privilege** [**priv**-*uh*-lij]	(특정 개인·단체가 갖는) 특전[특혜]
1784	**kiss** [kis]	입을 맞추다, 키스하다, 부드럽게 닿다[스치다/입 맞추다], 키스, 입맞춤, 뽀뽀
1785	**cloud** [kloud]	구름, (구름같이) 자욱한 것, (기억력 등을) 흐리다, 우울하게 만들다
1786	**refuse** [ri-**fyooz**]	거절[거부]하다, 사절하다, 쓰레기
1787	**wake** [weyk]	(잠에서) 깨다[일어나다], 깨우다, (기억·감정을) 일깨우다, 배가 지나간 자국
1788	**drama** [**drah**-m*uh*]	드라마[극], 연극, 극적인 사건, 드라마 (같은 일), 극적임
1789	**acknowledge** [ak-**nol**-ij]	인정하다, (편지·소포 등을) 받았음을 알리다, (공식적으로) 감사를 표하다
1790	**province** [**prov**-ins]	(행정 단위인) 주(州)[도(道)], (수도 외의) 지방, (개인의 특정 지식·책임) 분야
1791	**seldom** [**sel**-d*uh* m]	좀처럼[거의] ~않는, 드물게, 어쩌다가
1792	**pipe** [pahyp]	배관, 파이프, 피리, 파이프[관]로 수송하다, 송신하다[보내다], 피리를 불다
1793	**illustrate** [**il**-*uh*-streyt]	(책 등에) 삽화[도해]를 쓰다[넣다], (실례·도해 등을 이용하여) 분명히 보여주다
1794	**infant** [**in**-f*uh* nt]	유아, 젖먹이, 아기, 유아용의, 초창기의, 초기의

138. The great aim of education is not knowledge but action.
_Herbert Spencer
교육의 위대한 목표는 앎이 아니라 행동이다. _허버트 스펜서

1795	**realm** [relm]	(활동·관심·지식 등의) 영역[범위], 왕국
1796	**enthusiasm** [en-**thoo**-zee-az-*uh* m]	열광, 열정, 열의, 열광하는[열정을 쏟는] 대상
1797	**sport** [spawrt]	스포츠[운동/경기], 재미, 장난, 자랑스럽게 보이다[입다], 즐겁게 놀다
1798	**grief** [greef]	(특히 누구의 죽음으로 인한) 비탄[비통], 큰 슬픔(을 주는 것), 고민
1799	**counsel** [**koun**-s*uh* l]	조언[충고], 변호인, (전문적인) 상담을 하다, 충고[조언]하다
1800	**fee** [fee]	요금, 회비, 수수료
1801	**fever** [**fee**-ver]	(의학적 이상 징후로서의) 열, 고열, 흥분, 초조, 열기, 과열
1802	**replace** [ri-**pleys**]	대신[대체]하다, (낡은 것·손상된 것 등을) 바꾸다, (원래 있던 자리에) 다시 놓다
1803	**facility** [f*uh*-**sil**-i-tee]	(생활 편의를 위한) 시설[기관], (기계·서비스 등의 특수) 기능, (타고난) 재능
1804	**virtual** [**vur**-choo-*uh* l]	사실상의, 거의 ~과 다름없는, (컴퓨터를 이용한) 가상의
1805	**thesis** [**thee**-sis]	학위 논문, 논지
1806	**bore** [bawr]	지루하게 만들다, 뚫다[파다], 뚫어지게 들여다보다, 지겨운 사람[일], 구멍
1807	**clock** [klok]	(벽에 걸거나 실내에 두는) 시계, (시간을) 기록하다, (속도를) 재다[측정하다]

139. What we have to do is to be forever curiously testing new opinions and courting new impressions. _Walter Pater

우리가 해야 할 일은 영원히 호기심을 갖고 새로운 생각을 시험하고 새로운 인생을 받는 것이다.
_월터 페이터

1808	**strict** [strikt]	엄격한[엄한], 엄밀한
1809	**eager** [**ee**-ger]	열렬한, 간절히 바라는, 열심인
1810	**sole** [sohl]	유일한, 단 하나의, 발바닥, (신발·양말의) 바닥, 밑창
1811	**reliable** [ri-**lahy**-uh-buh l]	신뢰할 수 있는, (옳은 것으로) 믿을 만한
1812	**bow** [bou]	(허리를 굽혀) 절하다, (고개를) 숙이다, 휘다, 굽다, 인사, 활, 곡선, 나비매듭
1813	**grateful** [**greyt**-fuh l]	고마워하는, 감사하는
1814	**resist** [ri-**zist**]	저항[반대]하다, 참다[견디다], 굴하지 않다[강하다]
1815	**copper** [**kop**-er]	구리, 동, (액수가 얼마 안 되는) 동전, 경찰관
1816	**pace** [peys]	속도, 보폭, 속도를 유지하다, 보조를 맞추어 걷다
1817	**venture** [**ven**-cher]	모험, 모험적 사업, (위험을 무릅쓰고·모험하듯) 가다, (도박하듯) ~에 걸다
1818	**neutral** [**nyoo**-truh l]	중립적인, 중립국의, 중간색의, 중성의, (기어 위치의) 중립, 중간색, 중립국가
1819	**suspect** [suh-**spekt**]	의심하다, 수상쩍어[의심쩍어] 하다, 혐의자, 용의자
1820	**grip** [grip]	꽉 붙잡음, 움켜쥠, 이해, 파악, 통제, 꽉 잡다, 움켜잡다, (감정·상황이) 사로잡다

140. Seize the moment of excited curiosity on any subject to solve your doubts; for if you let it pass, the desire may never return, and you may remain in ignorance. _William Wirt

궁금증을 풀고 싶다면 어느 주제에 대한 것이든 호기심이 발동하는 그 순간을 잡아라. 그 순간을 흘려 보낸다면 그 욕구는 다시 돌아오지 않을 수 있고 당신은 무지한 채로 남게 될 것이다. _윌리엄 워트

1821	**scarcely** [**skairs**-lee]	거의 ~않다, 겨우, 간신히, 가까스로, ~하자마자, 결코 ~가 아닌
1822	**march** [**mahrch**]	행진[행군]하다, 행군하듯 걷다, (걷도록 강요해서) 데려가다, 행군, 행진
1823	**dare** [**dair**]	~할 용기가 있다, 감히 ~하다, ~해보라고 하다[부추기다], 모험[도전]
1824	**luck** [**luhk**]	좋은 운, 행운, 운(수), 운명
1825	**rice** [**rahys**]	쌀, 벼, 밥
1826	**tip** [**tip**]	(뾰족한) 끝, (실용적인) 조언, 봉사료, 기울어지다, 팁을 주다, 살짝 건드리다
1827	**mankind** [**man-kahynd**]	인류, (모든) 인간, 사람들
1828	**suicide** [**soo**-*uh*-**sahyd**]	자살, 자살하다
1829	**filter** [**fil**-ter]	여과 장치, 필터, 여과하다, 서서히 이동하다[알려지다], 새어 들어오다
1830	**handsome** [**han**-*suh* m]	(남자가) 멋진, 잘생긴, (여자가) 당당하게 아름다운, 보기 좋은, 후한
1831	**delicate** [**del**-i-kit]	연약한, 여린, 다치기[부서지기] 쉬운, 허약한, 섬세한, 우아한, 세심한, 은은한
1832	**render** [**ren**-der]	(어떤 상태가 되게) 만들다[하다], 제공하다, 제시[제출]하다, 옮기다, 번역하다
1833	**settle** [**set**-l]	(논쟁 등을) 끝내다, 합의를 보다, (마침내) 결정하다, 정착하다, 앉다, 가라앉다

141. All children are artists. The problem is how to remain an artist once he grows up. _Pablo Picasso
모든 어린이는 예술가이다. 문제는 성인이 되어서도 어떻게 예술가로 남느냐이다. _파블로 피카소

1834	**inevitable** [in-**ev**-i-t*uh*-b*uh* l]	불가피한, 필연적인, 반드시 있는, 언제든지 예상할 수 있는, 필연적인 것
1835	**restaurant** [**res**-ter-*uh* nt]	식당, 레스토랑
1836	**enhance** [en-**hans**]	(좋은 점·가치 등을) 높이다[향상시키다]
1837	**prince** [prins]	왕자, 세자, 태자
1838	**devil** [**dev**-*uh* l]	악마, 악령, 마귀, 말썽꾸러기
1839	**queen** [kween]	여왕, 왕비, 왕후
1840	**virus** [**vahy**-r*uh* s]	바이러스, 병균
1841	**package** [**pak**-ij]	포장, 소포, (포장용) 상자[봉지 등], 꾸러미
1842	**attribute** [*uh*-**trib**-yoot]	~을 결과로[덕분으로] 보다, ~것의 책임이라고 보다[말하다], 자질, 속성
1843	**agenda** [*uh*-**jen**-d*uh*]	의제[안건]
1844	**brave** [breyv]	용감한, 용기 있는, 용감히 대면하다, 용기 있는 사람들
1845	**throne** [throhn]	왕좌, 옥좌, 왕위, 보위
1846	**lift** [lift]	들어 올리다, (제재를) 풀다[폐지하다], (기분 등이) 좋아지다, 승강기, 고무됨

142. Liberty means responsibility. That is why most men dread it.
_George Bernard Shaw
자유는 곧 책임을 뜻한다. 그래서 많은 이들이 자유를 두려워한다. _조지 버나드 쇼

1847	**factory** [**fak**-t*uh*-ree]	공장, 제작소
1848	**magnitude** [**mag**-ni-tood]	규모[중요도], (별의) 광도, 지진 규모
1849	**carbon** [**kahr**-b*uh* n]	탄소
1850	**implement** [**im**-pl*uh*-m*uh* nt]	시행하다, (옥외 활동에 쓰이는 간단한) 기구[도구]
1851	**cap** [kap]	모자, (펜·병 등의) 뚜껑, (액수의) 한도, (꼭대기나 끝을) 덮다, 한도를 정하다
1852	**probable** [**prob**-*uh*-b*uh* l]	(어떤 일이) 있을[사실일] 것 같은, 개연성 있는, 그럴듯한
1853	**adapt** [uh-**dapt**]	(새로운 용도·상황에) 맞추다[조정하다], (상황에) 적응하다, 개작하다[각색하다]
1854	**ray** [rey]	광선, 선, 빛살, 가오리
1855	**reign** [reyn]	통치 기간, 책임 맡는[담당하는] 기간, (국왕이) 다스리다, 지배하다[가득하다]
1856	**intimate** [**in**-t*uh*-mit]	친밀한, 사적인, (장소가) 분위기 있는, 조예 깊은, 넌지시 알리다, 절친한 친구
1857	**loop** [loop]	고리, 순환, 폐회로, 고리 모양을 만들다, 고리 모양으로 이동하다
1858	**generous** [**jen**-er-*uh* s]	후한[너그러운], 넉넉한, 관대한[아량 있는]
1859	**arrest** [*uh*-**rest**]	체포하다, (무엇의 진행을) 막다, (시선·관심을) 끌다, 심장이 멎다, 체포, 저지

---

143. What you do not want done to yourself, do not do to others.
_Confucius
내가 원하지 않는 바를 남에게 행하지 말라. _공자

1860	**truck** [truhk]	트럭, 무개화물차, 손수레, 리어카, 트럭[무개화차]으로 운반하다
1861	**collect** [k*uh*-**lekt**]	모으다, 수집하다, 쌓이다, 데리러 가다, 모금하다, 징수하다, 수신자 부담의
1862	**chart** [chahrt]	도표, 차트, 해도, (과정을) 기록하다, 계획을 세우다, 지도를 만들다
1863	**switch** [swich]	스위치, 전환, 전환되다, 바뀌다, 엇바꾸다, (근무를) 바꿔 하다
1864	**gross** [grohs]	총(總), 전체, (범죄 등이) 중대한, 역겨운, 아주 무례한, (세전) 수익을 올리다
1865	**carriage** [**kar**-ij]	(기차의) 객차, 마차, 운반[수송]
1866	**cousin** [**kuhz**-*uh* n]	사촌, 친척, 형제 같은 사람들
1867	**artificial** [ahr-t*uh*-**fish**-*uh* l]	인공[인조]의, 인위적인, 거짓된, 꾸민
1868	**resolve** [ri-**zolv**]	(문제 등을) 해결하다, (굳게) 다짐[결심]하다, 의결하다, (단호한) 결심[결의]
1869	**compound** [**kom**-pound]	화[혼]합물, 합성어, 합성의, 악화시키다, 구성되다, 혼합하다, 복리로 지불하다
1870	**acquire** [*uh*-**kwahyuh** r]	(노력·력으로) 습득하다[얻다], (사거나 받아서) 획득하다[취득하다]
1871	**inherent** [in-**heer**-*uh* nt]	내재하는, 고유의, 타고난
1872	**tour** [*too* r]	여행, 관광[방문], 순회, 순방, 순회[순방]하다, 관광하다

---

144. Goodness is the only investment that never fails. _Henry David Thoreau
선량함은 절대 실패하지 않는 단 하나의 투자다. _헨리 데이비드 소로

1873	**gather** [**gath**-er]	(사람들이[을]) 모이다[모으다], (정보를) 수집하다, 수확하다, 이해하다[알다]
1874	**protest** [**proh**-test]	항의[반대/이의], 시위, 항의[반대]하다, 이의를 제기하다, 주장[항변]하다
1875	**crop** [krop]	농작물, 수확량, 무리[집단], 경작하다, (풀을) 뜯어먹다, (가장자리 등을) 자르다
1876	**prospect** [**pros**-pekt]	가망[가능성], 예상, (대회에서 성공할) 예상 후보, 조망, 전망, 탐사[탐광]하다
1877	**beer** [beer]	맥주, 맥주 한 잔[병/캔]
1878	**inferior** [in-**feer**-ee-er]	(~보다) 못한[질 낮은/열등한], 하위[하급/손아래]의, 더 낮은[아래의]
1879	**ministry** [**min**-uh-stree]	(정부의 각) 부처, (집합적으로) 목사[성직자]
1880	**passive** [**pas**-iv]	수동적인, 소극적인, (동사 형태가) 수동태인, (문법) 수동태
1881	**harmony** [**hahr**-muh-nee]	조화, 화합, 화음, 화성,(관련 있는 것들끼리의) 배합[조화]
1882	**distress** [dih-**stres**]	(정신적) 고통, 괴로움, 고충, 곤경, 조난 (위험)
1883	**fool** [fool]	바보, 속이다, 기만하다, 어릿광대[바보] 짓을 하다, 바보 같은
1884	**horror** [**hawr**-er]	공포(감), 경악, 참상, 참혹한 경험, 공포물
1885	**knee** [nee]	무릎, 무릎으로 치다[밀다]

145. All you need in this life is ignorance and confidence, and then success is sure. _Mark Twain
무지함과 자신감만 있다면, 성공은 확실하다. _마크 트웨인

1886	**leaf** [leef]	나뭇잎, 잎, 낱장, 책장
1887	**employ** [em-**ploi**]	고용하다, (기술·방법 등을) 쓰다[이용하다]
1888	**slope** [slohp]	경사지, (산)비탈, 경사면, 기울기, 경사지다, 기울어지다, 삐뚜름하다
1889	**organ** [**awr**-g*uh* n]	(인체 내의) 장기, (파이프) 오르간, (더 큰 기관의 일부인 공식적인) 기관, 음경
1890	**giant** [**jahy**-*uh* nt]	(이야기 속의) 거인, 거인 같은 사람[동/식물], 거대 조직[기업], 거대한, 위대한
1891	**elderly** [**el**-der-lee]	연세가 드신, 나이 든, 연세 드신 분들, 어르신들
1892	**verbal** [**vur**-b*uh* l]	언어[말]의, (글이 아니라) 말로 된, (문법) 동사의
1893	**statute** [**stach**-oot]	법규, 법령, (조직·기관의) 규정, (학교의) 학칙
1894	**segment** [**seg**-m*uh* nt]	부분, (과일 등의) 한 쪽[조각], (기하) 활꼴
1895	**elite** [ey-**leet**]	엘리트 (계층)
1896	**furniture** [**fur**-ni-cher]	가구
1897	**excuse** [ik-**skyooz**]	변명, 이유, 핑계, 용서하다[봐주다], 변명하다, 양해를 구하다, 면제해주다
1898	**combat** [k*uh* m-**bat**]	전투, 싸움, (좋지 않은 일의 발생이나 악화를) 방지하다, (적과) 싸우다

146. Don't judge each day by the harvest you reap but by the seeds that you plant. _Robert Louis Stevenson
거둔 것이 아닌 뿌린 것으로 하루를 평가하라. _로버트 루이스 스티븐슨

1899	**primitive** [**prim**-i-tiv]	원시사회의, (인간·동물 발달) 초기의, 원시적인 단계의, (감정 등이) 원초적인
1900	**sorrow** [**sor**-oh]	(큰) 슬픔, 비애, (아주) 슬픈 일, (대단히) 슬퍼하다
1901	**cook** [k*oo* k]	요리하다, 요리되다, (밥을) 짓다, 요리사
1902	**pen** [pen]	펜, (가축의) 우리, (글 등을) 쓰다, (동물·사람을 우리 등에) 가두다
1903	**disaster** [dih-**zas**-ter]	참사, 재난, 재해, 엄청난 불행, 재앙, 완전한 실패자[작]
1904	**width** [width]	폭, 너비
1905	**monitor** [**mon**-i-ter]	화면, 모니터, 학급 위원, 모니터 요원, (긴 기간을) 추적 관찰하다, 감시하다
1906	**imperial** [im-**peer**-ee-*uh* l]	제국의, 황제의, (도량형이 영국의) 야드·파운드법에 의한
1907	**naked** [**ney**-kid]	벌거벗은, 아무것도 걸치지 않은, 노골적인, (비판 등에) 무방비로 노출된
1908	**folk** [fohk]	(일반적인) 사람들, 여러분, 민요, 민속의, 전통적인, 민중의, 민간의
1909	**shoot** [shoot]	(총 등을) 쏘다, 발사되다, (총으로) 사냥하다, 촬영하다, 싹[순], 촬영
1910	**retain** [ri-**teyn**]	(계속) 유지[보유]하다, 함유[간직]하다
1911	**convention** [k*uh* n-**ven**-sh*uh* n]	관습, 관례, 조약[협약], (문학·예술의) 전통[관습], 대회[협의회]

147. Underpromise; overdeliver. _Tom Peters
덜 약속하고 더 해주어라. _톰 피터스

1912	**attach** [*uh*-**tach**]	붙이다, 첨부하다, 연관짓다[되다], 의미를 두다, 애착을 갖다, 들러붙다
1913	**exhibit** [ig-**zib**-it]	전시하다, (감정·특질 등을) 보이다[드러내다], 전시품, (법정에서의) 증거물
1914	**immense** [ih-**mens**]	엄청난, 어마어마한
1915	**talent** [**tal**-*uh* nt]	재주, (타고난) 재능, 장기, 재능[재주] 있는 사람[사람들]
1916	**bias** [**bahy**-*uh* s]	편견, 편향, 성향, 편견을 갖게 하다
1917	**label** [**ley**-b*uh* l]	표[상표], (성격·성질 등을 묘사하는) 딱지[꼬리표], 음반사, 라벨을 붙이다
1918	**pity** [**pit**-ee]	연민, 동정, 불쌍히 여김, 유감[안된 일/애석한 일], 애석해하다, 연민을 느끼다
1919	**draft** [draft]	(아직 완성본이 아닌) 원고, 초안, 수표, 초안[원고]을 작성하다, 선발하다[뽑다]
1920	**aesthetic** [es-**thet**-ik]	심미적, 미학적, 미적인, 미를 살려 만든
1921	**synthesis** [**sin**-th*uh*-sis]	종합, 통합, (체내에서 일어나는) 합성, (인위적으로 물질을 만들어 내는) 합성
1922	**ceremony** [**ser**-*uh*-moh-nee]	의식, 식, 의례, (격식을 갖추는 행사에 요구되는) 양식[형식], 격식
1923	**export** [ik-**spawrt**]	수출하다, (사상·활동을 다른 나라 지역에) 전하다[수출하다], 수출, 수출품
1924	**shelter** [**shel**-ter]	피신[대피], 대피처[피신처], 보호소, 주거지

---

148. Destiny is no matter of chance. It is a matter of choice. It is not a thing to be waited for, it is a thing to be achieved. _William Jennings Bryan
운명은 우연이 아닌 선택이다. 기다리는 것이 아니라 성취하는 것이다. _윌리엄 제닝스 브라이언

1925	**rush** [ruhsh]	급(속)히 움직이다, 서두르다, 재촉하다, 갑자기 덤벼들다, 혼잡, 치밀어 오름
1926	**hungry** [**huhng**-gree]	배고픈, 굶주리는, 허기지게 만드는
1927	**guest** [gest]	손님, 하객, 내빈, 투숙객, 게스트로 참여하다
1928	**flag** [flag]	기, 깃발, 국기, (중요한 정보 옆에) 표시를 하다, 지치다, 약해지다, 시들해지다
1929	**weapon** [**wep**-*uh* n]	무기, 병기, 무장하다
1930	**cream** [kreem]	크림, (특정 무리에서) 최고의 인물들, 섞어서 크림처럼 되게 하다, 완패시키다
1931	**planet** [**plan**-it]	행성, 혹성, (특히 환경과 관련하여 말할 때) 세상
1932	**bold** [bohld]	용감한, 대담한, (모양·색깔·선 등이) 선명한, 굵은, 볼드체의, 볼드체
1933	**subtle** [**suht**-l]	미묘한, 감지하기 힘든, (사람·행동이) 교묘한, 절묘한, (판단력 등이) 예리한
1934	**grasp** [grasp]	꽉 잡다, 완전히 이해하다, 꽉 쥐기[움켜잡기], 이해, (달성할 수 있는) 능력
1935	**lateral** [**lat**-er-*uh* l]	옆의, 옆으로의, (lie의 [l] 발음처럼) 측음
1936	**scenario** [si-**nair**-ee-oh]	각본, 대본
1937	**bell** [bel]	종, 종소리, 초인종, 벨

> 149. The will is to select a goal, determine a course of action that will bring one to that goal, and then hold to that action till the goal is reached. The key is action. _Michael Hanson
> 뜻을 세운다는 것은 목표를 선택하고, 그 목표에 도달할 행동과정을 결정하고, 그 목표에 도달할 때까지 결정한 행동을 계속하는 것이다. 중요한 것은 행동이다. _마이클 핸슨

1938	**convenient** [k*uh* n-**veen**-y*uh* nt]	편리한, 간편한, (~에) 가까운[접근이 편리한]
1939	**tie** [tahy]	묶다, (묶어서) 달다, 결부시키다, 얽매다, 동점을 이루다, 넥타이, 끈, 유대, 동점
1940	**blank** [blangk]	비어있는, 백지의, 멍한, 빈칸, 여백, 멍함, 싹 무시하다, 멍해지다
1941	**accomplish** [*uh*-**kom**-plish]	완수하다, 성취하다, 해내다
1942	**aggressive** [*uh*-**gres**-iv]	공격적인, (원하는 바를 이루기 위해) 대단히 적극적인
1943	**cruel** [**kroo**-*uh* l]	잔혹한, 잔인한, 고통스러운, 괴로운
1944	**romantic** [roh-**man**-tik]	로맨틱한, 연애[애정]의, 낭만적인, 낭만파의, 로맨틱한[몽상적인] 사람, 낭만파
1945	**guarantee** [gar-*uh* n-**tee**]	굳은 약속, 확약, (제품의) 품질보증서, 보장(하는 것), 담보
1946	**register** [**rej**-*uh*-ster]	등록[기재]하다, 기록하다, (견해를) 표명하다, 등기로 보내다, 기록, 목록
1947	**ideology** [ahy-dee-**ol**-*uh*-jee]	이데올로기, 이념, 관념
1948	**desperate** [**des**-per-it]	필사적인[극단적인], 간절히 필요로 하는, 대단히 위험한, 절망적인
1949	**cabin** [**kab**-in]	(비행기·항공기 등의) 객실, 선실, (보통 나무로 된) 오두막집
1950	**divide** [dih-**vahyd**]	(여러 부분들로) 나뉘다, 나누다, 분열시키다, (집단을 구분하는) 차이점, 분수령

---

150. Pasta doesn't make you fat. How much pasta you eat makes you fat.
_Giada De Laurentiis

파스타는 당신을 살찌게 하지 않는다. 얼마나 먹는지가 당신을 살찌게 한다. _지아다 드 로렌티스

1951	**pulse** [puhls]	맥박, 맥, (강한) 리듬[고동], (음향 따위의) 진동[파동], 고동치다, 활기가 넘치다
1952	**static** [**stat**-ik]	(변화·움직임이 없이) 고정된[고정적인], (물리에서 힘이) 정지 상태의
1953	**remark** [ri-**mahrk**]	발언[말/논평/언급], 주목(할 만함), 언급[말/논평/발언]하다
1954	**connect** [k*uh*-**nekt**]	잇다, 연결하다, 이어지다, 연결되다, 접속하다, 관련이 있다
1955	**horizon** [h*uh*-**rahy**-z*uh* n]	수평선, 지평선, (지식·흥미의 범위를 나타내는) 시야
1956	**reserve** [ri-**zurv**]	예약하다, (권한 등을) 보유하다, 보류하다, 비축, 보호구역, 내성적임, 신중함
1957	**patent** [**pat**-nt]	특허, 특허의, 전매특허품인, 뻔한, 명백한
1958	**tumor** [**too**-mer]	종양
1959	**hang** [hang]	걸다[걸리다], 매달다[매달리다], (아래로) 늘어지다, 교수형에 처하다
1960	**coach** [kohch]	코치, 코치하다, 지도하다, 지시하다
1961	**slip** [slip]	미끄러지다, 벗겨지다, 슬며시 오다[가다], (낮은 수준으로) 떨어지다, 미끄러짐
1962	**mathematics** [math-*uh*-**mat**-iks]	수학, 계산
1963	**autonomy** [aw-**ton**-*uh*-mee]	자치권, 자율성, 자주성

> 151. Patience is not simply the ability to wait - it's how we behave while we're waiting. _Joyce Meyer
> 인내는 단순히 기다리는 능력이 아니라 기다리는 동안 어떻게 행동하는가이다. _조이스 마이어

1964	**protocol** [**proh**-t*uh*-kawl]	외교 의례, 조약 원안, 통신규약
1965	**gravity** [**grav**-i-tee]	(지구) 중력, 심각성, 중대성, 엄숙함
1966	**awful** [**aw**-f*uh* l]	끔찍한, 지독한, 무시무시한, 엄청, 되게, 굉장히
1967	**tower** [**tou**-er]	탑, 망루, 고층 건물
1968	**colony** [**kol**-*uh*-nee]	식민지, (관심사 등이 같은 사람들의) 집단[거주지], (동·식물의) 군집
1969	**jump** [juhmp]	뛰다, 점프하다, 급증[급등]하다, (화제가) 갑자기 바뀌다, 뜀질[점프], 급증[급등]
1970	**pitch** [pich]	(내)던지다, 곤두박질치다, 설치하다, (감정 등의) 정도, 음색, 권유
1971	**kid** [kid]	아이, 청소년, 새끼 염소, 농담하다, 스스로를 속이다[착각하다]
1972	**liable** [**lahy**-*uh*-b*uh* l]	(무엇의 비용을 지불할) 법적 책임이 있는, ~할 것 같은, 영향을 받기 쉬운
1973	**bulk** [buhlk]	대부분, (큰) 규모[양], 육중한 것
1974	**inventory** [**in**-v*uh* n-tawr-ee]	(건물 내의) 물품 목록, 재고(품), ~의 목록을 만들다
1975	**cluster** [**kluhs**-ter]	(함께 있는) 무리, (작은 열매의) 송이
1976	**fraction** [**frak**-sh*uh* n]	부분, 일부, (수학) 분수

---

152. Patience, persistence and perspiration make an unbeatable combination for success. _Napoleon Hill

인내, 지속, 노력은 성공을 향한 불패의 조합이다. _나폴레온 힐

단어로 세상 읽기

Hyundai & Samsung

우리나라의 대표적 두 기업인 현대와 삼성의 미래는 어떻게 될까요? 그래프에서 보면 알 수 있듯이 두 기업의 영어 상호의 사용이 1980년 이후부터 급증하는 것을 알 수 있습니다. 기업의 종합적인 가치는 브랜드 가치(value)에서 나타납니다. 언급이 많이 된다는 것은 확실히 그 기업의 브랜드 가치가 높아진 것을 나타냅니다. 우선 초반에는 자동차로 먼저 세계 시장에서 자리를 잡은 현대의 단어 사용 빈도수가 먼저 올라가는 것을 볼 수 있습니다. 하지만 삼성이 반도체 시장과 가전기기 시장을 석권하면서부터 그 사용 빈도수는 역전되었고 삼성의 사용 빈도수는 꾸준히 올라가지만 현대는 90년대 말부터 그 사용 빈도가 급감하는 것을 확인할 수 있습니다. 그 차이는 현실에서도 어렵지 않게 설명이 됩니다. 삼성의 반도체 양산기술은 독보적인 세계 1위 수준이고 또 디스플레이나 스마트폰도 세계 시장에서 최고의 점유율을 자랑합니다. 하지만 현대는 가성비가 높은 고품질의 자동차를 생산하지만 기술 수준이 세계 톱클래스라고 말하기는 어렵고 또 미래 기술인 전기 자동차나 자율 주행 같은 부분에서도 크게 두각을 나타내지 못하고 있습니다. 이런 현재 상황들이 단어 사용 빈도로 고스란히 반영되고 있는 것 같습니다. 대한민국을 대표하는 두 기업이니만큼 모두 세계 무대에서 승승장구하기를 기원하겠습니다. [X축: 연도, Y축: 총 단어 중 사용 빈도]

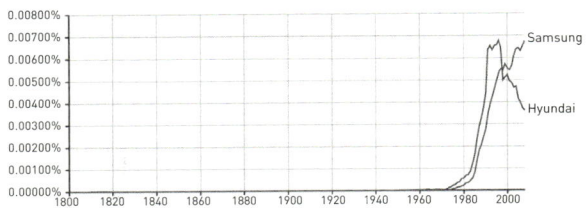

1977	**fix** [fiks]	고치다, 수리하다, 바로잡다, 고정시키다, 위치결정, 곤경, 해결책
1978	**recover** [ri-**kuhv**-er]	회복되다, (손실·분실물 등을) 되찾다[만회하다]
1979	**pack** [pak]	(짐을) 싸다, 포장하다, 빽빽히 채우다, (눈·흙을) 다지다, 묶음, 배낭, 무리[떼]
1980	**pilot** [**pahy**-l*uh* t]	조종사, 비행사, 견본 프로그램, 도선사, 조종하다, (아이디어 등을) 시험하다
1981	**embrace** [em-**breys**]	(껴)안다, 포옹하다, (생각·제의 등을 열렬히) 받아들이다[수용하다], 포괄하다
1982	**adjacent** [*uh*-**jey**-s*uh* nt]	(지역·건물 등이) 인접한, 가까운
1983	**graduate** [**graj**-oo-it]	대학 졸업자, (학업을 마친) 졸업자, 졸업하다, 학위를 받다
1984	**shade** [sheyd]	(시원한) 그늘, (전등의) 갓, 음영, (감정 등의) 미묘한 차이, 그늘지게 하다
1985	**burn** [burn]	(불이) 타오르다, 불에 타다, 화끈거리다, 화상을 입다[입히다], 화상, 덴 상처
1986	**stupid** [**stoo**-pid]	어리석은, (우)둔한, 멍청한, 바보 같은, 바보
1987	**impulse** [**im**-puhls]	충동, (반응을 불러일으키는) 충격[자극], (진전·발달 등을 유도하는) 자극
1988	**expand** [ik-**spand**]	확대[확장/팽창]되다, 확대[확장/팽창]시키다, 말을 덧붙이다[더 상세히 하다]
1989	**retreat** [ri-**treet**]	후퇴하다, 철수하다, (하려던 일에서) 물러나다, (가치가) 떨어지다, 후퇴, 철회

153. Success usually comes to those who are too busy to be looking for it.
_Henry David Thoreau

성공은 대개 그를 좇을 겨를도 없이 바쁜 사람에게 온다. _헨리 데이비드 소로

1990	**divorce** [dih-**vawrs**]	이혼, 분리, 단절, 이혼하다, ~와 분리하다[단절시키다]
1991	**hierarchy** [**hahy**-*uh*-rahr-kee]	(사회나 조직 내의) 계급[계층], (큰 조직의) 지배층, (사상·개념 등의) 체계
1992	**entertain** [en-ter-**teyn**]	(특히 집에서 손님을) 접대하다, 즐겁게 해주다, (생각·희망·감정 등을) 품다
1993	**pause** [pawz]	(말·일을 하다가) 잠시 멈추다, (녹음기 등을) 정지시키다, 멈춤, 늘임표
1994	**dawn** [dawn]	새벽, 여명, 동이 틀 무렵
1995	**pour** [pawr]	붓다[따르다], 마구 쏟아지다[흘러나오다]
1996	**leather** [**le***th* -er]	가죽, 피혁
1997	**cheek** [cheek]	볼, 뺨, 무례, 무례[뻔뻔]하게 말하다
1998	**emerge** [ih-**murj**]	(어둠 속이나 숨어 있던 곳에서) 나오다, 부상하다, (어려움 등을) 헤쳐 나오다
1999	**submit** [s*uh* b-**mit**]	(서류·제안서 등을) 제출하다, 항복[굴복]하다, 말하다, 진술[제안]하다
2000	**hostile** [**hos**-tl]	적대적인, 강력히 반대[거부]하는, (진행·달성을) 어렵게 하는, 적군의
2001	**shed** [shed]	떨어뜨리다, 흘리다, 벗다, 털갈이를 하다, (빛을) 비추다, 보관하는 곳, 헛간
2002	**vulnerable** [**vuhl**-ner-*uh*-b*uh* l]	취약한, 연약한, 영향 받기 쉬운

> 154. No great man ever complains of want of opportunity.
> _Ralph Waldo Emerson
> 위대한 사람은 기회가 없다고 원망하지 않는다. _랠프 월도 에머슨

2003	**faint** [feynt]	희미한, (가능성 등이) 아주 적은, 열의 없는, 실신할 것 같은, 기절하다, 실신
2004	**ignore** [ig-**nawr**]	무시하다, (사람을) 못 본 척하다, 묵살하다
2005	**powder** [**pou**-der]	가루, 분말, (화장품)파우더, 파우더[분]를 바르다
2006	**bacteria** [bak-**teer**-ee-*uh*]	박테리아, 세균
2007	**expedition** [ek-spi-**dish**-*uh* n]	탐험, 원정, 탐험[원정]대, (필요한 일을 하기 위한 짧은) 여행
2008	**edit** [**ed**-it]	(글 등을 발간할 수 있게) 수정[가필]하다, 편집하다, 편집장을 하다
2009	**optical** [**op**-ti-k*uh* l]	시각적인, 시력을 보완하는, 광학의
2010	**dull** [duhl]	따분한, 재미없는, 흐릿한, 둔탁한, 둔한, 둔해지다, 누그러지다, 굼뜨게 만들다
2011	**alarm** [*uh*-**lahrm**]	불안, 공포, 경보(음), 경고신호, 경보장치, 불안하게 만들다, 경보장치를 달다
2012	**dirty** [**dur**-tee]	더러운, 지저분한, 추잡한, 비열한, 정직하지 못한, 칙칙한, 더럽히다
2013	**alter** [**awl**-ter]	변하다, 달라지다, 바꾸다, 고치다, (옷을) 고치다
2014	**mild** [mahyld]	(심하거나 강하지 않고 가벼운[순한/약한], 온화한, 포근한, (감정이) 가벼운
2015	**photograph** [**foh**-t*uh*-graf]	사진

155. Men acquire a particular quality by constantly acting a particular way… you become just by performing actions, temperate by performing temperate actions, brave by performing brave actions. _Aristotle
인간은 끊임없이 어떤 방식으로 행함으로써 특정한 자질을 습득한다. 올바른 행동을 하면 올바른 사람, 절도 있는 행동을 하면 절도 있는 사람이, 용감한 행동을 하면 용감한 사람이 된다. _아리스토텔레스

2016	**mouse** [mous]	쥐, 생쥐
2017	**void** [void]	(커다란) 빈 공간, 공동, 공허감
2018	**elaborate** [ih-**lab**-er-it]	정교한, 정성을 들인, 자세히 설명하다, 상술하다, (계획 등을) 정교하게 만들다
2019	**supreme** [s*uh*-**preem**]	(계급·위치 면에서) 최고의, (정도 면에서) 최고의, 최대의, 지대한
2020	**sentiment** [**sen**-t*uh*-m*uh* nt]	정서, 감정, (지나친) 감상
2021	**secular** [**sek**-y*uh*-ler]	세속적인, (성직자가) 일반 대중들 속에 사는
2022	**cheap** [cheep]	(값이) 싼, 돈이 적게 드는, 싸구려의, 천박한, 저질스러운, 하찮은, 싸게
2023	**crazy** [**krey**-zee]	정상이 아닌, 미친, 열광적인, 이상한, 말도 안 되는
2024	**triumph** [**trahy**-*uh* mf]	(큰) 업적[승리], 대성공, 승리감, 환희, 승리를 거두다, 이기다
2025	**import** [im-**pawrt**]	수입품, 수입, 중요성, 수입하다, (데이터를) 불러오다
2026	**modest** [**mod**-ist]	(크기·중요성 등이) 그다지 대단하지는 않은, 보통의, 겸손한, 얌전한, 수수한
2027	**crystal** [**kris**-tl]	결정체, 크리스털[수정]
2028	**margin** [**mahr**-jin]	여백, (시간·득표 수 등의) 차이[차], (시간·공간·돈 등의) 여유, 추가 수당, 주변부

---

156. Eighty percent of success is showing up. _Woody Allen
성공의 8할은 일단 출석하는 것이다. _우디 앨런

2029	**castle** [**kas**-uh l]	성, 성곽, 저택, 성곽으로 둘러싸다
2030	**wheat** [weet]	밀, 소맥
2031	**egg** [eg]	(조류·어류·곤충 등의) 알, 달걀, 계란, 난자
2032	**smart** [smahrt]	똑똑한, 깔끔한, 맵시 있는, (힘 있고) 잽싼, 욱신[따끔]거리다, 속상해 하다
2033	**collapse** [kuh-**laps**]	붕괴되다, 무너지다, (의식을 잃고) 쓰러지다, 실패하다, 폭락하다, 실패, 붕괴
2034	**controversy** [**kon**-truh-vur-see]	논란, 논쟁
2035	**portrait** [**pawr**-trit]	초상화, 인물 사진, (상세한) 묘사, (문서가) 세로 방향의
2036	**charity** [**char**-i-tee]	자선, 자선[구호]단체, 너그러움, 관용
2037	**stretch** [strech]	늘이다, (팽팽하게) 펴다, 기지개를 켜다, 뻗어 있다, 스트레칭, 뻗은 지역[구간]
2038	**commit** [kuh-**mit**]	(범죄를) 저지르다, (엄숙히) 약속하다, 전념하다, 헌신하다
2039	**tape** [teyp]	테이프, 띠, 끈, 녹음[녹화]하다, 테이프[끈]로 묶다, (접착) 테이프로 붙이다
2040	**rid** [rid]	제거하다, 모면하게 하다,
2041	**adverse** [ad-**vurs**]	부정적인, 불리한

157. By far the best proof is experience. _Sir Francis Bacon
최고의 증거는 단연 경험이다. _프랜시스 베이컨 경

2042	**restore** [ri-**stawr**]	회복시키다, 복원[복구]하다, 부활시키다, 돌려주다[반환하다]
2043	**pot** [pot]	냄비, 솥, 병, 화분, 항아리, (나무를) 화분에 심다, (동물을) 총으로 쏘다
2044	**interpret** [in-**tur**-prit]	(의미를) 설명[해석]하다, (특정한 뜻으로) 해석하다, 통역하다, 연주[연기]하다
2045	**tough** [tuhf]	힘든, 어려운, 냉정한, 굳센, (신체적으로) 튼튼한, 거친, 질긴, 부당한, 가혹한
2046	**merit** [**mer**-it]	장점, 이점, 가치, 가점, (칭찬·관심 등을) 받을 만하다[자격/가치가 있다]
2047	**compromise** [**kom**-pr*uh*-mahyz]	타협, 절충, 타협하다, (원칙 등을) 굽히다[양보하다], 위태롭게 하다
2048	**manifest** [**man**-*uh*-fest]	(감정·태도·특질을 분명히) 나타내다[드러내 보이다], 분명해지다, 분명한
2049	**tribe** [trahyb]	부족, 종족, 집단[무리], 족, 류
2050	**butter** [**buht**-er]	버터, 버터를 바르다
2051	**cure** [ky*oo* r]	(아프지 않도록) 낫게 하다, 치유하다, (문제를) 고치다, 치유법[약], 해결책
2052	**tide** [tahyd]	조수, 밀물과 썰물, (여론의) 흐름, (좋지 않은 것의) 물결, (거센 감정의) 파도
2053	**medieval** [mee-dee-**ee**-v*uh* l]	중세의
2054	**critique** [kri-**teek**]	비평, 평론, 비평[평론]하다

158. Act as if it were impossible to fail. _Dorothea Brande
실패가 불가능한 것처럼 행동하라. _도로시아 브랜디

2055	**regret** [ri-**gret**]	후회하다, 유감스럽게[애석하게/안타깝게] 생각하다, 유감, 애석, 후회
2056	**spare** [spair]	여분의, 예비용의, 여가의, 여분, (시간 등을) 할애하다, 면하게 해주다, 아끼다
2057	**rope** [roup]	밧줄, 로프, (밧줄로) 묶다
2058	**mud** [muhd]	진흙, 진창
2059	**upset** [uhp-**set**]	속상하게 만들다, (계획·상황 등이) 잘못되게 만들다, 속상한, 혼란 상황, 속상함
2060	**consist** [k*uh* n-**sist**]	(부분·요소로) 되어[이루어져] 있다, 존재하다, 양립[일치]하다, 공존하다
2061	**sovereignty** [**sov**-rin-tee]	통치권, 자주권, (국가의) 자주[독립]
2062	**gesture** [**jes**-cher]	몸짓, 제스처, (감정·의도의) 표시[표현], (손·얼굴 등으로) 가리키다, 손짓을 하다
2063	**intermediate** [in-ter-**mee**-dee-it]	(두 가지 장소·사물 등의) 중간의, (수준이) 중급의, 중급자, 중급 수준인 사람
2064	**recommend** [rek-*uh*-**mend**]	추천[천거]하다, (행동 방침 등을) 권고[권장]하다[권하다], 보기 좋게 만들다
2065	**detect** [dih-**tekt**]	(특히 알아내기 쉽지 않은 것을) 발견하다, 탐지하다, 간파하다
2066	**humble** [**huhm**-b*uh* l]	겸손한, (예의상 자기를 낮추는 표현에서) 변변치 않은, 미천한[보잘것없는]
2067	**propose** [pr*uh*-**pohz**]	(계획·생각 등을) 제안[제의]하다, (~을 하려고) 작정하다, 청혼하다, 제청하다

159. Most folks are about as happy as they make up their mind to be.
_Abraham Lincoln
대부분의 사람은 마음 먹은 만큼 행복하다. _에이브러햄 링컨

2068	**tobacco** [t*uh*-**bak**-oh]	담배 (담배 잎을 말린 것으로 모든 담배의 재료로 쓰이는 것)
2069	**shake** [sheyk]	흔들다, 털다, 떨다, (부정적인 의미로) 고개를 젓다, 악수를 하다, 흔들기, 떨림
2070	**bowl** [bohl]	(우묵한) 그릇, 통, (무엇의) 우묵한 부분, (볼링용의) 볼, (볼링에서) 공을 굴리다
2071	**peer** [peer]	(나이·신분이 같거나 비슷한) 또래[동배], (영국에서) 귀족, 유심히 보다
2072	**immigration** [im-i-**grey**-sh*uh* n]	(다른 나라에 살러 오는) 이주[이민], 출입국 관리소
2073	**keen** [keen]	열망하는, 열정적인[열렬한], 명민한, 이해가 빠른, 강한, 깊은, 예민한, 예리한
2074	**funeral** [**fyoo**-ner-*uh* l]	장례식
2075	**museum** [myoo-**zee**-*uh* m]	박물관, 미술관, 기념관
2076	**assault** [*uh*-**sawlt**]	폭행, (점거를 위한) 공격, 도전, 맹비난, 폭행하다, (청각·후각 등을) 괴롭히다
2077	**flame** [fleym]	불길, 불타는 듯한 빨간색, 격정, 활활 타오르다, (무엇을) 빨갛게 만들다
2078	**declare** [dih-**klair**]	선언[선포/공표]하다, 언명하다, 분명히 말하다, (세관에 과세 물품을) 신고하다
2079	**license** [**lahy**-s*uh* ns]	(공적으로) 허가하다, 면허[자격](증), 지나친 자유, 방종
2080	**forgive** [fer-**giv**]	용서하다, 양해하다, (빚을) 탕감하다

160. He is richest who is content with the least. _Socrates
가장 적은 것으로도 만족하는 사람이 가장 부유한 사람이다. _소크라테스

2081	**flood** [fluhd]	홍수, 쇄도, 폭주, 물에 잠기다[잠기게 하다], 범람하다[시키다], 쇄도[폭주]하다
2082	**attract** [*uh*-**trakt**]	마음을 끌다, 끌어들이다, (어떤 반응을) 불러일으키다, (자석 등이) 끌어당기다
2083	**funny** [**fuhn**-ee]	우스운, 웃기는, 재미있는, 기이한, 괴상한
2084	**earn** [urn]	(돈을) 벌다, (이자·수익 등을) 올리다[받다], (자격·자질이 되어서 무엇을) 얻다
2085	**barrier** [**bar**-ee-er]	장애물, 장벽, 한계, 벽
2086	**cable** [**key**-b*uh* l]	케이블, 전선, 유선 사업자
2087	**rage** [reyj]	분노, 격노, 폭력 사태, 몹시[격렬히] 화를 내다, 맹렬히 계속되다, 급속히 번지다
2088	**penalty** [**pen**-l-tee]	처벌, 형벌, 벌금, 위약금, 불이익, 벌칙
2089	**tremendous** [trih-**men**-d*uh* s]	엄청난, 광장한, 대단한
2090	**solar** [**soh**-ler]	태양의, 태양열을 이용한
2091	**collaboration** [k*uh*-lab-*uh*-**rey**-sh*uh* n]	공동 작업[연구], 협력
2092	**plasma** [**plaz**-m*uh*]	플라즈마, (생물) 혈장
2093	**portfolio** [pawrt-**foh**-lee-oh]	서류 가방, 작품집, 유가증권 보유 알람표, 상품목록

> 161. The value of a man resides in what he gives and not in what he is capable of receiving. _Albert Einstein
> 무엇을 받을 수 있나 보다 무엇을 주는가에 한 사람의 가치가 있다. _알버트 아인슈타인

2094	**angel** [**eyn**-j*uh* l]	천사, 아주 친절한 사람
2095	**wash** [wosh]	씻다, 세탁하다, (물이) 몰려오다, 휩쓸고 가다, 씻기, 세탁, 빨래, 너울[파도]
2096	**pregnant** [**preg**-n*uh* nt]	임신[수태]한, (어떤 특질 · 느낌으로) 그득한
2097	**temper** [**tem**-per]	(걸핏하면 화를 내는) 성질[성미], 울화통, 누그러뜨리다, 담금질하다
2098	**aunt** [ant]	고모, 이모, (외)숙모
2099	**fame** [feym]	명성, 명예, 유명
2100	**belt** [belt]	벨트, 허리띠, (특정) 지대, 강타, 벨트를 매다, 세게 치다, 강타하다,
2101	**splendid** [**splen**-did]	정말 좋은[멋진], 훌륭한, 아주 인상적인[아름다운]
2102	**theater** [**thee**-*uh*-ter]	극장, 영화관, 연극, 계단식 강당[교실], (활동 등의) 현장(scene), 장면
2103	**craft** [kraft]	공예, 기술[기교], 술책, 술수, 보트, 배, 항공기, 우주선, 공예품을 만들다
2104	**lock** [lok]	잠그다[잠기다], (위치에 단단히) 고정시키다, 자물쇠, 움직이지 않는 상태
2105	**calculate** [**kal**-ky*uh*-leyt]	계산하다, 산출하다, 추정하다, 추산하다
2106	**thread** [thred]	실, (이야기 등의) 가닥[맥락], (실 같이 가느다란) 줄기[가닥]

> 162. A genius is just a talented person who does his homework.
> _Thomas Edison
> 천재란 자신의 숙제를 하는 재능이 있는 사람일 뿐이다. _토머스 에디슨

2107	**transform** [trans-**fawrm**]	변형시키다, (모습·성격을 더 좋게) 완전히 바꿔 놓다[탈바꿈시키다]
2108	**neglect** [ni-**glekt**]	(돌보지 않고) 방치하다, 도외시하다, (해야 할 일을) 하지 않다, 방치, 소홀
2109	**motive** [**moh**-tiv]	동기, 이유, 움직이게 하는, 원동력이 되는
2110	**cord** [kawrd]	끈, 노끈, 줄, 전기선
2111	**gospel** [**gos**-p*uh* l]	복음(서), 신조, 주의, 절대적인 진리, 복음성가
2112	**script** [skript]	(연극·영화·방송·강연 등의) 대본[원고]
2113	**plaintiff** [**pleyn**-tif]	원고, 고소인
2114	**sail** [seyl]	항해하다[나아가다], 출항하다, 기세 좋게 가다, 돛, 항해, (풍차의) 날개
2115	**bid** [bid]	입찰하다, 값을 매기다, 얻으려 노력하다, 명령하다, 입찰, 권유, 시도
2116	**gratitude** [**grat**-i-tood]	고마움, 감사, 사의
2117	**remedy** [**rem**-i-dee]	치료(약), 처리 방안, 해결[개선]책, (법적) 구제 방법, 바로잡다, 개선[교정]하다
2118	**vague** [veyg]	(기억 등이) 희미한[어렴풋한], 모호한, 애매한, 멍청한, 얼빠진 것 같은
2119	**myth** [mith]	신화, (많은 사람들의) 근거 없는 믿음

163. What the superior man seeks is in himself. What the mean man seeks is in others. _Confucius
일이 잘못되면 군자는 제 탓을 하고, 소인은 남을 탓한다. _공자

2120	**eliminate** [ih-**lim**-*uh*-neyt]	없애다, 제거하다, (시합 등에서) 탈락시키다, (적을) 죽이다
2121	**sophisticated** [s*uh*-**fis**-ti-key-tid]	세련된, 교양 있는, 정교한, 복잡한, 지적인
2122	**graph** [graf]	그래프, 도표
2123	**ceiling** [**see**-ling]	천장, 최대 한계[상한]
2124	**pound** [pound]	파운드(화폐단위), 파운드 (0.454킬로그램), 두드리다, 쿵쾅거리며 걷다, 빻다
2125	**confirm** [k*uh* n-**furm**]	(증거를 들어) 사실임을 보여주다, 확정하다[공식화하다], 분명히 해주다
2126	**predict** [pri-**dikt**]	예측[예견]하다
2127	**tragedy** [**traj**-i-dee]	비극(적인 사건), 비극 작품
2128	**surrender** [s*uh*-**ren**-der]	항복[굴복]하다, 투항하다, (권리 등을) 포기하다[내주다/넘겨주다], 항복, 양도
2129	**emperor** [**em**-per-er]	황제, 제왕, 천황
2130	**manual** [**man**-yoo-*uh* l]	수동의, (일 등이) 손으로 하는, 육체노동의, 손을 쓰는 것과 관련된, 사용 설명서
2131	**rhetoric** [**ret**-er-ik]	미사여구, 수사법
2132	**mature** [m*uh*-**ty*oo* r**]	성숙한, (와인 등이) 숙성된, (미술 작품이) 원숙한, 성숙해지다, 숙성하다

164. The only devils in this world are those running around in our own hearts, and that is where all our battles should be fought. _Mahatma Gandhi
세상의 유일한 악마는 우리 마음 속에서 날뛰고 있기에, 전투는 마음 속에서 이뤄져야 한다. _마하트마 간디

2133	**fond** [fond]	애정을 느끼는[좋아하는], 즐기는, 다정한, 허황된 희망
2134	**lamp** [lamp]	램프, 전등
2135	**salary** [**sal**-*uh*-ree]	급여, 봉급, 월급
2136	**lens** [lenz]	렌즈, (안구의) 수정체
2137	**folder** [**fohl**-der]	서류철, 폴더
2138	**disk** [disk]	동글납작한 판, 원반, (등뼈나 목뼈의) 디스크
2139	**tent** [tent]	텐트, 천막
2140	**mask** [mask]	(얼굴을 가리거나 보호하기 위한) 마스크[복면], (얼굴 마사지용) 팩, 가면
2141	**tank** [tangk]	(액체·가스를 담는) 탱크, 어항, 전차, 완전히 망하다, (시합에서) 포기하다
2142	**preliminary** [pri-**lim**-*uh*-ner-ee]	(더 중요한 행동·행사에 대한) 예비의, 예비행위[단계], (말의) 서두
2143	**esteem** [ih-**steem**]	(대단한) 존경, (대단히) 존경[찬탄]하다, (~라고) 생각하다[여기다]
2144	**campus** [**kam**-p*uh*s]	(대학) 교정[구내]
2145	**thermal** [**thur**-m*uh* l]	열[온도]의, 보온성이 좋은, 온천수가 나는

---

165. I would rather be hated for who I am than be loved for who I am not.
_Kurt Cobain

다른 누군가가 되어서 사랑 받기 보다는 있는 그대로의 나로서 미움 받는 것이 낫다. _커트 코베인

2146	**bay** [bey]	만(灣), 월계수 잎, (특정 용도의) 구역[구간], 으르렁거리다, 항의하다
2147	**flash** [flash]	번쩍이다, 휙 움직이다, (생각이) 불현듯 들다, 섬광, 번쩍임, 갑자기 떠오름
2148	**rescue** [**res**-kyoo]	(위험에서) 구하다, 구조[구출/구제]하다, 구출, 구조
2149	**fur** [fur]	(일부 동물의) 털, 모피, (혓바닥에 끼는) 백태, 설태
2150	**brush** [bruhsh]	붓, 솔, 붓질, 가볍게 닿음[스침], 솔질을 하다, (붓을 이용하여) 바르다, 스치다
2151	**chicken** [**chik**-*uh* n]	닭, 닭고기, 겁쟁이인
2152	**resident** [**rez**-i-d*uh* nt]	(특정 지역) 거주자[주민], (호텔) 투숙객, 수련의, (특정 장소에) 거주[상주]하는
2153	**miserable** [**miz**-er-*uh*-b*uh* l]	비참한, 비참하게 만드는, 항상 뚱한, 성질 나쁜, (양이) 아주 적은, 보잘것없는
2154	**abundance** [*uh*-**buhn**-d*uh* ns]	풍부, 충만, 다량, 다수
2155	**rigid** [**rij**-id]	엄격한, 융통성 없는, 뻣뻣한, 단단한, 잘 휘지[구부러지지] 않는
2156	**drag** [drag]	(힘들여) 끌다[끌고 가다], 늑장 부리다, 장애물, 방해물, 지겨운 것[사람], 끌림
2157	**onset** [**on**-set]	(특히 불쾌한 일의) 시작, 착수, 돌격, 엄습
2158	**ruin** [**roo**-in]	망치다[엉망으로 만들다], 파산[파멸]시키다, 붕괴, 몰락, 파산, 파탄, 파멸

> 166. If you're trying to create a company, it's like baking a cake. You have to have all the ingredients in the right proportion. _Elon Musk
> 기업을 세우는 것은 마치 케이크를 굽는 것과 같다. 필요한 모든 재료들을 알맞은 비율로 준비해야 한다.
> _엘론 머스크

2159	**automatic** [aw-t*uh*-**mat**-ik]	(기계가) 자동의, 무의식적인, 자동적으로 따라오는, 자동 권총, 오토매틱
2160	**entity** [**en**-ti-tee]	독립체, 본질, 존재
2161	**boss** [baws]	(직장의) 상관, 상사, (큰 조직의) ~장, 사장
2162	**regression** [ri-**gresh**-*uh* n]	퇴화, 복귀
2163	**lonely** [**lohn**-lee]	외로운, 쓸쓸한, 인적이 드문
2164	**palm** [pahm]	손바닥, 야자과 나무, (특히 속임수로 동전·카드 등을) 손안에 감추다
2165	**magnificent** [mag-**nif**-*uh*-s*uh* nt]	참으로 아름다운[감명 깊은/훌륭한]
2166	**earnest** [**ur**-nist]	성실한, 진심 어린, 계약금, 약조금, 징조, 전조
2167	**tear** [teer]	눈물, 울음, 찢다, 뜯다, 구멍을 뚫다, 찢어진 곳
2168	**pile** [pahyl]	포개[쌓아] 놓은 것, 더미, 무더기, 쌓다[포개다], 집어 얹다, 우르르 가다
2169	**sink** [singk]	가라앉다, 침몰시키다, (맥없이) 주저앉다, 줄어들다, 작아지다, 싱크대, 개수대
2170	**substitute** [**suhb**-sti-toot]	대리자, 대용물[품], 대체물, 교체 선수, 대신하다, 대치[교체]되다, 대용하다
2171	**exit** [**eg**-zit]	출구, (특히 배우의) 퇴장, 떠남, 나가다, 떠나다, 퇴장하다, 종료하다

167. Silence is golden when you can't think of a good answer. _Mohamed Ali
좋은 대답이 떠오르지 않을 때면 침묵이 금이다. _무하마드 알리

2172	**fabric** [**fab**-rik]	직물, 천, (사회·조직 등의) 구조, (건물의) 기본 구조[뼈대]
2173	**efficacy** [**ef**-i-k*uh*-see]	(약이나 치료의) 효험, 효능
2174	**supper** [**suhp**-er]	저녁 식사, (가벼운) 만찬, 야식
2175	**hatred** [**hey**-trid]	증오, 혐오, 싫어함
2176	**wicked** [**wik**-id]	못된, 사악한, (재미있기도 하면서) 짓궂은, 위험한, 강력한, 아주 좋은
2177	**episode** [**ep**-*uh*-sohd]	(사람의 인생·소설 등에서 중요하거나 재미있는) 사건[에피소드]
2178	**query** [**kweer**-ee]	문의, 의문, 물음표, 문의하다, 의문을 제기하다, 묻다, 질문하다
2179	**adventure** [ad-**ven**-cher]	모험, 모험심, 모험을 해보다, 위험을 무릅쓰다
2180	**clerk** [klurk]	(회사의) 사무원[직원], (가게의) 점원[직원], 서기, 사무원[점원]으로 일하다
2181	**rival** [**rahy**-v*uh* l]	경쟁자, 경쟁 상대, 필적하다[비할 만하다]
2182	**convince** [k*uh* n-**vins**]	납득시키다, 확신시키다, 설득하다
2183	**fold** [fohld]	접다[개키다], 감싸다[둘러싸다], (사업 등을) 중단하다, 주름, 접힌 부분, 집단
2184	**reject** [ri-**jekt**]	거부[거절]하다, 불합격시키다, 거부반응을 보이다, 불합격품, 거부당한 사람

---

168. Well begun is half done. _Aristotle
(좋은) 시작이 반이다. _아리스토텔레스

2185	**lung** [luhng]	폐, 허파
2186	**arbitrary** [**ahr**-bi-trer-ee]	임의적인, 제멋대로인, 전횡을 일삼는, 독단적인
2187	**merchant** [**mur**-ch*uh* nt]	상인, 무역상, 해운의, 상선의
2188	**pollution** [p*uh*-**loo**-sh*uh* n]	오염, 공해, 오염 물질
2189	**fierce** [feers]	사나운, 험악한, 격렬한, 맹렬한, (기상 조건·기온이) 극심한, 맹렬한
2190	**undertake** [uhn-der-**teyk**]	(책임을 맡아서) 착수하다[하다], 약속[동의]하다
2191	**apparatus** [ap-*uh*-**rat**-*uh* s]	기구, 장치, (특히 정당·정부의) 조직체[기구], (신체의) 기관
2192	**exceed** [ik-**seed**]	(특정한 수·양을) 넘다[초과하다/초월하다], (허용 한도를) 넘어서다[초과하다]
2193	**misery** [**miz**-*uh*-ree]	(정신적·육체적으로 심한) 고통, 빈곤, 불평이 많은 사람
2194	**circumstance** [**sur**-k*uh* m-stans]	(일·사건 등을 둘러싼) 환경, 상황, 정황, (개인의) 형편[사정]
2195	**continent** [**kon**-tn-*uh* nt]	대륙, 본토, 자제심 있는, 극기의
2196	**cheese** [cheez]	치즈, 안성맞춤의 것, 중요 인물, 유력자, 그만두다, 집어치우다
2197	**breach** [breech]	위반, 저버림, 파괴, 관계 단절, 틈[구멍], 위반하다, 구멍을 뚫다

169. The big question is whether you are going to be able to say a hearty yes to your adventure. _Joseph Campbell
가장 중요한 물음은 당신의 모험에 대해 진심으로 '예'라고 말할 수 있느냐이다. _조지프 캠벨

2198	**petition** [p*uh*-**tish**-*uh* n]	진정[탄원], (법률적 처리를 요청하는) 신청서, 진정[탄원]하다, 신청서를 내다
2199	**sustain** [s*uh*-**steyn**]	(필요한 것을 제공하여) 살아가게 하다, 지속시키다, 견디다, 인정하다
2200	**voyage** [**voi**-ij]	여행, 항해(특히 바다 · 우주로 하는 긴 여행), (특히 배로) 여행하다, 항해하다
2201	**metaphor** [**met**-*uh*-fawr]	은유, 비유
2202	**humor** [**hyoo**-mer]	유머, 익살, 해학
2203	**cease** [sees]	중단되다, 중단시키다, 그치다
2204	**ambition** [am-**bish**-*uh* n]	야망, 포부, 야심, 의욕
2205	**bath** [bath]	욕조, 목욕, (용액 등을 담는) 용기, 목욕시키다, 목욕하다
2206	**arrow** [**ar**-oh]	화살, 화살표
2207	**neighbor** [**ney**-ber]	이웃(사람), 옆자리 사람, 가까이 있는 사람, 도움을 주는 사람, 조력자, 이웃의
2208	**lecture** [**lek**-cher]	강의, 강연, (화가 나서 하는) 잔소리[설교], 강의하다, 잔소리[설교]를 하다
2209	**engineer** [en-j*uh*-**neer**]	기술자, 수리공, 수작을 부리다, (설계해서) 제작하다, 유전자를 조작하다
2210	**studio** [**stoo**-dee-oh]	스튜디오, 영화사, 작업실, 연습실, (아파트) 원룸

170. It is no use saying, 'We are doing our best.' You have got to succeed in doing what is necessary. _Winston Churchill
"최선을 다하고 있다"는 말은 무용지물이다. 필수적인 것들은 반드시 성공해내야 한다. _윈스턴 처칠

2211	**imply** [im-**plahy**]	(감정·생각을) 넌지시 나타내다, 암시[시사]하다, 의미하다
2212	**convey** [k*uh* n-**vey**]	(생각·감정 등을) 전달하다[전하다], 실어 나르다, 운반[수송]하다
2213	**thorough** [**thur**-oh]	빈틈없는, 철두철미한, 철저한
2214	**autumn** [**aw**-t*uh* m]	가을
2215	**cave** [keyv]	동굴, 동굴 탐험을 하다, 굴을 파다, 움푹 들어가다
2216	**scholar** [**skol**-er]	학자, 교수, 장학생, 모범생
2217	**fiber** [**fahy**-ber]	섬유, 섬유질, 소질, 기질, 강도, 내구성
2218	**spouse** [spous]	배우자
2219	**weary** [**weer**-ee]	(몹시) 지친, 피곤한, 지치게 하는, ~에 싫증 난, 지치게 하다, ~에 싫증나다
2220	**obey** [oh-**bey**]	시키는 대로 하다, (명령·법 등을) 따르다[지키다], 순종[복종]하다
2221	**fence** [fens]	울타리, (경마 등에서의) 장애물, 울타리를 치다, 펜싱을 하다
2222	**brick** [brik]	벽돌, 벽돌 모양의 것, (필요할 때 기댈 수 있는) 든든한 친구, 벽돌로 둘러싸다
2223	**resort** [ri-**zawrt**]	휴양지, 리조트, 의지, 의존, (특정 상황에서의) 마지막/최후의 수단, 의존하다

171. Nothing is stronger than habit. _Ovid
습관보다 강한 것은 없다. _오비디우스

Intel & Sony

삼성과 현대의 뒤를 이어 이번에는 미국과 일본의 대표적인 기업인 Intel과 Sony의 상황을 단어 사용 빈도수로 살펴보겠습니다. 인텔은 미국의 대표적인 제조업체로 컴퓨터의 CPU를 만드는 회사입니다. 컴퓨터 발전의 역사는 인텔의 역사라고 해도 과언이 아니며 단어 빈도수에서도 볼 수 있듯이 1970년대부터 2000년대까지 그 빈도수는 수직상승을 했습니다. 소니는 일본의 대표적인 대기업으로 디스플레이, 가전기기, 영화, 음악, 게임 등 하지 않는 사업이 없을 정도로 큰 글로벌 기업입니다. 하지만 두 회사의 장래는 그렇게 밝아 보이지 않습니다. 두 회사 다 공교롭게 2000년을 기점으로 상호의 사용 빈도가 급감하기 시작하는 것을 볼 수 있습니다. 소니의 가장 큰 주력 산업은 TV였습니다. 하지만 그 TV 시장은 이미 한국의 삼성과 LG에게 모두 잠식을 당하고 TV 사업부는 10년 이상 적자를 내고 있습니다. 인텔도 컴퓨터 시장이 활황일 때 전성기를 누렸지만 갑작스러운 모바일 기기 시장 출현에 한발 늦게 대응해 기존의 비메모리 부분 최강자의 위용을 이미 많이 잃은 상황입니다. 이 두 기업의 사례를 보면서 영원한 강자는 없다는 것을 새삼 깨닫게 됩니다. [X축: 연도, Y축: 총 단어 중 사용 빈도]

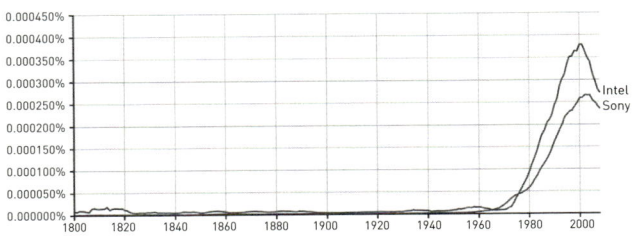

2224	**physics** [**fiz**-iks]	물리학
2225	**prejudice** [**prej**-*uh*-dis]	편견, 선입관, 편견을 갖게 하다
2226	**extract** [ik-**strakt**]	발췌, 초록, 추출물, 추출하다, (돈 등을 억지로) 뜯어내다, 발췌하다
2227	**purple** [**pur**-p*uh* l]	자주색의, 화려한, 호화로운, 미사여구의, 자주색, 보라색
2228	**amazing** [*uh*-**mey**-zing]	(감탄스럽도록) 놀라운, 굉장한
2229	**impose** [im-**pohz**]	(새로운 법 등을) 도입[시행]하다, 부과하다, (의견 등을) 강요하다, 폐를 끼치다
2230	**needle** [**need**-l]	바늘, 침, (사람을) 갉다, 신경을 건드리다
2231	**hip** [hip]	허리께[골반 부위], 둔부, 엉덩이, 유행에 밝은
2232	**criterion** [krahy-**teer**-ee-*uh* n]	(판단이나 결정을 위한) 기준
2233	**widow** [**wid**-oh]	미망인, 과부, 홀어미, 남편[아내]을 (죽음으로) 잃다, 과부[홀아비]가 되다
2234	**valve** [valv]	밸브, 판막
2235	**assure** [*uh*-**shoo** r]	장담하다, 확언[확약]하다, 보장하다
2236	**descent** [dih-**sent**]	내려오기, 내려가기, 하강, 강하, 내리막, 혈통, 가문, 가계

172. Your most unhappy customers are your greatest source of learning.
_Bill Gates

가장 불만에 가득 찬 고객은 가장 위대한 배움의 원천이다. _빌 게이츠

2237	**allocation** [al-*uh*-**key**-sh*uh* n]	할당량[액], 할당
2238	**contest** [**kon**-test]	대회, 시합, 다툼[경쟁], 경쟁을 벌이다[다투다], 이의를 제기하다
2239	**pan** [pan]	냄비, 한 냄비(의 양), (영화 등을) 혹평하다, (카메라가 따라 다니며) 촬영하다
2240	**panic** [**pan**-ik]	(갑작스러운) 극심한 공포, 공황, 허둥지둥함, 공황 상태, 공황 상태에 빠지다
2241	**occupy** [**ok**-y*uh*-pahy]	(공간·지역·시간을) 차지하다, 점령[점거]하다, (방·건물을[에]) 거주하다
2242	**clever** [**klev**-er]	영리한, 똑똑한, 기발한, 재치 있는
2243	**moreover** [mawr-**oh**-ver]	게다가, 더욱이, 또한, 나아가
2244	**leisure** [**lee**-zher]	여가, 한가로움, 한가한
2245	**trunk** [truhngk]	나무의 몸통, (코끼리의) 코, 큰 가방, (자동차의) 트렁크, (사람의) 몸통
2246	**instinct** [**in**-stingkt]	본능, 타고난 소질, 직감
2247	**hurry** [**hur**-ee]	서두르다, 급히 하다, 재촉하다, 서두름, 급함
2248	**rhythm** [**rith** -*uh* m]	리듬, 율동, (규칙적으로 반복되는) 변화
2249	**paradigm** [**par**-*uh*-dahym]	전형적인 예[양식]

> 173. Always bear in mind that your own resolution to succeed is more important than any one thing. _Abraham Lincoln
> 늘 명심하라. 성공하겠다는 네 자신의 결심이 다른 어떤 것보다 중요하다는 것을. _에이브러햄 링컨

2250	**climb** [klahym]	오르다, 올라가다, (간신히) 가다[움직이다], 등산을 하다, 상승하다, 등산, 상승
2251	**convert** [k*uh* n-**vurt**]	전환하다, 바꾸다, 개종하다, 개조하다
2252	**remind** [ri-**mahynd**]	상기시키다, (기억하도록) 다시 한 번 알려[말해]주다
2253	**award** [uh-**wawrd**]	(부상이 딸린) 상, (보수) 인상분, (수료증 등의) 수여, 수여하다
2254	**solemn** [**sol**-*uh* m]	침통한, 근엄한, 엄숙한
2255	**confess** [k*uh* n-**fes**]	(죄·잘못을) 자백하다, 고백[인정]하다, 고해성사를 하다
2256	**frontier** [fruhn-**teer**]	국경[경계], (특히 특정 지식·활동 영역의) 한계
2257	**harsh** [hahrsh]	가혹한, 혹독한, (눈·귀에) 거슬리는, (손상을 줄 수도 있을 정도로) 너무 강한[센]
2258	**authentic** [aw-**then**-tik]	진본[진품]인, 진짜인, 정확한, 진짜와 꼭 같게 만든, 모사한
2259	**pump** [puhmp]	펌프, (펌프로) 퍼내다, (거세게) 솟구치다[쏟아지다], 흔들리다, 질문을 퍼붓다
2260	**pension** [**pen**-sh*uh* n]	연금, 생활 보조금, 수당
2261	**induce** [in-**dyoos**]	설득하다, 유도하다, 유발[초래]하다, (약을 써서) 분만을 유도하다
2262	**charm** [chahrm]	매력, 매력적인 요소, 부적, 주문[마술], 매혹하다, (마술을 부린 듯) 사로잡다

174. Wheresoever you go, go with all your heart. _Confucius
어디를 가든지 마음을 다해 가라. _공자

2263	**slide** [slahyd]	미끄러지다, 미끄러지듯이 움직이다, 하락하다, 미끄러짐, 미끄럼틀, 하락, 사태
2264	**inherit** [in-**her**-it]	상속받다, 물려받다, (신체적 특성 등을 유전적으로) 물려[이어]받다
2265	**stake** [steyk]	말뚝, 화형대, 지분, (사업 등의) 이해관계, (도박 등에) 건 돈, (돈 등을) 걸다
2266	**interact** [in-ter-**akt**]	상호작용하다, 대화하다
2267	**noon** [noon]	정오, 낮 12시, 한낮
2268	**pole** [pohl]	막대기, 기둥, 장대, (지구의) 극, (자석의) 극, (서로 대조되는) 극
2269	**bet** [bet]	(내기 등에) 돈을 걸다, 틀림없다[분명하다], 내기, 짐작
2270	**trap** [trap]	덫, 올가미, (위험한 장소·궁지에) 가두다, 함정에 빠뜨리다, 끼이다[옥죄이다]
2271	**crack** [krak]	균열, (갈라져 생긴) 금, 틈, 금 가다, 갈라지다
2272	**battery** [**bat**-*uh*-ree]	건전지, 배터리, (촘촘히 이어진) 닭장[새장 등], 수많은
2273	**utter** [**uht**-er]	(강조의 의미로) 완전한[순전한], (입으로 어떤 소리를) 내다, (말을) 하다
2274	**intellect** [**in**-tl-ekt]	지적 능력, 지성, 지적 능력이 뛰어난 사람
2275	**interfere** [in-ter-**feer**]	간섭[개입/참견]하다

---

175. The only tyrant I accept in this world is the still voice within.
_Mahatma Gandhi
이 세상에서 내가 인정하는 유일한 독재자는 내 안의 작은 목소리뿐이다. _마하트마 간디

2276	**dense** [dens]	빽빽한, 밀집한, (앞이 안 보이게) 짙은[자욱한], 난해한, 복잡한, 밀도가 높은
2277	**rod** [rod]	(목재 · 금속 · 유리 소재의 기다란) 막대, 회초리, 매
2278	**dual** [**dyoo**-*uh* l]	두 부분으로 된, 이중의
2279	**audit** [**aw**-dit]	회계감사, (수준에 대한) 검사, 회계를 감사하다
2280	**beast** [beest]	짐승, 야수
2281	**prize** [prahyz]	상, 상품, 소중한 것, 상을 받을 만한, 훌륭한 모범이 되는, 소중하게 여기다
2282	**deserve** [dih-**zurv**]	~을 받을 만하다[누릴 자격이 있다], ~을 (당)해야 마땅하다
2283	**shallow** [**shal**-oh]	얕은, (못마땅함) 얄팍한, 얕은, 피상적인, (호흡이) 얕은
2284	**juice** [joos]	(과일 · 채소의) 즙, (고기를 요리할 때 나오는) 육즙, 즙을 내다, 주스를 짜다
2285	**deposit** [dih-**poz**-it]	착수금[보증금], 예금, 침전물, (특정한 곳에) 두다[놓다], 예금하다, 맡기다
2286	**fatigue** [f*uh*-**teeg**]	피로, (금속 · 나무의) 피로[약화], (군인들에게 특히 벌로 하게 하는) 잡역
2287	**fraud** [frawd]	사기(죄), 사기꾼, 가짜, 엉터리
2288	**contempt** [k*uh* n-**tempt**]	경멸, 멸시, (법규 · 위험 등을) 개의하지 않음, 무시

176. Age is no guarantee of maturity. _Lawana Blackwell
나이가 성숙을 보장하지는 않는다. _라와나 블랙웰

2289	**carrier** [**kar**-ee-er]	항공사, 수송 회사, 수송 차량, 보균자, 짐판, 나르는 사람
2290	**jacket** [**jak**-it]	재킷, (셔츠 위에 입는) 상의, 반코트, 조끼
2291	**manufacture** [man-yuh-**fak**-cher]	제조[생산]하다, (이야기 등을) 지어내다, 만들어내다[생성하다], 제조, 제품
2292	**utmost** [**uht**-mohst]	최고의, 극도의, 최대한도
2293	**canal** [kuh-**nal**]	운하, 수로, (체내의) 관
2294	**chin** [chin]	턱
2295	**joke** [johk]	우스개(소리·행동), 농담, (한심하거나 어이가 없어) 웃기는 사람[것], 농담하다
2296	**bench** [bench]	벤치, 긴 의자, 판사(석/직), 선수 대기석
2297	**quote** [kwoht]	인용하다, (남의 말을) 전달하다, 견적을 내다, 시세를 말하다
2298	**torture** [**tawr**-cher]	고문, 고문과 같은 것, 고문하다, 고문하듯 하다, 지독히 괴롭히다
2299	**successive** [suh k-**ses**-iv]	연속적인, 연이은, 잇따른
2300	**jail** [jeyl]	교도소, 감옥, 투옥[수감] 하다
2301	**vein** [veyn]	정맥, (식물의) 잎맥, 나뭇결, 광맥, 방식, 태도

177. All our dreams can come true, if we have the courage to pursue them.
_Walt Disney

모든 꿈은 이루어질 수 있다. 그 꿈을 추구할 용기만 있다면. _월트 디즈니

2302	**wilderness** [**wil**-der-nis]	황야, 황무지, (돌보지 않아서) 버려진 땅
2303	**lease** [lees]	임대차 계약, 임대[임차/대여]하다
2304	**genre** [**zhahn**-ruh]	장르, 유형
2305	**mate** [meyt]	친구, (한 쌍을 이루는) 짝, 숙소를 함께 쓰는 사람, 짝짓기, 짝짓기를 하다
2306	**spell** [spel]	철자를 말하다[쓰다], 맞춤법에 맞게 쓰다, 결과를 초래하다, 주문[마법], 매력
2307	**lip** [lip]	(위 또는 아래의) 입술, (그릇·구덩이의) 가장자리[테두리], 건방진 소리
2308	**strip** [strip]	옷을 벗다, (껍질 따위를) 벗기다, (기계 등을) 분해하다, (재산·명예를) 박탈하다
2309	**adjust** [uh-**juhst**]	조정[조절]하다, 적응하다, (매무새 등을) 바로잡다[정돈하다
2310	**launch** [lawnch]	시작[착수]하다, 출시하다, (우주선 등을) 발사하다, 진수시키다, 개시[출시/진수]
2311	**deed** [deed]	행위[행동], (소유권을 증명하는) 증서
2312	**destiny** [**des**-tuh-nee]	(사람 등의) 운명, 운명(의 힘)
2313	**timber** [**tim**-ber]	(목재용) 수목[산림], 목재, 재목
2314	**discretion** [dih-**skresh**-uh n]	(자유) 재량(권), 신중함, 분별

178. A goal is a dream with a deadline. _Napoleon Hill
목표란 마감시한이 있는 꿈이다. _나폴레온 힐

2315	**prey** [prey]	(사냥 동물의) 먹이[사냥감], (특히 부정한 목적에 이용되는) 희생자[피해자]
2316	**implicit** [im-**plis**-it]	암시된, 내포된, (직접 표현되지 않더라도) 내포되는, 절대적인, 무조건적인
2317	**disappear** [dis-*uh*-**peer**]	사라지다, 보이지 않게 되다, 없어지다, 실종되다
2318	**ecological** [ek-*uh*-**loj**-i-k*uh* l]	생태계의, 생태학의, 생태계에 관심을 가지고 염려하는
2319	**abandon** [*uh*-**ban**-d*uh* n]	버리다, 버리고 떠나다, (지지를) 포기하다, 방종, 자유분방
2320	**treasure** [**trezh**-er]	보물, 보물 같은 것, 대단히 귀중한 것, 대단히 귀하게[소중히] 여기다
2321	**ugly** [**uhg**-lee]	못생긴, 추한, 보기 싫은, (사건·상황 등이) 험악한, 추잡한
2322	**owe** [oh]	(돈을) 빚지고 있다, 신세를 지고 있다, 덕분이다
2323	**mill** [mil]	방앗간, 제분소, (특정한 재료를 만드는) 공장, 가는 기구, 갈다[으깨다]
2324	**holiday** [**hol**-i-dey]	휴가, 방학, 휴일, 명절, 축제일
2325	**certificate** [ser-**tif**-i-kit]	증서, 증명서, 자격증, 면허증, 자격, 자격증[면허증]을 교부하다
2326	**scare** [skair]	겁주다, 겁먹게[놀라게] 하다, 겁먹다, 무서워하다, 불안(감)[두려움]
2327	**decay** [dih-**key**]	부패, 부식, (사회·제도 등의) 쇠퇴, 썩다, (건물·지역이) 퇴락하다, 쇠퇴하다

179. Power is the by-product of understanding. _Jacob Bronowski
힘은 이해하는 데서 오는 부산물이다. _제이콥 브로노우스키

2328	**outstanding** [out-**stan**-ding]	뛰어난, 걸출한, 아직 처리되지 않은, 미지불된
2329	**hut** [huht]	(간단하게 집이나 쉼터로 지은) 오두막[막사]
2330	**opera** [**op**-er-*uh*]	오페라, 가극, 오페라단, 오페라 극장
2331	**vocabulary** [voh-**kab**-y*uh*-ler-ee]	어휘, 단어, 용어
2332	**warrant** [**wawr**-*uh* nt]	(체포·수색 등을 허락하는) 영장, 보증서, 근거, 이유, 정당[타당]하게 만들다
2333	**hollow** [**hol**-oh]	(속이) 빈, 쑥 들어간, 공허한, 무의미한, 움푹 꺼진 곳, 구멍, 우묵하게 만들다
2334	**steep** [steep]	가파른, 급격한, 너무 비싼[높은], 터무니없는, 적시다, 담그다, 스며들게 하다
2335	**cabinet** [**kab**-*uh*-nit]	캐비닛, 보관장, (정부의) 내각
2336	**marble** [**mahr**-b*uh* l]	대리석, (아이들이 가지고 노는) 구슬, 지적 능력
2337	**conjunction** [k*uh* n-**juhngk**-sh*uh* n]	(문법) 접속사, (특별한 결과를 초래하는 사건 등의) 결합, 관련
2338	**sigh** [sahy]	한숨을 쉬다, 한숨짓다, 한숨을 쉬며[탄식하듯] 말하다, 한숨
2339	**quit** [kwit]	그만하다[그만두다], (살던 곳을) 떠나다, (프로그램 실행을) 중지하다
2340	**hitherto** [**hi*th***-er-too]	지금까지, 그때까지

180. Our patience will achieve more than our force. _Edmund Burke
우리의 힘보다 인내심으로써 더 많은 걸 이룰 수 있다. _에드먼드 버크

2341	**bride** [brahyd]	신부, 새색시
2342	**marine** [m*uh*-**reen**]	바다의, 해양의, 배의, 해상의, 해병대
2343	**alien** [**eyl**-y*uh*]	외국의, 이국의, 외계의, 이질적인, 생경한, 외국인 체류자, 외계인, 우주인
2344	**amid** [*uh*-**mid**]	(흥분·공포심이 느껴지는) 가운데[중]에, ~으로 에워싸인
2345	**countenance** [**koun**-tn-*uh* ns]	얼굴 (표정), 지지[동의]하다
2346	**scan** [skan]	(유심히) 살피다, (엑스레이 등으로) 정밀 검사하다, 스캐너로 스캔하다
2347	**lean** [leen]	기울다, 굽히다, 기대다[의지하다], 군살이 없는, 기름기가 없는, 수확이 적은
2348	**rail** [reyl]	난간, 철도, 레일을 깔다, 격분하다, 악담하다
2349	**spin** [spin]	돌다, (실을) 잣다, 거미집을 치다, 질주하다, 회전, 의견 제시
2350	**feminine** [**fem**-*uh*-nin]	여성스러운, 여자 같은, 여성의
2351	**harvest** [**hahr**-vist]	수확[추수](기), 수확물[량], 수확하다, 거둬들이다, 채취하다
2352	**alert** [*uh*-**lurt**]	알리다, 경보를 발하다, 경계 태세, 경계경보, 기민한, (문제·위험 등을) 경계하는
2353	**grid** [grid]	격자무늬, (전기·가스 등의 공급용) 배전관, 석쇠

181. Gratitude can transform common days into thanksgivings, turn routine jobs into joy, and change ordinary opportunities into blessings.
_William Arthur Ward

감사하는 마음은 보통의 일상을 추수감사절로 바꾸고, 반복적인 일을 기쁨으로 바꾸며, 보통의 기회를 축복으로 변화시킨다. _윌리엄 아서 워드

2354	**loyal** [**loi**-*uh* l]	충실한, 충성스러운
2355	**intend** [in-**tend**]	의도[작정]하다, (~하려고) 생각하다, 의미[뜻]하다
2356	**assert** [*uh*-**surt**]	(사실임을 강하게) 주장하다, (권위 등을) 확고히 하다, 발휘되기 시작하다
2357	**maid** [meyd]	가정부, 하녀, 처녀
2358	**ashamed** [*uh*-**sheymd**]	부끄러운, 창피한, 수치스러운
2359	**seal** [seel]	봉인하다, 밀봉하다, 확정짓다, 봉쇄하다, 실[도장], 보증해주는 표시, 물개
2360	**waist** [weyst]	허리, (옷의) 허리 부분[허리]
2361	**mess** [mes]	(지저분하고) 엉망인 상태, (동물의) 똥, 엉망으로 만들다, (아무 데나) 똥을 누다
2362	**rubber** [**ruhb**-er]	고무, (연필·칠판) 지우개, 삼세판 승부
2363	**refuge** [**ref**-yooj]	피난(처), 도피(처), 은신처[보호막]가 되어주는 곳, (단기적인) 보호시설
2364	**notorious** [noh-**tawr**-ee-*uh* s]	악명 높은
2365	**trigger** [**trig**-er]	(총의) 방아쇠, (사건을 유발한) 계기, 폭파 장치, 촉발시키다, 작동시키다
2366	**luxury** [**luhk**-sh*uh*-ree]	호화로움, 사치, 드문 호사(자주 누릴 수 없는 기쁨·혜택)

---

182. It is hard to convince a high-school student that he will encounter a lot of problems more difficult than those of algebra and geometry.
_Edgar Watson

고등학생들에게 대수학이나 기하학보다 어려운 문제를 훗날 수도 없이 맞닥뜨리게 될 것이라는 말을 제대로 이해시키기는 어렵다. _에드가 왓슨

2367	**basket** [**bas**-kit]	바구니, 한 바구니의 양.
2368	**blade** [bleyd]	(칼·도구 등의) 날, (엔진·헬리콥터 등의) 날개깃, (한 가닥의) 풀잎
2369	**compete** [k*uh* m-**peet**]	경쟁하다, 겨루다, (시합 등에) 참가하다
2370	**modify** [**mod**-*uh*-fahy]	(더 알맞도록) 수정[변경]하다, 바꾸다, (정도가 덜하도록) 수정[조정]하다
2371	**correspond** [kawr-*uh*-**spond**]	일치하다, 부합하다, 해당[상응]하다, 서신을 주고받다
2372	**quest** [kwest]	탐구, 탐색, 탐구[탐색]하다
2373	**apt** [apt]	적절한, ~하는 경향이 있는, ~에 대해 소질을 타고난 사람
2374	**tab** [tab]	색인표, 식별표, 계산서, 꼬리표
2375	**disappointment** [dis-*uh*-**point**-m*uh* nt]	실망, 낙심, 실망스러운 사람[것]
2376	**trick** [trik]	속임수, 장난[농담], 혼란스러운 것, 비결, 요령, 묘책
2377	**cow** [kou]	암소, 젖소, (일부 동물의) 암컷, 겁을 주다
2378	**insist** [in-**sist**]	고집하다[주장하다/우기다]
2379	**pupil** [**pyoo**-p*uh* l]	(특히 어린) 학생, 문하생[제자], 눈동자, 동공

183. We are twice armed if we fight with faith. _Plato
신념과 함께라면 우리의 무력은 두 배가 된다. _플라톤

2380	**cake** [keyk]	케이크, 납작하고 얇은 빵, 배당, 몫, 두껍게 바르다, 딱딱해지다
2381	**grammar** [**gram**-er]	문법, 문법책
2382	**pop** [pop]	팝(뮤직), 펑 하는 소리가 나다, 불쑥 나타나다, 눈이 휘둥그레지다, 대중적인
2383	**wit** [wit]	기지, 재치, 재치 있는 사람, 분별력, 이지력
2384	**deer** [deer]	사슴
2385	**miracle** [**mir**-*uh*-k*uh* l]	기적, 놀라운 일, 경이, 놀랄 만한 예
2386	**caution** [**kaw**-sh*uh* n]	조심, (위험에 대한) 경고[주의], ~하지 말라고 주의[경고]를 주다
2387	**exile** [**eg**-zahyl]	망명, 추방, 유배, 망명자, 추방[유배]된 사람
2388	**defect** [**dee**-fekt]	결함, (정당·국가 등을) 버리다[떠나다]
2389	**endure** [en-**dy*oo* r**]	견디다, 참다, 인내하다, 오래가다[지속되다]
2390	**intrinsic** [in-**trin**-sik]	고유한, 본질의
2391	**gradual** [**graj**-oo-*uh* l]	점진적인, 서서히 일어나는, (경사가) 완만한
2392	**beg** [beg]	간청[애원]하다, 탄원하다, 구걸하다

184. The duty of youth is to challenge corruption. _Kurt Cobain
젊음의 의무는 부패에 도전하는 것이다. _커트 코베인

2393	**cottage** [**kot**-ij]	오두막, 별장, (특히 시골에 있는) 작은 집
2394	**honey** [**huhn**-ee]	꿀, 벌꿀, 다정다감한 사람, 여보[자기]
2395	**behave** [bih-**heyv**]	(특정한 방식으로) 처신[행동]하다, 예의 바르게 행동하다, 행동[반응]을 보이다
2396	**bomb** [bom]	폭탄, 핵폭탄, 많은 돈, 대실패, 폭탄으로 공격하다, 폭격하다, 완전히 망치다
2397	**pine** [pain]	소나무, 솔, (사람이 죽거나 떠난 후) 몹시 슬퍼하다[비통해하다], 수척해지다
2398	**baseball** [**beys**-bawl]	야구, 야구공
2399	**courtesy** [**kur**-t*uh*-see]	공손함, 정중함, (격식을 차리는 상황에서) 예의상 하는 말[행동]
2400	**compassion** [k*uh* m-**pash**-*uh* n]	연민, 동정심
2401	**notwithstanding** [not-wi*th*-**stan**-ding]	~에도 불구하고, 그러하긴 하지만, 그래도
2402	**derive** [dih-**rahyv**]	(이익·즐거움 등을) 끌어내다, 파생하다, 유래를 찾다, (화합물을) 유도하다
2403	**hint** [hint]	힌트, 암시, 전조, 징후, 넌지시 알려주다, 힌트를 주다
2404	**regiment** [**rej**-*uh*-m*uh* nt]	(군대의) 연대, (사람·사물의) 다수
2405	**deliberate** [dih-**lib**-er-it]	고의의, 의도적인, (동작이나 행동이) 신중한, 숙고하다, 신중히 생각하다

185. Simplicity is the ultimate sophistication. _Leonardo da Vinci
간단함은 궁극의 복잡함이다. _레오나르도 다 빈치

2406	**attain** [*uh*-**teyn**]	(보통 많은 노력 끝에) 이루다[획득하다], (특정한 나이·조건에) 이르다[달하다]
2407	**accompany** [**uh**-k*uh*m-p*uh*-nee]	동반하다, 동행하다, (일·현상 등이) 동반되다, (피아노로) 반주를 해주다
2408	**nest** [nest]	(새의) 둥지, (곤충·작은 동물의) 집, 소굴, 둥지를 틀다, (정보를) 끼워 넣다
2409	**dish** [dish]	접시, 설거지감[그릇들], (식사의 일부로 만든) 요리
2410	**concert** [**kon**-surt]	연주회, 콘서트, 공연, 음악회
2411	**hire** [hahy*uh* r]	(사람을) 고용하다, (단기간) 빌리다[세내다], 빌림[세냄], 대여[임대]
2412	**mineral** [**min**-er-*uh* l]	광물(질), 무기물, 미네랄
2413	**broadcast** [**brawd**-kast]	방송하다, 널리 알리다, 광고하다, 방송
2414	**revenge** [ri-**venj**]	복수, 보복, (스포츠 경기에서) 설욕
2415	**ghost** [gohst]	유령, 기억[환영], (있는지 없는지 모를 정도로) 적은 양, 소리 없이 움직이다
2416	**swing** [swing]	흔들리다[흔들다], 휙 움직이다, 빙 돌다, 휘두르다, 그네, 선회, 흔들기, 스윙
2417	**swim** [swim]	수영하다, 헤엄치다, (많은 액체로) 그득하다[뒤덮이다], 어질어질하다, 수영
2418	**shower** [**shou**-er]	샤워, 소나기, 소나기처럼 퍼붓는 것들, 샤워하다, 쏟아붓다, (많은 것을) 주다

186. It may be the part of a friend to rebuke a friend's folly. _ J. R. R. Tolkien
친구의 바보짓을 꾸짖는 것은 친구로서 해야 할 일의 일부일 수 있다. _ J. R. R. 톨킨

2419	**transparent** [trans-**pair**-*uh* nt]	투명한, (변명·거짓말 등이) 속이 뻔히 들여다보이는, 명백한, 명료한, 알기 쉬운
2420	**fan** [fan]	선풍기, 환풍기, 팬, 부채, 부채질을 하다, 부채질하다[더욱 부추기다]
2421	**parliament** [**pahr**-l*uh*-m*uh* nt]	의회, 국회
2422	**invest** [in-**vest**]	(수익을 위해) 투자하다, 출자하다, (노력 등을) 쏟다, (권력·권한 등을) 부여하다
2423	**biology** [bahy-**ol**-*uh*-jee]	생물학, 생명 작용[활동]
2424	**pit** [pit]	(크고 깊은) 구덩이, 갱, (광물) 채취장, 패인 자국, (움푹 패인) 자국을 남기다
2425	**gang** [gang]	갱, 범죄 조직, 패거리, (정기적으로 만나는) 친구들 무리
2426	**stern** [sturn]	엄중한, 근엄한, 심각한, (배의) 고물, 선미
2427	**intercourse** [**in**-ter-kawrs]	(사람들·국가들 등 사이의) 교류[교제/소통], 육체적 관계
2428	**surplus** [**sur**-pluhs]	과잉, 흑자, 잉여, 과잉의, 잉여의
2429	**spontaneous** [spon-**tey**-nee-*uh* s]	(억지로 하거나 연습한 것이 아닌) 자연스러운, 마음에서 우러난, 즉흥적인
2430	**analogy** [*uh*-**nal**-*uh*-jee]	비유, 유추
2431	**breeze** [breez]	산들바람, 미풍, 식은 죽 먹기, 거침없이 움직이다

187. The best revenge is massive success. _Frank Sinatra
최고의 복수는 거대한 성공이다. _프랭크 시나트라

2432	**span** [span]	(어떤 일이 지속되는) 기간[시간], 폭[범위], (얼마의 기간에) 걸치다, 포괄하다
2433	**mortgage** [**mawr**-gij]	저당 잡히다, (담보) 대출(금), 융자(금)
2434	**ego** [**ee**-goh]	자아, 자존심
2435	**retail** [**ree**-teyl]	소매, 유통, 판매
2436	**hunt** [huhnt]	사냥하다, (찾기 힘든 것을) 찾다[뒤지다], 추적하다, 물색[수색/추적], 사냥
2437	**absurd** [ab-**surd**]	우스꽝스러운, 터무니없는, 불합리, 부조리
2438	**statue** [**stach**-oo]	조각상
2439	**elegant** [**el**-i-g*uh* nt]	(사람들이나 사람의 행동이) 우아한, (옷·장소·사물이) 품격 있는, 명쾌한
2440	**apple** [**ap**-*uh* l]	사과
2441	**cigarette** [sig-*uh*-**ret**]	담배, 궐련
2442	**tomb** [toom]	무덤
2443	**sheer** [sheer]	(크기·양을 강조하여) 순전한, (다른 것이 섞이지 않은) 순수한, 깎아지른 듯한
2444	**specimen** [**spes**-*uh*-m*uh* n]	견본, 샘플, 표본, (의학 검사용) 시료

---

188. Knowledge has to be improved, challenged, and increased constantly, or it vanishes. _Peter Drucker

지속적으로 개선하고, 도전하며, 증가시키지 않으면, 지식은 사라진다. _피터 드러커

2445	**diplomatic** [dip-l*uh*-**mat**-ik]	외교의, 외교적 수완이 있는
2446	**advocate** [**ad**-v*uh*-keyt]	(공개적으로) 지지하다[옹호하다]
2447	**oath** [ohth]	맹세, 서약, 선서
2448	**ticket** [**tik**-it]	표, 입장권, 승차권, (벌금) 딱지, 표를 발행하다, (벌금) 딱지를 발부하다
2449	**idle** [**ahyd**-l]	게으른, 나태한, 가동되지 않는, 실직 상태인, 빈둥거리다, (공장 등을) 놀리다
2450	**arrange** [*uh*-**reynj**]	마련하다, (일을) 처리[주선]하다, 정리하다, 배열하다, 편곡하다
2451	**envelope** [**en**-v*uh*-lohp]	봉투, (비닐로 된) 비닐봉지
2452	**packet** [**pak**-it]	통[갑/곽], 소포, (선물) 꾸러미, 뭉치
2453	**obscure** [*uh* b-**skyoo** r]	잘 알려져 있지 않은, 이해하기 힘든, 모호한, 보기[듣기/이해하기] 어렵게 하다
2454	**sketch** [skech]	스케치, (텔레비전 등에서의) 촌극, 개요, 요약문, 스케치하다, 개요를 제시하다
2455	**collar** [**kol**-er]	(윗옷의) 칼라, 깃, (개 등의) 목걸이, (연결하기 위해 씌우는) 이음고리
2456	**urge** [urj]	충고하다[설득하려 하다], 강력히 권고[촉구]하다, (사람·동물을) 재촉하다
2457	**spine** [spahyn]	척추, 등뼈, 가시 (책의) 등

189. The superior man is satisfied and composed; the mean man is always full of distress. _Confucius
군자는 마음이 평안하고 차분하나, 소인은 항상 근심하고 걱정한다. _공자

2458	**momentum** [moh-**men**-tuh m]	(일의 진행에 있어서의) 탄력[가속도], 운동량
2459	**stiff** [stif]	뻣뻣한, 뻑뻑한, (근육이) 결리는[뻐근한], 심한, 힘든, 경직된, 몹시, 극심하게
2460	**flour** [flouuh r]	(곡물의) 가루, 밀가루, 밀가루를 바르다[씌우다]
2461	**persuade** [per-**sweyd**]	설득하다, 납득시키다, 하게 만들다
2462	**tune** [tyoon]	곡, 곡조, 선율, 음을 맞추다, 조율하다, (기계를) 정비하다, (채널을) 맞추다
2463	**bind** [bahynd]	묶다, 감다[싸다], 결속시키다, 의무를 지우다, 굳다, 뭉치다, 엉기다, 제본하다
2464	**maternal** [muh-**tur**-nl]	어머니다운, 어머니 같은, 모성의, 어머니[어미]의, 모계의, 외가 쪽의
2465	**chaos** [**key**-os]	혼란, 혼돈, 카오스
2466	**rat** [rat]	쥐, 쥐새끼 같은 놈
2467	**fracture** [**frak**-cher]	골절, 균열, (갈라진) 금, 골절됨, 골절이 되다, 파열되다, (사회 등이) 분열되다
2468	**hydrogen** [**hahy**-druh-juh n]	(화학) 수소
2469	**legend** [**lej**-uh nd]	전설, 전설적인 인물, (지도 등의) 범례[기호 설명표], (표지판·동전 등의) 명각
2470	**atom** [**at**-uh m]	(물리) 원자, 지극히 작은 것

---

190. Never regret yesterday. Life is in you today, and you make your tomorrow. _L. Ron Hubbard
절대 어제를 후회하지 마라. 인생은 오늘의 내 안에 있고, 내일은 스스로 만드는 것이다. _L. 론 허바드

동기부여는 일종의 정신력장(場)이다. 자석이 있으면 자기장 때문에 쇠가 자석 쪽으로 끌려가듯이, 강력히 동기가 부여된다면 우리의 모든 행위는 결심의 방향으로 끌려갈 수밖에 없다. 그러니 항상 자신에 대해 골똘히 생각해보면서 나는 어떨 때 자극을 받고 무언가를 하고 싶다는 욕구가 생겼는지 잘 생각해봐야 한다. 적절한 동기부여를 찾을 수만 있다면 성공으로 안내하는 내비게이션을 탑재 한 것이나 다름없다.

Motivation is a kind of mental field. As a magnet attracts a piece of iron with its magnetic field, a strong motivation drives all of our actions towards the direction of determination. So we must always contemplate ourselves, the source of motivation, and desire to do something. With the right motivation, you're already on the golden path to success.

2471	**lion** [**lahy**-*uh* n]	사자
2472	**geometry** [jee-**om**-i-tree]	기하학, 기하학적 구조
2473	**stir** [stur]	젓다, (저어가며) 섞다, 흔들리다, 약간 흔들다, 자극하다, 동요[충격], 젓기
2474	**satellite** [**sat**-l-ahyt]	인공위성, (행성의) 위성, 위성도시
2475	**lap** [lap]	(양 다리 위의 넓적한 부분의) 무릎, (트랙의) 한 바퀴, ~을 접다, ~을 싸다
2476	**decent** [**dee**-s*uh* nt]	(수준·질이) 괜찮은[제대로 된], (사람들이나 행동이) 품위 있는, (상황에) 적절한
2477	**temptation** [temp-**tey**-sh*uh* n]	유혹, 유혹하는[유혹적인] 것
2478	**pose** [pohz]	(위협·문제 등을) 제기하다, 자세를 취하다, ~인 체하다, 뻐기다, 자세, 뻐기기
2479	**feast** [feest]	연회, 잔치, (종교적) 축제일[기간], (큰 즐거움을 주는) 향연[축제]
2480	**sincere** [sin-**seer**]	진실된, 진정한, 진심 어린, 솔직한, 진심의
2481	**peasant** [**pez**-*uh* nt]	소작농[소농], (행동이 거친) 무식쟁이
2482	**foster** [**faw**-ster]	조성하다, 발전시키다, (수양부모로서) 아이를 맡아 기르다[위탁양육하다]
2483	**dim** [dim]	어두운, 침침한, (기억이) 희미한, (앞날이) 밝지 않은, 어둑해지다, 수그러들다

191. If you want to build a ship, don't drum up the men to gather wood, divide the work and give orders. Instead, teach them to yearn for the vast and endless sea. _Antoine de Saint-Exupery
당신이 배를 만들고 싶다면, 사람들에게 목재를 가져오게 하고 일을 지시하고 일감을 나눠주는 일을 하지 말라. 대신 그들에게 저 넓고 끝없는 바다에 대한 동경심을 키워줘라. _앙투안 드 생텍쥐페리

2484	**stance** [stans]	(어떤 일에 대한 공개적인) 입장[태도], (운동 경기에서) 자세
2485	**calendar** [**kal**-*uh* n-der]	달력, 일정표, 연간 주요 행사표
2486	**enforce** [en-**fawrs**]	(법률 등을) 집행[시행/실시]하다, 강요하다
2487	**brow** [brou]	이마, (언덕) 꼭대기, 등성이
2488	**airport** [**air**-pawrt]	공항
2489	**bite** [bahyt]	물다[베어 물다], 물어뜯다, 악영향을 미치다
2490	**pin** [pin]	핀, 배지, 비밀번호, (핀 등으로) 꽂다[고정시키다], 꼼짝 못하게 하다
2491	**gear** [geer]	기어, 장비[복장], 장치, (무엇을 하는) 속도[노력], 기어를 넣다, 적응시키다
2492	**gallery** [**gal**-*uh*-ree]	미술관, 화랑, 미술품점
2493	**sweat** [swet]	땀, 노력, 수고, [식은땀/진땀]에 젖은 상태, 땀을 흘리다, 초조하다
2494	**covenant** [**kuhv**-*uh*-*nuh* nt]	약속[계약], 기부금 불입 증서
2495	**pardon** [**pahr**-dn]	미안해요[죄송합니다], 뭐라구요, 사면, 용서, (죄인에 대해) 사면하다, 용서하다
2496	**comply** [k*uh* m-**plahy**]	(법·명령 등에) 따르다[준수하다]

> 192. Getting ahead in a difficult profession requires avid faith in yourself. That is why some people with mediocre talent, but with great inner drive, go much further than people with vastly superior talent. _Sophia Loren
> 어려운 직업에서 성공하려면 자신을 굳게 믿어야 한다. 이것이 탁월한 재능을 지닌 사람보다 재능은 평범하지만 강한 투지를 가진 사람이 훨씬 더 성공하는 이유다. _소피아 로렌

2497	**rape** [reyp]	강간하다, 강간, (어떤 지역에 대한) 훼손[짓밟다]
2498	**emission** [ih-**mish**-*uh* n]	(빛·열·가스 등의) 배출
2499	**tropical** [**trop**-i-k*uh* l]	열대지방의, 열대의
2500	**tunnel** [**tuhn**-l]	터널, 굴, 터널[굴]을 뚫다
2501	**neural** [**ny*oo* r**-*uh* l]	신경의, 신경중추의
2502	**forestall** [fohr-**stawl**]	미연에 방지하다, 기선을 제압하다
2503	**illusion** [ih-**loo**-zh*uh* n]	(사람·상황에 대한) 오해[착각], 환상, 환각
2504	**robust** [roh-**buhst**]	원기 왕성한, 팔팔한, (기구 등이) 튼튼한, (조직이) 탄탄한, 씩씩한, 투지 넘치는
2505	**wagon** [**wag**-*uh* n]	4륜차, 배달용 트럭, 마차
2506	**urine** [**y*oo* r**-in]	소변, 오줌
2507	**glow** [gloh]	(은은히) 빛나다, 타다, 상기되다, 발갛다, 타오르다, 불빛, 단풍, (은근한) 감정
2508	**prose** [prohz]	산문(체)
2509	**intact** [in-**takt**]	손상되지 않은, 온전한

---

193. Why be a man when you can be a success? _Bertolt Brecht
성공한 사람이 될 수 있는데 왜 평범한 이에 머무르려 하는가? _베르톨트 브레히트

2510	**invite** [in-**vahyt**]	초대[초청]하다, (정식으로) 요청하다[청하다], 불러들이다[자초하다]
2511	**shaft** [shaft]	수직 통로, 손잡이[자루], 화살대, (기계의) 축, 날카로운 발언, 부당 대우하다
2512	**ample** [**am**-p*uh* l]	충분한, 넓은, 풍부한, (사람의 모습이) 풍만한
2513	**incentive** [in-**sen**-tiv]	(어떤 행동을 장려하기 위한) 장려[우대]책
2514	**explode** [ik-**splohd**]	폭발하다, 터뜨리다, 굉음을 내다, 폭발적으로 증가하다, (미신 등을) 타파하다
2515	**shield** [sheeld]	방패 (역할을 하는 것), 보호자, 보호장치, 보호하다, 가리다
2516	**canvas** [**kan**-v*uh* s]	캔버스 천, 화폭, 유화
2517	**vivid** [**viv**-id]	(기억·묘사 등이) 생생한, (빛·색깔 등이) 선명한, 강렬한, (상상력이) 활발한
2518	**silly** [**sil**-ee]	어리석은, 바보 같은, 우스꽝스러운, 유치한, 심각하지 않은, 바보
2519	**coalition** [koh-*uh*-**lish**-*uh* n]	(둘 이상의 정당으로 구성된) 연립정부, (특히 정치적인) 연합체, 연합
2520	**prompt** [prompt]	즉각적인, 지체 없는, 시간을 엄수하는, 촉발하다, 유도하다, 정확히 (~시에)
2521	**straw** [straw]	짚, 밀짚, (한 올의) 짚, 지푸라기, 빨대
2522	**tag** [tag]	(표시를 하기 위해 붙인) 꼬리표[태그]

194. No matter how hard you work for success if your thought is saturated with the fear of failure, it will kill your efforts, neutralize your endeavors and make success impossible. _Baudjuin

성공하려고 아무리 열심히 노력해도 실패에 대한 두려움이 마음에 가득하다면, 노력하지 않게 되고 정진이 허사가 되어 성공은 불가능해질 것이다. _보두앵

2523	**dwell** [dwel]	살다[거주하다], 생각하다, 곱씹다, 숙고하다
2524	**knock** [nok]	(똑똑 하고) 두드리다, 노크하다, 때리다, 치다, 충돌시키다, 노크 소리, 타격
2525	**hybrid** [**hahy**-brid]	잡종, 혼성체, 혼합물
2526	**vascular** [**vas**-ky*uh*-ler]	혈관의, 도관의
2527	**pretend** [pri-**tend**]	~인 척하다[것처럼 굴다], 가식적으로 행동하다, 가장[상상]하다, 가짜[상상]의
2528	**exclude** [ik-**sklood**]	제외[배제]하다, (가입 · 출입을) 거부[차단]하다, (가능성을) 배제[제외]하다
2529	**buffer** [**buhf**-er]	완충제, 완충장치, (충격을) 완화하다, (~으로부터) 보호하다
2530	**cope** [kohp]	대처[대응]하다, 잘 처리하다, (성직자가 특별 의식 때 입는) 긴 사제복
2531	**texture** [**teks**-cher]	(직물의) 감촉[질감], (음식이 입 안에서 느껴지는) 질감
2532	**incorporate** [in-**kawr**-p*uh*-reyt]	(일부로) 포함하다, 합병하다, (법인체를) 설립하다
2533	**curse** [kurs]	욕(설), 악담, 저주, 폐해, 골칫거리, 욕을 하다, 악담을 퍼붓다, 저주를 내리다
2534	**withdraw** [wi*th*-**draw**]	(뒤로) 물러나다, 철수하다, 중단[취소/철회]하다, (돈을) 인출하다
2535	**vegetable** [**vej**-t*uh*-b*uh* l]	채소, 야채, 식물인간, 단조롭게 사는 사람

195. We are always more anxious to be distinguished for a talent which we do not possess, than to be praised for the fifteen which we do possess.
_Mark Twain

우리는 가지고 있는 열다섯 가지 재능으로 칭찬 받으려 하기보다 가지지도 않은 한 가지 재능으로 돋보이려 안달한다. _마크 트웨인

2536	**navy** [**ney**-vee]	해군
2537	**reluctant** [ri-**luhk**-t*uh* nt]	꺼리는, 마지못한, 주저하는
2538	**surveillance** [ser-**vey**-l*uh* ns]	감시, 감독
2539	**accommodation** [*uh*-kom-*uh*-**dey**-sh*uh* n]	거처, 숙소, 시설, 수용, 합의, 협상
2540	**norm** [nawrm]	규범, 기준, 표준
2541	**sensor** [**sen**-sawr]	센서, 감지기
2542	**cinema** [**sin**-*uh*-m*uh*]	영화관, (영화 상영용) 극장, 영화 예술[산업]
2543	**thumb** [thuhm]	엄지손가락, (엄지손가락을 들어) 차를 얻어 타다, 엄지손가락으로 건드리다
2544	**poison** [**poi**-z*uh* n]	독, 독약, 독으로 죽이다, (유독 물질로) 오염시키다, 나쁜 영향을 주다
2545	**glimpse** [glimps]	언뜻 봄, (무엇을 이해하는 데 도움이 되는) 짧은 경험, 언뜻 보다, 깨닫다
2546	**patch** [pach]	(주변과는 다른 조그만) 부분, (덧대는 데 쓰이는) 조각, 안대, 작은 땅, 덧대다
2547	**anchor** [**ang**-ker]	닻, 정신적 지주, 닻을 내리다, 정박하다, 단단히 기반을 두다, (뉴스를) 진행하다
2548	**ridiculous** [ri-**dik**-y*uh*-l*uh* s]	웃기는, 말도 안 되는, 터무니없는

196. The less their ability, the more their conceit. _Ahad Haam
능력이 부족할수록 자만심이 더 강하다. _아하드 하암

2549	**incredible** [in-**kred**-uh-buh l]	믿을 수 없는, 믿기 힘든, (너무 좋거나 커서) 믿어지지 않을 정도인
2550	**offspring** [**awf**-spring]	자식, (동물의) 새끼
2551	**bark** [bahrk]	(개가) 짖다, (명령·질문 등을) 빽 내지르다, 짖는 소리, 큰 소리, 나무껍질
2552	**blanket** [**blang**-kit]	담요, 짙게 드리운[두텁게 내려앉은], 전반[전면]적, (완전히) 뒤덮다
2553	**couch** [kouch]	긴 의자, (진료실에 있는) 침상, (특정한 방식으로) 말을 하다[글을 쓰다]
2554	**basin** [**bey**-suh n]	양푼, 대야, (큰 강의) 유역, 분지, (배의) 정박지, 계류장
2555	**template** [tem-**plit**]	견본, 본보기, 형판
2556	**rude** [rood]	무례한, 예의 없는, 저속한[남부끄러운], (나쁜 일이) 예상치 못한, 불시의
2557	**whisper** [**wis**-per]	속삭이다, 소곤거리다, 귓속말을 하다, 은밀히 말하다[시사하다], 속삭임, 소문
2558	**complain** [kuh m-**pleyn**]	불평[항의]하다, 투덜대다, 하소연하다
2559	**bunch** [buhnch]	다발, 송이, 묶음, (양·수가) 많음, (한 무리의) 사람들, 단단해지다
2560	**dread** [dred]	몹시 무서워하다, (안 좋은 일이 생길까 봐) 두려워하다, 두려움
2561	**imperative** [im-**per**-uh-tiv]	반드시 해야 하는, 긴요한, 위엄 있는, 명령을 나타내는

> 197. If you're not failing every now and again, it's a sign you're not doing anything very innovative. _Woody Allen
> 때때로 실패를 하지 않고 있다면 그것은 당신이 획기적인 시도를 전혀 하지 않고 있다는 신호이다.
> _우디 앨런

2562	**flux** [fluhks]	끊임없는 변화, 유동, 흐름
2563	**opponent** [*uh*-**poh**-n*uh* nt]	(게임·대회·논쟁 등의) 상대, 반대자, 반대의, 대립하는
2564	**coin** [koin]	동전, 주화, (새로운 낱말·어구를) 만들다, (주화를) 주조하다
2565	**molecule** [**mol**-*uh*-kyool]	(화학) 분자
2566	**diary** [**dahy**-*uh*-ree]	수첩[메모장], 일기
2567	**limb** [lim]	(하나의) 팔[다리], (새의) 날개, 나뭇가지
2568	**update** [uhp-**deyt**]	(최신 부품 등으로) 갱신하다, 가장 최근의 정보를 알려주다
2569	**albeit** [awl-**bee**-it]	비록 ~일지라도
2570	**toxic** [**tok**-sik]	유독성의, 중독의
2571	**bullet** [**boo** l-it]	총알, 총탄, 탄환
2572	**donor** [**doh**-ner]	기부자, 기증자, 헌혈자
2573	**crash** [krash]	(추락) 사고, 붕괴, 실패, 도산, 굉음, 충돌하다, 추락하다, 고장나다, 붕괴하다
2574	**residual** [ri-**zij**-oo-*uh* l]	남은 잔여[잔류]의, 나머지의

198. Life is not a problem to be solved, but a reality to be experienced.
_Soren Kierkegaard
삶이란 풀어야 할 문제가 아니라 경험해야 할 현실이다. _쇠렌 키르케고르

2575	**appetite** [**ap**-i-tahyt]	식욕, 욕구
2576	**infinite** [**in**-f*uh*-nit]	(수량이) 무한한[무한정의], 한계가 없는, 무한한, 무한한 것, 조물주
2577	**propaganda** [prop-*uh*-**gan**-d*uh*]	(정치 지도자ㆍ정당 등에 대한 허위ㆍ과장된) 선전
2578	**discrete** [dih-**skreet**]	별개의, 불연속의
2579	**brass** [bras]	놋쇠 (제품), 금관악기 (연주자), 황동 장식패[기념패]
2580	**govern** [**guhv**-ern]	(국가ㆍ국민을) 통치하다[다스리다], 지배[좌우/통제]하다
2581	**consult** [k*uh* n-**suhlt**]	상담하다, 상의하다, (정보를 얻기 위해 무엇을) 찾아보다[참고하다]
2582	**premium** [**pree**-mee-*uh* m]	(한 번에 또는 정기적으로 내는) 보험료, 할증료, 아주 높은, 고급의
2583	**highlight** [**hahy**-lahyt]	강조하다, 하이라이트 표시를 하다, 하이라이트, 가장 좋은[흥미로운] 부분
2584	**indifferent** [in-**dif**-er-*uh* nt]	무관심한, 썩 좋지는 않은, 그저 그런
2585	**monopoly** [m*uh*-**nop**-*uh*-lee]	(생산ㆍ시장의) 독점, 전매, 독차지, 전유물
2586	**eligible** [**el**-i-j*uh*-b*uh* l]	(조건이 맞아서) ~을 가질[할] 수 있는, 신랑[신부]감으로 좋은
2587	**contingent** [k*uh* n-**tin**-j*uh* nt]	대표단, 파견대, 분담액, (~의) 여부에 따라, 조건으로 하는

199. Ten soldiers wisely led will beat a hundred without a head. _Euripides
현명한 지휘를 받는 10명의 병사가 지휘관이 없는 100명의 병사를 이길 수 있다. _에우리피데스

2588	**ladder** [**lad**-er]	사다리, 사닥다리. (조직·활동 분야 등에서 성공하기 위해 밟고 올라가는) 단계
2589	**drift** [drift]	(서서히 일어나는) 이동[추이], (배·항공기의) 표류, (물·공기에) 떠가다, 표류하다
2590	**bless** [bles]	축복하다, 가호를 빌다, 기도하다
2591	**resurrection** [rez-*uh*-**rek**-sh*uh* n]	부활, 되살아남
2592	**fragment** [**frag**-m*uh* nt]	조각, 파편, 산산이 부수다[부서지다], 해체되다[하다]
2593	**summit** [**suhm**-it]	(산의) 정상, 산꼭대기, 절정, 정점, 정상 회담
2594	**sermon** [**sur**-m*uh* n]	설교, 설법
2595	**vacuum** [**vak**-yoom]	진공, 공백, 진공청소기를 이용한 청소, 진공청소기로 청소하다
2596	**accustomed** [*uh*-**kuhs**-t*uh* md]	익숙한, 평상시의, 늘 하는[두는]
2597	**cavity** [**kav**-i-tee]	(어떤 물체 속의) 구멍[빈 부분]
2598	**lieutenant** [loo-**ten**-*uh* nt]	(육·해·공군의) 중위[소위], 장교, 경위
2599	**subordinate** [s*uh*-**bawr**-dn-it]	종속된, 부차적인, 부수적인, 부하, 하급자
2600	**casual** [**kazh**-oo-*uh* l]	태평스러운, 무심한, 격식을 차리지 않는, 우연한, 평상복, 임시직

200. The more violent the storm, the quicker it passes. _Paulo Coelho
강한 폭풍일수록 더 빨리 지나간다. _파울로 코엘료

2601	**arch** [ahrch]	아치형 구조물, 아치형(의 것), 아치 모양을 그리다[하다]
2602	**crude** [krood]	대충의, (행동이) 막된, (기름이나 다른 천연자원이) 원래 그대로의, 원유
2603	**pencil** [**pen**-s*uh* l]	연필, 연필로 쓰다[그리다/표하다]
2604	**hook** [h*oo* k]	(갈)고리, 걸이, (낚시) 바늘, 갈고리로 걸다[잠그다], 낚다, 유혹하다, 훔치다
2605	**bend** [bend]	굽히다, 숙이다, 구부리다, 휘어지다, (방향을) 틀다, (도로 · 강의) 굽이, 굽은 곳
2606	**geography** [jee-**og**-r*uh*-fee]	지리학, (한 지역의) 지리[지형], (사회적) 지형도
2607	**triangle** [**trahy**-ang-g*uh* l]	삼각형, 트라이앵글(악기), 삼각관계
2608	**layout** [**ley**-out]	배치, 레이아웃
2609	**festival** [**fes**-t*uh*-v*uh* l]	축제, 기념제
2610	**discount** [**dis**-kount]	할인, (무가치한 것으로) 치부하다, 무시하다, 할인하다, 할인해서 팔다
2611	**skull** [skuhl]	두개골, 머리, 대가리
2612	**contradiction** [kon-tr*uh*-**dik**-sh*uh* n]	모순, 반박, 반대되는 말
2613	**echo** [**ek**-oh]	(소리의) 울림, 메아리, 반향, 반복[되풀이], 메아리치다, (의견에) 반향을 보이다

> 201. People should pursue what they're passionate about. That will make them happier than pretty much anything else. _Elon Musk
> 열정을 쏟아부을 수 있는 일을 추구해야 한다. 세상 그 어떤 것보다 그 자체가 사람들을 행복하게 해줄 것이다. _엘론 머스크

2614	**fusion** [**fyoo**-zh*uh* n]	융합, 결합, 핵융합
2615	**warrior** [**wawr**-ee-er]	전사, 병사
2616	**pastor** [**pas**-ter]	(특히 일부 비국교의 교회의) 목사, 주임 사제
2617	**hormone** [**hawr**-mohn]	호르몬
2618	**proximity** [prok-**sim**-i-tee]	근접, 가까움, 접근
2619	**wool** [w*oo* l]	(양·염소 등의) 털, 양털, 양모, 털실, 모직, 울
2620	**shelf** [shelf]	선반, 시렁, 책꽂이, (책장의) 칸
2621	**bother** [bo*th* -er]	괴롭히다, 신경 쓰이게 하다, 귀찮게 하다, 신경 쓰다, 성가심, 성가신 일[사람]
2622	**aboard** [*uh*-**bawrd**]	(배·기차·비행기 등에) 탄, 탑승[승선]한
2623	**compatible** [k*uh* m-**pat**-*uh*-b*uh* l]	호환이 되는, 양립될 수 있는, (생각 등이) 화합할 수 있는[사이 좋게 지낼]
2624	**nonetheless** [nuhn-*th* *uh*-**les**]	그럼에도 불구하고, 그렇기는 하지만
2625	**mayor** [**mey**-er]	시장, 구청장, 군수
2626	**assign** [*uh*-**sahyn**]	(일·책임 등을) 맡기다[배정하다], 파견하다, 배치하다, (가치 등을) 부여하다

> 202. I don't spend my time pontificating about high-concept things; I spend my time solving engineering and manufacturing problems. _Jack Ma
> 나는 멋진 아이디어에 관해 거들먹거리는 데 시간을 쓰지 않는다. 내가 시간을 쏟는 대상은 공학적이며 실제 생산의 문제를 해결하는 것들이다. _마윈

2627	**stack** [stak]	무더기[더미], 많음, 다량, 쌓다[포개다], (물건을 쌓아서) 채우다
2628	**steal** [steel]	훔치다, 도둑질하다, 살며시 움직이다, (야구에서) 도루하다
2629	**nominal** [**nom**-*uh*-nl]	명목상의, 이름뿐인, (문법) 명사의
2630	**insert** [in-**surt**]	끼우다[넣다/삽입하다], (책·신문·잡지에 끼워 넣은) 삽입 광고, 부속품
2631	**accord** [*uh*-**kawrd**]	(기관·국가 간의 공식적인) 합의, (권위·지위 등을) 부여하다, 부합하다
2632	**belly** [**bel**-ee]	(생물의) 배, (사물의) 둥그런[불룩한] 부분, (바람을 받아) 불룩하게 하다
2633	**negotiate** [ni-**goh**-shee-eyt]	협상[교섭]하다, 성사시키다, 타결하다, (울타리·곤란 등을) 뛰어넘다, 극복하다
2634	**bull** [b*oo* l]	황소, (코끼리·고래 등 큰 동물의) 수컷, 교황의 칙령
2635	**coherent** [koh-**heer**-*uh* nt]	(생각 등이) 일관성 있는, 논리정연한, 조리 있게 말하는
2636	**graphic** [**graf**-ik]	그래픽의, 도표의, (특히 불쾌한 것에 대해 묘사가) 생생한[상세한]
2637	**dilemma** [dih-**lem**-*uh*]	이러지도 저러지도 못하는 어려운 문제
2638	**gradient** [**grey**-dee-*uh* nt]	경사도, 변화도[증감률]
2639	**compact** [k*uh* m-**pakt**]	소형의[간편한], (공간이) 작은, 촘촘한, (사람이) 다부진, (단단히) 다지다

---

203. We are what we repeatedly do. Excellence, then, is not an act, but a habit. _Aristotle

반복해서 행하는 것, 그 자체가 곧 너 자신이다. 탁월함이란 행동이 아닌 습관에서 오는 것이다. _아리스토텔레스

2640	**ridge** [rij]	산등성이, 산마루, (산등성이처럼) 걸쭉하게 솟은 부분, 이랑처럼 만들다
2641	**irrigation** [ir-i-**gey**-sh*uh* n]	관개, 물을 끌어들임
2642	**candle** [**kan**-dl]	양초
2643	**arena** [*uh*-**ree**-n*uh*]	(원형) 경기장[공연장], (각축전이 벌어지는) 무대
2644	**recipient** [ri-**sip**-ee-*uh* nt]	받는 사람, 수령인
2645	**soup** [soop]	수프, 죽
2646	**prone** [prohn]	(좋지 않은 일을) 하기[당하기] 쉬운, (배를 바닥에 대고) 엎어져[엎드려] 있는
2647	**elbow** [**el**-boh]	팔꿈치, (옷의) 팔꿈치 부분, (배관·굴뚝 등의) L자 부분, (팔꿈치로) 밀치다
2648	**junior** [**joon**-yer]	하급의, 부하의, 주니어[청소년]의, (고등학교나 칼리지의) 2학년의, 하급자, 부하
2649	**swift** [swift]	신속한, 재빠른, 날랜, 칼새
2650	**snake** [sneyk]	뱀, (뱀처럼) 꿈틀꿈틀 움직이다[구불구불 가다]
2651	**infantry** [**in**-f*uh* n-tree]	보병대, 보병들
2652	**cult** [kuhlt]	(태도·사상 등에 대한) 추종[숭배], 광신적 종교 집단, 제례, 추종 집단을 거느린

> 204. A pessimist sees the difficulty in every opportunity; an optimist sees the opportunity in every difficulty. _Winston Churchill
> 비관론자는 어떠한 기회에서도 난관을 본다. 낙관론자는 어떠한 역경 속에서라도 기회를 본다.
> _윈스턴 처칠

2653	**probe** [prohb]	캐묻다, 조사하다, (길고 가느다란 기구로) 탐색하다, 철저한 조사, 탐색자, 탐침
2654	**twin** [twin]	쌍둥이 (중의 한 명), 쌍둥이 같은 것(들 중 하나), 결부시키다
2655	**bush** [b*oo* sh]	관목, 덤불, 수풀, 숱 많은 머리[털], 미개간지
2656	**republic** [ri-**puhb**-lik]	공화국
2657	**league** [leeg]	(스포츠 경기의) 리그, (자질·능력 등의) 수준, 연합, 연맹
2658	**eminent** [**em**-*uh*-n*uh* nt]	저명한, 탁월한, 걸출한
2659	**awkward** [**awk**-werd]	(기분이) 어색한, (처리하기) 곤란한, 불편한, 서투른, 불편한 (자세로)
2660	**celebrate** [**sel**-*uh*-breyt]	기념하다, 축하하다, 찬양하다, 기리다
2661	**beard** [beerd]	(턱)수염
2662	**cart** [kahrt]	수레, 우마차, 카트, (수레로) 운반하다, (크고 무거운 것을) 손으로 들어 나르다
2663	**oven** [**uhv**-*uh* n]	오븐, 화덕
2664	**behold** [bih-**hohld**]	(바라)보다, 주시하다
2665	**elastic** [ih-**las**-tik]	고무 밴드, 고무로 된, 탄력[신축성] 있는, 신축적인, 변통 가능한

---

205. Do not bite at the bait of pleasure, till you know there is no hook beneath it. _Thomas Jefferson

즐거움의 미끼를 물지 마라. 그 아래 낚싯바늘이 없다는 사실을 확인하기 전까지는. _토머스 제퍼슨

2666	**corrupt** [k*uh*-**ruhpt**]	(사람들이) 부패한, (행동이) 부정직한, 타락시키다, 오염[변질]시키다
2667	**vocal** [**voh**-k*uh* l]	목소리의, 발성의, (의견을) 강경하게 밝히는, (음악 작품에서) 노래 부분
2668	**fascinate** [**fas**-*uh*-neyt]	마음을 사로잡다, 매혹[매료]하다
2669	**icon** [**ahy**-kon]	(컴퓨터) 아이콘, 우상시 되는 인물
2670	**stare** [stair]	빤히 쳐다보다, 응시하다, 빤히 쳐다보기, 응시
2671	**veil** [veyl]	베일, 면사포, (진실을 가리는) 장막, (눈 앞을 가리는 얇은) 막
2672	**wrath** [rath]	(극도의) 분노, 노여움
2673	**furnish** [**fur**-nish]	(가구를) 비치하다, 제공하다, 갖추다
2674	**pepper** [**pep**-er]	후추, 피망, 후추를 치다[뿌리다]
2675	**frustrate** [**fruhs**-treyt]	좌절감을 주다, 불만스럽게 만들다, 방해하다, 좌절시키다
2676	**superficial** [soo-per-**fish**-*uh* l]	깊이 없는, 얄팍한, 피상[표면]적인, 깊지 않은, 표피상의, 표면의, 표면에 드러난
2677	**swear** [swair]	욕을 하다, 맹세하다, 선서하다
2678	**vicinity** [vi-**sin**-i-tee]	부근[인근], 주변, 가까이

> 206. Hide not your talents. They for use were made. What's a sundial in the shade? _Benjamin Franklin
> 능력을 감추지 마라. 재능은 쓰라고 주어진 것이다. 그늘 속에서 해시계가 무슨 소용이랴. _벤저민 플랭클린

2679	**barn** [bahrn]	곳간, 헛간, 외양간, (볼품없이) 덩치만 큰 건물
2680	**volunteer** [vol-*uh* n-**teer**]	자원봉사자, 자원해서 하는 사람, (군대) 지원병, 자원하다, 자원봉사로 하다
2681	**barrel** [**bar**-*uh* l]	(목재·금속으로 된 대형) 통, 한 통의 양, (통제가 안 되게) 쏜살같이 달리다
2682	**masculine** [**mas**-ky*uh*-lin]	남자 같은, 사내다운, (어휘가) 남성[수컷]을 가리키는
2683	**perpetual** [per-**pech**-oo-*uh* l]	(오래 동안) 끊임없이 계속되는, 빈번한, 빈번히 계속되는, (직장·지위가) 종신의
2684	**advise** [ad-**vahyz**]	조언하다, 충고하다, 권고하다, 자문에 응하다, (정식으로) 알리다
2685	**zeal** [zeel]	열의, 열성
2686	**kick** [kik]	(발로) 차다, (화가 나서) 땅을 치다, 차기, (강한) 쾌감, (마약·술의) 강한 효과
2687	**shear** [sheer]	(양의) 털을 깎다, (머리를) 깎다, (압력에 못 이겨) 부러지다
2688	**jealous** [**jel**-*uh* s]	질투하는, 시기[시샘]하는
2689	**hereafter** [heer-**af**-ter]	이후로, 이후 내용에서, 사후에, 사후 세계, 내세
2690	**offense** [*uh*-**fens**]	위법[범법] 행위, 범죄, 화나게 하는 행위, 모욕, (스포츠) 공격진, 공격 방법
2691	**ink** [ingk]	잉크, (인쇄를 위해) 잉크를 바르다, (특히 계약서에) 서명하다

207. If I only had an hour to chop down a tree, I would spend the first 45 minutes sharpening my axe. _Abraham Lincoln
나무를 베는 데 한 시간이 주어진다면 도끼를 가는 데 45분을 쓰겠다. _에이브러햄 링컨

2692	**queer** [kweer]	기묘한, 괴상한
2693	**receipt** [ri-**seet**]	영수증, 받기, 수령, 인수, 수령액
2694	**susceptible** [suh-**sep**-tuh-buh l]	민감한, (감수성이) 예민한, ~을 허용하는
2695	**monster** [**mon**-ster]	(이야기 속의) 괴물, 괴물 같은 것, 잔악무도한 인간, 기이하게 큰, 거대한
2696	**lend** [lend]	빌려주다, (사람·상황에 어떤 특질을) 주다[부여하다], (도움·지지 등을) 제공하다
2697	**drain** [dreyn]	물을 빼내다, 따라 내다, (술 잔을) 비우다, 소모시키다, 배수관, 고갈시키는 것
2698	**offset** [**awf**-set]	상쇄[벌충]하다, 상쇄하는 것
2699	**neat** [neet]	정돈된, 단정한, 말쑥한, 깔끔한, 간단하지만 훌륭한
2700	**oppose** [uh-**pohz**]	(계획·정책 등에) 반대하다, (시합 등에서 누구와) 겨루다
2701	**damp** [damp]	축축한[눅눅한], 축축[눅눅]한 상태[곳], (감정·반응의 기세를) 꺾다[약화시키다]
2702	**median** [**mee**-dee-uh n]	중간값의, 중앙에 있는
2703	**wrist** [rist]	손목, 팔목
2704	**slender** [**slen**-der]	(사람이나 그들의 몸이) 날씬한, 가느다란, (양·크기가) 얼마 안 되는, 빈약한

> 208. Imagination is more important than knowledge. _Albert Einstein
> 지식보다 중요한 것은 상상력이다. _알버트 아인슈타인

2705	**bat** [bat]	방망이, 배트, 박쥐
2706	**litigation** [lit-i-**gey**-sh*uh* n]	소송, 고소
2707	**cement** [si-**ment**]	시멘트, (사람들을) 결속시키는 것, A와 B를 결합시키다, A와 B를 결속시키다
2708	**spectacle** [**spek**-t*uh*-k*uh* l]	(굉장한) 구경거리[행사], 장관, (굉장히 인상적인) 광경, (놀라운) 모습[상황]
2709	**custody** [**kuhs**-t*uh*-dee]	양육(권), 보호권, (재판 전의) 유치, 구류
2710	**complement** [**kom**-pl*uh*-m*uh* nt]	보완하다, (금상첨화 격으로) 덧붙이다, 보완물, 금상첨화격 요소, (문법) 보어
2711	**imitation** [im-i-**tey**-sh*uh* n]	(특히 값비싼 것의) 모조품, 모방, (특히 재미 삼아 누구를) 흉내내기
2712	**siege** [seej]	(군사적) 포위 작전, (경찰에 의한 건물의) 포위[출입 차단]
2713	**rehabilitation** [ree-h*uh*-**bil**-i-teyt]	사회 복귀, 갱생, 복직, 복위, 부흥
2714	**jaw** [jaw]	턱, (도구에서 입같이 생긴) 죄는 부분, 큰 파도, 파도처럼 밀려오다, 내뿜다
2715	**plausible** [**plaw**-z*uh*-b*uh* l]	타당할 것 같은, 이치에 맞는, 그럴듯한, (남을 속일 때) 그럴듯하게 구는
2716	**communist** [**kom**-y*uh*-nist]	공산주의자, 공산당원
2717	**beef** [beef]	소[쇠]고기, 불평, 불평을 해대다

---

209. True knowledge exists in knowing that you know nothing. _Scorates
무지를 아는 것이 곧 앎의 시작이다. _소크라테스

단어로 세상 읽기

Google

정보화시대에 최고의 기업은 역시 구글입니다. 그래프에 명시된 것처럼 구글이라는 단어의 사용 빈도수는 정말 무서울 정도로 수직 상승을 하고 있습니다. 특히 google이라는 단어는 온라인에서 "검색하다"라는 뜻의 동사로 되는 사용되고 있기 때문에 그 사용 빈도가 어떤 단어보다도 더 빠르게 증가하는 것 같습니다. 구글의 데이터를 향한 집착을 보여주는 유명한 일화가 있습니다. 구글 핵심 플랫폼 중의 하나인 Gmail 초기 서비스 시절에는 이메일 삭제 기능이 없었습니다. 모든 것을 자료화해서 분석하겠다는 구글의 야심 때문이었습니다. 결국에는 개인정보 침해 문제 때문에 삭제 버튼이 도입되었지만 정보화시대의 핵심인 정보를 장악하려는 그들의 야망은 이제는 정말로 두렵기까지 합니다. [X축: 연도, Y축: 총 단어 중 사용 빈도]

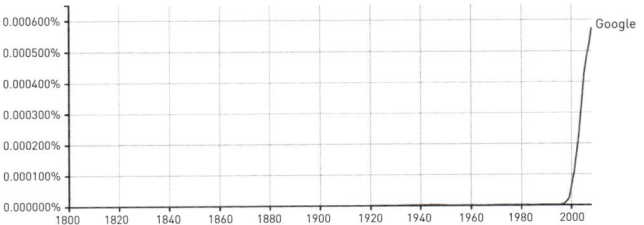

2718	**lime** [lahym]	(과일) 라임, 석회, (땅의 산성화를 막기 위해) 석회를 뿌리다
2719	**undergo** [uhn-der-**goh**]	(특히 변화·안 좋은 일 등을) 겪다[받다]
2720	**charter** [**chahr**-ter]	헌장, 선언문, (항공기·배 등의) 전세, 전세 내다, (대학·기관 등을) 인가하다
2721	**vacation** [vey-**key**-sh*uh* n]	휴가, 방학, 휴일, 명절, 축제일
2722	**cargo** [**kahr**-goh]	(선박·비행기의) 화물, 짐
2723	**viable** [**vahy**-*uh*-b*uh* l]	실행 가능한, 독자 생존 가능한
2724	**horn** [hawrn]	(양·소 등의) 뿔, 뿔피리, (차량의) 경적
2725	**heir** [air]	상속인, (왕위·작위의) 계승자, (과업·전통 등의) 계승자[후계자]
2726	**ethnicity** [eth-**nis**-i-tee]	민족성
2727	**curtain** [**kur**-tn]	커튼, 막, 장막, 커튼을 달다
2728	**formidable** [**fawr**-mi-d*uh*-b*uh* l]	가공할, 어마어마한
2729	**scrutiny** [**skroot**-n-ee]	정밀 조사, 철저한 검토
2730	**conspiracy** [k*uh* n-**spir**-*uh*-see]	음모, 모의

210. Forget injuries, never forget kindnesses. _Confucius
상처는 잊되 은혜는 결코 잊지 말라. _공자

2731	**tribute** [**trib**-yoot]	(특히 죽은 사람에게 바치는) 헌사[찬사], ~의 효력을 입증하는 것, 공물
2732	**fulfill** [foo l-**fil**]	다하다, 이행하다, 수행하다, 완수하다, 달성하다, 성취하다, (기한을) 종료하다
2733	**saint** [seynt]	성인(聖人), 성자[성인군자] 같은 사람
2734	**thunder** [**thuhn**-der]	천둥, 우레, 굉음, 천둥이 치다, 우르릉거리다, (화가 나서) 고함치다
2735	**cerebral** [suh-**ree**-bruh l]	뇌의, 대뇌의, 지적인
2736	**polite** [puh-**lahyt**]	예의 바른, 공손한, 정중한, 예의상의, 의례적인, 고상한
2737	**pig** [pig]	돼지, 돼지 같은 사람, 돼지같이 먹다
2738	**comedy** [**kom**-i-dee]	코미디, 희극
2739	**mount** [mount]	올라가다, (서서히) 증가하다, (말 등에) 올라타다, (세우는) 대[판]
2740	**scent** [sent]	향기, 향내, 냄새, 자취, 기미, 냄새로 찾아내다, 기미를 감지하다, 향기가 나다
2741	**ward** [wawrd]	병동[실], 피보호자[피후견인]
2742	**caste** [kast]	(힌두교 사회의) 카스트[계급], (사회) 계층, (사회적) 계급 제도
2743	**focal** [**foh**-kuh l]	초점, 초점의, 중요한

> 211. Only I can change my life. No one can do it for me. _Carol Burnett
> 나만이 내 인생을 바꿀 수 있다. 아무도 날 대신해줄 수 없다. _캐롤 버넷

2744	**sweep** [sweep]	쓸다, (거칠게) 휩쓸고 가다, (특히 무엇을 찾기 위해) 훑다, 쓸기, 훑음, 범위
2745	**accent** [**ak**-sent]	말씨[악센트], 강조, 역점, 강세, 억양, 억양 표시, (어떤 부분을) 강조하다
2746	**fairy** [**fair**-ee]	(이야기 속의) 요정, (속어) 남자 동성애자
2747	**purse** [purs]	(작은) 지갑, (개인·정부가 쓸 수 있는) 돈[자금], 주머니 사정, (입술을) 오므리다
2748	**decree** [dih-**kree**]	법령, 칙령, (법원의) 결정[판결], (법령·판결 등에 따라) 명하다[결정하다]
2749	**anonymous** [uh-**non**-uh-muh s]	익명인, (글·기부 등이) 익명으로 된, 특색 없는
2750	**junction** [**juhngk**-shuh n]	(도로·선로의) 교차로, 나들목, (강의) 합류점, (전선 등의) 연결[접합/접속] 지점
2751	**constrain** [kuh n-**streyn**]	강요하다, 제한[제약]하다, 억제하다
2752	**integrate** [**in**-ti-greyt]	통합시키다[되다], (다른 문화권 출신 사람을 사회 구성원으로) 통합하다
2753	**feasible** [**fee**-zuh-buh l]	실현 가능한
2754	**micro** [**mahy**-kroh]	아주 작은 것, 극소의 것, 아주 작은, 극소의
2755	**shout** [shout]	외치다, 소리[고함]치다, (시끄러운) 소리를 내다[지르다], 외침, 고함 (소리)
2756	**jet** [jet]	제트기, 분출, 흑옥[흑요석], 비행기를 타고 가다

212. Many of life's failures are people who did not realize how close they were to success when they gave up. _Thomas A. Edison
인생에서 실패한 사람 중 다수는 성공을 목전에 두고도 모른 채 포기한 이들이다. _토머스 에디슨

2757	**knight** [nahyt]	(중세의) 기사, (체스의) 나이트, 나이트 작위를 서임하다
2758	**indispensable** [in-di-**spen**-s*uh*-b*uh* l]	없어서는 안 될, 필수적인
2759	**overlap** [oh-ver-**lap**]	겹치다, 겹쳐지다, 포개다, (관심·지식·책임 등이 일부) 공통되다[중복되다]
2760	**exempt** [ig-**zempt**]	면제되는, 면제하다[받다]
2761	**ambiguous** [am-**big**-yoo-*uh* s]	애매모호한, 여러 가지로 해석할 수 있는, 분명히 규정되지 않은, 애매한
2762	**part-time** [**pahrt**-tahym]	시간제의, 비정규직의
2763	**corridor** [**kawr**-i-der]	복도, 회랑, (기차 안의) 통로
2764	**carpet** [**kahr**-pit]	카펫, 양탄자, 융단, 카펫을 깔다, (융단처럼 푹신하게) 덮다
2765	**bin** [bin]	쓰레기통, (흔히 뚜껑이 달린 저장용) 통, 버리다
2766	**irony** [**ahy**-r*uh*-nee]	아이러니, 역설적인 점[상황], 비꼼, 반어법
2767	**alternate** [**awl**-ter-neyt]	번갈아 나오게 만들다, 번갈아 나오는, 하나 거르는, 대체물, 교대 요원
2768	**metabolic** [met-*uh*-**bol**-ik]	물질[신진] 대사의, (동물의) 변태의
2769	**breed** [breed]	새끼를 낳다, 야기하다[불러오다], 마음속에 ~을 심어주다, 품종, (사람의) 유형

213. A man is but the product of his thoughts. What he thinks, he becomes. _Mahatma Gandhi
인간은 오직 사고의 산물일 뿐이다. 생각하는 대로 되는 법. _마하트마 간디

2770	**leap** [leep]	(높이 · 길게) 뛰다, 뛰어오르다[넘다], 서둘러 ~하다, 급증[급등]하다, 도약, 급등
2771	**civilize** [**siv**-*uh*-lahyz]	개화[교화]하다, (태도를) 세련되게 하다
2772	**comprehend** [kom-pri-**hend**]	(충분히) 이해하다
2773	**sauce** [saws]	소스, 양념, 건방진 말투[태도], 소스를 치다, 맛을 더하다, 자극을 주다
2774	**exaggerate** [ig-**zaj**-*uh*-reyt]	과장하다, 과장해서 말하다, (병 등을) 악화시키다
2775	**stimulate** [**stim**-y*uh*-leyt]	자극[격려]하다, 흥미를 불러일으키다, 고무하다, (신체의 기능을) 활성화시키다
2776	**intuition** [in-tyoo-**ish**-*uh* n]	직관력, 직감, 직관
2777	**muscular** [**muhs**-ky*uh*-ler]	근육의, 근육질의, 근육이 발달한
2778	**landlord** [**land**-lawrd]	주인, 임대주, 임대 회사, 주인
2779	**nonsense** [**non**-sens]	터무니없는[말도 안 되는] 생각[말], 허튼소리, 허튼수작, 말도 안 되는 짓
2780	**halt** [hawlt]	멈추다, 서다, 세우다, 중단시키다, 멈춤, 중단
2781	**diamond** [**dahy**-m*uh* nd]	다이아몬드, 금강석, 마름모꼴, 야구장
2782	**noun** [noun]	(문법) 명사

---

214. Dream as if you will live forever. Live as if you will die today.
_James Dean

영원히 살 것처럼 꿈꾸고 오늘 죽을 것처럼 살아라. _제임스 딘

2783	**kidney** [**kid**-nee]	신장, 콩팥
2784	**resemble** [ri-**zem**-b*uh* l]	닮다, 비슷[유사]하다
2785	**redemption** [ri-**demp**-sh*uh* n]	구원, 구함, (주식) 상환[현금화]
2786	**chase** [cheys]	뒤쫓다, 추적하다, 좇다[추구하다], 추적, 추격, 좇음[추구함]
2787	**sociology** [soh-see-**ol**-*uh*-jee]	사회과학, 사회학
2788	**pet** [pet]	애완동물, 총애를 받는 사람, 애무하다, 특별한 관심을 갖는
2789	**tap** [tap]	톡톡 두드리다, 박자를 맞추다, (기존의 것을) 이용하다, 수도꼭지, 톡 두드리기
2790	**lawn** [lawn]	잔디밭, (경기용) 잔디 구장
2791	**simultaneous** [sahy-m*uh* l-**tey**-nee-*uh* s]	동시의
2792	**qualify** [**kwol**-*uh*-fahy]	자격을 얻다, 자격을 주다, 예선을 통과하다, (앞에 한 진술에) 단서를 달다
2793	**persecute** [**pur**-si-kyoot]	(특히 인종·종교·정치적 이유로) 박해하다, 귀찮게[못살게] 굴다
2794	**prophecy** [**prof**-*uh*-see]	예언 (종교적이거나 마법적인 것), 예언력
2795	**harbor** [**hahr**-ber]	항구, 피난처, 보금자리, 정박시키다, (죄인 등을) 숨겨 주다, (계획 등을) 품다

215. Luck is the residue of design. _Branch Rickey
운은 계획에서 비롯된다. _브랜치 리키

2796	**reverence** [**rev**-er-*uh* ns]	숭배
2797	**delicious** [dih-**lish**-*uh* s]	아주 맛있는, 냄새가 좋은[구수한], 아주 기분 좋은
2798	**biography** [bahy-**og**-r*uh*-fee]	(사람의) 전기, 자서전, 약력
2799	**liquor** [**lik**-er]	독한 술, 독주, (모든 종류의) 술
2800	**lofty** [**lawf**-tee]	(인상적이게) 아주 높은, 우뚝한, (생각·목표 등이) 고귀한, 고결한, 거만한
2801	**mob** [mob]	폭도, (비슷한 사람들의) 무리[떼]
2802	**colleague** [**kol**-eeg]	(같은 직장이나 직종에 종사하는) 동료
2803	**obstacle** [**ob**-st*uh*-k*uh* l]	장애, 장애물
2804	**fog** [fog]	안개, 혼미, 혼란, (유리 표면에) 수증기가 서리다
2805	**agony** [**ag**-*uh*-nee]	극도의 (육체적·정신적) 고통[괴로움]
2806	**folly** [**fol**-ee]	판단력 부족, 어리석음, 어리석은 행동[생각]
2807	**mist** [mist]	엷은 안개, 박무, 스프레이[분무], (김이 서려) 부옇게 되다, 이슬[눈물]이 맺히다
2808	**conspicuous** [k*uh* n-**spik**-yoo-*uh* s]	눈에 잘 띄는, 튀는, 뚜렷한

---

216. People fail forward to success. _Mary Kay Ash
실패하는 것은 곧 성공으로 한 발짝 더 나아가는 것이다. _메리 케이 애시

2809	**conceal** [k*uh* n-**seel**]	감추다, 숨기다
2810	**gown** [goun]	(특히 특별한 경우에 입는 여성의) 드레스, 가운, (판사의) 법복, 학위복
2811	**shy** [shahy]	수줍음[부끄럼]을 많이 타는, 겁이 많은, 겁을 먹다, 주춤하다
2812	**furious** [**fy*oo* r**-ee-*uh* s]	몹시 화가 난, 맹렬한
2813	**awe** [aw]	경외감, 외경심, 온통 경외심을 갖게 하다
2814	**bundle** [**buhn**-dl]	꾸러미, 묶음, 보따리, 거금, 다발 짓다, 밀어 넣다, 무리 지어 가다, 끼워팔다
2815	**erosion** [ih-**roh**-zh*uh* n]	부식, 침식
2816	**admire** [ad-**mahy***uh* r]	존경하다, 칭찬하다, 감탄하며 바라보다
2817	**tooth** [tooth]	이, 치아, 이빨, (톱·빗 등의) 이 모양의 것
2818	**hedge** [hej]	울타리, (손실을 막기 위한) 대비책, 얼버무리다, 울타리를 두르다, 분산하다
2819	**approve** [*uh*-**proov**]	승인하다, 찬성하다, 괜찮다고 생각하다, 인가하다
2820	**nephew** [**nef**-yoo]	(남자) 조카
2821	**partition** [pahr-**tish**-*uh* n]	칸막이, (한 국가의) 분할, 분할하다, 나누다

> 217. To turn really interesting ideas and fledgling technologies into a company that can continue to innovate for years, it requires a lot of disciplines. _Steve Jobs
> 흥미로운 아이디어와 아직 초기 단계의 기술을 토대로 지속적인 혁신이 가능한 회사를 세우려면 수없이 많은 단련이 필요합니다. _스티브 잡스

2822	**pistol** [**pis**-tl]	권총, 피스톨
2823	**trait** [treyt]	(성격상의) 특성
2824	**relax** [ri-**laks**]	휴식을 취하다[느긋이 쉬다], 안심[진정]하다, 완화하다, 긴장이 풀리다
2825	**pious** [**pahy**-*uh* s]	경건한, 독실한, 경건한[독실한] 체하는
2826	**dominate** [**dom**-*uh*-neyt]	지배[군림]하다, 중요한 특징이 되다, 가장 두드러지다, 압도적으로 우세하다
2827	**fertile** [**fur**-tl]	비옥한, 기름진, 생식력 있는, 결실을 낳는, 활동하기에 좋은, (상상력이) 풍부한
2828	**demographic** [dem-*uh*-**graf**-ik]	인구통계의
2829	**coordinate** [koh-**awr**-dn-it]	조직화[편성]하다, (몸의 움직임을) 조정하다, (옷차림·가구 등을) 꾸미다
2830	**grin** [grin]	(소리 없이) 활짝 웃다, (소리 없는) 큰 웃음
2831	**tenant** [**ten**-*uh* nt]	세입자, 임차인, 소작인
2832	**confront** [k*uh* n-**fruhnt**]	(문제나 힘든 상황이) 닥치다, (위험한 상황 등에) 정면으로 부딪치다[마주치다]
2833	**preach** [preech]	설교하다, (특정 종교·생활 방식 등을 남이 받아들이도록) 전하다, 역설하다
2834	**blast** [blast]	폭발, 돌풍, 맹비판, 폭발시키다, 혹평하다, (물 등을) 확 뿌리다, 쾅쾅 울리다

218. When anger rises, think of the consequences. _Confucius
노여움이 일면 그 결과를 생각하라. _공자

2835	**haste** [heyst]	(특히 시간이 부족하여) 서두름, 급함
2836	**spray** [sprey]	스프레이, 분무, (분무기 등으로) 뿌리기, 물보라, 작은 가지, 뿌리다[살포하다]
2837	**bronze** [bronz]	청동, 구릿빛, 청동으로 만든 작품, 구릿빛의
2838	**verify** [**ver**-*uh*-fahy]	(진실인지·정확한지) 확인하다, 입증하다, 확인해주다
2839	**posture** [**pos**-cher]	(앉거나 서 있는) 자세, (특정 상황 등에 대한) 태도, 가식적으로 행동하다
2840	**exploit** [**ek**-sploit]	(부당하게) 이용[착취]하다, (최대한) 활용하다, (사업용으로) 개발하다, 위업
2841	**deputy** [**dep**-y*uh*-tee]	(한 조직의 장(長) 바로 다음 가는 직급인) 부, 대리인, 대표자, 대리의, 부(副)의
2842	**wolf** [w*oo* lf]	늑대, 이리, 게걸스레 먹다[먹어 치우다]
2843	**breadth** [bredth]	폭, 너비, (지식·관심 등이) 폭넓음
2844	**rebel** [**reb**-*uh* l]	반역자, 반대자[저항 세력], 반항아
2845	**monument** [**mon**-y*uh*-m*uh* nt]	(건물·동상 등의) 기념물, 기념비적인[역사적인] 건축물, 기념비적인 것
2846	**feeble** [**fee**-b*uh* l]	아주 약한, (효과·의지 등이) 허약한, 미미한
2847	**conform** [k*uh* n-**fawrm**]	구성원들과 행동[생각]을 같이 하다, (관습·규칙 등에) 따르다, ~에 일치하다

> 219. I can accept failure, everyone fails at something. But I can't accept not trying. _Michael Jordan
> 실패는 용납할 수 있다. 누구나 어느 지점에서든 실패하게 마련이다. 내가 용납할 수 없는 건 아무런 도전도 하지 않는 것이다. _마이클 조던

2848	**punish** [**puhn**-ish]	처벌하다, 벌주다, (특정한 형벌·형에) 처하다, 자책하다
2849	**envy** [**en**-vee]	부러움, 선망, 부러워하다, 선망하다
2850	**seize** [seez]	와락[꽉] 붙잡다[움켜잡다], 장악하다, 점령하다, 체포하다, 압수하다, 포착하다
2851	**soap** [sohp]	비누, 드라마
2852	**agitation** [aj-i-**tey**-sh*uh* n]	불안, 동요, (정치적) 소요, 시위, (액체를) 휘저어 섞음, 교반
2853	**affinity** [*uh*-**fin**-i-tee]	친밀감, (밀접한) 관련성, 친연성
2854	**reinforce** [ree-in-**fawrs**]	(감정·생각 등을) 강화하다, (구조 등을) 보강하다, 증원하다
2855	**bargain** [**bahr**-g*uh* n]	협상[흥정]하다, (정상가보다) 싸게 사는 물건, 흥정
2856	**borrow** [**bor**-oh]	빌리다, (돈을) 꾸다, (어휘·사상 등을) 차용하다
2857	**tangible** [**tan**-j*uh*-b*uh* l]	분명히 실제하는[보이는], 유형의, 만질 수 있는
2858	**practitioner** [prak-**tish**-*uh*-ner]	(전문직 종사자) 의사, 변호사, (기술을 요하는 일을) 정기적으로 하는 사람
2859	**warn** [wawrn]	경고하다, 주의를 주다, 강력히 충고하다
2860	**token** [**toh**-k*uh* n]	(화폐 대용으로 쓰는) 토큰, 표시, 징표, 형식적인, 시늉에 불과한, 징표로 하는

220. What we have once enjoyed we can never lose. All that we love deeply becomes a part of us. _Helen Keller
한때라도 즐거웠던 것이라면 잊을 수 없다. 진심으로 사랑했던 것이라면 모두 우리 존재의 한 부분이 된다. _헬렌 켈러

2861	**quarrel** [**kwawr**-*uh* l]	(말)다툼[언쟁/싸움], 불만, 다투다, 언쟁을 벌이다, 싸우다
2862	**potent** [**poht**-nt]	(사람의 심신에 미치는 영향이) 강한[강력한], (힘이) 센[강한]
2863	**guardian** [**gahr**-dee-*uh* n]	수호자, (특히 부모가 사망한 아동의) 후견인
2864	**outset** [**out**-set]	착수, 시초, 발단
2865	**hospitality** [hos-pi-**tal**-i-tee]	환대, 후대, (회사 등의 기관에서 하는) 접대
2866	**prevail** [pri-**veyl**]	만연[팽배]하다, (투쟁·논쟁 끝에) 승리하다[이기다]
2867	**sore** [sawr]	아픈[따가운/화끈거리는], (특히 부당한 대우에) 화가 난, 감정이 상한, 상처
2868	**census** [**sen**-s*uh* s]	인구조사, 공적인 조사
2869	**duly** [**dyoo**-lee]	적절한 절차에 따라, 예상대로, 적절한 때에, 때를 맞춰
2870	**heap** [heep]	(아무렇게나 쌓아 놓은) 더미, 많음, 수북이 담다, (칭찬·비난을) 많이 하다
2871	**drum** [druhm]	북, 드럼, (기계의 부품인) 원통, 북[드럼]을 치다, (북을 치듯) 계속 두드리다
2872	**heal** [heel]	치유되다, 낫다, (아픈 사람을) 치료하다, 고치다, (감정 등의 골을) 메우다
2873	**basement** [**beys**-m*uh* nt]	(건물의) 지하층

221. Those who dare to fail miserably can achieve greatly. _John F. Kennedy
비참한 실패를 감당하는 사람이 크게 성공할 수 있다. _존 F. 케네디

2874	**deaf** [def]	귀가 먹은, 청각 장애가 있는, 귀[주의]를 기울이지 않는, 청각 장애인
2875	**chip** [chip]	(그릇이나 연장의) 이가 빠진 흔적, 조각, 부스러기, 이가 빠지다, 쪼다[깎다]
2876	**fantastic** [fan-**tas**-tik]	기막히게 좋은, 환상적인, 엄청난, 굉장한, 기상천외한, 기이한
2877	**perpendicular** [pur-p*uh* n-**dik**-y*uh*-ler]	직각의, 수직적인, 수직(선/면)
2878	**symmetry** [**sim**-i-tree]	대칭, 균형
2879	**shine** [shahyn]	빛나다, 반짝이다, 비추다, 윤[광]을 내다, 뛰어나게 잘하다, 윤기, 광택
2880	**supplement** [**suhp**-l*uh*-m*uh* nt]	보충[추가], (책의) 부록, 추가 요금, 보충[추가]하다
2881	**closet** [**kloz**-it]	벽장, 찬장, 드러나지 않은, 본인만 알고 있는, 밀실에 들어앉히다
2882	**theft** [theft]	절도, 도둑질
2883	**install** [in-**stawl**]	설치하다, (흔히 공식적인 의식을 거쳐) 취임시키다[임용하다], 자리를 잡게 하다
2884	**forum** [**fawr**-*uh* m]	포럼, (토론의) 장
2885	**intersection** [in-ter-**sek**-sh*uh* n]	교차로, 교차 지점, 교차함
2886	**exterior** [ik-**steer**-ee-er]	(건물의) 외부[외면], (사람의) 겉모습, 외부[겉]의, 옥외의

> 222. A wise man can learn more from a foolish question than a fool can learn from a wise answer. _Bruce Lee
> 어리석은 자가 현명한 대답에서 배우는 것보다 현명한 사람은 바보 같은 질문에서 더 큰 깨달음을 얻는다. _이소룡

2887	**exquisite** [ik-**skwiz**-it]	매우 아름다운, 정교한, (느낌이) 강렬한, 격렬한, 예리한, 예민한
2888	**juvenile** [**joo**-v*uh*-nl]	청소년의, (못마땅하게) 어린애 같은, 유치한, 청소년
2889	**boot** [boot]	(튼튼하고) 목이 긴 신발, 부츠, 세게 차기, 세게 차다, (컴퓨터를) 부팅하다
2890	**plague** [pleyg]	전염병, (어떤 지역에 나타나 큰 손해를 끼치는 많은 수의 동물·곤충) 떼
2891	**plea** [plee]	애원, 간청, (형사 사건 피고인의) 답변[항변], (법원에 제출하는) 사유서
2892	**immunity** [ih-**myoo**-ni-tee]	면역력, 면제
2893	**archaeological** [ahr-kee-*uh*-**loj**-i-k*uh* l]	고고학적인, 고고학의
2894	**drill** [dril]	드릴, 송곳, 반복연습, 훈련, 구멍을 뚫다, 반복연습[훈련]시키다
2895	**resume** [ri-**zoom**]	재개하다, (자기 위치로 다시) 돌아가다, 이력서
2896	**prestige** [pre-**steezh**]	명성, 위신, 명망 있는, (중요해 보이고 값비싸서) 선망을 얻는, 고급의
2897	**retire** [ri-**tahyuh** r]	은퇴[퇴직]하다, 경기를 그만두다[중도 탈락하다], 퇴각하다, 자리를 뜨다
2898	**album** [**al**-b*uh* m]	앨범, 음반
2899	**chorus** [**kawr**-*uh* s]	후렴, 합창곡, 합창단, 이구동성

223. The only place success comes before work is in the dictionary.
_Vince Lombardi

'일'(work)에 앞서서 '성공'(success)을 찾을 수 있는 곳은 사전밖에 없다. _빈스 롬바디

2900	**insult** [in-**suhlt**]	모욕하다, 모욕(적인 말·행동)
2901	**lane** [leyn]	도로, (좁은) 길, 차선, (경주·수영 대회 등의) 레인, (배·비행기의) 항로
2902	**verdict** [**vur**-dikt]	(배심원단의) 평결, (숙고 뒤에 내린) 의견[결정]
2903	**cloak** [klohk]	망토, 은폐물, ~을 숨기다, 가리다
2904	**mandate** [**man**-deyt]	권한, 통치 기간, (과제의 수행) 지시, 위임 통치권, 명령하다, 권한을 주다
2905	**depreciation** [dih-pree-shee-**ey**-sh*uh* n]	가치 하락, 가격의 저하, 감가상각
2906	**clarify** [**klar**-*uh*-fahy]	명확하게 하다, 분명히 말하다, (버터를 열에 가해) 투명하게 만들다
2907	**pond** [pond]	(특히 인공으로 만든) 연못, 늪, 못
2908	**terrain** [t*uh*-**reyn**]	지형, 지역, 지세
2909	**insect** [**in**-sekt]	곤충, 벌레
2910	**grim** [grim]	(보기나 듣기에 아주) 엄숙한[단호한], 암울한, 음침한, 음산한
2911	**dissertation** [dis-er-**tey**-sh*uh* n]	논문, 박사 논문
2912	**stamp** [stamp]	우표, 도장, 특징, 흔적, 쿵쾅거리며 걷다, (도장 등을) 찍다, 드러내다[새기다]

224. The empty vessel makes the loudest sound. _William Shakespeare
빈 수레가 요란하다. _윌리엄 셰익스피어

2913	**scandal** [**skan**-dl]	대중적인 물의를 빚는 부도덕하고 충격적인 사건, 추문, 수치, 남부끄러운 일
2914	**majesty** [**maj**-*uh*-stee]	장엄함, 위풍당당함, 폐하, 왕권
2915	**cheat** [cheet]	속이다, 사기 치다, (시험·경기 등에서) 부정행위를 하다, 속임수, 사기꾼
2916	**roar** [rawr]	으르렁거리다[포효하다], 고함치다, 폭소를 터뜨리다, 맹렬히 타오르다, 포효
2917	**stove** [stohv]	스토브, 난로
2918	**screw** [skroo]	나사(못), 나사를 조이기[돌리기], 나사로 고정시키다, 돌려서 조이다
2919	**boom** [boom]	(사업·경제의) 붐, 호황, 갑작스러운 대유행, 쿵 하는 소리를 내다, 호황을 맞다
2920	**depart** [dih-**pahrt**]	(특히 여행을) 떠나다[출발하다], (직장을) 그만두다, (주제에서) 벗어나다
2921	**foul** [foul]	반칙을 범하다, 파울을 치다, 악취 나는, (말이) 상스러운, (날씨가) 사나운
2922	**marital** [**mar**-i-tl]	결혼[부부]의
2923	**float** [floht]	뜨다, 떠다니다, 제시하다, (회사가) 상장하다, 떠오르게 하는 것, 장식 수레
2924	**cliff** [klif]	(흔히 바닷가) 절벽, 낭떠러지, 벼랑
2925	**tenure** [**ten**-yer]	재임 기간, 종신 재직권, 거주권[사용권]

> 225. I learned long ago, never to wrestle with a pig. You get dirty, and besides, the pig likes it. _George Bernard Shaw
> 돼지하고는 씨름하지 않는 것이라고 오래 전에 배웠다. 진흙을 뒤집어쓰게 될 뿐만 아니라 돼지는 그걸 보고 즐거워할 것이다. _조지 버나드 쇼

2926	**dig** [dig]	(구멍 등을) 파다, (땅에서) 파내다[캐다], 발굴, (말로) 비꼬기, 쿡 찌르기
2927	**pillow** [**pil**-oh]	베개
2928	**cage** [keyj]	우리, 새장, 우리[새장]에 가두다
2929	**denote** [dih-**noht**]	조짐을 보여주다[나타내다], 의미하다, 나타내다
2930	**transient** [**tran**-sh*uh* nt]	일시적인, 순간적인, 단기 체류의, 단기 체류자[근무자]
2931	**fist** [fist]	주먹, 움켜쥐다, 주먹으로 때리다
2932	**propagation** [prop-*uh*-**gey**-sh*uh* n]	(동식물의) 번식, 증식, (사상 등의) 선전, (소리 등의) 전파, (틈 등의) 확대
2933	**herd** [hurd]	(동종 짐승의) 떼, (같은 종류의 한 무리의) 사람들[대중], (짐승을) 몰다
2934	**sculpture** [**skuhlp**-cher]	조각품, 조각, 조소
2935	**homogeneous** [hoh-m*uh*-**jee**-nee-*uh* s]	동종[동질]의
2936	**erect** [ih-**rekt**]	똑바로 선, (음경이나 유두가) 발기한, 일어선, 건립하다, 세우다, 확립하다
2937	**hazard** [**haz**-erd]	위험 (요소), 틀릴 셈치고[모험 삼아] 제안[추측]하다, 위태롭게 하다
2938	**indignation** [in-dig-**ney**-sh*uh* n]	분개, 분함, 분노

226. To go beyond is as wrong as to fall short. _Confucius
지나침은 모자람만 못하다. _공자

2939	**clue** [kloo]	(범행의) 단서, (문제 해결의) 실마리[증거], (십자말풀이·문제 등의) 힌트
2940	**hay** [hey]	건초, 적은 돈
2941	**angular** [**ang**-gy*uh*-ler]	뼈가 앙상한, 몹시 여윈, 각이 진, 각의, 모난
2942	**disgust** [dis-**guhst**]	혐오감, 역겨움, 넌더리, 혐오감을 유발하다, 역겹게 만들다
2943	**soluble** [**sol**-y*uh*-b*uh* l]	(액체에) 녹는, 용해성이 있는, (문제가) 해결 가능한
2944	**cumulative** [**kyoo**-my*uh*-l*uh*-tiv]	누적되는, 누계의
2945	**paradox** [**par**-*uh*-doks]	역설적인 사람[것/상황], 역설
2946	**fountain** [**foun**-tn]	분수, 분수처럼 뿜어져 나오는 것, (무엇의) 원천
2947	**vengeance** [**ven**-j*uh* ns]	복수, 앙갚음
2948	**wax** [waks]	밀랍, 왁스, 귀지, 왁스로 광을 내다, (달이) 차오르다, 감상적이 되다
2949	**exotic** [ig-**zot**-ik]	이국적인, 이국풍의
2950	**merry** [**mer**-ee]	즐거운, 명랑한
2951	**fare** [fair]	(교통) 요금, 운임, (택시) 승객, 요리, (사람이) 해 내가다, (일이) 되어 나가다

---

227. The smallest seed of faith is better than the largest fruit of happiness.
_Henry David Thoreau
믿음의 가장 작은 씨앗이 행복함의 가장 큰 과실보다 낫다. _헨리 데이비드 소로

2952	**scream** [skreem]	비명을 지르다, 악을 쓰다, 날카로운 소리를 내다, 비명, 날카로운 소리
2953	**grab** [grab]	(와락·단단히) 붙잡다[움켜잡다], (특히 탐욕스럽게) 차지하다, 관심을 끌다
2954	**petty** [**pet**-ee]	사소한, 하찮은, 옹졸한, 쩨쩨한
2955	**toilet** [**toi**-lit]	(집 안의) 화장실, 변기(통)
2956	**segregation** [seg-ri-**gey**-sh*uh* n]	(인종·종교·성별에 따른) 분리[차별], 격리
2957	**restrict** [ri-**strikt**]	제한[한정]하다, (자유로운 움직임을) 방해하다
2958	**trivial** [**triv**-ee-*uh* l]	사소한, 하찮은
2959	**monarch** [**mon**-erk]	군주, 거물
2960	**dumb** [duhm]	벙어리의, 말을 못 하는, (일시적으로) 말을 못[안] 하는, 멍청한, 바보 같은
2961	**ore** [awr]	광석
2962	**flock** [flok]	무리[떼], 군중, (많은 수가) 모이다, 떼 지어 가다[오다]
2963	**endeavor** [en-**dev**-er]	노력, 시도, 애씀, 노력하다, 시도하다
2964	**skirt** [skurt]	치마, 옷자락[치맛자락], 덮개, (가장자리를) 두르다[둘러 가다], 언급을 피하다

> 228. The two most important days in your life are the day you are born and the day you find out why. _Mark Twain.
> 삶에서 가장 중요한 이틀은 당신이 태어난 날과, 태어난 이유를 찾아낸 날이다. _마크 트웨인

인생 요령 [2]

(1) 변화하는 과정은 절대 볼 수 없으니 꾸준함을 절대 잃지 않아야 한다.
(2) 그 나물에 그 밥도 배고프면 맛있다. 때로는 부족함이 풍족함을 이긴다.
(3) 세상에 공짜는 없다. 그러니 아낌없이 베풀자. (결국 다 돌아온다.)

Life Tip [2]

(1) You can never see yourself changing, so never lose steadiness.
(2) The most disgusting food tastes the most delicious when you're hungry. Sometimes, deficiency beats abundance.
(3) Nothing is free in this world, so give generously. (Everything will come back to you in any way.)

2965	**sober** [**soh**-ber]	술 취하지 않은, (사람이나 그들의 행동이) 냉철한, 진지한, (색깔·옷이) 수수한
2966	**meanwhile** [**meen**-hwahyl]	그동안[사이]에, 한편
2967	**gloom** [gloom]	우울, 침울, 어둠
2968	**pursuant** [per-**soo**-*uh* nt]	(규칙·법률 같은) ~에 따른
2969	**unite** [yoo-**nahyt**]	(다른 사람들과) 연합하다, 통합[결속]시키다
2970	**ban** [ban]	금(지)하다, 금지(법[법령])
2971	**immortal** [ih-**mawr**-tl]	죽지 않는, 불후의, 불멸의, (명성이 영원할) 불멸의 인물, 신, 영생하는 존재
2972	**sublime** [s*uh*-**blahym**]	(감탄할 만큼) 절묘한, 숭고한, 지고한, 황당한, 극단적인, 숭고한[절묘한] 것
2973	**garage** [g*uh*-**rahzh**]	차고, 주차장
2974	**humility** [hyoo-**mil**-i-tee]	겸손, 겸허
2975	**ambassador** [am-**bas**-*uh*-der]	대사, 대표, 사절
2976	**gravel** [**grav**-*uh* l]	자갈
2977	**articulate** [ahr-**tik**-y*uh*-lit]	(생각·감정을) 분명히 표현하다, 또렷이 말하다, 연계되다, 또렷한

> 229. Great acts are made up of small deeds. _Lao Tzu
> 천하의 큰일은 반드시 세세한 것부터 만들어진다. _노자 (도덕경 63장)

2978	**monk** [muhngk]	수도자, 수도승
2979	**latitude** [**lat**-i-tood]	위도, (위도상으로 본) 지역[지방], (선택 · 행동 방식의) 자유
2980	**consume** [k*uh* n-**soom**]	(에너지 · 시간을) 소모하다, 먹다, 마시다, (강렬한 감정이) 사로잡다, 전소시키다
2981	**jungle** [**juhng**-g*uh* l]	밀림, (경쟁이 심하고 사람 사이의 신뢰를 찾기 힘든 비유적인) 정글
2982	**mediation** [mee-dee-**ey**-sh*uh* n]	중재, 조정, 심사숙고
2983	**farewell** [fair-**wel**]	작별 (인사)
2984	**exert** [ig-**zurt**]	(권력 · 영향력을) 가하다[행사하다], 있는 힘껏 노력하다, 분투하다
2985	**polar** [**poh**-ler]	북극[남극]의, 극지의, (자석의) 양극의, (서로) 극과 극의 [정반대되는]
2986	**fore** [fawr]	(배 · 비행기 · 동물의) 앞부분에 위치한, (배나 비행기의) 앞쪽에
2987	**suite** [sweet]	(특히 호텔의) 스위트룸, (가구 · 용품) 세트, 모음곡
2988	**symptom** [**simp**-t*uh* m]	증상, (불길한) 징후[조짐]
2989	**obstruction** [*uh* b-**struhk**-sh*uh* n]	방해, (도로 등의) 차단, 가로막음, (도로 등을 막고 있는) 장애물
2990	**hesitate** [**hez**-i-teyt]	(확신이 안 서서) 망설이다[주저하다], 거리끼다[주저하다]

> 230. I can't change the direction of the wind, but I can adjust my sails to always reach my destination. _Jimmy Dean
> 바람의 방향을 바꿀 수는 없다. 하지만 종착지에 도달하기 위해 바람에 따라 항해할 수는 있다. _지미 딘

2991	**cannon** [**kan**-*uh* n]	대포, (군용기의) 기관포, 세게 부딪치다, 충돌하다
2992	**patron** [**pey**-tr*uh* n]	(화가·작가 등에 대한) 후원자, 홍보 대사, (특정 상점·식당 등의) 고객
2993	**cane** [keyn]	지팡이, (대나무처럼 속이 빈) 줄기, 회초리, 매, 회초리로 때리다
2994	**dynasty** [**dah**y-n*uh*-stee]	(동일 가문에 속하는) 역대 통치자, 왕조, (동일 가문이 다스리는) 시대
2995	**weird** [weerd]	기이한, 기묘한, 기괴한, 섬뜩한
2996	**blend** [blend]	섞다, 혼합하다, 섞이다, (보기 좋게) 조합하다, 혼합, (유용한) 조합
2997	**solitude** [**sol**-i-tyood]	(특히 즐거운) 고독
2998	**outdoor** [**out**-dawr]	옥외[야외]의
2999	**inquire** [in-**kwahy***uh* r]	묻다, 알아보다, 질문을 하다, 조사하다
3000	**ally** [*uh*-**lahy**]	동맹국, (정치적) 협력자, (1·2차 세계대전 때의) 연합국가들, 지지하다[편들다]
3001	**costume** [**kos**-toom]	(특정 지역이나 시대의) 의상[복장], (연극·영화 등에서) 의상[분장/변장]
3002	**shareholder** [**shair**-hohl-der]	주주, 출자자
3003	**anatomy** [*uh*-**nat**-*uh*-mee]	해부학, (해부학적) 구조, (사람의) 몸, (사태 등에 대한) 해부[분석]

> 231. Far and away the best prize that life offers is the chance to work hard at work worth doing. _Theodore Roosvelt
> 단연코 인생이 주는 최고의 상은 할 만한 가치가 있는 일에서 온 힘을 다할 기회이다. _테오도어 루즈벨트

3004	**premise** [**prem**-is]	(주장의) 전제, 전제[조건]으로 하다, 가정하다
3005	**confidential** [kon-fi-**den**-sh*uh* l]	비밀[기밀]의, 은밀한, 신뢰를 받는, (누가) 신임하는
3006	**contention** [k*uh* n-**ten**-sh*uh* n]	논쟁, 언쟁, (논쟁에서 표현하는) 주장[견해]
3007	**absorb** [ab-**sawrb**]	흡수하다, (정보를) 받아들이다, (관심을) 빼앗다, (손실 등을) 처리하다
3008	**anticipate** [an-**tis**-*uh*-peyt]	예상하다, (대책을 세우기 위해) 예측하다, 고대하다, 선수를 치다, 앞지르다
3009	**tariff** [**tar**-if]	관세, (호텔·식당 등의) 요금[가격]표, (범법자에 대한) 양형 체제
3010	**latent** [**leyt**-nt]	잠재하는, 잠복해 있는
3011	**rigorous** [**rig**-er-*uh* s]	철저한, (규칙 적용 등이) 엄격한
3012	**robe** [rohb]	(신분의 상징으로 또는 특별한 의식 때 입는) 예복[가운], 법복, 가운을 입히다
3013	**pragmatic** [prag-**mat**-ik]	실용적인, 실용주의의
3014	**coil** [koil]	(고리 모양으로) 감다, 휘감다, (여러 겹으로 둥글게 감아 놓은) 고리[사리]
3015	**toe** [toh]	발가락, (양말·신발 등의) 발가락 부분
3016	**cab** [kab]	택시, (버스·기차·트럭의) 운전석

232. A goal without a plan is just a wish. _Antoine de Saint-Exupery
계획 없는 목표는 한낱 꿈에 불과하다. _앙투안 드 생텍쥐페리

3017	**cathedral** [k*uh*-**thee**-dr*uh* l]	대성당(주교가 관장하는, 교구 내 중심 성당)
3018	**arbitration** [ahr-bi-**trey**-sh*uh* n]	중재
3019	**thirst** [thurst]	갈증, (마실 수 있는) 물의 부족, 갈망, 목마름, 목이 마르다
3020	**prosperous** [**pros**-per-*uh* s]	번영한, 번창한
3021	**fragile** [**fraj**-*uh* l]	부서지기[손상되기] 쉬운, 취약한, 허술한, 섬세한, 허약한
3022	**undermine** [uhn-der-**mahyn**]	(자신감 · 권위 등을) 약화시키다, 기반을 약화시키다
3023	**twist** [twist]	휘다[구부리다], 일그러뜨리다, 구불구불하다, 접지르다, 왜곡하다, 비틀기, 굽이
3024	**chat** [chat]	담소[이야기]를 나누다, 수다를 떨다, 채팅[대화]하다, 담소, 수다, 이야기
3025	**tray** [trey]	쟁반, (다양한 용도로 쓰이는 납작한 플라스틱) 상자
3026	**epic** [**ep**-ik]	서사시, (사람들의 찬탄을 자아내는) 장대한[대단한] 일, 장편 서사 영화[도서]
3027	**transit** [**tran**-sit]	수송, 환승, 교통체계
3028	**kin** [kin]	친족, 친척
3029	**fuzzy** [**fuhz**-ee]	솜털이 보송보송한, 곱슬곱슬한, 애매한, 불분명한

233. Strive for excellence, not perfection. _H. Jackson Brown Jr.
완벽함이 아니라 탁월함을 위해서 애써라. _H. 잭슨 브라운 주니어

3030	**corpse** [kawrps]	시체, 송장, (연극 중에 대사를 잊어버려서) 갑자기 연기를 할 수 없게 되다
3031	**champion** [**cham**-pee-*uh* n]	챔피언, (집단·신념을 위해 싸우는) 투사, 옹호자, ~을 위해 싸우다, 옹호하다
3032	**suppress** [s*uh*-**pres**]	(정부·통치자 등이) 진압하다, (발표 등을) 금하다, (감정 표현을) 참다
3033	**dictionary** [**dik**-sh*uh*-ner-ee]	사전
3034	**monastery** [**mon**-*uh*-ster-ee]	수도원
3035	**collision** [k*uh*-**lizh**-*uh* n]	충돌 (사고), 부딪침, (의견 등의) 충돌
3036	**flavor** [**fley**-ver]	풍미, 맛, 멋, 운치, 정취, (비꿈 등의) 기미, 풍미를 더하다, 맛을 내다, 맛이 나다
3037	**allegiance** [*uh*-**lee**-j*uh* ns]	(정당·종교·통치자 등에 대한) 충성
3038	**nail** [neyl]	손톱, 발톱, 못, 못으로 박다[고정하다], (범인을) 잡다, 이뤄내다
3039	**gossip** [**gos**-*uh* p]	(남의 사생활에 대한 좋지 않은) 소문, 험담, 수다, 한담, 험담[남 얘기]을 하다
3040	**psychic** [**sahy**-kik]	초자연적인, 심령의, 초능력이 있는, 정신[마음]의, 심령술사, 초능력자
3041	**transmit** [trans-**mit**]	전송[송신]하다, 전염시키다, (열·전기 등을) 전도하다
3042	**cemetery** [**sem**-i-ter-ee]	묘지

---

234. Whenever I hear, "It cannot be done." I know I am close to success.
_Michael Flatley

"그건 할 수 없어"라는 말을 들을 때마다 나는 성공이 가까워졌음을 안다. _마이클 플래틀리

3043	**cheer** [cheer]	환호성을 지르다, 환호하다, 응원하다, 힘을 북돋우다, 환호성, 응원가, 쾌활함
3044	**weigh** [wey]	무게가 나가다, 무게를 달다, (결정을 내리기 전에) 저울질하다, 영향을 주다
3045	**hammer** [**ham**-er]	망치[해머], 망치[해머]로 치다, 쿵쿵[쾅쾅] 치다[두드리다], 대파하다
3046	**advent** [**ad**-vent]	도래, 출현
3047	**martial** [**mahr**-sh*uh* l]	싸움의, 전쟁의
3048	**lodge** [loj]	오두막[산장], 재워 주다, 꽂히다[박히다], (이의 등을) 제기[제출]하다
3049	**anguish** [**ang**-gwish]	(극심한) 괴로움, 비통
3050	**slice** [slahys]	(음식을 얇게 썬) 조각, 부분, 몫, (음식을 더는) 주걱, (얇게) 썰다, 대폭 줄이다
3051	**ripe** [rahyp]	(과일 등이) 익은, (치즈·포도주가) 숙성한, (냄새가) 고약한, (시기가) 무르익은
3052	**hobby** [**hob**-ee]	취미
3053	**sediment** [**sed**-*uh*-m*uh* nt]	침전물, 앙금, 퇴적물
3054	**bass** [beys]	베이스, [최]저음, 저음의
3055	**anthropology** [an-thruh-**pol**-*uh*-jee]	인류학

---

235. Small opportunities are often the beginning of great enterprises.
_Demosthenes

종종 작은 기회로부터 위대한 업적이 시작된다. _데모스테네스

3056	**plug** [pluhg]	(전기) 플러그, 소켓, (구멍을) 틀어막는것, (구멍을) 막다, (부족한 것을) 메우다
3057	**fossil** [**fos**-uh l]	화석, (특히 고루한 사고방식을 지닌) 늙은이
3058	**contend** [kuh n-**tend**]	(언쟁 중에) 주장하다, (~을 얻으려고) 다투다[겨루다]
3059	**dragon** [**drag**-uh n]	(신화 속에 나오는) 용
3060	**ash** [ash]	재, 잿더미, (화장한) 유골, 물푸레나무
3061	**debris** [duh-**bree**]	(무엇이 파괴된 후의) 잔해, 부스러기
3062	**cock** [kok]	수탉, 풍향기, 위로 젖히다, 망치다, 수컷의, 최고의, 멋있는
3063	**reciprocal** [ri-**sip**-ruh-kuh l]	상호 간의
3064	**setup** [**set**-uhp]	설립, 설치, 마련, 구성, 세우다
3065	**sheriff** [**sher**-if]	보안관
3066	**chill** [chil]	냉기, 오싹한 느낌, 춥게 만들다, (음식을) 차게 식히다, 느긋한 시간을 보내다
3067	**reservoir** [**rez**-er-vwahr]	저수지, 급수장, (많은 양의) 비축[저장/보유], 저장소
3068	**coup** [koo]	쿠데타, (힘든 일의) 성공, 대단한 성취

236. What's money? A man is a success if he gets up in the morning and goes to bed at night and in between does what he wants to do. _Bob Dylan
돈이 다 무슨 소용인가? 사람이 아침에 일어나 밤에 잠자리에 드는 동안에 하고 싶은 일을 한다면 그 사람은 성공한 것이다. _밥 딜런

3069	**sergeant** [**sahr**-j*uh* nt]	병장, 경사, 하사관
3070	**penetrate** [**pen**-i-treyt]	뚫고 들어가다, 관통하다, 꿰뚫어 보다, 간파하다
3071	**ranch** [ranch]	(특히 북미·오스트레일리아의 대규모) 목장
3072	**whip** [wip]	채찍, (정당의) 원내 총무, 채찍질하다, 휘저어 거품을 내다
3073	**nod** [nod]	(고개를) 끄덕이다, (인사로) 까딱하다, 꾸벅꾸벅 졸다, 턱을 들어 가리키다
3074	**veteran** [**vet**-er-*uh* n]	(어떤 분야의) 베테랑[전문가], 참전 용사, (전쟁에 참전했던) 재향 군인
3075	**jean** [jeen]	진[데님] 바지, 진[올이 가는 능직 면포]
3076	**clan** [klan]	씨족[문중], (특정 이유로 관련을 갖는) 집단[무리]
3077	**sanctuary** [**sangk**-choo-er-ee]	(조수(鳥獸)) 보호구역, 안식, 보호, 피난처, 안식처, 성소, 성역
3078	**outlet** [**out**-let]	(감정·생각·에너지 등의 바람직한) 발산[배출], 직판점[전문 매장]
3079	**precipitation** [pri-sip-i-**tey**-sh*uh* n]	강수, 강수량, 침전, 석출
3080	**toy** [toi]	장난감, (장난감으로 만든) 모형의, (개가 종자가) 아주 작은
3081	**coincidence** [koh-**in**-si-d*uh* ns]	우연의 일치, 동시 발생[존재], (의견 등의) 일치

---

237. The secret of joy in work is contained in one word – excellence. To know how to do something well is to enjoy it. _Pearl S Buck
일의 기쁨에 대한 비밀은 한 단어에 들어 있다. 바로 탁월함이다. 무엇을 잘할 줄 안다는 것은 곧 이를 즐긴다는 것이다. _펄 S 벅

3082	**dam** [dam]	댐, 둑, 댐을 건설하다
3083	**lobby** [**lob**-ee]	(건물 안쪽에 있는) 로비, (정치적) 압력단체, (정치적인) 로비를 하다
3084	**elephant** [**el**-*uh*-f*uh* nt]	코끼리
3085	**orthodox** [**awr**-th*uh*-doks]	(신앙·행동이) 정통의, 전통적인, (종교적) 정통파의, 동방[그리스] 정교회의
3086	**canon** [**kan**-*uh* n]	규범, 계율, (특정 작가의) 정본 목록, 주요 문헌[작품] 목록
3087	**furnace** [**fur**-nis]	용광로
3088	**disclose** [dih-**sklohz**]	(비밀이던 것을) 밝히다[폭로하다], (눈에 안 보이던 것을) 드러내다
3089	**innate** [ih-**neyt**]	타고난, 선천적인
3090	**melt** [melt]	녹다[녹이다], 누그러지다, 용해
3091	**mischief** [**mis**-chif]	(아이들이 하는 크게 심각하지 않은) 나쁜 짓[장난], (사람·평판에 대한) 해[피해]
3092	**gel** [jel]	(머리에 바르는) 젤, 손발이 척척 맞다, (계획 등이) 분명해지다, 구체화되다
3093	**macro** [**mak**-roh]	대규모의, 거시적인
3094	**vulgar** [**vuhl**-ger]	저속한, 천박한, 상스러운, 음탕한

---

238. To be trusted is a greater compliment than to be loved.
_George MacDonald
신뢰받는 것은 사랑받는 것보다 더 큰 영광이다. _조지 맥도널드

3095	**inflate** [in-**fleyt**]	(가스 등으로) 부풀리다[부풀다], (사실과 다르게) 과장하다, (가격이) 오르다
3096	**vapor** [**vey**-per]	증기, 부질없는 공상, 허황된 생각, 증발하다, 증발시키다
3097	**melody** [**mel**-*uh*-dee]	멜로디[선율], 곡[노래]
3098	**saddle** [**sad**-l]	안장, (고기의) 등심, 안장을 얹다
3099	**sanction** [**sangk**-sh*uh* n]	제재, 처벌, 허가, 승인, 허가하다, 처벌하다, 제재를 가하다
3100	**mansion** [**man**-sh*uh* n]	(인상적인) 대저택, 맨션
3101	**guitar** [gi-**tahr**]	(악기) 기타
3102	**creek** [kreek]	시내, 계곡
3103	**virgin** [**vur**-jin]	숫처녀[총각], 동정녀[남], 무경험자, 원래[자연] 그대로의, 처녀의
3104	**disguise** [dis-**gahyz**]	변장[가장]하다, 위장하다, 숨기다, 변장[가장] (도구), 변장술
3105	**thief** [theef]	도둑, 절도범
3106	**refrain** [ri-**freyn**]	(특히 하고 싶은 것을) 삼가다, 자주 반복되는 말[불평], 후렴
3107	**spark** [spahrk]	불꽃, 불똥, 발화장치, 아주 조금[희미한 흔적], 번뜩임, 기폭제

239. I'm as proud of what we don't do as I am of what we do. _Steve Jobs
우리가 이룬 것만큼, 이루지 못한 것도 자랑스럽습니다. _스티브 잡스

3108	**parade** [p*uh*-**reyd**]	가두행진, 열병식, (부·지식 등의) 과시, 행진을 하다, (과시하듯) 걸어 다니다
3109	**recreation** [rek-ree-**ey**-sh*uh* n]	레크리에이션, 오락, 오락 삼아 하는 일, 취미
3110	**forecast** [**fawr**-kast]	예측, 예보, 예측[예보]하다
3111	**compass** [**kuhm**-p*uh* s]	나침반, (제도용) 컴퍼스, (특히 특정 상황에서 도달 가능한) 범위
3112	**portal** [**pawr**-tl]	(건물의 웅장한) 정문[입구]
3113	**swallow** [**swol**-oh]	삼키다, (다른 대상을) 완전히 가리다, 억누르다, 제비, 삼키기, 한 모금
3114	**lid** [lid]	뚜껑, 눈꺼풀
3115	**epidemic** [ep-i-**dem**-ik]	유행병, 유행성 (전염병), (흔히 나쁜 것의) 급속한 확산[유행]
3116	**deficient** [dih-**fish**-*uh* nt]	(필수적인 것이) 부족한[결핍된], 결함이 있는, 모자라는
3117	**anniversary** [an-*uh*-**vur**-s*uh*-ree]	기념일
3118	**spy** [spahy]	스파이, 정보원, 첩자, 정보[스파이] 활동을 하다, (갑자기) 보다[알아채다]
3119	**puzzle** [**puhz**-*uh* l]	퍼즐, (머리를 써서) 알아맞히기, (이해·설명하기 힘든) 수수께끼[미스터리]
3120	**toll** [tohl]	통행료, (전쟁·재난 등의) 사상자[희생자] 수, (종을 일정하게) 울리다

---

240. Remember that there is nothing stable in human affairs; therefore avoid undue elation in prosperity, or undue depression in adversity.
_Socrates
인간사에는 안정된 것이 하나도 없음을 기억하라. 그러므로 성공에 들뜨거나 역경에 지나치게 의기소침하지 마라. _소크라테스

3121	**spiral** [**spahy**-r*uh* l]	나선, 나선형, (비유적인) 소용돌이, 나선형의
3122	**fetch** [fech]	(어디를 가서) 가지고[데리고/불러] 오다, (특정 가격에) 팔리다, 낙찰되다
3123	**potato** [p*uh*-**tey**-toh]	감자
3124	**hop** [hop]	깡충깡충 뛰다, 급히 가다, (버스 등에) 타다, (주제를) 휙휙 바꾸다, 짧은 여행
3125	**witch** [wich]	마녀, 마녀 같은 노파
3126	**bubble** [**buhb**-*uh* l]	거품, 비누[물] 방울, (표현하려는 감정의) 약간, 버블(오래 가지 않을 호황)
3127	**captive** [**kap**-tiv]	사로잡힌, 억류된, 달리 어쩔 도리가 없는, 그 자리를 뜰 수가 없는
3128	**auction** [**awk**-sh*uh* n]	경매, 경매로 팔다
3129	**lazy** [**ley**-zee]	게으른, 느긋한, 여유로운, 성의가 부족해 보이는, 태만한, 느릿느릿 움직이는
3130	**strife** [strahyf]	(개인·집단 간의) 갈등, 불화, 다툼, (모든 종류의) 문제
3131	**laden** [**leyd**-n]	잔뜩 실은[든/진], (특히 불쾌한 것이) 가득한
3132	**dismiss** [dis-**mis**]	묵살[일축]하다, (생각·느낌을) 떨쳐 버리다, 해고하다, 해산시키다
3133	**pledge** [plej]	(굳은) 약속, 맹세, 서약, 저당[담보](금), (정식으로) 약속[맹세]하다, 저당 잡히다

241. Just because something doesn't do what you planned it to do doesn't mean it's useless. _Thomas A. Edison

어떤 것이 당신의 계획대로 되지 않는 다고 해서 그것이 불필요한 것은 아니다. _토머스 에디슨

3134	**jar** [jahr]	(잼·꿀 등을 담아 두는) 병, 단지[항아리], 충격, 충격을 주다, 불쾌감을 주다
3135	**disruption** [dis-**ruhp**-sh*uh* n]	붕괴, 분열, 중단
3136	**hereditary** [h*uh*-**red**-i-ter-ee]	(질병이) 유전적인, (상습권에 따라) 세습되는, 세습된 지위를 지닌
3137	**pending** [**pen**-ding]	(어떤 일이) 있을 때까지, ~을 기다리는 동안, 미결[미정]인, 계류 중인, 곧 있을
3138	**athletic** [ath-**let**-ik]	(몸이) 탄탄한, 육상(경기)의
3139	**livestock** [**lahyv**-stok]	가축, 축산물
3140	**malignant** [m*uh*-**lig**-n*uh* nt]	(종양 등이) 악성의, 악의에 찬
3141	**tolerate** [**tol**-*uh*-reyt]	(불쾌한 일 등을) 참다, 견디다, 내성이 있다
3142	**famine** [**fam**-in]	기근
3143	**compulsory** [k*uh* m-**puhl**-s*uh*-ree]	강제적인, 의무적인, 필수의
3144	**bourgeois** [b*oo* r-**zhwah**]	중산층의, 물질만능주의적인, 자본주의적인
3145	**tribunal** [trahy-**byoon**-l]	(특별한 문제를 다루는) 재판소, 법원 조사 위원회
3146	**notation** [noh-**tey**-sh*uh* n]	표기법, 기록, 표시

---

242. If opportunity doesn't knock, build a door. _Milton Berle
기회가 문을 두드리지 않는다면 문을 만들어라. _밀튼 버얼

#	Word	Meaning
3147	**indigenous** [in-**dij**-*uh*-n*uh* s]	원산의[토착의], 고유한
3148	**discern** [dih-**surn**]	(분명하지 않은 것을) 알아차리다[포착하다], (어렴풋이) 알아보다[알아듣다]
3149	**paste** [peyst]	반죽, (종이를 붙이는 데 쓰는) 풀, 풀로 붙이다, (텍스트를 다른 곳에) 붙이다
3150	**rabbit** [**rab**-it]	토끼
3151	**fortress** [**fawr**-tris]	요새
3152	**stout** [stout]	(사람이) 통통한, 튼튼한, 용감한, 굳센, 흑맥주
3153	**particle** [**pahr**-ti-k*uh* l]	(아주 작은) 입자[조각], 미립자, 먼지
3154	**altitude** [**al**-ti-tood]	(해발) 고도, 고도가 높은 곳, 고저
3155	**heterogeneous** [het-er-*uh*-**jee**-nee-*uh* s]	여러 다른 종류들로 이뤄진, 이질의, 이종의
3156	**ankle** [**ang**-k*uh* l]	발목, 복사뼈
3157	**impress** [im-**pres**]	깊은 인상을 주다, 감명[감동]을 주다, (마음 · 기억 등에) 강하게 남다
3158	**disturb** [dih-**sturb**]	(작업 · 수면 등을) 방해하다, (제자리에 있는 것을) 건드리다[흩뜨리다], 불안하게 만들다, 방해하다
3159	**diffuse** [dih-**fyooz**]	널리 퍼진, 분산된, 산만한, 장황한, 분산[확산]시키다, (빛을) 산란시키다

> 243. In politics stupidity is not a handicap. _Napoleon Bonaparte
> 정치에선 멍청해도 지장이 없다. _나폴레옹 보나파르트

3160	**vacant** [**vey**-k*uh* nt]	비어 있는, 사람이 없는[안 사는], (일자리가) 비어 있는, 결원의, 멍한
3161	**toil** [toil]	(장시간) 힘들게[고생스럽게] 말하다, (힘겹게) 느릿느릿 움직이다, 노역, 고역
3162	**fidelity** [fi-**del**-i-tee]	충실함, (배우자에 대한) 신의[정절], 정확도, 충실도
3163	**rectangular** [rek-**tang**-gy*uh*-ler]	직사각형의, 직각의
3164	**escort** [**es**-kawrt]	호위대(원), (사교 모임에) 에스코트하는 남자, 호위[호송/에스코트]하다
3165	**collateral** [k*uh*-**lat**-er-*uh* l]	담보물, 부수적인, 이차적인
3166	**benign** [bih-**nahyn**]	상냥한, 유순한, (종양이) 양성의
3167	**violate** [**vahy**-*uh*-leyt]	(법 · 합의 등을) 위반하다[어기다], (남의 평화 · 사생활 등을) 침해하다, 훼손하다
3168	**asylum** [*uh*-**sahy**-l*uh* m]	망명, 피난처, 보호시설
3169	**metropolitan** [me-tr*uh*-**pol**-i-tn]	대도시의, 수도권의
3170	**vendor** [**ven**-der]	행상인, 판매자, (특정 제품) 판매 회사
3171	**fork** [fawrk]	포크, 쇠스랑, 갈퀴, (도로 · 강 등의) 분기점[갈래], 나뉘다, 쇠스랑으로 나르다
3172	**persist** [per-**sist**]	집요하게[고집스럽게/끈질기게] 계속하다, (없어지지 않고) 계속[지속]되다

> 244. Thinking will not overcome fear but action will. _W. Clement Stone
> 생각으로는 두려움을 극복할 수 없지만, 행동으로는 극복할 수 있다. _W. 클레멘트 스톤

3173	**pope** [pohp]	(가톨릭교의) 교황
3174	**diminish** [dih-**min**-ish]	줄어들다, 약해지다, (중요성을) 깎아내리다, 폄하하다
3175	**consecutive** [k*uh* n-**sek**-y*uh*-tiv]	연이은
3176	**bladder** [**blad**-er]	방광, (가죽으로 만든) 주머니
3177	**freight** [freyt]	화물, 화물 운송, 화물을 보내다, (특정한 분위기나 어조를 가득) 담다[싣다]
3178	**gland** [gland]	(분비)선, 샘
3179	**strand** [strand]	(실 · 머리카락 등의) 가닥, (생각 · 이야기 등의) 가닥, 오도 가도 못하다, 고립되다
3180	**tackle** [**tak**-*uh* l]	(힘든 문제 · 상황과) 씨름하다, 솔직하게 따지다, 태클하다, 공을 뺏다, 태클
3181	**moist** [moist]	촉촉한, 습한, 눈물이 많은
3182	**imminent** [**im**-*uh*-n*uh* nt]	(특히 불쾌한 일이) 금방이라도 닥칠 듯한, 목전의, 임박한
3183	**handkerchief** [**hang**-ker-chif]	손수건
3184	**marrow** [**mar**-oh]	골수
3185	**gut** [guht]	내장, 배짱, 직감, (건물 등의) 내부를 파괴하다, 내장을 제거하다, 직감에 따른

---

245. A hero is an ordinary individual who finds the strength to persevere and endure in spite of overwhelming obstacles. _Christopher Reeve
영웅은 압도적인 장애물에도 견뎌낼 힘을 찾는 평범한 개인이다. _크리스토퍼 리브

3186	**trajectory** [tr*uh*-**jek**-t*uh*-ree]	탄도, 궤적
3187	**garment** [**gahr**-m*uh* nt]	의복, 옷
3188	**vibration** [vahy-**brey**-sh*uh* n]	떨림[흔들림], 진동
3189	**rim** [rim]	(둥근 물건의) 가장자리[테두리], (바퀴의) 테, 가장자리[테]를 이루다
3190	**cunning** [**kuhn**-ing]	교활한, 정교한, 기묘한, 교활함, 간계
3191	**shrine** [shrahyn]	성지, 성지와 같은 곳
3192	**knot** [not]	매듭, 옹이, 올린 머리, (사람 등의) 무리, 뻣뻣한 느낌, 매듭을 묶다, 뻣뻣해지다
3193	**creed** [kreed]	(종교적) 교리, 신념, 신조
3194	**mesh** [mesh]	그물망, 철망, 딱 들어맞다[맞물리다]
3195	**crest** [krest]	산마루, 물마루, (가문 등을 상징하는) 문장(紋章)[심벌], 꼭대기에 이르다.
3196	**insane** [in-**seyn**]	정신 이상의, 미친, 제정신이 아닌
3197	**recourse** [**ree**-kawrs]	(힘든 상황에서 도움을 얻기 위한) 의지, 의지하기
3198	**recipe** [**res**-*uh*-pee]	조리[요리]법, (결과를 가져올 듯한) 방안[비결]

> 246. Strength does not come from winning. Your struggles develop your strengths. When you go through hardships and decide not to surrender, that is strength. _Arnold Schwarzenegger
>
> 힘은 이기는 것에서 오지 않는다. 당신의 투쟁이 당신의 힘을 키운다. 고난을 겪을 때 굴복하지 않겠다고 결심한다면 그것이 힘이다. _아놀드 슈왈제네거

3199	**volatile** [**vol**-*uh*-tl]	(사람·기분이) 변덕스러운, (금방이라도 급변할 듯이) 불안한, 휘발성의
3200	**bike** [bahyk]	자전거, 오토바이, 자전거[오토바이]로 가다
3201	**bloom** [bloom]	(보통 사람들이 귀하게 여기는 화초의) 꽃, 혈색, 꽃을 피우다, 혈색[생기]이 돌다
3202	**velvet** [**vel**-vit]	벨벳, 벨벳 같은, 부드러운
3203	**minus** [**mahy**-n*uh* s]	~을 뺀, 영하의, ~을 제외한, 빼기 부호, 부정적인 점, 영보다 작은, 부정적인
3204	**clay** [kley]	점토, 찰흙
3205	**lust** [luhst]	(애정이 동반되지 않은 강한) 성욕[욕정], (아주 강한) 욕망[열의]
3206	**orchestra** [**awr**-k*uh*-str*uh*]	오케스트라, 관현악단
3207	**foregoing** [fawr-**goh**-ing]	앞서[방금] 말한, 앞서 말한 것[내용]
3208	**proxy** [**prok**-see]	대리[위임], 대리인, 대리권
3209	**heel** [heel]	뒤꿈치, (신발의) 굽, 발뒤꿈치, (구두 등의) 굽을 수선하다, 한쪽으로 기울다
3210	**lace** [leys]	레이스, 끈, 끈으로 묶다, (약물 등을 약간) 타다, (책 등에 어떤 요소를) 가미하다
3211	**eel** [eel]	뱀장어, 장어

247. If I create from the heart, nearly everything works; if from the head, almost nothing. _Marc Chagall

마음에서 우러난 일이면 거의 모두 제대로 이뤄지지만 머리에서 나온 것이면 거의 그렇지 않다.
_마르크 샤갈

단어로 세상 읽기

semiconductor

정보화시대의 핵심 인프라는 바로 반도체 산업입니다. 전자기기의 발전이 없어서 더 많은 정보를 저장(메모리)하지 못하고 더 빠른 연산이 불가능했다면 우리가 지금 쓰고 있는 스마트폰의 출현은 꿈도 꿀 수 없었을 것입니다. 많은 사람들이 미래는 지금보다 더 많이 발전할 것이라는 막연한 기대를 하고 있습니다. 하지만 저는 그런 예상에 대하여 조금은 회의적입니다. 우리 눈에 보이는 미래(하드웨어 관점)는 지금과 크게 다르지 않을 것으로 생각합니다. 그 이유는 반도체(semiconductor)라는 단어의 사용 빈도 변화에서도 추론할 수 있습니다. 그래프에 나온 것처럼 반도체(semiconductor)의 사용 빈도는 20세기 중반부터 아주 급속도로 증가합니다. 실제로 기술의 발전 추이가 그랬습니다. 하지만 '무어의 법칙'에 따라 발전하던 반도체 기술의 발전은 이제 물리적 한계에 다다랐습니다. 그 말은 하드웨어 관점에서 지금의 IT기기는 예전보다 더 발전하기가 어렵다는 것입니다. 그러므로 대학이나 연구기관에서 할 수 있는 연구는 줄어들게 되고 semiconductor라는 단어가 문헌에서 나타나는 사용 빈도가 확 줄어들게 됩니다. 이는 디스플레이와 메모리 생산이 주력 산업인 대한민국은 더 열심히 미래를 준비해야 한다는 신호이기도 합니다. [X축: 연도, Y축: 총 단어 중 사용 빈도]

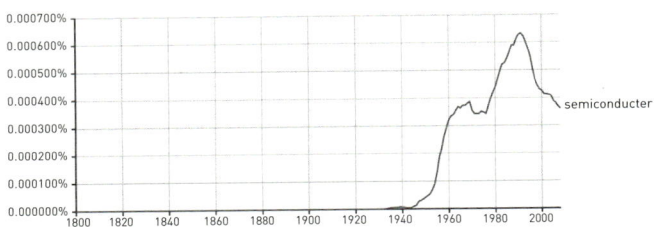

3212	**reckon** [**rek**-*uh* n]	(~라고) 생각하다, (일반적으로) 여겨지다, (양·수 등을) 계산[추정]하다
3213	**bowel** [**bou**-*uh* l]	창자, 가장 깊은 곳, ~의 내부, 창자를 꺼내다
3214	**antenna** [an-**ten**-*uh*]	(곤충의) 더듬이, 안테나
3215	**cooperate** [koh-**op**-*uh*-reyt]	협동[협력]하다, 협조하다
3216	**cultivate** [**kuhl**-t*uh*-veyt]	(땅을) 경작하다, 일구다, (식물·작물을) 재배하다, (말·행동 방식 등을) 함양하다
3217	**presume** [pri-**zoom**]	(확신을 가지고) 추정[간주]하다, (무엇을 사실로 보고) 상정하다, 주제넘게 굴다
3218	**wander** [**won**-der]	돌아다니다, 헤매다, 배회하다, (있어야 할 곳에서) 다른 데로 가다, 거닐기
3219	**homework** [**hohm**-wurk]	(학생이 하는) 숙제[과제], (무엇에 대비한) 과제, 대비
3220	**magistrate** [**maj**-*uh*-streyt]	치안판사
3221	**racist** [**rey**-sist]	인종차별주의자
3222	**wrap** [rap]	(포장지 등으로) 싸다, 둘러싸다, (무엇의 둘레를 단단히) 두르다, 포장지, 랩
3223	**pad** [pad]	보호대, 잎, (고양이 등의) 발바닥, 패드를 대다, 소리 안 나게 걷다
3224	**lattice** [**lat**-is]	격자

248. The word 'happiness' would lose its meaning if it were not balanced by sadness. _Carl Jung
행복이란 슬픔으로 균형을 이루지 못하면 그 뜻을 잃고 말 것이다. _칼 융

3225	**kernel** [**kur**-nl]	낟알, 알맹이, (사상·주제의) 핵심[알맹이]
3226	**balloon** [b*uh*-**loon**]	풍선, 열기구 풍선, (갑자기) 부풀다[커지다], 열기구를 타다
3227	**paradise** [**par**-*uh*-dahys]	(일부 종교에서의) 천국[천당], (지상) 낙원, 완벽한 행복
3228	**prototype** [**proh**-t*uh*-tahyp]	원형, 시제품, 견본
3229	**monkey** [**muhng**-kee]	원숭이, 장난꾸러기 (아이)
3230	**annoy** [*uh*-**noi**]	짜증나게[약 오르게] 하다, 귀찮게 하다
3231	**punch** [puhnch]	주먹으로 치다[때리다], (펀치나 뾰족한 것으로) 구멍을 뚫다, 치다[누르다]
3232	**humiliation** [hyoo-mil-ee-**ey**-sh*uh* n]	창피 줌[당함], 굴욕, 굴복, 창피, 면목 없음
3233	**dominion** [d*uh*-**min**-y*uh* n]	지배[통치](권), 영토, 영지
3234	**counterpart** [**koun**-ter-pahrt]	(동일한 지위나 기능을 갖은) 상대, 대응 관계에 있는 사람[것]
3235	**flush** [fluhsh]	붉어지다, (변기의) 물을 내리다, 씻어내다, 홍조, 물을 내림, 수평을 이루는
3236	**comprise** [k*uh* m-**prahyz**]	~으로 구성되다[이뤄지다], 구성하다, 차지하다
3237	**boil** [boil]	(액체가) 끓다[끓이다], 삶다, 데치다, (화 등으로) 속이 끓다, 끓음, 비등

---

249. Coming together is a beginning; keeping together is progress; working together is success. _Henry Ford
함께 하는 것은 시작이고, 함께 계속 있는 것은 진전이며, 함께 일하는 것은 성공이다. _헨리 포드

3238	**applause** [*uh*-**plawz**]	박수 (갈채)
3239	**deity** [**dee**-i-tee]	신, 하느님
3240	**scratch** [skrach]	긁다, 할퀴다, 근근이 먹고 살다, 취소[제외]하다, 긁힌 자국, 찰과상, 긁기
3241	**peril** [**per**-*uh* l]	(심각한) 위험, 위험성, 유해함
3242	**pottery** [**pot**-*uh*-ree]	도자기 (그릇들), 도예, 도예 공방
3243	**gallant** [**gal**-*uh* nt]	(남성이 여성에게) 정중한, (정중한) 멋진 청년, (옛투) 힘든 상황에서 용감한
3244	**cone** [kohn]	원뿔, 원뿔형 물체, (아이스크림용) 콘
3245	**pagan** [**pey**-g*uh* n]	이교도, 토속 신앙인, 비기독교도
3246	**leverage** [**lev**-er-ij]	영향력, 지렛대 사용, 차입금을 활용하여 자기 자본의 이익률을 높이는 일, 영향을 주다, 차입금을 이용하여 투자하다
3247	**perish** [**per**-ish]	(특히 끔찍하게) 죽다, 비명횡사하다, 소멸되다, 멸종하다, 닳다[닳게 하다]
3248	**resent** [ri-**zent**]	분하게[억울하게] 여기다, 분개하다
3249	**conquer** [**kong**-ker]	(다른 나라나 민족을) 정복하다, (시합 등에서) 이기다, 극복하다, 유명해지다
3250	**skeleton** [**skel**-i-tn]	뼈대, 골격, (몹시 여위어서) 해골 같은 사람, (필요한) 최소한의 기본 인원

250. Everyone has a plan 'till they get punched in the mouth. _Mike Tyson
모든 사람은 입에 주먹을 맞기 전까지 계획이 있다. _마이크 타이슨

3251	**abolition** [ab-*uh*-**lish**-*uh* n]	(법률·제도·조직의) 폐지
3252	**sperm** [spurm]	정액, 정자
3253	**foliage** [**foh**-lee-ij]	나뭇잎, (초목 하나의) 전체 잎
3254	**slaughter** [**slaw**-ter]	(가축의) 도살[도축], 대량 학살, 살육, 도축하다, 학살하다, 완승을 거두다
3255	**foam** [fohm]	(액체 표면에 생긴) 거품, 거품 제재, 거품을 일으키다
3256	**reconcile** [**rek**-*uh* n-sahyl]	(두 가지 이상의 생각 등을) 조화시키다, 화해시키다, (체념하고) 받아들이다
3257	**affirm** [*uh*-**furm**]	단언하다, 주장하다
3258	**retrieve** [ri-**treev**]	(제자리가 아닌 곳에 있는 것을) 되찾아오다[회수하다], 수습[개선]하다
3259	**penny** [**pen**-ee]	페니 (1파운드의 백 분의 일), 한 푼, 푼돈
3260	**brigade** [bri-**geyd**]	(군대의) 여단, (어구 뒤에 쓰이는) 단체 ex) 흡연 반대 단체
3261	**aftermath** [**af**-ter-math]	(전쟁·사고 등의) 여파[후유증]
3262	**cough** [kawf]	기침하다, (기침을 하여 무엇을) 토하다, (헛)기침, 기침(이 나는 병)
3263	**patrol** [p*uh*-**trohl**]	순찰을 돌다, (위협적으로) 돌아다니다, 순찰, 순찰대

---

251. A good commander is benevolent and unconcerned with fame.
_Sun Tzu

좋은 사령관은 자애로우며 명성에 연연하지 않는다. _손자

3264	**equitable** [**ek**-wi-t*uh*-b*uh* l]	공정한, 공평한
3265	**dementia** [dih-**men**-sh*uh*]	치매, 광기
3266	**multiply** [**muhl**-t*uh*-plahy]	곱하다, (수·양을) 크게 증가[증대]시키다, 증식[번식]하다
3267	**goat** [goht]	염소, 늙은 호색한
3268	**barren** [**bar**-*uh* n]	(땅·토양이) 척박한, (식물·나무가) 열매가 안 열리는, 불임인, 소득[결실] 없는
3269	**bolt** [bohlt]	빗장, 볼트, 번쩍하는 번개, 빗장을 지르다, A와 B를 볼트로 접합하다, 달아나다
3270	**pertinent** [**pur**-tn-*uh* nt]	(특정 상황에) 적절한[관련 있는]
3271	**adolescence** [ad-l-**es**-*uh* ns]	청소년기, 사춘기
3272	**demon** [**dee**-m*uh* n]	악령, 악마, (재주나 힘이 뛰어나) 귀신 (같은 사람), 귀재, 마음을 괴롭히는 것
3273	**eventual** [ih-**ven**-choo-*uh* l]	궁극[최종]적인, 언젠가는 일어나는
3274	**sleeve** [sleev]	(옷의) 소매, 소맷자락, 소매[소맷자락]를 달다
3275	**arithmetic** [*uh*-**rith**-m*uh*-tik]	산수, 연산, 계산
3276	**scorn** [skawrn]	경멸[멸시], 경멸[멸시]하다, (멸시하여) 거절하다[퇴짜 놓다]

252. In questions of science, the authority of a thousand is not worth the humble reasoning of a single individual. _Galileo Galilei
과학 문제에서라면 천 명이 따르는 권위가 한 사람이 내놓는 겸허한 추론의 가치를 따라가지 못한다.
_갈릴레오 갈릴레이

3277	**bucket** [**buhk**-it]	양동이, 많은 양
3278	**convent** [**kon**-vent]	수녀원, 수녀원이 운영하는 학교
3279	**optimum** [**op**-t*uh*-m*uh* m]	최고의, 최적의, 최적 조건, 최고의 것
3280	**broker** [**broh**-ker]	중개인, (국가 간의 협상을) 중개하다
3281	**crust** [kruhst]	(빵) 껍질, (특히 파이의) 윗부분[껍질], (속이 부드러운 것의) 딱딱한 층[표면]
3282	**ardent** [**ahr**-dnt]	열렬한, 열정적인
3283	**onward** [**on**-werd]	앞으로[계속 이어서] 나아가는
3284	**improper** [im-**prop**-er]	부당한, 부도덕한, 부적절한, 잘못된, 틀린
3285	**consolation** [kon-s*uh*-**ley**-sh*uh* n]	위안[위로], 위로가 되는 사람[사물]
3286	**sway** [swey]	(전후 · 좌우로 천천히) 흔들리다[흔들다], 동요시키다, 흔들림, 장악, 영향
3287	**akin** [*uh*-**kin**]	~와 유사한
3288	**appendix** [*uh*-**pen**-diks]	맹장, 충수, 부록
3289	**missile** [**mis**-*uh* l]	미사일, 던지는[쏘아 보내는] 무기

253. A beautiful body perishes, but a work of art dies not. _Leonardo da Vinci
아름다운 신체는 사라지겠지만 예술은 소멸되지 않는다. _레오나르도 다 빈치

3290	**rejoice** [ri-**jois**]	크게[대단히] 기뻐하다
3291	**choir** [kwahy*uh* r]	합창단, 성가대
3292	**emancipation** [ih-man-s*uh*-**pey**-sh*uh* n]	(노예 등의) 해방, (미신 등으로부터의) 해방, 이탈, 벗어남
3293	**pane** [peyn]	(한 장의) 판유리, 창유리, 판판한 널빤지
3294	**dot** [dot]	점, 얼룩, 반점, (글자 위나 옆에) 점을 찍다, 여기저기 흩어 놓다, 산재하다
3295	**nursery** [**nur**-s*uh*-ree]	탁아소, 육아실, 보육원, 묘목장, 양성소
3296	**fox** [foks]	여우, 여우 모피, 여우 같은 사람, 매력적인 여자
3297	**towel** [**tou**-*uh* l]	수건, 타월, 수건으로 닦다
3298	**lump** [luhmp]	(보통 특정한 형태가 없는) 덩어리, (피하의) 혹, A와 B를[A를 B와] 함께 묶다
3299	**dock** [dok]	부두, 선창, (배를) 부두에 대다, (우주선을) 도킹하다, (임금 등을) 공제하다
3300	**lamb** [lam]	어린[새끼] 양, (새끼 양의) 양고기, (양이) 새끼를 낳다
3301	**accession** [ak-**sesh**-*uh* n]	(국가 통치자로) 취임, 즉위, (국제기관에) 가입, 신규 자료, 신착 도서[전시물]
3302	**radar** [**rey**-dahr]	전파탐지기, 레이더

254. The mediocre teacher tells. The good teacher explains. The superior teacher demonstrates. The great teacher inspires. _William Arthur Ward
평범한 교사는 말을 한다. 좋은 교사는 설명을 한다. 훌륭한 교사는 직접 보여준다. 위대한 교사는 영감을 불어넣는다. _윌리엄 아서 워드

3303	**preface** [**pref**-is]	서문(저자가 자신의 목적을 기술한 것), 서문을 쓰다, (연설 전에) 말문을 열다
3304	**ditch** [dich]	(들판·도로가의) 배수로, 버리다, (교제하던 사람을) 차버리다, 불시착하다
3305	**transverse** [trans-**vurs**]	가로지르는, 가로놓인
3306	**announce** [*uh*-**nouns**]	발표하다, (공공장소에서) 방송으로 알리다, 선언하다, 방송을 진행하다
3307	**greet** [greet]	맞다, 환영하다, (특정한) 반응을 보이다, (소리·냄새 등이 눈·코 등에) 들어오다
3308	**stain** [steyn]	얼룩지게 하다, 더럽히다, 오점을 남기다, 착색하다, (지우기 힘든) 얼룩, 오점
3309	**pork** [pawrk]	돼지고기
3310	**serpent** [**sur**-p*uh* nt]	(특히 큰) 뱀, 교활한 사람
3311	**garlic** [**gahr**-lik]	마늘
3312	**infer** [in-**fur**]	추론하다, (간접적으로) 뜻하다, 암시하다
3313	**eagle** [**ee**-g*uh* l]	독수리, (골프에서) 기준 타수보다 2타 적은 타수
3314	**whistle** [**wis**-*uh* l]	호각, 호루라기, 호각[호루라기] 소리, 경적, 휘파람[호각]을 불다, 지저귀다
3315	**baggage** [**bag**-ij]	수화물, 짐, 가방, (마음의) 앙금[응어리]

> 255. When defeat comes, accept it as a signal that your plans are not sound, rebuild those plans, and set sail once more toward your coveted goal. _Napoleon Hill
> 패배가 다가왔다면 계획이 견고하지 못했다는 신호로 받아들여라. 다시 계획을 수립하고 갈망하는 그 목표를 향해 다시 한 번 돛을 올려라. _나폴레온 힐

3316	**repose** [ri-**pohz**]	휴식, 수면, (특정한 장소에) 있다[보관되다], 누워 있다[휴식을 취하다]
3317	**rupture** [**ruhp**-cher]	파열, 탈장, (관계의) 불화, 파열시키다, 불화를 일으키다
3318	**decoration** [dek-*uh*-**rey**-sh*uh* n]	(특별한 행사를 기념하기 위한) 장식품, (무늬 등의) 장식, 훈장
3319	**wreck** [rek]	난파, 난파선, 부서진 것, 파괴, 파멸, 만신창이, 파괴하다, 엉망으로 만들다
3320	**celestial** [s*uh*-**les**-ch*uh* l]	하늘의, 천체의, 천상의
3321	**drought** [drout]	가뭄, 고갈, 결핍
3322	**solo** [**soh**-loh]	혼자서 하는, 단독의, 솔로, 단독 비행
3323	**discursive** [dih-**skur**-siv]	(글이나 말이) 두서없는, 산만한
3324	**gorgeous** [**gawr**-j*uh* s]	아주 멋진, 선명한, 화려한
3325	**flee** [flee]	달아나다, 도망하다
3326	**yeast** [yeest]	이스트, 효모균
3327	**mantle** [**man**-tl]	(남에게 물려주게 되는 중요한) 역할[책임], 꺼풀, (지구의) 맨틀, (표면을) 덮다
3328	**crush** [kruhsh]	으깨다, 찧다, 쑤셔 넣다, (행복을) 짓밟다, 탄압하다, 홀딱 반함, 몰려든 군중

---

256. There is no cure for birth and death, save to enjoy the interval.
_George Santayana
삶과 죽음은 피할 수 없으므로 그 사이를 즐겨라. _조지 산타야나

3329	**dairy** [**dair**-ee]	버터 · 치즈 제조소[낙농장], 유제품 회사, 유제품의, 낙농업의
3330	**abdomen** [**ab**-d*uh*-m*uh* n]	배, 복부, (곤충의) 복부
3331	**catalyst** [**kat**-l-ist]	촉매, (변화의) 기폭제
3332	**umbrella** [uhm-**brel**-*uh*]	우산, 양산, 파라솔, (시스템 등에 의한) 보호
3333	**twilight** [**twahy**-lahyt]	황혼, 땅거미, 쇠퇴기, 황혼기
3334	**compartment** [k*uh* m-**pahrt**-m*uh* nt]	(기차 안의 칸막이를 한) 객실, (가구 등의 물건 보관용) 칸
3335	**miniature** [**min**-ee-*uh*-cher]	아주 작은, 소형의, 축소된, 세밀화, 축소 모형
3336	**bee** [bee]	벌, (일과 놀이를 함께 하는) 모임
3337	**naive** [nah-**eev**]	(경험 · 지식 부족 등으로) 순진해 빠진, (호감) 순진무구한
3338	**assassination** [*uh*-**sas**-*uh*-ney-sh*uh* n]	암살
3339	**dash** [dash]	돌진, 질주, 황급히 함, 소량[약간], 단거리 경주, 서둘러 가다, 내동댕이치다
3340	**heed** [heed]	(남의 충고 · 경고에) 주의를 기울이다
3341	**mock** [mok]	(특히 흉내를 내며) 놀리다[조롱하다], 무시하다, 가짜의, 모의의

---

257. In every aspect of our lives, we are always asking ourselves, How am I of value? What is my worth? Yet I believe that worthiness is our birthright. _Oprah Winfrey

우리는 삶의 모든 측면에서 항상 "내가 가치 있는 사람일까?" "내가 무슨 가치가 있을까?"라는 질문을 끊임없이 던지곤 합니다. 하지만 저는 우리에게는 날 때부터 가치가 있었다고 생각합니다. _오프라 윈프리

3342	**duck** [duhk]	오리, (머리나 몸을) 휙 수그리다[숨기다], (눈에 띄지 않기 위해) 급히 움직이다
3343	**amateur** [**am**-*uh*-choo r]	아마추어 선수, 비전문가, 취미로 하는, 아마추어의
3344	**shepherd** [**shep**-erd]	양치기, (길을) 안내[인도]하다
3345	**eloquence** [**el**-*uh*-kw*uh* ns]	웅변, 능변, 감동시키는 힘, 웅변법, 수사법, 유창한 이야기[화술], 설득력
3346	**hug** [huhg]	포옹하다, 끌어안다, 딱 들러붙다, 껴안기, 포옹
3347	**exposition** [ek-sp*uh*-**zish**-*uh* n]	(상세한) 설명[해설], 전시회, 박람회
3348	**raid** [reyd]	습격, 급습, (경찰의) 현장 급습, 불법 침입, 급습[습격]하다, 침입하다
3349	**manipulate** [m*uh*-**nip**-y*uh*-leyt]	(흔히 교묘하고 부정직하게) 조종하다, (사람을 능숙하게) 다루다[처리하다]
3350	**procure** [proh-**kyoo** r]	(특히 어렵게) 구하다[입수하다], 매춘부를 알선하다
3351	**spear** [speer]	창, (일부 식물의 길고 뾰족한) 줄기, (창 등으로) 찌르다[찍다], 작살로 잡다
3352	**frank** [frangk]	솔직한, 거리낌 없는, 노골적인, 드러내놓는, (우편물에) 요금 납부 일부인을 찍다
3353	**multitude** [**muhl**-ti-tood]	아주 많은 수, 다수, 일반 대중, (수많은) 군중
3354	**snap** [snap]	툭 부러지다, 덥석 물다, 사진을 촬영하다, 스냅사진, 찰칵 하는 소리, 성급한

258. The most wasted of all days is one without laughter. _E. E. Cummings
인생에서 가장 의미 없이 보낸 날은 웃지 않고 보낸 날이다. _E. E. 커밍스

3355	**nasal** [**ney**-z*uh* l]	코의, 콧소리의, 비음의
3356	**compliment** [**kom**-p*luh*-m*uh* nt]	칭찬(의 말), 찬사
3357	**nasty** [**nas**-tee]	(아주 나빠서) 끔찍한, 형편없는, (성격·행동 등이) 못된, 위험한, 험악한, 추잡한
3358	**banner** [**ban**-er]	현수막, 플래카드
3359	**enzyme** [**en**-zahym]	효소
3360	**flank** [flangk]	측면, 옆구리, ~ 옆에 있다, 옆에 배치되다
3361	**predecessor** [**pred**-*uh*-ses-er]	전임자, 이전 것[모델]
3362	**optimism** [**op**-t*uh*-miz-*uh* m]	낙관론, 낙관[낙천]주의
3363	**genocide** [**jen**-*uh*-sahyd]	집단[종족] 학살
3364	**integer** [**in**-ti-jer]	(수학) 정수, 완전체
3365	**surround** [s*uh*-**round**]	둘러싸다, 에워싸다, 포위하다
3366	**swell** [swel]	붓다, 부풀다, 부어오르다, 불룩해지다, 증가[팽창]하다, 더 커지다
3367	**portable** [**pawr**-t*uh*-b*uh* l]	휴대가 쉬운, 휴대용의, 휴대용 제품

---

259. A man, who has committed a mistake and does not correct it, is committing another mistake. _Confucius
과오를 범하고 고치지 않는 자는 또 다른 과오를 범하고 있는 것이니라. _공자

3368	**condemn** [k*uh* n-**dem**]	비난[규탄]하다, 선고를 내리다, 부적격 판정을 내리다, 유죄를 시사하다
3369	**aristocracy** [ar-*uh*-**stok**-r*uh*-see]	(일부 국가의) 귀족 (계층)
3370	**axe** [aks]	도끼, 해고, (기관의) 폐쇄, (인원·지원금 등을) 대폭 삭감하다, 해고하다, 자르다
3371	**batch** [bach]	한 묶음, (일괄적으로 처리되는) 집단[무리], 일괄처리하다
3372	**compel** [k*uh* m-**pel**]	강요[강제]하다, (필요에 따라) ~하게 만들다, (어떤 반응을) 자아내다[불러오다]
3373	**worm** [wurm]	(땅속에 사는) 벌레, 유충, 꿈틀거리며 나아가다, 기생충 약을 먹이다
3374	**exhaust** [ig-**zawst**]	기진맥진하게 만들다, 고갈시키다, (어떤 주제를) 철저히 다루다, 배기가스[관]
3375	**murmur** [**mur**-mer]	속삭이다, 소곤거리다, 중얼[웅얼]거리다
3376	**thigh** [thahy]	넓적다리, 허벅지
3377	**motif** [moh-**teef**]	주제, 동기, 문늬[문양]
3378	**superstition** [soo-per-**stish**-*uh* n]	(흔히 못마땅함) 미신
3379	**frost** [frawst]	서리, 성에, 성에로 뒤덮다, 성에가 끼다, (케이크에) 당의(糖衣)를 입히다
3380	**rash** [rash]	발진, 많은, (사람·행동이) 경솔한, 성급한

---

260. Do not fear death so much, but rather the inadequate life.
_Bertolt Brecht

죽음을 그렇게 두려워하지 말라. 못난 인생을 두려워하라. _베르톨트 브레히트

3381	**dome** [dohm]	돔, 반구형 지붕, 반구형 모양의 것[건물]
3382	**freeze** [freez]	얼다, 얼리다, (음식을) 냉동하다, (임금·가격 등을) 동결하다, 동결, 한파, 금지
3383	**reproach** [ri-**prohch**]	비난, 책망, 나무람, 치욕, 창피, (실망하여) 비난[책망]하다, 자책하다
3384	**butt** [buht]	들이받다[밀다], (무기·도구의) 뭉툭한 끝 부분, (담배) 꽁초, 엉덩이
3385	**gasoline** [gas-*uh*-**leen**]	휘발유
3386	**contingency** [k*uh* n-**tin**-j*uh* n-see]	만일의 사태, 우발 사건
3387	**overt** [oh-**vurt**]	명백한, 공공연한
3388	**modulation** [moj-*uh*-**ley**-sh*uh* n]	조절, 가감, (리듬의) 변화, (통신) 변조
3389	**forensic** [f*uh*-**ren**-sik]	법의학적인, 범죄 과학 수사의, 법정의, 재판에 관한
3390	**troop** [troop]	(특히 대규모의) 병력, 군대, (특히 탱크·기마) 부대, 무리를 지어 걸어가다
3391	**terrace** [**ter**-*uh* s]	테라스, 계단식 관람석, (산비탈의) 계단식 논[밭]
3392	**adversary** [**ad**-ver-ser-ee]	(언쟁·전투에서) 상대방[적수]
3393	**boost** [boost]	북돋우다, 신장시키다, 격려, 힘, 부양책

261. Slow down and enjoy life. It's not only the scenery you miss by going too fast – you also miss the sense of where you are going and why.
_Eddie Cantor

속도를 줄이고 인생을 즐겨라. 너무 빨리 가다 보면 놓치게 되는 것은 주위 경관뿐만이 아니다. 어디로 왜 가는지도 모르게 된다. _에디 캔터

3394	**stature** [**stach**-er]	지명도, 위상, (사람의) 키
3395	**pathetic** [p*uh*-**thet**-ik]	불쌍한, 애처로운, 한심한, 무기력한
3396	**abide** [*uh*-**bahyd**]	~이라면 질색을 하다, 참다, 견디다, 머무르다, 깃들이다
3397	**partisan** [**pahr**-t*uh*-zuh n]	편파[당파]적인, 열렬한 지지자[신봉자], 게릴라
3398	**abrupt** [*uh*-**bruhpt**]	돌연한, 갑작스런, 퉁명스러운
3399	**adhere** [ad-**heer**]	들러붙다, 부착되다
3400	**coffin** [**kaw**-fin]	(시체를 넣는) 관
3401	**terminate** [**tur**-m*uh*-neyt]	끝나다, 종료되다, 끝내다, 종료하다, 종점에 닿다
3402	**pasture** [**pas**-cher]	초원, 목초지, (생활·작업 등의) 환경, (가축을) 풀밭에 내어놓다[풀을 뜯기다]
3403	**salient** [**sey**-lee-*uh* nt]	현저한, 두드러진, 돌출부
3404	**boast** [bohst]	뽐내다, 자랑하다, 뽐냄, 자랑
3405	**garbage** [**gahr**-bij]	쓰레기, (음식물·휴지 등을 버리는) 쓰레기장[통], 말도 안 되는[사실이 아닌] 것
3406	**deplete** [dih-**pleet**]	고갈시키다, 다 써버리다, 비우다

262. You always pass failure on the way to success. _Mickey Rooney
성공하기까지는 항상 실패를 거친다. _미키 루니

3407	**parcel** [**pahr**-s*uh* l]	소포, (선물 등의) 꾸러미, (땅의) 구획
3408	**franchise** [**fran**-chahyz]	가맹점 영업권, 독점 판매권, 체인점, 선거권, 독점 판매권을 주다
3409	**lineage** [**lin**-ee-ij]	혈통, 계통
3410	**pioneer** [pahy-*uh*-**neer**]	개척자[선구자], 개척하다
3411	**interrupt** [in-t*uh*-**ruhpt**]	(말・행동을) 방해하다[가로막다], (무엇을 잠깐) 중단시키다, 차단하다[끊다]
3412	**mold** [mohld]	거푸집, 틀, 곰팡이, (틀에 넣어) 만들다, 강한 영향을 주다, (옷 등이) 꼭 맞다
3413	**cue** [kyoo]	(무엇을 하라는) 신호, (당구 등의) 큐[채], (무엇을 시작하라는) 신호를 주다
3414	**devoid** [dih-**void**]	~이 전혀 없는
3415	**graft** [graft]	접목, 힘든 일, 뇌물 수수, (피부 등을) 이식하다, 접목하다, 접붙이기를 하다
3416	**chimney** [**chim**-nee]	굴뚝
3417	**trash** [trash]	쓰레기, 부수다, 엉망으로 만들다, 맹비난하다, (필요 없는 것을) 버리다
3418	**sack** [sak]	자루[부대], 봉지, 해고, 퇴출, 약탈, 파면[해고]하다, 약탈을 하다
3419	**nowadays** [**nou**-*uh*-deyz]	요즘에는

> 263. The world is full of suffering but it is also full of people overcoming it. _Helen Keller
> 세상은 고통으로 가득하지만 그것을 극복하는 사람들로도 가득하다. _헬렌 켈러

3420	**dialect** [**dahy**-*uh*-lekt]	방언, 사투리
3421	**pilgrimage** [**pil**-gr*uh*-mij]	순례, 성지 참배, (비유적으로 명소 방문·고적 참배 등의 여행을 뜻하는) 순례
3422	**whale** [weyl]	고래, 맹렬히 공격하다, 강타하다
3423	**physiology** [fiz-ee-**ol**-*uh*-jee]	생리학, (생물체의 생물학적 기능과 작용) 생리
3424	**catastrophe** [k*uh*-**tas**-tr*uh*-fee]	참사, 재앙, (한 개인이나 단체의) 재앙[곤란]
3425	**allusion** [*uh*-**loo**-zh*uh* n]	암시
3426	**hymn** [him]	찬송가, (~에 대한) 찬가
3427	**brute** [broot]	짐승[야수], 볼품없는 것, 신체적인 힘[폭력]에만 의존하는, 외면할 수 없는
3428	**scripture** [**skrip**-cher]	성서, 경전
3429	**pillar** [**pil**-er]	기둥, (비유적으로 쓰여 집단의) 대들보, (조직·신념 등의) 기본적인 부분[특징]
3430	**crimson** [**krim**-zuh n]	진홍색
3431	**outfit** [**out**-fit]	(특정한 목적을 위해 입는) 옷, (함께 일하는) 팀, (필요한 장비를) 갖추어주다
3432	**linguistic** [ling-**gwis**-tik]	언어(학)의

---

264. The Chinese use two brush strokes to write the word 'crisis.' One brush stroke stands for danger; the other for opportunity. In a crisis, be aware of the danger – but recognize the opportunity. _John F. Kennedy

중국인은 '위기'를 두 글자로 씁니다. 첫 자는 위험하다는 의미이고 둘째는 기회라는 의미입니다. 위기 속에서는 위험을 경계하되 기회가 있음을 명심하십시오. _존 F. 케네디

3433	**jewelry** [**joo**-*uh* l-ree]	보석류, 장신구
3434	**heathen** [**hee**-th *uh* n]	비종교인, 이교도, 교양 없는 사람, 야만인, 비종교인[이교도]의
3435	**sour** [sou*uh* r]	(맛이) 신, 시큼한, (특히 우유가) 상한, 심술궂은, 안 좋아지다, (우유가) 상하다
3436	**assent** [*uh*-**sent**]	찬성, 승인, 찬성하다
3437	**dire** [dahy*uh* r]	대단히 심각한, 엄청난, 지독한, 몹시 나쁜, 끔찍한
3438	**feudal** [**fyood**-l]	봉건적인, 봉건제도의
3439	**petroleum** [p*uh*-**troh**-lee-*uh* m]	석유
3440	**avenue** [**av**-*uh*-nyoo]	(도시의) 거리, ~가, (나아갈) 길, 방안
3441	**flourish** [**flur**-ish]	번창하다, (사람들이 보도록) 흔들어 대다, 과장된 동작, 인상적인 방식
3442	**cruise** [krooz]	유람선 여행, 유람선을 타고 다니다, (꾸준한 속도로) 순항하다, 수월히 이기다
3443	**feather** [fe*th* -er]	(새의) 털, 깃털
3444	**interim** [**in**-ter-*uh* m]	(영구적인 것이 나올 때까지 존속시키 위한) 중간[임시]의, 잠정적인
3445	**reckless** [**rek**-lis]	무모한, 신중하지 못한, 난폭한

> 265. If we had no winter, the spring would not be so pleasant: if we did not sometimes taste of adversity, prosperity would not be so welcome.
> _Anne Bradstreet
>
> 겨울이 없다면 봄은 그리 즐겁지 않을 것이다. 고난을 맛보지 않으면 성공이 반갑지 않을 것이다. _앤 브래드스트리트

3446	**greed** [greed]	탐욕, 식탐
3447	**fake** [feyk]	가짜의, 거짓된, 모조의, 모조품, 사기꾼, 위조[날조]하다, 꾸미다, ~인 척하다
3448	**delete** [dih-**leet**]	(쓰거나 인쇄한 것을) 삭제하다, 지우다
3449	**weed** [weed]	잡초, 수초, 마리화나, 허약한 자, 잡초를 뽑다
3450	**intricate** [**in**-tri-kit]	(여러 부분·내용으로 되어 있어) 복잡한
3451	**poll** [pohl]	여론조사, 선거, 투표, 득표하다, 여론조사를 하다
3452	**slot** [slot]	(가느다란) 구멍[홈], (명단·방송 등에 들어가는) 자리[시간], (사이에) 끼워 넣다
3453	**blond** [blond]	(모발이) 금발인, 블론드의, (피부가) 흰, 금발
3454	**dusk** [duhsk]	황혼, 땅거미, 해 질 녘
3455	**treason** [**tree**-*zuh* n]	반역죄, 배신
3456	**odor** [**oh**-der]	냄새, 악취, 기미, 낌새, 평판, 명성
3457	**terrestrial** [*tuh*-**res**-tree-*uh* l]	(동식물이) 육생[지생]의, 지구의, (방송이 위성이 아닌) 지상파를 이용하는
3458	**cellar** [**sel**-er]	지하 저장고

---

266. The busy bee has no time for sorrow. _William Blake
바쁜 벌은 슬퍼할 시간이 없다. _윌리엄 블레이크

당연함은 노력이라는 작은 이자를 달고 복리로 누적이 되어야 특별함이 된다. 특별함으로 가는 지름길은 없다. 만약 있다면 그렇게 한 번에 올라간 만큼 한 번에 떨어질 확률도 똑같이 존재한다. 그렇게 한 번의 성공이 한 번의 실패로 끝나면 단순히 원래 자리로 돌아오는 것이 아니다. 허영심이라는 흉터가 남는다. 그러니 꾸준하자. 그래야 아름다운 결과들을 얻을 수 있을 뿐만 아니라 지킬 수도 있는 것이다.

Obviousness becomes distinct when interest called "effort" is added and becomes accumulated as compound interest. There's no shortcut to distinction. If there is, then you will fail in one shot, as you succeeded in one shot. When the one and only success fails in one shot, you are not going back to where you were -- a scar called vanity is left on you. So let's be steady, because that's how you attain and keep great results.

3459	**prudence** [**prood**-ns]	신중, 사려분별, 조심, 빈틈없음, 검약, 절약, (이익에 대한) 타산
3460	**dive** [dahyv]	(물 속으로 거꾸로) 뛰어들다, 잠수하다, 급강하하다, 급락하다, 다이빙, 급강하
3461	**westward** [**west**-werd]	서쪽으로 향하는, 서쪽의, 서부의, 서쪽으로[에], 서부로, 서방, 서부
3462	**weep** [weep]	울다, 눈물을 흘리다, (상처에) 진물이 흐르다, 울기
3463	**ingenious** [in-**jeen**-y*uh* s]	(사물 · 계획 · 생각 등이) 기발한, (사람이) 재간이 많은, 독창적인
3464	**thrill** [thril]	황홀감, 흥분, 설렘, 전율, 열광시키다, 황홀하게[정말 신 나게] 만들다
3465	**glare** [glair]	노려보다, (불쾌하게) 환하다[눈부시다], (불쾌하게) 환한 빛[눈부심], 노려봄
3466	**turbulent** [**tur**-b*yuh*-l*uh* nt]	격동의, 격변의, (물 · 공기가) 사나운, 요동을 치는, 난기류의, 사납게 날뛰는
3467	**surge** [surj]	(재빨리) 밀려들다, (강한 감정이) 휩싸다, 급등[급증]하다, 급증, 급등
3468	**erotic** [ih-**rot**-ik]	에로틱한, 성적인, 성애의
3469	**sponsor** [**spon**-ser]	광고주, 후원 업체, 후원자, 보증인, 후원하다, 주관[주최]하다
3470	**cardinal** [**kahr**-dn-l]	추기경, 홍관조(수컷의 깃털이 선홍색인 북미산 새), 진홍색, 가장 중요한
3471	**bonus** [**boh**-n*uh* s]	보너스, 상여금, 뜻밖의 즐거움

267. Pleasure in the job puts perfection in the work. _Aristotle
일을 즐기면 일의 완성도가 높아진다. _아리스토텔레스

3472	**rack** [rak]	받침대[선반], 고문대[형벌대], (몹시) 괴롭히다[시달리게 하다]
3473	**celebrity** [s*uh*-**leb**-ri-tee]	유명 인사, 명성
3474	**embryo** [**em**-bree-oh]	배아(인간의 경우는 수정 후 첫 8주까지의 태아)
3475	**toast** [tohst]	토스트, 건배, 많은 찬사를 받는 사람, 건배하다, (빵을 토스터 등에 넣어) 굽다
3476	**flap** [flap]	덮개, 펄럭거림, (공인의 행동으로 인한) 논란, (날개를) 퍼덕거리다, 안달하다
3477	**inhibit** [in-**hib**-it]	억제[저해]하다, 제약을 가하다
3478	**cohesion** [koh-**hee**-zh*uh* n]	화합, 결합, 응집력
3479	**disciple** [dih-**sahy**-p*uh* l]	(종교적·정치적 가르침을 따르는) 제자[신봉자]
3480	**battalion** [b*uh*-**tal**-y*uh* n]	(군대) 대대, (특정 목적을 위해 조직된 사람들) 부대
3481	**pamphlet** [**pam**-flit]	팸플릿[소책자]
3482	**grocery** [**groh**-s*uh*-ree]	식료품 잡화점, 식료품 및 잡화
3483	**betray** [bih-**trey**]	(적에게 정보를) 넘겨주다, (원칙 등을) 저버리다, (감정 등을) 무심코 노출시키다
3484	**laundry** [**lawn**-dree]	세탁물, 세탁일

> 268. Laughter is the tonic, the relief, the surcease for pain. _Charlie Chaplin
> 웃음은 강장제이고 안정제이며 진통제이다. _찰리 채플린

3485	**hood** [h*oo* d]	두건, (외투 등에 달린) 모자, 복면, 덮개, 두건으로 가리우다, 눈가림하다
3486	**doll** [dol]	인형
3487	**epoch** [**ep**-*uh* k]	(중요한 사건·변화들이 일어난) 시대, 신기원
3488	**recruit** [ri-**kroot**]	모집하다[뽑다], (도와 달라고) 설득하다, (팀 등을) 꾸리다, 신병, 새로운 구성원
3489	**injunction** [in-**juhngk**-sh*uh* n]	(법원의) 명령, (권한을 지닌 사람의) 경고[명령]
3490	**nut** [nuht]	견과, 너트, 암나사, ~광(狂)
3491	**deceive** [dih-**seev**]	속이다, 기만하다, 현혹하다
3492	**antique** [an-**teek**]	(귀중한) 골동품인, (귀중한) 골동품
3493	**ancestor** [**an**-ses-ter]	조상, 선조, (기계의) 원형[전신]
3494	**dissolve** [dih-**zolv**]	(고체가) 녹다[녹이다], 용해되다[시키다], (공식적으로) 끝내다, 사라지다
3495	**calf** [kaf]	종아리, 송아지, (코끼리·고래 등의) 새끼
3496	**accumulate** [*uh*-**kyoo**-my*uh*-leyt]	(서서히) 모으다, 축적하다, (서서히) 늘어나다[모이다]
3497	**plaster** [**plas**-ter]	석고 반죽, 일회용 반창고, 회반죽을 바르다, (끈적한 것을) 바르다

269. To accomplish great things, we must dream as well as act.
_Anatole France
위대한 성취를 이루려면 꿈꾸고 행동하라. _아나톨 프랑스

3498	**contemplate** [**kon**-tuh m-pleyt]	고려하다, 생각하다[예상하다], 심사숙고하다, 응시하다, (오래) 바라보다
3499	**trench** [trench]	도랑, 해자(垓子), (전장의) 참호, (해저의) 해구(海溝)
3500	**squeeze** [skweez]	짜다[쥐다], 짜내다, 밀어[집어]넣다, (협박 등으로) 쥐어짜다, 짜기, 빽빽한 상태
3501	**sage** [seyj]	현자, 현명한
3502	**clip** [klip]	핀, 클립, 깎음, (날쌔게) 때림, 클립으로 고정시키다, 깎다, 스치다, 잘라내다
3503	**reflex** [**ree**-fleks]	반사작용[운동], 반사적인 반응, 반사된
3504	**dispose** [dih-**spohz**]	(특정한 방식·위치에 물건이나 사람을) 배치하다, ~의 경향을 갖게 하다, 없애다
3505	**hideous** [**hid**-ee-uh s]	흉측한, 흉물스러운, 끔찍한
3506	**meadow** [**med**-oh]	목초지, 초원
3507	**impending** [im-**pen**-ding]	(보통 불쾌한 일이) 곧 닥칠, 임박한
3508	**fade** [feyd]	(색깔이) 바래다[희미해지다], 서서히 사라지다, (실력이) 시들해지다
3509	**cite** [sahyt]	(이유·예를) 들다[끌어대다], 인용하다, (법정에) 소환하다, 표창하다
3510	**flip** [flip]	홱 뒤집다, (버튼 등을) 탁 누르다, 툭 던지다, 공중제비, 톡 던지기, 휙휙 넘겨봄

> 270. If you can't make it good, at least make it look good. _Bill Gates
> 좋게 만들 수 없다면 적어도 좋아 보이게 만들어라. _빌 게이츠

3511	**venerable** [**ven**-er-*uh*-b*uh* l]	공경할 만한, 덕망[신망] 있는, 유서 깊은
3512	**stubborn** [**stuhb**-ern]	완고한, 고집스러운, 완강한, 없애기[다루기] 힘든, 고질적인
3513	**dye** [dahy]	염색하다, 염료, 염색제
3514	**nausea** [**naw**-zee-*uh*]	욕지기, 메스꺼움
3515	**protein** [**proh**-teen]	단백질
3516	**aggregation** [ag-ri-**gey**-sh*uh* n]	집합, 집적, 집합체, 집단
3517	**ballot** [**bal**-*uh* t]	무기명[비밀] 투표, 투표용지, 총 투표수, 무기명[비밀] 투표를 실시하다
3518	**arid** [**ar**-id]	매우 건조한, 무미건조한, 새로운 게 없는
3519	**melancholy** [**mel**-*uh* n-kol-ee]	(장기적이고 흔히 이유를 알 수 없는) 우울감[비애]
3520	**autobiography** [aw-t*uh*-bahy-**og**-r*uh*-fee]	자서전
3521	**bury** [**ber**-ee]	(시신을) 묻다[매장하다], (땅속에) 숨기다, (감정·실수 등을) 감추다
3522	**gastric** [**gas**-trik]	(의학) 위(胃)의
3523	**riot** [**rahy**-*uh* t]	폭동, (다양한 종류의) 모임[집합], 아주 재미있는 사람[일], 폭동을 일으키다

---

271. I don't know the key to success, but the key to failure is trying to please everybody. _Bill Cosby

나는 성공의 열쇠는 알지 못한다. 그러나 실패의 열쇠는 모두의 비위를 맞추려 하는 것이다. _빌 코스비

3524	**assemble** [*uh*-**sem**-b*uh* l]	모이다, 모으다, 집합시키다, 조립하다
3525	**complexion** [k*uh* m-**plek**-sh*uh* n]	안색, 양상
3526	**onion** [**uhn**-y*uh* n]	양파
3527	**creep** [kreep]	살금살금 움직이다, (살살) 기다, (벽 등을) 타고 오르다, 너무 싫은 사람
3528	**benevolent** [b*uh*-**nev**-*uh*-l*uh* nt]	자애로운, 친절한
3529	**climax** [**klahy**-maks]	클라이맥스[절정], 오르가즘, 절정에 이르다, 오르가즘을 느끼다
3530	**invoke** [in-**vohk**]	(법 등을) 적용하다, 행사하다, (근거 등을) 들다[언급하다], 기원하다, 호소하다
3531	**concession** [k*uh* n-**sesh**-*uh* n]	(언쟁을 끝내거나 상황을 개선하기 위한) 양보, 인정, 할인, 권리[혜택], 영업권
3532	**entrepreneur** [ahn-tr*uh*-pr*uh*-**nur**]	기업가
3533	**cache** [kash]	은닉처, 저장하다, 저장소
3534	**tiger** [**tahy**-ger]	호랑이
3535	**wipe** [wahyp]	닦다, (불쾌한 기억을) 지워버리다, (기억장치에서) 지우다, 닦기, 물수건
3536	**spoon** [spoon]	숟가락, 스푼, 숟가락[스푼]으로 떠서 옮기다[넣다]

> 272. A lot of times, people don't know what they want until you show it to them. _Steve Jobs
> 많은 경우 사람들은 원하는 것을 보여주기 전까지는 무엇을 원하는지도 모른다. _스티브 잡스

3537	**mound** [mound]	흙[돌]더미, 언덕, 많은 양, (야구에서) 마운드
3538	**bachelor** [**bach**-*uh*-ler]	미혼남, 독신남, 학사 학위 소지자, 대학 졸업자
3539	**syllable** [**sil**-*uh*-b*uh* l]	음절, 한 마디
3540	**dismay** [dis-**mey**]	(충격을 받은 뒤의) 실망, 경악, 경악하게 만들다, 크게 실망시키다
3541	**indulge** [in-**duhlj**]	탐닉하다, 제멋대로 하게 하다, (욕구·관심 등을) 충족시키다, 가담하다
3542	**prairie** [**prair**-ee]	대초원, 평원
3543	**massage** [m*uh*-**sahzh**]	안마, 안마를 하다, (마사지 하듯이) 문지르다, (더 좋아 보이도록) 조작하다
3544	**acoustic** [*uh*-**koo**-stik]	청각의, 소리의
3545	**hinder** [**hin**-der]	저해[방해]하다, ~을 못하게 하다
3546	**parlor** [**pahr**-ler]	(개인 주택의) 응접실, 객실, 거실, (호텔 등의) 특별 휴게실, 객실의, 말뿐인
3547	**stark** [stahrk]	(아무 색채나 장식이 없어) 삭막한[황량한], 냉혹한[엄연한], (차이가) 극명한
3548	**sterile** [**ster**-il]	불임의, 살균한, 아무 소득 없는, 개성이 부족한, 척박한, 불모의
3549	**predicate** [**pred**-i-keyt]	(특정 신조·생각·원칙에) 근거를 두다, 입각하다, (사실이라고) 단정하다

273. It does not matter how slowly you go so long as you do not stop.
_Confucius
멈추지만 않으면 얼마나 천천히 가는지는 문제가 되지 않느니라. _공자

3550	**spoil** [spoil]	망치다, 못쓰게 만들다, 버릇없게 키우다, (음식이) 상하다
3551	**trim** [trim]	(끝부분을) 다듬다, (불필요한 부분을) 잘라내다, (가장자리를) 장식하다, 다듬기
3552	**telescope** [**tel**-*uh*-skohp]	망원경, (일부분이 서로 포개져) 짧아지다[짧게 만들다], (시간을) 단축하다
3553	**myriad** [**mir**-ee-*uh* d]	무수함, 무수히 많음
3554	**dissent** [dih-**sent**]	(공식적으로 인정되는 것에 대한) 반대, 반대 의견, 반대하다
3555	**pneumonia** [noo-**mohn**-y*uh*]	폐렴
3556	**mast** [mast]	(배의) 돛대, 안테나 기둥, 깃대
3557	**clash** [klash]	충돌, 언쟁, 겹침, 부조화, (시합 등에서) 맞붙다, 언쟁을 벌이다, 겹치다
3558	**tutor** [**tyoo**-ter]	가정[개인]교사, (대학의) 강사, (음악) 교본, 개인 교습을 하다, 학생 지도를 하다
3559	**tendon** [**ten**-d*uh* n]	힘줄
3560	**desktop** [**desk**-top]	탁상용의, 탁상용 컴퓨터
3561	**restrain** [ri-**streyn**]	저지[제지]하다, (감정 등을) 억누르다[참다], (더 왕성해지지 못하도록) 억제하다
3562	**demise** [dih-**mahyz**]	(사상·기업 등의) 종말, 죽음, 사망, 양도하다 임대하다

274. Aim for success, not perfection. Never give up your right to be wrong, because then you will lose the ability to learn new things and move forward with your life. _David M. Burns

완벽이 아닌 성공을 목표로 하라. 틀릴 권리를 결코 포기하지 마라. 그렇지 않으면 살면서 새로운 것을 배워 앞으로 나아갈 능력을 잃어버리기 때문이다. _데이비드 M. 번스

3563	**capillary** [**kap**-*uh*-ler-ee]	모세혈관, 모세관 현상의
3564	**pore** [pawr]	(피부의 땀구멍 같은) 구멍, 모공, 심사숙고하다, 숙독하다
3565	**rally** [**ral**-ee]	(대규모) 집회[대회], 경주, 랠리, (지지를 위해) 결집[단결]하다, 회복되다
3566	**mat** [mat]	매트[깔개]
3567	**tuition** [tyoo-**ish**-*uh* n]	수업료[등록금], 수업[교습]
3568	**tedious** [**tee**-dee-*uh* s]	지루한, 싫증나는
3569	**forbid** [fer-**bid**]	금(지)하다, 어렵게[못 하게] 하다, 용납하지 않다
3570	**lantern** [**lan**-tern]	랜턴, 손전등
3571	**superb** [*soo*-**purb**]	최고의, 최상의, 대단히 훌륭한
3572	**writ** [rit]	(법원의) 영장
3573	**slim** [slim]	날씬한, 호리호리한, (보통 것보다) 얇은, 빈약한, 보잘것없는, 살을 빼려 하다
3574	**futile** [**fyoot**-l]	헛된, 소용없는
3575	**alley** [**al**-ee]	골목, 통로

275. Nature gives you the face you have at twenty; it is up to you to merit the face you have at fifty. _Gabriel Coco Chanel
20대의 당신의 얼굴은 자연이 준 것이지만 50대의 당신의 얼굴은 살아온 삶의 모습이다.
_가브리엘 코코 샤넬

3576	**rub** [ruhb]	문지르다[비비다], 쓰다듬다, 바르다
3577	**extravagant** [ik-**strav**-*uh*-g*uh* nt]	낭비하는, 낭비벽이 있는, 사치스러운, (생각·연설·행동이) 화려한, 과장된
3578	**diligence** [**dil**-i-j*uh* ns]	근면, 성실
3579	**suffrage** [**suhf**-rij]	투표권, 선거권, 참정권
3580	**hardship** [**hahrd**-ship]	어려움[곤란]
3581	**chord** [kawrd]	화음
3582	**kit** [kit]	조립용품 세트, (특정한 목적용 도구·장비) 세트
3583	**goodwill** [**goo** d-**wil**]	친선, 호의, (사업체의) 영업권
3584	**plateau** [pla-**toh**]	고원, 안정기, 정체기, 안정[정체] 상태를 유지하다
3585	**queue** [kyoo]	(무엇을 기다리는) 줄, 대기 행렬, 줄을 서서 기다리다
3586	**pyramid** [**pir**-*uh*-mid]	피라미드, 각뿔, 피라미드식 조직[체제]
3587	**magnet** [**mag**-nit]	자석, 자철, (자석같이) ~을 끄는[매료하는] 사람
3588	**delegate** [**del**-i-git]	(집단의 의사를 대표하는) 대표자, (권한 등을) 위임하다, (대표를) 뽑다

---

276. At 20 years of age the will reigns, at 30 the wit, at 40 the judgment.
_Benjamin Franklin

20대에는 의지, 30대에는 재치, 40대에는 판단이 지배한다. _벤저민 프랭클린

3589	**bizarre** [bih-**zahr**]	기이한, 괴상한, 특이한
3590	**shrink** [shringk]	줄어들다[오그라지다], (놀람·충격으로) 움츠러들다[오그라들다]
3591	**litter** [**lit**-er]	쓰레기, 어질러져 있는 것들, 흐트러져 어지럽히다, (쓰레기 등을) 버리다
3592	**embassy** [**em**-b*uh*-see]	대사관, 대사관 건물
3593	**manure** [m*uh*-**noo** r]	(동물의 배설물로 만든) 거름[천연비료], 거름을 주다[뿌리다]
3594	**dip** [dip]	(액체에) 살짝 담그다, (아래로) 내려가다[떨어지다], (일시적인) 하락[감소]
3595	**homage** [**hom**-ij]	경의, 존경의 표시
3596	**wilt** [wilt]	(화초 등이) 시들다, (사람이) 지치다[풀이 죽다]
3597	**airline** [**air**-lahyn]	항공사, 정기 항공
3598	**glue** [gloo]	접착제, (접착제로) 붙이다
3599	**amiable** [**ey**-mee-*uh*-b*uh* l]	쾌활한, 정감 있는
3600	**coral** [**kawr**-*uh* l]	산호, 산호색의
3601	**fringe** [frinj]	앞머리, 띠 모양의 것, (지역·그룹의) 주변부[변두리], 비주류, 둘레를 형성하다

> 277. Sometimes when we are generous in small, barely detectable ways it can change someone else's life forever. _Margaret Cho
> 때로는 작고 미미한 방식으로 베푼 관대함이 누군가의 인생을 영원히 바꿔놓을 수 있다. _마거릿 조

3602	**extant** [**ek**-st*uh* nt]	(아주 오래된 것이) 현존[잔존]하는
3603	**hereby** [heer-**bahy**]	~에 의하여, 이로써
3604	**bicycle** [**bahy**-si-k*uh* l]	자전거, 자전거로 가다
3605	**peninsula** [p*uh*-**nin**-s*uh*-l*uh*]	반도
3606	**womb** [woom]	자궁
3607	**precursor** [pri-**kur**-ser]	선도자(격인 사람·사물)
3608	**pseudo** [**soo**-doh]	가짜의, 모조의
3609	**desolate** [**des**-*uh*-lit]	(장소가) 황량한, 적막한, 너무나 외로운, 고적한, 고적하게 만들다
3610	**aisle** [ahyl]	통로, 복도
3611	**charcoal** [**chahr**-kohl]	숯, 목탄, 암회색, 짙은 회색
3612	**auxiliary** [awg-**zil**-y*uh*-ree]	(일꾼이) 보조의, (장비 부품이) 예비의, (문법) 조동사, 보조원
3613	**bondage** [**bon**-dij]	속박(된 상태), 신체 결박(성적 쾌감을 얻기 위해 밧줄 등으로 몸을 묶는 것)
3614	**submarine** [suhb-m*uh*-**reen**]	잠수함, 바닷속의, 해양의, 해저의

> 278. We never know the love of our parents for us till we have become parents. _Henry Beecher
> 우리가 부모가 되었을 때 비로소 부모가 베푸는 사랑의 고마움이 어떤 것인지 절실히 깨달을 수 있다.
> _헨리 비처

3615	**curb** [kurb]	(특히 좋지 못한 것을) 억제[제한]하다, 제한[억제]하는 것
3616	**bean** [been]	콩, 머리를 때리다
3617	**soccer** [**sok**-er]	축구
3618	**provoke** [pr*uh*-**vohk**]	(특정한 반응을) 유발하다, 화나게[짜증나게] 하다, 도발하다
3619	**aerial** [**air**-ee-*uh* l]	안테나, 항공기에 의한, 공중의, 대기의
3620	**biopsy** [**bahy**-op-see]	생체검사, 생체검사를 하다
3621	**verge** [vurj]	가장자리, 변두리, 맨 끝, 경계를 이루다, 기울다, (해가) 지다, ~에 접하다
3622	**vine** [vahyn]	포도나무, 덩굴식물
3623	**dictate** [**dik**-teyt]	받아쓰게 하다, 구술하다, (기분 나쁘게) 지시[명령]하다, 좌우하다, 명령[규칙]
3624	**plight** [plahyt]	역경, 곤경
3625	**earl** [url]	백작
3626	**embarrass** [em-**bar**-*uh* s]	당황스럽게[어색하게/쑥스럽게] 만들다, 곤란[난처]하게 만들다
3627	**hen** [hen]	암탉, (새의) 암컷

> 279. Only in the agony of parting do we look into the depths of love.
> _George Eliot
>
> 이별의 아픔 속에서만 사랑의 깊이를 알게 된다. _조지 엘리엇

3628	**paramount** [**par**-*uh*-mount]	다른 무엇보다 중요한, (지위 · 권력이) 최고의
3629	**hegemony** [hi-**jem**-*uh*-nee]	주도권, 패권
3630	**timid** [**tim**-id]	소심한, 용기가 없는
3631	**tolerant** [**tol**-er-*uh* nt]	관대한, 아량 있는, 내성이 있는, 잘 견디는
3632	**reminiscent** [rem-*uh*-**nis**-*uh* nt]	생각나게 하는, 연상시키는, 추억에 잠긴 듯한
3633	**commence** [k*uh*-**mens**]	시작되다[하다]
3634	**ordinance** [**awr**-dn-*uh* ns]	법령, 조례
3635	**diameter** [dahy-**am**-i-ter]	지름, 배율
3636	**morale** [m*uh*-**ral**]	사기, 의욕
3637	**designate** [**dez**-ig-neyt]	지정[지적]하다
3638	**torch** [tawrch]	손전등, 횃불, 성화, 방화하다
3639	**withstand** [with-**stand**]	견뎌내다, 이겨내다
3640	**rocket** [**rok**-it]	로켓, (하늘 높이 쏘아 올리는) 폭죽, 치솟다, 급증하다, 로켓처럼 가다, 돌진하다

> 280. The meeting of two personalities is like the contact of two chemical substances: if there is any reaction, both are transformed. _Carl Jung
> 두 사람이 만나는 것은 두 가지 화학물질이 접촉하는 것과 같다. 어떠한 반응이 일어나면 둘 다 완전히 바뀌게 된다. _칼 융

3641	**equilibrium** [ee-kw*uh*-**lib**-ree-*uh* m]	평형[균형], (마음의) 평정
3642	**ensemble** [ahn-**sahm**-b*uh* l]	(소규모의) 합주단[무용단/극단], 앙상블
3643	**memorandum** [mem-*uh*-**ran**-d*uh* m]	메모(=memo), 각서, (특정 주제에 대한) 제안서[보고서]
3644	**turmoil** [**tur**-moil]	혼란, 소란
3645	**expedient** [ik-**spee**-dee-*uh* nt]	처방, (반드시 정당하거나 옳지 않을 수도 있는) 방책, 편리한, 편의주의적인
3646	**textile** [**teks**-tahyl]	직물, 옷감, 섬유산업
3647	**incumbent** [in-**kuhm**-b*uh* nt]	현직의, 재임 중인, (의무의 일부로) 해야 하는, (공적인 지위의) 재임자[재직자]
3648	**congenital** [k*uh* n-**jen**-i-tl]	(질병 등이) 선천적인, 성격상의
3649	**infamous** [**in**-f*uh*-m*uh* s]	악명 높은, 오명이 난
3650	**lumber** [**luhm**-ber]	목재, 잡동사니, 느릿느릿 움직이다, (귀찮은 책임 등을) 떠맡기다
3651	**germ** [jurm]	세균, 미생물, (발생·발달의) 기원[초기], (생물의) 싹[배아]
3652	**tread** [tred]	(발을) 디디다, 밟다, 밟아서 뭉개다[으깨다], 걸음걸이, 발소리, (계단의) 디딤판
3653	**terrific** [t*uh*-**rif**-ik]	아주 좋은, 멋진, 훌륭한, (양·정도 등이) 엄청난

281. Love has taught us that love does not consist in gazing at each other but in looking outward together in the same direction.
_Antoine de Saint-Exupery

사랑이란 서로 마주 보는 것이 아니라 둘이서 똑같은 방향을 내다보는 것이라고 인생은 우리에게 가르쳐 주었다. _앙투안 드 생텍쥐페리

3654	**faction** [**fak**-sh*uh* n]	파벌, 파당, 파벌 싸움, 알력, 팩션(사실과 허구가 섞인 영화·책 등)
3655	**diversion** [dih-**vur**-zh*uh* n]	(방향) 바꾸기, 주의를 딴 데로 돌리게 하는 것, 머리를 식히기 위해 하는 활동
3656	**opium** [**oh**-pee-*uh* m]	아편
3657	**penis** [**pee**-nis]	음경, 남근
3658	**champagne** [sham-**peyn**]	샴페인
3659	**bait** [beyt]	미끼, 미끼를 놓다
3660	**lever** [**lev**-er]	(기계·차량 조작용) 레버, 지렛대, (일을 하도록 압력을 가하는) 수단
3661	**scar** [skahr]	흉터, (지울 수 없는) 마음의 상처, 우뚝 솟은 바위, 흉터[마음의 상처]를 남기다
3662	**entail** [en-**teyl**]	수반하다
3663	**bypass** [**bahy**-pas]	우회 도로, 혈관 우회(수술), 우회하다, (정해진 절차를 거치지 않고) 건너뛰다
3664	**archive** [**ahr**-kahyv]	기록 보관소, (기록 보관성 등에) 보관하다
3665	**resign** [ri-**zahyn**]	사직[사임]하다, 물러나다
3666	**oval** [**oh**-v*uh* l]	계란형[타원형]의

> 282. To love someone is to identify with them. _Aristotle
> 누군가를 사랑한다는 것은 그와 자신을 동일시하는 것이다. _아리스토텔레스

3667	**passport** [**pas**-pawrt]	여권, (어떤 일을 가능하게 하는) 열쇠
3668	**perfume** [**pur**-fyoom]	향수, 향기, 향기를 풍기다, 향기롭게 하다, (향수를) 뿌리다
3669	**blunt** [bluhnt]	무딘, 뭉툭한, (사람 · 발언이) 직설적인, 둔화[약화]시키다
3670	**harness** [**hahr**-nis]	(말 등의 동물에) 마구를 채우다, (동력원 등으로) 이용 [활용]하다, 마구, 벨트
3671	**manifold** [**man**-*uh*-fohld]	(수가) 많은, 여러 가지의
3672	**catalog** [**kat**-l-awg]	(상품 등의) 목록, (보통 안 좋은 일에 대한) 일련의 것, 목록을 만들다
3673	**anesthesia** [an-*uh* s-**thee**-zh*uh*]	마취, 무감각증
3674	**sturdy** [**stur**-dee]	튼튼한, 견고한, 건장한, 확고한, 단호한
3675	**squad** [skwod]	(경찰서의) 반[계], 선수단, (군대의) 분대, (특정 작업을 하는) 반[소집단]
3676	**gum** [guhm]	잇몸, 고무진, (종이 같은 것을 붙이는 데 쓰는) 풀, 풀칠을 하다, (풀로) 붙이다
3677	**canopy** [**kan**-*uh*-pee]	덮개, 지붕 모양으로 우거진 것
3678	**precipitate** [pri-**sip**-i-teyt]	(특히 나쁜 일을) 촉발시키다, (갑자기 어떤 상태로) 치닫게 하다, 느닷없는
3679	**dough** [doh]	밀가루 반죽

> 283. Strength does not come from physical capacity. It comes from an indomitable will. _Mahatma Gandhi
> 힘은 육체적인 역량에서 나오지 않는다. 그것은 불굴의 의지에서 나온다. _마하트마 간디

3680	**stray** [strey]	길을 잃은, 주인이 없는, 한쪽으로 샌, 빗나간, 제 위치를 벗어나다, 바람을 피우다
3681	**concurrent** [k*uh* n-**kur**-*uh* nt]	동시 발생의, 공존하는
3682	**eccentric** [ik-**sen**-trik]	괴짜인, 별난, 기이한
3683	**luggage** [**luhg**-ij]	(여행용) 짐[수하물], 가방
3684	**tub** [tuhb]	통
3685	**scrap** [skrap]	(종이·옷감 등의) 조각, 조금, 남은 음식, 폐품, 다툼, 폐기하다, 다투다
3686	**diagonal** [dahy-**ag**-*uh*-nl]	사선의, 대각선의, 대각선
3687	**sue** [soo]	고소하다, 소송을 제기하다, (재판 등을 통해) 청구하다[청하다]
3688	**refrigerator** [ri-**frij**-*uh*-rey-ter]	냉장고
3689	**semester** [si-**mes**-ter]	학기
3690	**tan** [tan]	(피부가 갈색으로) 햇볕에 타다[그을리다], (가죽을) 무두질하다, 황갈색, 선탠
3691	**wary** [**wair**-ee]	조심하는, 신중한, 경계하는
3692	**repertoire** [**rep**-er-twahr]	레퍼토리, 연주[상연] 목록, (한 사람이 할 수 있는) 모든 것[목록]

284. He who finds diamonds must grapple in mud and mire because diamonds are not found in polished stones. They are made. _Henry B. Wilson
다이아몬드를 찾는 사람이 진흙과 수렁에서 분투해야 하는 이유는 이미 다듬어진 돌 속에서는 찾을 수 없기 때문이다. 다이아몬드는 만들어지는 것이다. _헨리 B. 윌슨

3693	**alloy** [**al**-oi]	합금, 합금하다
3694	**cube** [kyoob]	정육면체, 깍둑썰기한 것, 세제곱, 세제곱하다, 깍둑썰기하다
3695	**transcript** [**tran**-skript]	(구술된 내용을) 글로 옮긴 기록[인쇄/전사한 것], (학생의) 성적 증명서
3696	**extinct** [ik-**stingkt**]	멸종된, (생활 방식 등의 유형이) 더 이상 존재하지 않는, 사화산의
3697	**pollen** [**pol**-*uh* n]	꽃가루
3698	**vowel** [**vou**-*uh* l]	모음, 모음자(영어에서는 a, e, i, o, u)
3699	**skeptical** [**skep**-ti-k*uh* l]	의심 많은, 회의적인, 신용하지 않는, 무신론적인
3700	**vow** [vou]	맹세, 서약, 맹세[서약]하다
3701	**dine** [dahyn]	(잘 차린) 식사를 하다, 만찬을 들다
3702	**doom** [doom]	죽음, 파멸, (피할 수 없는) 비운, 불행한 운명[결말]을 맞게 하다
3703	**malice** [**mal**-is]	악의, 적의
3704	**bamboo** [bam-**boo**]	대나무
3705	**poster** [**poh**-ster]	포스터, 벽보, 게시판에 글을 올리는 사람

---

285. You are braver than you believe, smarter than you seem, and stronger than you think. _Winnie the Pooh

너는 네가 믿는 것보다 용감하고, 보이는 것보다 더 지혜롭고, 네가 생각하는 것보다 더 강하단다.
_곰돌이 푸

history & philosophy & mathematics

대한민국은 인문학 열풍에 휩싸여 있습니다. 그럼 다른 나라는 인문학에 대해서 어떻게 생각하고 있을까요? 우리나라에서 흔히 인문학의 대표 학문으로 꼽히는 역사(history)와 철학(philosophy)에 대해서 조사를 해보았습니다. 정말로 놀랍게도 그 사용 빈도수가 두 단어 모두 일정합니다. 관심이 크게 늘지도 줄지도 않았습니다. 그럼 세계는 수학에 대한 관심을 지금 얼마나 두고 있을까요? 수학(mathematics)의 사용 빈도수를 살펴보겠습니다. 1800년대에 비해 꾸준히 증가하여 지금 두 배나 사용 빈도수가 늘었습니다. 앞으로는 더욱 늘어날 것입니다. 인문학을 공부한다는 것은 다른 말로 표현하자면 교양을 쌓는 일입니다. 교양은 우리 지식의 자양분입니다. 자양분에 함유된 영양소가 한쪽으로 치우치면 그것은 좋은 자양분이라고 말할 수 없습니다. 그래서 비옥한 지적 기반을 다지려면 꾸준히 역사, 철학을 공부하면서 동시에 수학, 과학에도 관심을 두는 것 또한 반드시 필요하다고 말씀드리고 싶습니다. [X축: 연도, Y축: 총 단어 중 사용 빈도]

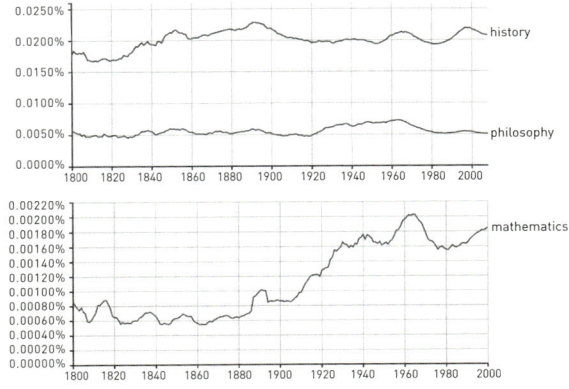

3706	**corrosion** [k*uh*-**roh**-zh*uh* n]	부식, 침식
3707	**aperture** [**ap**-er-cher]	(작은) 구멍, (카메라의) 조리개
3708	**slab** [slab]	(돌·목재같이 단단한 물질로 된) 평판, (두껍고 반듯한) 조각
3709	**turf** [turf]	잔디, 떼, 뗏장, 경마, (자신의 집·직장이 있는) 자기 지역, 근거지, 잔디를 깔다
3710	**dissemination** [dih-sem-*uh*-**ney**-sh*uh* n]	보급, 전파, 파종
3711	**ornament** [**awr**-n*uh*-m*uh* nt]	(방·정원 등의) 장식품, 장신구, 장식, 장식하다
3712	**vent** [vent]	통풍구, (새·물고기 등의) 항문, (외투 아랫부분의) 공기구멍, (감정을) 터뜨리다
3713	**deference** [**def**-er-*uh* ns]	존중[경의](을 표하는 행동)
3714	**thrive** [thrahyv]	번창하다, 잘 자라다
3715	**proclaim** [proh-**kleym**]	선언[선포]하다, 분명히 보여주다, ~의 징후이다
3716	**propensity** [pr*uh*-**pen**-si-tee]	(특정한 행동을 하는) 경향[성향]
3717	**villa** [**vil**-*uh*]	휴가용 주택, 별장, 시골 저택, (도시에 있는) 저택, (로마 시대의) 장원(莊園)
3718	**proficiency** [pr*uh*-**fish**-*uh* n-see]	숙달, 능숙, 능란, (시험에서 필수과목을) 면제하다

---

286. Make no little plans; they have no magic to stir men's blood... Make big plans, aim high in hope and work. _Daniel H. Burnham

작은 계획을 세우지 말라. 작은 계획에는 사람의 피를 끓게 할 마법의 힘이 없다. 큰 계획을 세우고, 소망을 원대하게 하여 일하라. _다니엘 H. 번햄

3719	**hue** [hyoo]	빛깔, 색조, (신념 등의) 색깔[유형]
3720	**merge** [murj]	합병[병합]하다, (서로 구분이 안 되게) 어우러지다
3721	**infrared** [in-fr*uh*-**red**]	적외선의
3722	**dreary** [**dreer**-ee]	음울한, 따분한, 지루한
3723	**crisp** [krisp]	(식품이) 바삭바삭한, 사무적인, 딱딱한, 상쾌한, 바삭바삭하게 만들다
3724	**wholesome** [**hohl**-s*uh* m]	건강에 좋은, 건전한, 유익한
3725	**foreground** [**fawr**-ground]	(그림·사진 등의) 전경, 중요한[눈에 잘 띄는] 위치, 특히 중시하다
3726	**skip** [skip]	깡충깡충 뛰다, 줄넘기하다, (일을) 거르다, 몰래 빠져나가다
3727	**jest** [jest]	농담, 익살, 장난
3728	**ingredient** [in-**gree**-dee-*uh* nt]	(요리 등의) 재료[성분], (~을 이루는 데 중요한) 구성
3729	**gleam** [gleem]	어슴푸레[희미하게] 빛나다, (흔히 어디에 반사된) 어슴푸레한[흐릿한] 빛
3730	**isolate** [**ahy**-s*uh*-leyt]	격리하다, 고립시키다, (생각 등을) 분리하다, (물질·세포 등을) 따로 떼어내다
3731	**durable** [**doo** r-**uh**-b*uh* l]	내구성이 있는, 오래가는

---

287. A good plan, violently executed now, is better than a perfect plan next week. _George S. Patton

지금 적극적으로 실행되는 괜찮은 계획이 다음 주의 완벽한 계획보다 낫다. _조지 S. 패튼

3732	**vernacular** [ver-**nak**-y*uh*-ler]	(지역・집단이 쓰는) 말, 토착어, 방언
3733	**bulb** [buhlb]	전구
3734	**hygiene** [**hahy**-jeen]	위생, 위생학
3735	**lethal** [**lee**-th*uh* l]	(죽음을 초래할 정도의) 치명적인
3736	**picnic** [**pik**-nik]	소풍, 피크닉, 소풍[피크닉]을 하다
3737	**stall** [stawl]	가판대, 좌판, (칸막이로 만든) 샤워실, 화장실
3738	**teenager** [**teen**-ey-jer]	(나이가 13~19세인) 십 대
3739	**mosque** [mosk]	모스크, 회교 사원
3740	**dew** [dyoo]	이슬
3741	**duplicate** [**doo**-pli-kit]	복사[복제]하다, 사본을 만들다, (불필요한 것을) 다시 하다, 꼭 닮은, 사본
3742	**lag** [lag]	(사람・일이) 처지다, (경기 등이) 침체하다, (관심 등이) 줄다, 뒤처짐, 지연
3743	**ligament** [**lig**-*uh*-m*uh* nt]	(관절의) 인대, 유대, 결속력
3744	**sinister** [**sin**-*uh*-ster]	사악한, 해로운, 불길한

---

288. It's not that I'm so smart, it's just that I stay with problems longer.
_Albert Einstein

나는 똑똑한 것이 아니라 단지 문제를 더 오래 연구할 뿐이다. _알버트 아인슈타인

3745	**banquet** [**bang**-kwit]	(공식) 연회 [만찬], 성찬
3746	**devout** [dih-**vout**]	(사람이) 독실한, 헌신적인
3747	**brake** [breyk]	브레이크, 제동장치, 제동(을 거는 것), 속도를 줄이다
3748	**scroll** [skrohl]	두루마리, (석재 · 목재에 장식으로 새기는) 소용돌이무늬, 스크롤하다
3749	**mule** [myool]	노새, 고집쟁이, 뒤축 없는 슬리퍼
3750	**idiot** [**id**-ee-*uh* t]	바보, 멍청이
3751	**ubiquitous** [yoo-**bik**-wi-t*uh* s]	어디에나 있는, 아주 흔한
3752	**remorse** [ri-**mawrs**]	회한, 후회, 가책, 반성
3753	**obsolete** [ob-s*uh*-**leet**]	더 이상 쓸모가 없는, 한물간, 구식의
3754	**paralysis** [p*uh*-**ral**-*uh*-sis]	마비
3755	**vigor** [**vig**-er]	정력, 힘, 활력,
3756	**conjecture** [k*uh* n-**jek**-cher]	추측, 추측하다
3757	**paternal** [p*uh*-**tur**-nl]	아버지의, 아버지 같은, 부계의

289. Energy and persistence conquer all things. _Benjamin Franklin
기운과 끈기는 모든 것을 이겨낸다. _벤저민 프랭클린

3758	**decimal** [**des**-*uh*-m*uh* l]	십진법의, 소수
3759	**affiliated** [*uh*-**fil**-ee-ey-tid]	소속된, 연계된
3760	**tailor** [**tey**-ler]	(남성복) 재단사, 양복장이, (특정한 목적·사람 등에) 맞추다[조정하다]
3761	**lapse** [laps]	실수, 깜박함, (시간) 경과, (효력이) 소멸되다, 차츰 약해지다, (신앙을) 버리다
3762	**poultry** [**pohl**-tree]	(닭·오리·거위 같은) 가금, 가금류의 고기
3763	**depict** [dih-**pikt**]	(그림으로) 그리다, (말이나 그림으로) 묘사하다[그리다]
3764	**bald** [bawld]	대머리의, 머리가 벗겨진, (털이나 원래 덮여 있어야 할 것이) 벗겨진, 노골적인
3765	**obsession** [*uh* b-**sesh**-*uh* n]	강박상태, 집착, 강박관념
3766	**inspect** [in-**spekt**]	점검[검사]하다, 사찰[순시]하다
3767	**trumpet** [**truhm**-pit]	트럼펫, 트럼펫 모양의 것, 자랑스럽게[열렬히] 알리다, (코끼리가) 울부짖다
3768	**transplant** [trans-**plant**]	(생체 조직 등을) 이식하다, 옮겨 심다
3769	**rite** [rahyt]	의식[의례]
3770	**adjective** [**aj**-ik-tiv]	형용사

290. Only the gentle are ever really strong. _James Dean
부드러운 자 만이 언제나 진실로 강한 자다. _제임스 딘

3771	**bastard** [**bas**-terd]	사생아, 서자, 개자식, 가짜, 질이 나쁜 물건, (동물의) 잡종, 잡종의, 가짜의
3772	**hail** [heyl]	(훌륭한 것으로) 묘사하다, (택시 등에) 신호를 보내다, 우박이 쏟아지다, 퍼붓는
3773	**proprietary** [pr*uh*-**prahy**-i-ter-ee]	소유자의, 전매특허의, 소유권의
3774	**pearl** [purl]	진주, 주옥 같은[아주 귀중한] 것
3775	**steer** [steer]	(보트·자동차 등을) 조종하다[몰다], (영향력 등을 발휘하여) 이끌다, 거세한 수소
3776	**ambulance** [**am**-by*uh*-l*uh* ns]	구급차, 야전 병원
3777	**indictment** [in-**dahyt**-m*uh* nt]	(제도·사회 등의) 폐단의 흔적, 기소, 고발장
3778	**spider** [**spahy**-der]	거미
3779	**woe** [woh]	고민, 문제, 비통, 비애
3780	**barley** [**bahr**-lee]	보리
3781	**stunning** [**stuhn**-ing]	굉장히 아름다운[멋진], 깜짝 놀랄, 전혀 뜻밖의
3782	**vocation** [voh-**key**-sh*uh* n]	천직, 소명, 소명 의식
3783	**trifle** [**trahy**-f*uh* l]	약간, 하찮은 것, 사소한 일, 아무렇게나[소홀히] 다루다

> 291. Travel is only glamorous in retrospect. _Paul Theroux
> 여행은 오직 되돌아보았을 때만 매력적이다. _폴 서룩스

3784	**tile** [tahyl]	타일, 기와, 타일을 붙이다[깔다], 기와를 이다
3785	**frail** [freyl]	(특히 노인이) 노쇠한 (허)약한, 부서지기 쉬운
3786	**spur** [spur]	박차, 자극제, 원동력, (산·언덕의) 돌출부, 원동력[자극제]이 되다, 자극하다
3787	**crawl** [krawl]	(엎드려) 기다, (곤충이) 기어가다, 몹시 느리게 가다, 기어가기, 서행
3788	**bureau** [**byoo r**-oh]	책상, (특정 주제에 대한 정보를 제공하는) 사무실[단체], (미국 정부의) 부서
3789	**dial** [**dahy**-*uh* l]	(시계·계기의) 눈금판, 다이얼, 전화를 걸다, 다이얼을 돌리다
3790	**frown** [froun]	얼굴[눈살]을 찌푸리다[찡그리다], 찡그림, 찌푸림
3791	**temperate** [**tem**-per-it]	온화한, (행동이) 차분한[절제된]
3792	**quaint** [kweynt]	(매력 있게) 예스러운[진기한]
3793	**evaporation** [ih-vap-*uh*-**rey**-sh*uh* n]	증발, 발산, (희망 등의) 소멸, 소산
3794	**porous** [**pawr**-*uh* s]	(구멍이 많은) 다공성[투과성]의
3795	**incision** [in-**sizh**-*uh* n]	절개, 벤 자국[상처]
3796	**violet** [**vahy**-*uh*-lit]	제비꽃, 바이올렛, 보라색

> 292. Strong reasons make strong actions. _William Shakespeare
> 강력한 이유는 강력한 행동을 낳는다. _윌리엄 셰익스피어

3797	**diarrhea** [dahy-*uh*-**ree**-*uh*]	설사
3798	**cancel** [**kan**-s*uh* l]	취소하다, (법률적인 결정 사항을) 무효화하다, (표에) 펀치를 찍다, 소인을 찍다
3799	**moss** [maws]	이끼
3800	**irritate** [**ir**-i-teyt]	짜증나게 하다, 거슬리다, (피부 등을) 자극하다
3801	**brook** [br*oo* k]	개울, 용납하다
3802	**navigate** [**nav**-i-geyt]	(지도 등을 보며) 길을 찾다[방향을 읽다], 항해하다, (힘든 상황을) 다루다
3803	**cradle** [**kreyd**-l]	요람, 아기 침대, 발상지, 부드럽게 잡다[안다]
3804	**groom** [groom]	(동물을) 손질[솔질]하다, (중요한 일·직책에) 대비시키다, 신랑, 마부
3805	**dubious** [**dyoo**-bee-*uh* s]	(사람이) 의심하는, 수상쩍은, 불확실한
3806	**wedge** [wej]	쐐기, (좁은 틈 사이에) 끼워 넣다[밀어 넣다], (움직이지 않게) 고정시키다
3807	**discrepancy** [dih-**skrep**-*uh* n-see]	(같아야 할 것들 사이의) 차이[불일치]
3808	**elicit** [ih-**lis**-it]	(숨어 있는 것을) 끌어내다, (대답 등을 어렵게) 이끌어내다
3809	**venue** [**ven**-yoo]	행위[사건]의 발생지[현장]

> 293. United we stand, divided we fall. _Aesop
> 함께라면 서고 흩어지면 넘어진다. _이솝

3810	**congestion** [k*uh* n-**jes**-ch*uh* n]	혼잡, (의학) 충혈, 점액에 의한 막힘
3811	**exponential** [ek-spoh-**nen**-sh*uh* l]	(수학) 지수의, 지수로 나타낸, 기하급수적인
3812	**ceramic** [s*uh*-**ram**-ik]	도자기, 요업 제품, 세라믹
3813	**motto** [**mot**-oh]	모토, 좌우명
3814	**circumference** [ser-**kuhm**-fer-*uh* ns]	원주, (구의) 둘레
3815	**pub** [puhb]	대중적인 술집, 호프집
3816	**ecstasy** [**ek**-st*uh*-see]	황홀감, 황홀경
3817	**blush** [bluhsh]	얼굴을 붉히다, 얼굴이 빨개지다, 부끄러워하다, (당황하여) 얼굴이 붉어짐
3818	**tyrant** [**tahy**-r*uh* nt]	폭군, 독재
3819	**cartilage** [**kahr**-tl-ij]	연골, 물렁뼈
3820	**frantic** [**fran**-tik]	정신없이[미친 듯이] 서두르는[하는], (두려움·걱정으로) 제정신이 아닌
3821	**spit** [spit]	뱉다, (폭언 등을) 내뱉다, (성난 소리를) 내다, (침 등을) 뱉기, 쇠꼬챙이
3822	**invent** [in-**vent**]	발명하다, 개발하다, 고안하다, (사실이 아닌 것을) 지어내다[날조하다]

294. It isn't kind to cultivate a friendship just so one will have an audience.
_Lawana Blackwell

단지 얘기 들어줄 사람을 만들기 위해 우정을 키우는 것은 좋지 않다. _라와나 블랙웰

3823	**tremble** [**trem**-b*uh* l]	(몸을) 떨다, 떨리다, (가볍게) 흔들리다, (걱정·두려움으로 가슴이) 떨리다
3824	**dove** [duhv]	비둘기, 비둘기파[온건파]
3825	**toss** [taws]	(가볍게) 던지다, (고개를) 발딱 쳐들다, (음식 재료를 살살) 섞다, 동전 던지기
3826	**excavation** [eks-k*uh*-**vey**-sh*uh* n]	발굴, 발굴지, (기계를 이용한) 땅파기
3827	**foil** [foil]	(알루미늄) 포장지, 포일, 돋보이는게 하는 사람, (불법적인 것을) 좌절시키다
3828	**luminous** [**loo**-m*uh*-n*uh* s]	어둠에서 빛나는, 야광의, 빛을 발하는
3829	**rainbow** [**reyn**-boh]	무지개
3830	**intermittent** [in-ter-**mit**-nt]	간헐적인, 간간이 일어나는
3831	**plunge** [pluhnj]	거꾸러지다, 마구 요동치다, 가파르게 내려가다, 급락, 낙하, (상황에) 빠져듦
3832	**grotesque** [groh-**tesk**]	터무니없는(불쾌하거나 정도로 이상함을 나타냄), 기괴하, 괴물 같은 인물
3833	**vinegar** [**vin**-i-ger]	식초
3834	**ferry** [**fer**-ee]	여객선, 나르다[수송하다]
3835	**antibiotic** [an-ti-bahy-**ot**-ik]	항생의, 항생물질

> 295. Resolve to edge in a little reading every day, if it is but a single sentence. If you gain fifteen minutes a day, it will make itself felt at the end of the year. _Horace Mann
>
> 한 문장씩 매일 조금이라도 읽겠다고 결심하라. 하루 15분씩 시간을 만들면 연말에는 변화가 느껴질 것이다. _호레이스 맨

#	단어	뜻
3836	**swamp** [swomp]	늪, 습지, (처리가 힘들 정도의 일 등이) 쇄도하다[넘쳐나다], (파도 등이) 뒤덮다
3837	**prestigious** [pre-**stij**-*uh* s]	명성 있는, 일류의
3838	**blaze** [bleyz]	활활 타다, 눈부시게 빛나다, (눈이) 이글거리다, (총이) 불을 뿜다, 화재, 불길
3839	**grove** [grohv]	(작은) 숲, 수풀, (특정 종류의 유실수가 심어져 있는) 밭, (작은 규모의) 과수원
3840	**sewage** [**soo**-ij]	(하수도의) 오수, 오물
3841	**apologize** [*uh*-**pol**-*uh*-jahyz]	사과하다
3842	**vault** [vawlt]	(특히 은행의) 금고, 지하 납골당, (손이나 장대로 몸을 지탱하며) 뛰어넘다
3843	**conducive** [k*uh* n-**doo**-siv]	도움이 되는, 공헌하는
3844	**ethos** [**ee**-thos]	(특정 집단의) 기풍[정신]
3845	**torment** [tawr-**ment**]	(정신적인) 고통, 고뇌, 고민거리, 고통을 안겨 주다, 괴롭히다, 학대하다
3846	**destitute** [**des**-ti-toot]	극빈한, 궁핍한, 극빈자들, ~이 없는
3847	**hull** [huhl]	(배의) 선체, (콩 등의) 깍지[껍질]를 벗기다
3848	**frog** [frog]	개구리

> 296. The merit of an action lies in finishing it to the end. _Genghis Khan
> 행동의 가치는 그 행동을 끝까지 이루는 데 있다. _칭기즈칸

#	단어	뜻
3849	**deprive** [dih-**prahyv**]	빼앗다, 허용치 않다, 면직[파면]하다, (성직을) 박탈하다
3850	**pulp** [puhlp]	걸쭉한 것, 펄프, (과일·채소의) 과육
3851	**perimeter** [p*uh*-**rim**-i-ter]	주위[주변], 둘레
3852	**oblique** [*uh*-**bleek**]	(표현이) 완곡한[에두르는/간접적인], 비스듬한, 사선의, 빗각
3853	**tentative** [**ten**-t*uh*-tiv]	잠정적인, 머뭇거리는, 자신 없는
3854	**chalk** [chawk]	분필, 백색 연토질 석회암, 분필로 쓰다[그리다]
3855	**vile** [vahyl]	극도로 불쾌한[나쁜], 비도덕적인, 절대 용납할 수 없는
3856	**delusion** [dih-**loo**-zh*uh* n]	망상, 착각, 오해
3857	**dismal** [**diz**-m*uh* l]	음울한, 울적하게 하는, 솜씨[형편]없는, 질 낮은
3858	**satire** [**sat**-ahy*uh* r]	풍자
3859	**parable** [**par**-*uh*-b*uh* l]	우화, 비유
3860	**veto** [**vee**-toh]	거부권, 금지, (거부권을 행사하여) 기각하다, (제안된 것을) 거부하다
3861	**intestine** [in-**tes**-tin]	(해부) 장, 창자

> 297. The endeavor to understand is the first and only basis of virtue.
> _Baruch Spinoza
>
> 이해하려고 노력하는 것이 미덕의 첫 단계이자 유일한 기본이다. _바뤼흐 스피노자

3862	**gait** [geyt]	걸음걸이
3863	**yoke** [yohk]	(말과 소에 씌우는) 멍에, 멍에를 씌우다, (사람·생각등을) 얽어매다
3864	**implant** [im-**plant**]	(생각 등을) 심다[뿌리내리게 하다], (인공적인 물질을) 심다[주입하다]
3865	**logistics** [loh-**jis**-tiks]	물류, 택배, (많은 사람·장비가 동원되는 복잡한 작업의) 실행 계획
3866	**yell** [yel]	소리[고함]치다, 소리 지르다, 외치다, 고함, 외침, 응원의 함성
3867	**rehearsal** [ri-**hur**-suh l]	리허설, 예행연습, (이미 이야기된 내용의) 반복
3868	**serene** [suh-**reen**]	고요한, 평화로운, 조용한
3869	**capsule** [**kap**-suh l]	캡슐, 작은 플라스틱 용기, (식물의) 포자낭
3870	**redundant** [ri-**duhn**-duh nt]	불필요한, 쓸모없는
3871	**disdain** [dis-**deyn**]	업신여김, 무시, 업신여기다, 무시하다
3872	**respiration** [res-puh-**rey**-shuh n]	호흡
3873	**pronoun** [**proh**-noun]	(문법) 대명사
3874	**despise** [dih-**spahyz**]	경멸하다, 멸시하다

> 298. Can miles truly separate you from friends.... If you want to be with someone you love, aren't you already there? _Richard Bach
> 수 마일의 거리가 당신과 친구를 완전히 떼어놓을 수도 있다. 하지만 사랑하는 누군가와 정말 함께 있고 싶다면 당신은 이미 거기 가 있지 않겠는가? _리처드 바크

3875	**mute** [myoot]	무언의, 말 없는, (약음기 등을 써서 특히 악기의) 소리를 줄이다, 약화[완화]하다
3876	**congress** [**kong**-gris]	(여러 단체의 대표들이 모이는) 회의, (미국 및 일부 다른 국가들의) 의회[국회]
3877	**rhyme** [rahym]	운(음조가 비슷한 글자), 운문, 압운, (특히) 각운
3878	**arrogance** [**ar**-*uh*-g*uh* ns]	오만
3879	**inhabit** [in-**hab**-it]	(특정 지역에) 살다[거주/서식하다]
3880	**confine** [k*uh* n-**fahyn**]	국한시키다, 가두다, 제한하다, (질병 등으로 몸이) 침대, 휠체어 등에 얽매이다
3881	**shrewd** [shrood]	상황 판단이 빠른, 기민한, (판단이) 재빠른
3882	**butterfly** [**buht**-er-flahy]	나비, (수영의) 접영
3883	**unanimous** [yoo-**nan**-*uh*-m*uh* s]	만장[전원]일치의
3884	**provisional** [pr*uh*-**vizh**-*uh*-nl]	임시의, 일시적인, (확정적이 아니라) 잠정적인
3885	**tissue** [**tish**-oo]	(세포들로 이뤄진) 조직, 화장지, (깨지기 쉬운 물건 포장용) 얇은 종이
3886	**haul** [hawl]	(아주 힘들여) 끌다, (몸을) 간신히 움직이다, 출두시키다, 많은 양[점수], 여정
3887	**backbone** [**bak**-bohn]	척추, 등뼈, 근간, 중추, 기개, 근성

> 299. We can draw lessons from the past, but we cannot live in it.
> _Lyndon B. Johnson
>
> 과거에서 교훈을 얻을 수는 있지만 과거 속에 살 수는 없다. _린든 B. 존슨

3888	**starch** [stahrch]	녹말, 전분, 탄수화물, (옷·시트에) 풀을 먹이다
3889	**bout** [bout]	한바탕, 한차례, 병치레, 한바탕 앓음, (권투·레슬링) 시합
3890	**leak** [leek]	(액체·기체가) 새게 하다[새다], 누설[유출]하다, 새는 곳, 누출, 누설
3891	**pronounce** [pr*uh*-**nouns**]	발음하다, 표명[선언/선고]하다
3892	**cute** [kyoot]	귀여운, (성적으로) 매력적인[멋진], (자기 이익을 챙기는 데) 약삭빠른
3893	**remnant** [**rem**-n*uh* nt]	남은 부분, 나머지, 자투리(천)
3894	**reef** [reef]	암초, 돛의 크기를 줄이다
3895	**quartz** [kwawrts]	석영
3896	**dislocation** [dis-loh-**key**-sh*uh* n]	탈구, 혼란 (기간), 위치를 바꾸기, 벗어남
3897	**posterity** [po-**ster**-i-tee]	후세, 후대
3898	**pretext** [**pree**-tekst]	구실, 핑계
3899	**cordial** [**kawr**-j*uh* l]	화기애애한, 다정한, 코디얼(과일 주스로 만들어 물을 타 마시는 단 음료), 진심에서 우러난
3900	**uterus** [**yoo**-ter-*uh* s]	자궁

---

300. To truly laugh, you must be able to take your pain, and play with it!
_Charlie Chaplin

진정으로 웃고 싶다면 반드시 고통을 참아야 하며, 나아가 고통을 즐길 줄 알아야 해! _찰리 채플린

3901	**commodity** [k*uh*-**mod**-i-tee]	상품, 물품, 원자재, (유용한) 것
3902	**aura** [**awr**-*uh*]	(어떤 사람이나 장소에 서려 있는 독특한) 기운[분위기]
3903	**fright** [frahyt]	(섬뜩하게) 놀람, 두려움, 섬뜩한[놀랄/무서운] 일
3904	**slate** [sleyt]	점판암, 슬레이트, (선거) 후보자 명부, 석판, 혹평하다, 계획하다, 추천하다
3905	**recollect** [rek-*uh*-**lekt**]	(특히 애를 써서) 기억해[생각해]내다
3906	**traitor** [**trey**-ter]	배반자, 반역자
3907	**repent** [ri-**pent**]	뉘우치다, 회개[후회]하다
3908	**bust** [buhst]	부수다, 고장내다, 불시 단속을 벌이다, 강등시키다, 흉상, 불시 단속, 파산한
3909	**booth** [booth]	(칸막이를 한) 작은 공간, 부스, 전화박스
3910	**mosaic** [moh-**zey**-ik]	모자이크
3911	**synagogue** [**sin**-*uh*-gog]	유대교의 예배당[회당]
3912	**tame** [teym]	(동물 등이) 길들여진, 재미없는, 시키는 대로 하는, 말을 잘 듣는
3913	**precarious** [pri-**kair**-ee-*uh* s]	(상황이) 불안정한, 위태로운

301. Great deeds are usually wrought at great risks. _Herodotus
위대한 업적은 대개 큰 위험을 감수한 결과이다. _헤로도토스

3914	**comrade** [**kom**-rad]	(공산당·사회당에서 당원이나 서로를 부르는 호칭으로) 동무[동지], 전우, 동료
3915	**invade** [in-**veyd**]	(군사적으로) 침입[침략]하다, 쳐들어가다[오다], 난입하다, 침범하다, 침해하다
3916	**grape** [greyp]	포도
3917	**astronomy** [*uh*-**stron**-*uh*-mee]	천문학
3918	**carpenter** [**kahr**-p*uh* n-ter]	목수
3919	**notify** [**noh**-t*uh*-fahy]	(공식적으로) 알리다[통고/통지하다]
3920	**admiral** [**ad**-mer-*uh* l]	해군 장성, 제독
3921	**salute** [s*uh*-**loot**]	경례를 하다, 경의를 표하다, 거수경례, 경의의 표시
3922	**ox** [oks]	황소(특히 과거 일을 시키기 위해 거세한 수소)
3923	**nuisance** [**noo**-s*uh* ns]	성가신[귀찮은] 사람[일], 골칫거리, (법의 제지를 받을 수 있는) 소란 행위
3924	**fin** [fin]	(물고기의) 지느러미, 지느러미처럼 생긴 것
3925	**apex** [**ey**-peks]	꼭대기, 정점
3926	**influx** [**in**-fluhks]	유입, 쇄도, 도래

---

302. The journey is the reward. _Steve Jobs
여정 자체가 바로 보상이다. _스티브 잡스

3927	**jam** [jam]	잼, 혼잡, 교통 체증, 막힘, 고장, 밀어 넣다, 전파를 방해하다, 즉흥연주를 하다
3928	**cling** [kling]	꼭 붙잡다, 매달리다, 달라[들러]붙다, 애착을 갖다
3929	**probation** [proh-**bey**-sh*uh* n]	보호관찰, 수습(기간), 근신
3930	**illicit** [ih-**lis**-it]	불법의, 사회 통념에 어긋나는
3931	**treachery** [**trech**-*uh*-ree]	배반, 배신
3932	**goose** [goos]	거위, (남의) 궁둥이를 만지다[움켜잡다], ~을 촉진[부양]시키다
3933	**sip** [sip]	(음료를) 홀짝이다[거리다], 조금씩 마시다, 한 모금
3934	**align** [*uh*-**lahyn**]	정렬시키다, 나란히[가지런히] 만들다
3935	**knit** [nit]	(실로 옷 등을) 뜨다[짜다], (사람·사물을) 밀접하게 결합시키다, 니트, 편물
3936	**idol** [**ahyd**-l]	(많은 사랑을 받는 대상인) 우상, (신으로 숭배되는) 우상
3937	**dwarf** [dwawrf]	난쟁이, 왜소증 환자, (정상 크기보다) 소형의, 왜소해 보이게 만들다
3938	**seminar** [**sem**-*uh*-nahr]	(대학에서의) 토론식 수업, 세미나
3939	**memoir** [**mem**-wahr]	(유명인의) 회고록, (어떤 사건·사람을 잘 아는 사람이 쓴) 전기, 체험기

> 303. The way to procure insults is to submit to them: a man meets with no more respect than he exacts. _William Hazlitt
> 모욕 당하는 방법은 그것에 굴복하는 것이다. 사람은 요구하는 만큼만 존중 받게 되어있다. _윌리엄 해즐릿

3940	**radioactive** [rey-dee-oh-**ak**-tiv]	방사성[능]의
3941	**coarse** [kawrs]	(피부나 천이) 거친, (알갱이 · 올 등이) 굵은, 음탕한
3942	**raft** [raft]	뗏목, 래프트(공기를 주입하여 만든 작은 고무 · 비닐 보트), 많은 수[양]
3943	**attire** [*uh*-**tahy***uh* r]	의복, 복장
3944	**clumsy** [**kluhm**-zee]	어설픈, 세련되지 못한, (물건이) 다루기 힘든, 투박한, 까다로운, 골치 아픈
3945	**ordeal** [awr-**deel**]	(힘들거나 불쾌한) 시련[경험/일]
3946	**rug** [ruhg]	깔개[양탄자], 무릎덮개
3947	**mundane** [muhn-**deyn**]	재미없는, 일상적인, 평범한
3948	**redress** [**ree**-dres]	(부당하거나 잘못된 것을) 바로잡다[시정하다], 보상, 배상
3949	**cosmopolitan** [koz-m*uh*-**pol**-i-tn]	(문화의 다양성 면에서) 세계적인[국제적인], 범세계주의자적인, 범세계주의자
3950	**gulf** [guhlf]	(지형) 만, (사고 · 생활 방식 등의 큰) 격차
3951	**ominous** [**om**-*uh*-n*uh* s]	불길한
3952	**menace** [**men**-is]	위협적인[위험한] 존재, (어조 등으로 느껴지는) 위협[협박], 성가신 존재

> 304. Self-confidence is the first requisite to great undertakings.
> _Samuel Johnson
>
> 자신감은 위대한 일의 첫째 요건이다. _사무엘 존슨

3953	**dosage** [**doh**-sij]	투약량, 복용량
3954	**dazzling** [**daz**-*uh*-ling]	눈부신, 휘황찬란한, 현혹적인
3955	**imprint** [**im**-print]	(B에게 A를) 각인시키다, 새기다, 인쇄하다, (누르거나 찍어서 생긴) 자국, 각인
3956	**alleviate** [*uh*-**lee**-vee-eyt]	완화하다, 경감하다
3957	**quota** [**kwoh**-t*uh*]	(수출입 등에 공식적으로 허용되는) 한도[할당량], (요구되거나 해야 할) 몫
3958	**hub** [huhb]	중심지, 중추
3959	**upcoming** [**uhp**-kuhm-ing]	다가오는, 머지않아 일어나는
3960	**calamity** [k*uh*-**lam**-i-tee]	재앙, 재난
3961	**sting** [sting]	쏘다, 찌르다, 따끔거리다[쓰리다], 화나게 하다, 침[가시], 쏘인 상처, 따가움
3962	**prohibit** [proh-**hib**-it]	(특히 법으로) 금하다[금지하다], ~하지 못하게 하다
3963	**gale** [geyl]	강풍, 돌풍, 왁자지껄한 웃음[폭소]
3964	**bestow** [bih-**stoh**]	(특히 존경의 뜻으로) 수여[부여]하다, 주다
3965	**prescribe** [pri-**skrahyb**]	처방을 내리다, 처방전을 쓰다, 규정[지시]하다

305. Genius is nothing but a great capacity for patience. _Buffon
천재는 인내하는 거대한 능력일 뿐이다. _뷔퐁

3966	**blossom** [**blos**-*uh* m]	꽃, (나무·관목이) 꽃이 피다, 꽃을 피우다, (얼굴·형편이) 피다[좋아지다]
3967	**relentless** [ri-**lent**-lis]	수그러들지 않는, 끈질긴, 가차 없는
3968	**hose** [hohz]	호스, 호스로 물을 뿌리다
3969	**lounge** [lounj]	(공항 등의) 대합실[라운지], (호텔 등의) 휴게실
3970	**uprising** [**uhp**-rahy-zing]	봉기, 반란, 폭동
3971	**tacit** [**tas**-it]	암묵적인, 무언의
3972	**opt** [opt]	선택하다, 고르다
3973	**deem** [deem]	(~로) 여기다[생각하다]
3974	**ascend** [*uh*-**send**]	오르다, 올라가다
3975	**apron** [**ey**-pr*uh* n]	앞치마, (극장의) 막 앞으로 나오는 무대
3976	**circus** [**sur**-k*uh* s]	서커스, 곡예, 떠들썩한 사람들[사건], 원형극장
3977	**relay** [**ree**-ley]	(정보 등을 받아서) 전달하다, (텔레비전 등으로) 중계하다, 릴레이 경주, 계주
3978	**incarnation** [in-kahr-**ney**-sh*uh* n]	(특정한 형태로 사는) 생애, (성질 등의) 전형, (신이) 인간의 모습으로 나타남

---

306. If you would live long, live well, for folly and wickedness shorten life.
_Benjamin Franklin

장수하고 싶다면 잘 살아라. 멍청함과 사악함이 수명을 단축시킨다. _벤저민 프랭클린

in inward: 마음속의, 내심의, 안쪽[내부]으로 향한, 안쪽[내부]으로, 자기 내부로 **that those**: 그것들의, 그들, 그것들, 그 사람들 **I my**: 나의, 내 **me**: 나, 나를, 나에게 **mine**: 내 것, 광산, 지뢰, 채굴하다 **myself**: 나 자신, 나 스스로, 원래의 나 **on upon = on it its**: (사물·동물을 가리켜) 그것의, (성별이 밝혀지지 않은) 그 아기의 **itself**: 그 자신 [스스로] **be is**: be의 3인칭·단수·직설법·현재형 **am**: be의 1인칭·단수·직설법·현재형 **are**: be의 2인칭·단수·직설법·현재형 **he his**: 그 [그분 / 애]의, 그 사람 자기 [자신]의, 하느님[그분/신]의, 그의 것 **him**: 그를, 남자 **himself**: 그 자신 [스스로], (그가[를]) 직접, (그 사람) 본인 **you your**: 당신의, 여러분의, 너의, 자네의 **yours**: 당신의 것, 당신의, 네 것 **yourself**: 직접, 자신, 당신 자신 **this these**: 이것들의, 이것들 **which whichever**: 어느 쪽이든, 어떤 것이라도, ~이든지 **they them**: 그것들을, 그것에게, 그들에게, 그들을 **their**: 그들의, 그것들의, 그 사람의 **themselves**: 그들 자신, 그것들 자체, 그들 직접 **theirs**: 그들[그것들]의 것 **all overall**: 종합[전반]적인, 전체의, 전부, 대체로 **one oneness**: (완전한) 일체[일치] **anyone**: 누군가, 모든 사람, 아무도 **someone**: 어떤 사람, 누구, 중요한[대단한] 사람 **can canned**: 통조림으로 된 **we us**: 우리를, 우리에게 **our**: 우리의 **ours**: 우리의 것 **ourselves**: 우리 자신[스스로/직접] **will willful**: 일부로의, 계획적인, 고의의, 제 마음대로의, 고집 센, 괴팍스러운 **she her**: 그녀의, 그녀를, 그녀가, 그녀에게 **hers**: 그녀의 것 **herself**: 그녀 자신, 그녀 스스로 **who whoever**: ~하는 사람은 누구나, 누가 ~이라도, 도대체 누가 **whom**: 누구를, 누구에게 **whose**: 누구의, 누구의 것 **other another**: 또 하나(의), 더, 또, 다른, 다른 사람[것], 또 하나의 **do undo**: 풀다[열다/끄르다], 무효로 만들다, 망치다 **done**: 다 끝난, 완료된, 완전히 요리된 **doer**: 행동가, 실천가 **doable**: 할 수 있는 **outdo**: 능가하다 **redo**: (어떤 것을) 다시 하다 **overdo**: 지나치게 하다, 과장하다, 지나치게 많이 쓰다, 너무 오래 익히다 **overdone**: 너무 익힌[구운], 과도한, 과장된, 과로한 **when whenever**: ~할 때는 언제든지, ~할 때마다 **out outward**: 표면상의, 겉보기의, 떠나가는, 밖으로 향하는 **outing**: 여행[견학], 야유회, 출전, 동성애자임을 밝힘 **time timely**: 적시의, 때맞춘 **untimely**: 때 이른, 시기상조의 **timed**: 정기의, 시한이 있는 **timeout**: 일시적 중단 **overtime** 초과근무, 잔업, 야근 **timeless**: 세월이 흘러도 변치 않는, 끝이 없는 **old-timer**: 고참 **timer**: 타임스위치, 타이머 **timetable**: 시간표, 일정표, 시간표를 짜다 **time-limit**: 제한 시간, 시한 **all-time**: 시대를 초월한, 사상 (최고의/최저의) **timeworn**: 낡아빠진, 옛날부터의 **real-time**: 실시간의, 즉시의 **meantime**: 그동안, 중간 시간, 그때까지는 **lifetime**: 일생, 평생, 생애 **halftime**: 중간 휴식, 반일 근무, 반일제의 **anytime**: 언제든지, 언제나, 예외 없이 **up upward**: 위쪽을 향한, (양·가격이) 증가[상승]하고 있는 **what whatever**: 무엇이든, 어떻든 간에 **somewhat**: 어느 정도, 약간, 다소 **such suchlike**: 그러한 것들 **like unlike**: ~와는 달리, 닮지 않은 **likeness**: 유사성, 닮음 **liking**: 좋아함, 애호, 취향 **dislike**: 싫어하다, 반감, 싫음, 싫어하는 것 **alike**: (아주) 비슷한, 비슷하게, 둘 다, 똑같이 **likewise**: 똑같이, 비슷하게, 또한 **likelihood**: 가능성 **likely**: ~할 공산이 있는, ~할 것 같은, 그럴듯한 **liken**: ~비유하다, 비기다 **likeable**: 호감이 가는, 마음에 드는 **unlikable**: 호감이 가지 않는, 유쾌하지 않은 **unlikely**: 할 것 같지 않은, 있음직하지 않은, 예상 밖의, 믿기 힘든 **over overly**: 너무, 몹시 **see all-seeing**: 만물을 꿰뚫어 보는 **unseen**: 눈에 보이지 않는, 이전에 못 본, 처음 보는 **oversee**: (작업을) 감독하다 **most mostly**: 주로, 일반적으로 **foremost**: 가장 중요한[유명한], 맨 앞에 위치한 **should shall**: ~일[할] 것이다 **through throughout**: 도처에, ~동안 죽, 내내 **where anywhere**: 어디든, 아무 데나, 어디에서도 **somewhere**: 어딘가에[에서/에로] **elsewhere**: (어딘가) 다른 곳에서[으로] **wherever**: 어디에나, 어디든지 **nowhere**: 어디에나, 어디든지, 도대체 어디에서[어디로] **way underway**: 여행 중인, 움직이고 있는 **highway**: 고속도로 **wayside**: 길가, 도로변 **midway**: 중간[도중]에 **halfway**:

중간[가운데쯤]에, 부분적으로, 불완전하게 **freeway**: 고속도로 **beltway**: 순환도로 **expressway**: 도시 고속화 도로 well **well-being**: (건강과) 행복, 웰빙 **unwell**: 몸이 편치 않은, 아픈 **wellness**: 건강(함) how **somehow**: 어떻게든, 왜 그런지 (모르겠지만), 왠지 work **worker**: 노동자[근로자] **workable**: 운용[실행] 가능한, 이용할 수 있는 **workplace**: 직장, 업무 현장 **workmanship**: 솜씨, 기술, 기량 **workshop**: 작업장, 워크숍, 연수회 **workload**: 업무량, 작업량 **paperwork**: 서류 작업, 문서 업무, 서류 **overworked**: 혹사당하는, 진부한 **coworker**: 함께 일하는 사람, 협력자, 동료 **workout**: 운동 **unworkable**: 실행[실시] 불가능한 **hardworking**: 근면한, 부지런히 일하는 **workmanlike**: 장인의 솜씨로 한[만든] **workaday**: 평범한, 보통의, 별로 흥미로울 것 없는 **workstation**: 워크스테이션, 단말기 even **uneven**: 평평하지 않은, 울퉁불퉁한, 경쟁이 안 되는, 한쪽이 훨씬 더 나은 **unevenness**: 평탄하지 않음, 고르지 않음, 불균질, 불균형 new **newly**: 최근에, 새로 **anew**: (처음부터) 다시, 새로 **renewal**: 재개, 부활, 갱신, (기한) 연장, 재개발, 회복, 개선 **renew**: 재개하다, 갱신[연장]하다, 재차[거듭] 강조하다, 새로 교체하다 life **lifeless**: 죽은, 죽은 듯한, 생명이 없는, 맥 빠진 **lifeline**: 구명 밧줄, 생명줄[선] **lifeguard**: 인명구조원[안전요원] **lifelong**: 평생 동안의, 일생의 **lifelike**: 실물과 똑같은 **life-size**: 실물 크기의 **lifeblood**: 생명선, 생명소, 혈액 **lifelessness**: 생명이 없음, 활기[생기]가 없음 **lifework**: 필생의 사업 **lifestyle**: 생활 방식 just **justice**: 공평성, 공정성, 정당성, 사법, 재판 **unjust**: 부당한, 불공평한 **unjustified**: 정당하지 않은 **justify**: 옳음[타당함]을 보여주다, 정당화시키다[하다] **justified**: 당연한, 정당한, (그럴 만한) 이유가 있는 **justification**: 타당한[정당한] 이유 **injustice**: 불평등, 부당함, 부당성 same **sameness**: 똑같음, 동일함, 단조로움 back **backup**: 지원, 예비[대체](품) **backer**: 후원자 **backward**: 뒤의, 뒷걸음질하는, 퇴보하는, 발전이 더딘, 낙후된 **backing**: 지원, 뒤를 받치는 재료, 뒤판, 안감 know **knowledge**: 지식 **knowingly**: (사정 등을) 다 알고도, 고의로, 다 알고 있다는 듯이 **knowledgeable**: 아는 것이 많은, 많이 아는 **know-how**: 노하우(실질적인 지식과 경험) **unknown**: 알려지지 않은, 무명의, 이름 없는, 유명하지 않은 make **remake**: 새로[다르게] 만들다[리메이크하다], (노래나 영화의) 리메이크 **unmade**: 정돈되어 있지 않은 **makeup**: 조립, 구성, 구조, 화장품, 거짓말, 지어낸 이야기 use **usage**: (단어의) 용법[어법/사용], 사용(됨), 사용량 **used**: 중고의, 익숙한 **useful**: 유용한, 도움이 되는, 쓸모 있는 **usefulness**: 유용성, 사용 가능성 **useless**: 소용없는, 쓸모없는, ~을 잘 못하는 **user**: 이용자, 사용자 **unused**: 사용하지 않은, 쓰인 적이 없는, 신품인, 익숙하지 않은 **misuse**: 남용, 오용, 악용, 남용[오용/악용] 하다, (사람을) 학대하다 **usable**: (상태가 괜찮아서) 사용 가능한, 쓸 수 있는 man **manly**: 남자다운 **manhood**: 성인[어른](인 상태·기간), 남자다움, 남성성 **manlike**: 사람 같은, 남자다운, 남성용의, 남자 같은 **manned**: (기계·차량 등이) 유인(有人)의 **unmanned**: (기계·차량 등이) 무인의 **manliness**: 남자다움, 용감함 own **owner**: 주인, 소유주[자] **ownership**: 소유(권) down **downside**: 불리한[덜 긍정적인] 면 **downward**: 아래쪽으로 내려가는, 하향[하강]의 good **goodness**: 선량함, 이로운 부분[영양분] **better**: 더 좋은[나은], 더 많이[잘] **best**: 최상[최고]의, 제일 좋은, 가장 잘[뛰어나게] **goody**: 먹기 좋은[맛있는] 것, 매력적인[갖고 싶은] 것, 착한 사람 long **longevity**: 장수, 오래 지속됨 **longish**: 꽤[약간] 긴 **longing**: 갈망, 열망, 갈망[열망]하는 day **daytime**: 낮 (시간), 주간 **daily**: 매일 일어나는, 나날의, 하루 작업[업무]량의, 일일, 하루 **midday**: 정오, 한낮 under **underneath**: ~의 밑[아래/안]에, 속으로[내심], 밑면, 하부 world **worldly**: 세속적인, 속세의, 세상을 많이 아는, 세상 경험이 많은 **worldwide**: 전 세계적인 **underworld**: 암흑가 **worldliness**: 속된 마음, 세속적임 **netherworld**: 지하 세계, 지옥 right **rightly**: 당연히, 마땅히, 옳게, 제대로 **rightful**: 합법적인, 적법한, 정당한 **righteous**: (도덕적으로) 옳은,

당연한 **righteousness**: 정의, 정직, 공정, 고결한 행위 **righty**: 오른손잡이(의), 보수주의자(의) **upright**: 똑바른, 꼿꼿한, 수직으로[똑바로] 세워 둔, 곧은, 강직한 **uprightness**: 강직함, 강직성 **downright**: (부정적이거나 불쾌한 것을 강조하여) 순전한[완전한] **outright**: 완전한, 전면적인, 노골적인, 명백한, 즉석에서, 즉각 **get getter**: 얻는 사람, 게터[흡수제], 게터를 쓰다 **might mighty**: 강력한, 힘센, 장대한, 웅장한, 대단히, 굉장히 **still stillness**: 고요, 정적 **part partial**: 부분적인, 불완전한, 편애하는, 편파적인 **impartial**: 공정한 **impartiality**: 공평무사, 공명정대 **partly**: 부분적으로, 어느 정도 **partiality**: 편애, 편파(적인 지지) **parting**: 이별, 작별, 가르기[갈라짐] **little belittle**: 하찮게 만들다 **take takeover**: 기업[경영권] 인수, 탈취[장악] **retake**: (도시 등을) 탈환하다, 재촬영 **overtake**: 추월하다, 앞지르다[능가/추월하다], 불시에 닥치다[엄습하다] **intake**: 섭취(량), 흡입[유입]구, 받아[끌어]들임 **uptake**: (이용 가능한 것의) 활용, 흡수[흡수율] **different differ**: 다르다, 의견이 다르다, 동의하지 않다 **difference**: 차이, 다름, 의견 차이, 불화 **differential**: 차이, 격차, 차등을 두는, 차별하는 **differentiate**: 구별하다, 구분 짓다, (특히 부당하게) A와 B를 차별하다 **undifferentiated**: 구분[차별]되지 않는 **differentiation**: 차별(의 인정), 구별, 차별 대우 **found founder**: 창립자, 설립자, 실패하다[좌초되다], (배가) 침몰하다 **foundation**: 토대[기초], 재단, 설립, 창립 **well-founded**: 기초가 튼튼한, 사실에 입각한, 충분한 이유[근거]가 있는 **unfounded**: 근거 없는, 사실무근의 **place placer**: 입상자 **placement**: 취업[거주지] 알선, 놓기, 설치, 배치 **misplace**: 제자리에 두지 않다 **misplaced**: 부적절한, 잘못된, 잘못된 대상을 향한 **placing**: 등위[순위] **case bookcase**: 책장, 책꽂이 **suitcase**: 여행 가방 **caseload**: 담당 건수[업무량] **system systematic**: 체계적인, 조직적인 **systemic**: 전체[전신]에 영향을 주는, (화학 물질·약물이) 침투성의[생물체 전체에 퍼지는] **great greatness**: 큼, 거대함, 중대, 중요, 위대함 **state stately**: 위풍당당한, 위엄 있는, 우아한, 장중한 **statement**: 성명, 진술, 서술, 성명서, 진술서 **statesman**: 정치인[정치가] **interstate**: 주와 주 사이의, 주간 고속도로 **stated**: 정해진, 정기의, 공식의, 공인된, 진술된, 확언된 **statehood**: (자주적인) 국가의 지위, 주(州)의 지위 **need needless**: 불필요한 **needy**: (경제적으로) 어려운, 궁핍한, 자신감이 없는, 애정에 굶주린 **neediness**: 곤궁, 빈곤, 궁핍 **number numbered**: 번호가 붙은 **outnumber**: ~보다 수가 더 많다, 수적으로 우세하다 **come comer**: 관심 있는 사람 모두, 모든 신청자[참가자], 도착하는 사람 **newcomer**: 신참자 **oncoming**: 다가오는 **forthcoming**: 다가오는, 곧 있을, 마련된, 기꺼이 말하는[밝히는] **think thinkable**: 생각[상상]할 수 있는, 있을 수 있는 **unthinkable**: 상상도 할 수 없는 **thinker**: 사상가, 생각하는 사람 **hand handful**: 줌, 움큼, 몇 안 되는 수 **handy**: 유용한, 편리한, 이용하기 편한 곳에 있는, 손재주가 있는, 잔손질을 잘 보는 **handedly**: 손이 있게, 손이 달려 **handily**: 편리하게, 쉽게 **handiness**: 솜씨 좋음, 교묘함, 알맞음, 편리함 **handless**: 손이 없는, 손재주 없는 **handout**: 거저 주는 것, 지원금, 인쇄물[유인물] **handiwork**: 일[작품], 짓[소행] **handprint**: 손바닥 자국 **red-handed**: 손이 빨간, 손이 피투성이의, 현행범의 **handshake**: 악수 **open-handed**: 관대한, 너그러운, 손바닥을 이용한, 손을 펴고 하는 **handheld**: 손바닥 크기의, 포켓용의, 손에 들고 쓰는 **handstand**: 물구나무서기 **handbill**: 광고 전단 **handbreadth**: 손의 폭, 뼘 **heavy-handed**: 가혹한, 냉정한, 힘을 행사하는, 지나치게 이용하는 **handcart**: 손수레 **handmade**: 손으로 만든 **offhand**: 무뚝뚝한, 퉁명스러운 **high highly**: 크게, 대단히, 매우, 높이[많이], 고도로, 높이 평가하여 **highness**: 높음, 높이, 높은 위치, 고도, 전하 **highland**: 산악 지대의, 산악 지대 **say unsaid**: (생각만 하고) 말을 하지 않는 **every everything**: 모든 것, 모두, 전부, 가장 중요한 것 **everybody**: 각자 모두, 누구든지 **everyone**: 모든 사람, 모두 **everyday**: 일상적인, 매일의 **everywhere**: 모든 곳(에[에서/으로]), 어디나 **power powerful**: 영향력 있는,

유력한, 강력한, 매우 효과적인, 힘 있는, 건장한 **powerless**: 힘없는, 무력한, 전혀 ~할 수 없는 **manpower**: 인력 **firepower**: (군대의) 화력 **all-powerful**: 전능한 **overpower**: 제압하다, 압도하다, 사로잡다 **willpower**: 의지력 year **yearly**: 1년에 한 번씩 있는, 연간의 **half-yearly**: 반년마다 하는 **yearbook**: 연감, 연보, 졸업 앨범 thought **thoughtful**: 생각에 잠긴, 배려심 있는, 친절한, 사려 깊은 **thoughtfulness**: 생각에 잠김, 사려 깊음 **thoughtless**: 무심한, 배려심 없는 **thoughtlessness**: 생각이 모자람, 인정 없음 **aforethought**: 생각한, 계획적인, 고의의, 사전 숙고, 고의 **forethought**: 사전 숙고 **afterthought**: 나중에 생각한[덧붙인] 것 order **orderly**: 정돈된, 정연한, 질서 있는, 평화로운, 잡역부[병] **disorder**: 엉망, 어수선함, 난동[무질서], (신체 기능의) 장애[이상] **disordered**: 어수선한, 엉망인, (정신적·신체적) 장애가 있는 **disorderly**: 무질서한, 난동을 부리는, 어수선한 left **lefty**: (사상이) 좌익인 사람, 왼손잡이 set **setting**: (어떤 일이 일어나는) 환경[장소], 배경, 설정 **preset**: 미리 조정하다[맞추다], 미리 결정하다 **reset**: 다시 맞추다, 다시 제자리에 넣다[고정시키다] end **ending**: 결말, 종료, 끝, (단어의) 어미 **endless**: 무한한, 한없는, 끝없는 **unending**: 끝이 없는, 영원한 important **importance**: 중요성 **self-important**: 젠체하는, 자만심이 강한 **unimportant**: 중요하지 않은, 하찮은 **all-important**: 지극히 중요한 water **watery**: 물의, 물 같은, 물기가 많은, 희미한, 연한 **watering**: 급수, 배수구, 물결무늬 **watered**: 물을 댄, 물결무늬가 있는, (주식 등을) 물타기한 **waterfall**: 폭포 **breakwater**: 방파제 **freshwater**: 민물[담수]에 사는, 민물[담수]의 **watertight**: 물이 새지[들어오지] 않는, 빈틈없는 **underwater**: 물속의, 수중의 **waterfront**: 해안가, 물가, 부둣가 **waterlogged**: 물에 잠긴, 물을 잔뜩 머금은, 물에 잠긴 **saltwater**: 바닷물[염수]의, 바다의, 바다에 익숙한 **waterproof**: 방수(防水)의, 방수가 되는 옷, 방수복, 방수 처리[가공]를 하다 small **smallish**: 좀 작은, 자그마한 point **pointy**: 끝이 뾰족한 **pointer**: 충고[조언], 신호, (계기판의) 바늘, 지시봉 **viewpoint**: 관점[시각], 방향 **pointless**: 무의미한, 할 가치가 없는 find **newfound**: 새로 발견된, 최근에 눈에 띄는 around **all-around**: 전반[다방면]에 걸친, 전면적인, 만능의, 다재다능한 information **inform**: 알리다[통지하다], 영향을 미치다, (정보를) 알아내다 **informative**: 유용한 정보를 주는, 유익한 **informant**: (경찰·신문사의) 정보원 **informational**: 정보의, 정보를 제공하는 **disinformation**: 허위 정보 **misinformation**: 오보 **informer**: 정보원[정보 제공자] **informing**: 통지하는, 유익한, 교육적인 **misinform**: 잘못된 정보를 주다 **uninformed**: 지식이 없는, 정보를 갖고 있지 못한 want **unwanted**: 원치 않는, 반갑지 않은 less **lessen**: 줄다[줄이다] **lesser**: 더 적은[작은], 덜한 form **unformed**: 분명히 발달되지 않은, 다 형성되지 않은 **formative**: (사람 성격 등의) 형성[발달]에 중요한 **formation**: 형성, 형성물, (특정한) 대형[편대] home **homeward**: 집[본국]으로 향하는 **homely**: (자기 집처럼) 아늑한[편안한], 담백한, 가정적인, 따뜻한 **hometown**: 고향 **homestead**: 주택[농가], 정부 공여 농지 **homeless**: 노숙자의, 노숙자들 **homesick**: 향수에 잠긴, 향수병을 앓는 **homemade**: 집에서 만든, 손으로 만든, 국산의 **homespun**: 소박한, 보통의, 집에서[손으로] 짠 **homeland**: 고국, 조국 **homecoming**: 귀향, 동창회 **homegrown**: 국내산의, 그 지방산의, 자가 생산의 **homelessness**: 집 없음, 노숙자임 **homey**: 제집 같은, 편안한 **homing**: 귀소성이 있는, 자동 유도 장치를 단 public **publicity**: 매스컴[언론]의 관심[주목], 홍보[광고] **publicist**: 홍보 담당자 **publicize**: 알리다, 광고[홍보]하다 large **enlarge**: 확대[확장]하다 **enlargement**: 확대, 확장 **largeness**: 큼, 많음, 넓음, 허풍, 과장, 관대함 **largesse**: (돈에 대해) 후함, 후한 행위, 부조금 **large-scale**: 대규모의, 광범한, 대축척의 **largish**: 꽤 큰, 큰 편인 last **lastly**: 마지막으로, 끝으로, 끝에 **lasting**: 영속적인, 지속적인 **outlast**: ~보다 더 오래가다[계속하다] process **procession**: 행진, 행렬, 줄 **processor**:

가공 처리용 기계, 가공[처리]하는 사람 **processional**: 행진에서 사용되는, 행렬의 **processed**: 가공(처리)한 **fact factual**: 사실에 기반을 둔, 사실을 담은 **factitious**: (진짜처럼 보이도록) 꾸며낸, 인위적인 **human humane**: 인도적인, 인정 있는, 잔혹하지 않은 **humanity**: 인류, 인간, 인간성, 인간임, 인문학 **humanly**: 인간적 능력 내에서, 인간적으로 **inhuman**: 인간미 없는, 잔혹한, 인간의 것이 아닌 **humanitarian**: 인도주의적인, 인도주의의 **humankind**: 인류, 인간 **humanism**: 인문주의, 인본주의 **subhuman**: 인간 이하의 **inhumane**: 비인간적인, 비인도적인, 잔혹한 **humanoid**: 인간과 비슷한 기계[존재] **family familial**: 가족의, 가족성의, 집안 내력의 **give given**: (이미) 정해진, 특정한, ~을 고려해볼 때, 기정사실 **head heading**: 제목, 주제 **heady**: 자극적인, 흥분시키는, 의기양양하게 만드는 **headline**: 표제, 주요 뉴스들, (기사에) 표제를 달다 **overhead**: 머리 위에[로], 하늘 높이, 머리 위의, (지상에서) 높이 세운, (비용이) 간접비의 **forehead**: 이마 **headless**: 머리가 없는 **headstone**: 묘비 **headfirst**: 거꾸로, 곤두박질로, 몹시 서둘러서, 황급히 **headgear**: (머리에 쓰는 모자 등의) 쓸 것 **behead**: (형벌로) 목을 베다, 참수하다 **headway**: (배 따위의) 전진, 진행, 진보[진행]의 속도 **head-on**: 정면으로 부딪친, 정면으로 대응하는 **far afar**: 멀리, 아득히(far) **faraway**: 멀리 떨어진, 먼, 먼 곳을 보는[생각이 딴 데 가 있는] 듯한 표정 **political politics**: 정치 **politic**: 현명한, 신중한 **politician**: 정치인, 정치가 **geopolitical**: 지정학의, 지정학적인 **polity**: 정치적 조직체, 정부 형태 **law lawful**: 법이 허용[인정]하는, 합법적인 **lawyer**: 변호사 **lawless**: 무법의, 무법 상태인 **unlawful**: 불법의 **outlaw**: 불법화하다, 금하다, 사회에서 매장[추방]하다, 도망자, 범법자 **lawsuit**: 고소, 소송 **lawlessness**: 법률을 지키지 않음, 무법 **outlawed**: 불법으로 된, 법률상 무효의 **law-abiding**: 법을 준수하는 **common-law**: 관습법의, 관습법상의, 민사상의 **data datum**: (하나의) 자료[정보] **body bodily**: 신체의, 몸 전체로, 힘껏, 온전히, 통째로 **anybody**: 누구든지, 아무라도, 아무나 **somebody**: 어떤 사람, 누군가 **antibody**: 항체 **nobody**: 아무도 ~않다, 하찮은 사람 **face facial**: 얼굴의, 안면의 **two-faced**: 두 얼굴의, 위선적인 **faceless**: 얼굴[특징] 없는, 정체불명의 **facedown**: 얼굴을 숙이고, 겉을 아래로 하고 **name namely**: 즉, 다시 말해 **nickname**: 별명, 별명을 붙이다 **unnamed**: 이름이 밝혀지지 않은, 익명의 **surname**: 성(姓) **namesake**: 이름이 같은 사람[것] **rename**: 이름을 다시 짓다[개명하다] **side underside**: (무엇의) 밑면[아랫면] **upside**: 괜찮은[긍정적인] 면 **change unchanged**: 바뀌지 않은, 변함없는 **unchanging**: 늘 변치 않는, 불변의 **interchange**: 교환, 인터체인지[입체교차로], 분기점, 교환[공유]하다 **interchangeable**: 교체[교환]할 수 있는 **changeableness**: 변하기 쉬움, 변덕스러움 **look lookout**: 망보는 곳, 망보는 사람 **onlooker**: 구경꾼 **outlook**: 관점, 세계관, 인생관, 전망 **overlook**: 못 보고 넘어가다, 간과하다, (건물 등이) 바라보다[내려다보다], (일자리·직책에 대해) 고려 대상으로 삼지 않다 **help helpful**: 도움이 되는, 기꺼이 돕는 **helpfulness**: 도움이 됨, 유익함 **helpless**: 무력한, 속수무책인, (감정을) 감당하지[참지] 못하는 **helplessness**: 무력함 **self-help**: 자립, 자조 **become unbecoming**: (어떤 사람에게) 어울리지 않는, 부적절한 **possible possibility**: 가능성, 가능함, 가능한 일, 기회 **second secondary**: (중요도 면에서) 이차적인, 부차적인, 중등교육[학교]의 **present presence**: 있음, 존재(함), 참석, 영혼, 존재, 주둔하는 사람들, 주둔군, 풍채 **presently**: 현재, 지금, 곧, 이내 **presentation**: 제출, 제시, 수여, 증정, 발표[설명], 프레젠테이션, 공연 **presentable**: (모습이) 남 앞에 내놓을 만한, 받아들여질 만한 **misrepresentation**: 그릇된 설명, 허위 진술 **misrepresent**: (정보를) 잘못[불완전하게] 전하다[표현하다] **present-day**: 현대의, 오늘날의 **love lovely**: 사랑스러운, 아름다운, 어여쁜, 매력적인, 훌륭한, 멋진, 아주 친절한 **loveliness**: 사랑스러움, 어여쁨 **lover**: 정부[애인/연인], 애호가 **lovesick**: 상사병이 난 **lovable**: (흔히 결점들에도 불구하고)

5

사랑스러운[매력적인] **unloved**: 사랑 받지 못하는 **lovingly**: 애정을 기울여, 귀여워하여, 친절히 **loveless**: 사랑[애정] 없는 **unlovable**: 귀엽지 않은, 애교가 없는, 불쾌한 **lovelorn**: 사랑에 우는[속 태우는] **mind** **mindful**: 염두에 두는[의식하는], 유념하는 **unmindful**: 신경을 안 쓰는, 무관심한 **absent-minded**: 건망증이 심한, 딴 데 정신이 팔린 **mindset**: 사고방식[태도] **absent-mindedly**: 방심하여, 멍하니, 넋을 잃고 **mindless**: 아무 생각이 없는, 특별한 이유가 없는, 머리를 쓸 필요가 없는, 상관하지[개의치] 않는 **absent-mindedness**: 방심상태, 넋 잃음 **open-minded**: 마음이 열린, 속이 트인[편협하지 않은] **absentmindedness**: 방심, 건성 **value** **valued**: 평가된, 가격이 사정된, 존중되는, 귀중한, 소중한 **valuable**: 소중한, 귀중한, 가치가 큰, 값비싼 **valuation**: (가치) 평가, (평가된) 가치, 가치액, (유용성·중요성에 대한) 판단 **unvalued**: 소중히 여겨지지 않는, 변변찮은, 하찮은, 아직 평가되지 않은 **invaluable**: 매우 유용한, 귀중한 **valueless**: 무가치한 **undervalue**: 과소평가하다, 경시하다, 시세보다 싸게 평가하다 **country** **countryside**: 시골 지역, 전원 지대 **countryman**: 동포 (남자), 같은 나라 사람, 시골 남자 **person** **personal**: 개인의[개인적인], 개개인을 위한[개별적인], 직접[몸소] 한 **personality**: 성격, 인격, 개성, 유명인, 개성이 강한 사람, 독특한 분위기 **personage**: 저명인사, 명사 **impersonal**: 인간미 없는, 비인격적인, 특정 개인과 상관없는 **personnel**: (조직·군대의) 인원[직원들], (회사의) 인사과 **personification**: 의인화, 의인화된 것, (특정 자질·특성의) 화신 **personalize**: (개인 소유물임을 나타내는) 표시를 하다, (개인의 필요에) 맞추다, 개인화하다 **personify**: 의인화하다, ~의 화신이다 **personable**: (잘생기고 성격이 좋아서) 매력적인 **business** **businesslike**: 효율적인, 업무에 충실한 **general** **generalize**: 일반화하다, 개략[개괄]적으로 말하다, 보편화하다 **generalization**: 일반화 **room** **boardroom**: 중역 회의실, 이사회실 **roomful**: 한방 가득한 사람들[사물들] **darkroom**: 암실 **bathroom**: 화장실 **roomy**: 널찍한 **anteroom**: 대기실 **restroom**: 화장실 **barroom**: 술집 **roommate**: 룸메이트, 동숙자 **cloakroom**: (공공장소의) 휴대품 보관소 **backroom**: 안쪽 방, 비밀스런 회합이 있는 방 **group** **grouping**: 그룹[집단] **regroup**: (조직을) 재편성[재정비]하다, (전열을) 가다듬다, 마음을 가다듬다 **several** **severalty**: 각자, 개별(성), 단독 보유, 단독 보유지[재산] **school** **preschool**: 유치원 **nothing** **nothingness**: 무(無), 공허, 존재하지 않음, 없음 **house** **household**: 가정 **housekeeper**: 살림을 맡아 해주는 사람, 호텔 객실 청소 매니저 **housekeeping**: 살림, 집안 돌보는 일, 관리 업무 **warehouse**: 창고 **householder**: 주택 소유[거주]자, 세대주 **houseless**: 집 없는, 집이 없는 **storehouse**: 창고 **housework**: 가사, 집안일 **housing**: 주택, 주택 공급 **whole** **wholeness**: 전체, 총체, 일체, 완전, 흠 없음 **wholly**: 완전히, 전적으로 **book** **notebook**: 노트, 공책 **handbook**: 편람, 안내서 **checkbook**: 수표장(帳) **textbook**: 교과서, 교과서적인 **bookish**: 책[학문]을 좋아하는 **booklet**: 작은 책자, 소책자 **bookshop**: 서점 **rulebook**: 규칙서, 규칙집 **playbook**: 각본(脚本) **bookshelf**: 책꽂이 **bookworm**: 책벌레, 독서광 **bookstore**: 책방, 서점 **bookmark**: (읽던 곳을 표시하기 위해 책갈피에 끼우는) 서표 **booking**: 예약 **guidebook**: 안내서, 편람 **control** **uncontrolled**: 억제[제어]되지 않는, 규제[단속]를 받지 않는 **controller**: 관리자, 조종[제어] 장치, 회계 담당자[경리 부장] **uncontrollable**: 억제[통제]할 수 없는, 걷잡을[막을] 수 없는 **level** **leveler**: 수평하게 하는 것, 평등주의자 **levelheaded**: 상식이 있는, 온건한, 분별 있는 **sublevel**: 더 낮은 수평[수준] **high-level**: 고위급의, 높은 위치[지역]의, 고급 수준의 **light** **alight**: 불붙은, 불타는, 빛나는, 날아가 앉다, (차량에서) 내리다 **lighten**: 가볍게 해주다[덜어주다], 밝게[환하게] 하다 **lightness**: 가벼움, 민첩, 날램, 수완 좋음, 부드러움, 온화, 밝음, 밝기 **lightly**: 가볍게, 부드럽게, 약간, 조금 **lighter**: (담배) 라이터 **sunlight**: 햇빛, 햇살, 일광 **daylight**: 햇빛, 일광 **candlelight**: 촛불 **lightning**: 번개,

번갯불 **starlight**: 별빛 **flashlight**: 손전등, 섬광 **stoplight**: 정지신호, 교통 신호등 **lighthouse**: 등대 **limelight**: 각광, 세상의 이목[관심] **headlight**: (자동차의) 헤드라이트 **relight**: 다시 점화하다 **spotlight**: 스포트라이트, 환한 조명, 주목[관심], 스포트라이트를 비추다, 집중 조명하다 **study** **understudy**: 대역 (배우), 대역 준비를 하다[대역을 하다] **studious**: 공부를 열심히 하는, 학구적인 **night** **nightly**: 밤마다 하는 **midnight**: 자정, 밤 열두 시, 한밤중 **tonight**: 오늘 밤에, 오늘 밤 **nightfall**: 해 질 녘, 해거름 **nightmare**: 악몽, 아주 끔찍한[힘든] 일 **overnight**: 밤사이에, 하룻밤 동안 **all-night**: 밤새 여는, 밤새 계속되는, 밤새는 **nighttime**: 야간, 밤 **thing** **something**: 어떤 것[일], 무엇, 중요한[대단한] 것[일], 정말(진술 내용을 강조하기 위해 씀) **anything**: 무엇, 아무것, 무엇이든, 중요한 것 **self** **selfish**: 이기적인 **unselfish**: 이기적이 아닌, 사심이 없는 **selfless**: 이타적인, 사심 없는 **selflessness**: 자기를 돌보지 않음, 사심이 없음 **nature** **good-natured**: 온화한, 부드러운 **natural**: 자연[천연]의, 정상적인, 당연한, 타고난, 천부적인, (꾸미지 않고) 자연스러운 **unnatural**: 비정상적인, 이상한, 자연스러운 것이 아닌 **supernatural**: 초자연적인, 초자연적 현상 **preternatural**: 기이한, 초자연적인 **naturalization**: 귀화, 자연화 **certain** **uncertain**: 확신이 없는, 잘 모르는, 불확실한, 불안정한, 자신 없는 **uncertainty**: 불확실성, 반신반의, 불확실한 것, 불확실한 상황 **certainty**: 확실한 것, 확실성 **certitude**: 확신 **ascertain**: (옳은 정보를) 알아내다[확인하다] **question** **questioner**: 질문자 **questionable**: 의심스러운, 미심쩍은 **questionnaire**: 설문지 **unquestioningly**: 의문을 품지 않고, 망설임 없이, 무조건적으로 **sense** **sensible**: 분별[양식] 있는, 합리적인, (멋있기보다는) 실용적인, 의식하고 있는 **sensibility**: 감성[감수성] **sensation**: 느낌, 감각, 센세이션[돌풍/선풍] **sensitive**: 세심한, 감성 있는, 예민한[민감한] **insensible**: 무감각한, 의식하지[알지] 못하는 **senseless**: 무의미한, 의식을 잃은, 인사불성의, 분별없는, 무분별한 **sensual**: 관능적인, 섹시한, (특히 육체적인 쾌락과 관련하여) 감각적인 **sensational**: 세상을 놀라게 하는, 돌풍을 일으키는, 선풍적인 **sensuality**: 관능[육욕]성, 호색, 음탕 **sensory**: 감각의 **oversensitive**: 지나치게 민감한 **insensitivity**: 무감각, 둔감 **hypersensitive**: 과민한, 과민증의[민감한] **sensitivity**: 세심함, (예술적) 감성, 민감성, (작은 변화에 대한) 민감도, 감도 **insensitive**: 둔감한, 몰이해한, 의식하지 못하는, 무감각한 **war** **warship**: 전함, 군함 **warfare**: 전투, 전쟁, 싸움 **line** **unlined**: 줄을 치지 않은, 주름이 없는, 안감을 대지 않은 **lined**: 주름진, 줄 이 쳐진, 안감을 댄 **outline**: 개요를 서술하다, 윤곽을 보여주다[나타내다] **underline**: 밑줄을 긋다[치다], 강조하다, 분명히 보여주다 **sideline**: 부업, 사이드라인, 열외로 취급하다 **liner**: (대형) 여객선, 선을 긋는 사람[기구] **lining**: (무엇의 안에 대는) 안감[안지], (인체 부위의) 내벽 **support** **supportive**: 지원하는, 도와주는, 힘을 주는 **supporter**: (정당·사상 등의) 지지자[후원자], 팬[서포터] **father** **fatherhood**: 아버지[아비]임 **fatherly**: 아버지 같은, 자애로운 **fatherless**: 아비 없는 **grandfather**: 할아버지 **stepfather**: 새아버지, 의붓아버지 **great-grandfather**: 증조부 **forefather**: 조상[선조] **mother** **motherhood**: 어머니인 상태 **motherly**: 어머니 같은, 자애로운 **mothering**: (아이 등을) 보살피기 **stepmother**: 새어머니, 의붓어머니 **grandmother**: 할머니 **motherless**: 어머니가 없는 **motherland**: 모국, 조국 **child** **childish**: 어린애 같은, 유치한 **children**: 어린이들 **childhood**: 어린 시절 **childless**: 자식[아이]이 없는 **grandchild**: 손주, 외손주 **able** **ably**: 능숙하게, 솜씨 있게 **unable**: ~할 수 없는, ~하지 못하는 **ability**: 할 수 있음, 능력, 재능, 기량 **inability**: 무능, 불능 **disable**: 장애를 입히다, 장애자로 만들다, 망가뜨리다 **disabled**: 장애를 가진 **disability**: (신체적·정신적) 장애 **heart** **hearty**: (마음이) 따뜻한, 다정한, 원기 왕성한, 쾌활한, 왕성한, 진심 어린 **heartily**: 실컷, 열심히 **heartless**: 무정한, 비정한 **heartwarming**: 마음이 따스해지는, 친절한, 기쁜 **heart-rending**: 가슴이

미어지는[찢어지는] **heartsick**: 비탄에 잠긴, 몹시 상심한 **disheartening**: 낙심시키는 (듯한) **open-hearted**: 친절한, 다정한 **hearten**: 용기[희망]를 북돋우다 **heartthrob**: 심장의 고동 **heavy-hearted**: 마음이 무거운, 침울한, 비탄에 잠긴 **heartening**: 원기[용기]를 북돋우는, 격려하는 **dishearten**: 낙심[낙담]하게 하다 **heartbreak**: 비통 **heartbroken**: 비통해하는 **heartbreaking**: 애끓는 마음을 자아내는, 가슴이 터질 듯한, (지루하여) 싫증나는 **lighthearted**: 편한 마음으로 즐겁게 하기 위한, 마음이 가벼운, 걱정이 없는 **heartbeat**: 심장박동, 핵심적인 특징[정서] **heartburn**: (소화불량에 의한) 속쓰림 **wholehearted**: 전폭적인, 전적인 **tenderhearted**: 마음씨 고운, 인정 많은 **heartsease**: 마음의 평화, 안심 **woman** **womanhood**: (성숙한) 여자[여성]임, 여자[여성]들 **womanly**: 여자다운, 여성스러운 **womanish**: 여자 같은, 여자에게 더 어울리는 **womanlike**: 여자 같은, 여자다운, 여성적인 **tell** **teller**: 금전 출납계[창구] 직원, 현금 지급기, (이야기 등을) 하는 사람 **untold**: 말로 다 할 수 없는, 실로 엄청난[막대한], 아무에게도 들려주지 않은 **full** **fully**: 완전히, 충분히, 무려 **fullness**: (몸이) 통통함, 풍만함, (색깔·소리 등이) 깊음, 풍부함 **history** **historian**: 사학자 **historic**: 역사적인, 역사적으로 중요한, 유사한 **historical**: 역사적, 역사상의, 역사학의, 역사와 관련된 **unhistorical**: 역사적이 아닌, 역사(적 기록)에 없는 **prehistoric**: 선사 시대의 **along** **alongside**: 옆에, 나란히, ~와 함께, ~와 동시에 **open** **openly**: 터놓고, 드러내놓고, 솔직하게 **openness**: 솔직함, 마음이 열려 있음 **unopened**: 열리지[개봉되지] 않은 **reopen**: 다시 문을 열다[시작되다], 재개하다 **common** **uncommon**: 흔하지 않은, 드문, 굉장한, 대단한 **commonplace**: 아주 흔한, 흔히 있는 일, 다반사, 진부한 말, 상투어 **true** **untrue**: 사실이 아닌, 허위의, 충실하지 않은 **truth**: 사실, 진상, 사실성, 진리, 진실 **truthful**: 정직한, 진실한 **untruth**: 거짓말, 허위(임) **untruthful**: 거짓말을 하는 **untruthfulness**: 진실 아님, 허위, 부정확 **view** **viewer**: 시청자, ~을 보는[살피는] 사람 **half** **half-and-half**: (두 가지가) 반반 섞인 **matter** **subject-matter**: 주제[소재] **kind** **kindly**: 친절[다정]하게, 친절한, 다정한 **kindness**: 친절, 다정함, 친절(한 행동) **unkind**: 불쾌한, 박정한, 약간 잔인한 **kindhearted**: 친절한, 마음씨 고운, 인정 많은 **care** **careful**: 조심하는, 주의 깊은, 세심한 **careless**: 부주의한, 조심성 없는, 경솔한, 전혀 개의치 않는, 무심한 **carefree**: 근심 걱정 없는, 속 편한 **uncaring**: 무정한, 무신경한 **careworn**: 근심 걱정으로 초췌한[찌든] **healthcare**: 건강관리 (방법), 의료, 건강관리의, 의료의 **daycare**: (아이를) 탁아소에 맡기다 **result** **resultant**: 그 결과로 생긴[그에 따른] **experience** **experienced**: 경험[경력]이 있는, 능숙한 **experiential**: 경험에 의한, 경험상의 **inexperienced**: 경험이 부족한, 미숙한 **inexperience**: 경험 부족, 미숙 **interest** **uninteresting**: 흥미롭지 못한, 재미없는 **disinterested**: 사심이 없는, 객관적인, 무관심한 **uninterested**: 흥미[관심] 없는, 무관심한 **interesting**: (특별하거나 신 나거나 특이해서) 재미있는, 흥미로운 **individual** **individuality**: 개성, 특성 **individualization**: 별[개성]화, 차별, 구별 **white** **whiteness**: 흼, 순백, 순결, 결백, 창백 **whitening**: 희게 함[됨], 백화, 표백 **whiten**: (더) 하얘지다, (더) 하얗게[희게] 만들다 **research** **researcher**: 연구원, 조사원, 탐색자 **money** **monetary**: 통화[화폐]의 **word** **crossword**: 십자말풀이 **password**: 암호, 비밀번호 **watchword**: 좌우명, 표어 **wording**: 단어 선택, (신중히 골라 쓴) 표현 **wordy**: 장황한 **wordiness**: 장황함, 다변(임) **effect** **effectual**: 효과적인, 효험이 있는 **effective**: 효과적인, 실질적인, 사실상의, 시행[발효]되는 **ineffective**: 효과[효력] 없는, 효과적이지 못한 **effectiveness**: 유효(성), 효과적임 **ineffectual**: 능력이 부족한, 원하는 목표를 얻지 못하는 **problem** **problematic**: 문제가 있는[많은] **problematical**: 문제의, 의문의, 미정의, 의심스러운 **free** **freely**: 자유롭게, 막힘없이, 노골적으로, 기꺼이 **freedom**: 자유 **freeloader**: 남에게 얻어먹기만 하는[기식하는] 사람 **freewheeling**: 자유분방한 **freeware**: 프리웨어 **free-for-all**:

무질서[혼란] 상태, 무한 경쟁, 난투극 **moment momentary**: 순간적인, 잠간[찰나]의 **momentous**: 중대한 **show showy**: 현란한 **showcase**: 공개 행사, 진열장 **showroom**: 전시실 **real really**: 실제로, 진짜로, 아주[정말] **reality**: 현실(실제 상황), 실제로 존재하는 것 **realize**: 깨닫다, 알아차리다, 실현[달성]하다, 현실이 되다 **unreal**: 현실 같지 않은, 너무도 이상한, 믿을 수가 없는 **surreal**: 아주 이상한, 비현실적인, 꿈같은 **realization**: 깨달음, 자각, 인식, (목표 등의) 실현[달성] **realism**: 현실주의, 사실성 **realistic**: 현실적인, 현실을 직시하는, 실현 가능한, 실제 그대로의 **realist**: 현실주의자, 사실주의[리얼리즘] 작가 **unrealistic**: 비현실적인 **period periodic**: 주기적인 **periodical**: 정기간행물(특히 학술지) **periodicity**: 주기[정기]성, 정기 출현 **local locality**: (현재 얘기되고 있거나 위치해 있는 장소의) 인근 **localize**: (영향 등을) 국한시키다[국부적이 되게 하다], ~의 위치를 알아내다 **localization**: 지방분권, 지방화, 국한, 위치 측정 **locale**: (사건 등의) 현장[무대] **class classless**: 계급 없는, 특정 계층에 속하지 않는 **classification**: 분류, 유형, 범주 **classified**: 기밀의, 주제별로 분류된 **classify**: 분류[구분]하다 **classmate**: 급우, 반 친구 **keep keeper**: 지키는 사람[책임자/관리자], 사육사[담당자] **shopkeeper**: 가게 주인[운영자] **bookkeeper**: 회계 장부 담당자 **timekeeper**: 시간 기록원 **upkeep**: 유지[유지비], 양육[양육비] **subject subjective**: 주관적인, (현실 세계의 것이 아니라) 마음속에 존재하는 **land landing**: 착륙 **inland**: 내륙으로, 내륙에 있는 **mainland**: 본토 **landfall**: 처음 보는[도착하는] 땅[육지] **landward**: 육지를 향한, 내륙의 **landlocked**: 육지에 둘러싸인 **parkland**: 대정원 **feel unfeeling**: 무정한, 냉정한 **feeler**: (곤충의) 더듬이[촉수] **reason reasonable**: 타당한, 사리에 맞는, 합당한, 적당한 **reasoning**: 추리, 추론 **unreasonable**: 불합리한, 부당한, 지나친 **believe believable**: 그럴듯한 **believer**: 믿는 사람 **unbelievable**: 믿기 어려울 정도인 **disbelief**: 믿지 않음, 불신감 **belief**: 신념, 확신, 믿는 사항[믿음] **potential potency**: (사람의 심신에 영향을 미치는) 힘, (약 등의) 효능, (남자의) 성행위 능력 **necessary necessitate**: 필요하게 만들다 **necessity**: 필요(성), 필수품, 불가피한 일 **unnecessary**: 불필요한, 필요 이상의, 쓸데없는, 부적절한 **further furtherance**: 발전, 진척 **furthermore**: 뿐만 아니라, 더욱이 **low lower**: 낮추다, 내리다, 줄이다, (값 등이) 떨어지다, 아래쪽의, 하부의, 하급의, 열등한, 하층의 **lowly**: (지위 · 중요도가) 낮은, 하찮은 **lowery**: (날씨가) 험상궂은, 음울한, 기분이 좋지 않은 **service serviceable**: 쓸 만한, 쓸모 있는, 유용한 **door doorway**: 출입구 **doorknob**: (문의) 손잡이 **doorstep**: 문간(의 계단) **backdoor**: 뒷문의, 뒷구멍의, 비밀 수단의, 부정한 **short shortness**: 짧음, 가까움, 낮은, 부족, 무뚝뚝함 **shorten**: 짧게 하다, 단축하다, 짧아지다 **shortage**: 부족 **shortcoming**: 결점, 단점 **short-term**: 단기의, 단기적인 **shorthand**: 속기, 약칭(略稱) **shortcut**: 지름길, 손쉬운 방법, 손쉬운, 간단한 **city citywide**: 전 도시의, 전 시민의 **call so-called**: 소위, 이른바 **uncalled**: 부르지 않은, 초대받지 않은 **uncalled-for**: 요구되지 않은, 불필요한, 주제넘게 나선, 참견하는 **read reader**: 읽는 사람, 독자[독서가], 구독자, 판독기 **readable**: 읽기 쉬운, 재미있는, 알아보기[읽기] 쉬운 **unreadable**: 안 읽히는, 읽을 가치가 없는, 무슨 생각을 하는지 알 수 없는 **misread**: 잘못 해석하다, 오해하다, 잘못 읽다 **well-read**: 많이 읽은, 박식한 **clear unclear**: 불확실한, 분명하지 않은, 완전히 이해하지 못하는, 잘 모르는 **clearance**: (불필요한 것) 없애기[정리], (두 물체 사이의) 간격[여유], 승인, 허락 **clarity**: (표현의) 명료성, (사고력 · 이해력 등의) 명확성, 선명도[투명도] **sure unsure**: 확신하지 못하는, 의심스러워하는, 자신 없는 **ensure**: 반드시 ~하게[이게] 하다, 보장하다 **type typify**: 전형적[대표적]이다, 특징이다 **typing**: 타자 치기, 타이핑[입력]하기, 타이핑된 것 **air airy**: 바람이 잘 통하는, 대수롭지 않은 듯한, 공허한, 비현실적인 **airship**: 비행선 **airways**: 항공사 **airing**: 발표, 토론, 바람을 씀 **aircraft**: 항공기 **mid-air**: 공중 **airplane**: 비행기 **airlift**:

공수작전, 항공기로 이동시키다, 공수하다 **airless**: 바람이 안 부는, 공기가 안 통하는, 답답한 **hot-air**: 열기(熱氣)의 **airtight**: 밀폐된 **mean meaning**: 뜻[의미], 중요성 **meanness**: 하찮음, 조악, 빈약, 천함, 비열 **meaningful**: 의미 있는, 중요한, 의미를 갖는, 유의미한 **meaningless**: 의미 없는[무의미한], 중요하지 않은, 아무 의미가 없는 **term terminology**: (집합적인) 전문 용어, (어떤 개념을 나타내는) 용어들 **provide provision**: 공급, 제공, 대비, 준비, 조항[규정/단서], 공급하다 **provider**: 제공자, 제공 기관, (가족 등을 먹여 살리는) 부양자 **analysis analyze**: 분석하다, 분석적으로 검토하다 **analytical**: 분석적인 **analytic**: 분석적인 **analyst**: 분석가 **health healthy**: 건강한, 건강에 좋은, 정상적인, 건전한 **healthful**: 건강에 좋은 **unhealthy**: 건강하지 못한, 병든 것 같은, 건강에 해로운, 유해한, 비정상적인, 불건전한 **black blackout**: 정전, 보도 통제, 기억상실 **blackness**: 검음, 암흑, 흉악, 음흉, 음울함 **blackmail**: 갈취[공갈], 협박, 갈취[협박]하다 **blacking**: 검게 함, 검정 도료 **blacken**: 검게 만들다, (명성 등을) 더럽히다 **blackboard**: 칠판 **blacklist**: 블랙리스트, 블랙리스트에 올리다 **age aging**: 나이 먹음, 노화, (술 등의) 숙성(熟成) **ageless**: 늙지 않는, 나이를 안 먹는, 영원한 **aged**: 고령의, 연로한, 노인들 **underage**: 미성년자가 한 **middle-aged**: 중년의, 중년인 사람들, 약간 따분한[구식인] **age-old**: 아주 오래된, 예로부터 전해 내려오는 **community communal**: 공동의[공용의], 집단들이 관련된 **commune**: 공동체 (함께 살면서 책무·재산 등을 공유하는 집단), 최소 행정 구역 **single singular**: 뛰어난, 두드러진, 특이한, 이상한, (문법) 단수형의, 단수형 **singularity**: 특이성 **rate underrate**: 과소평가하다 **rating**: 순위[평가], 시청률, 청취율, 등급 **second-rate**: 썩 훌륭하지는 못한, 이류의 **field outfield**: 외야, 외야에[로] **infield**: 내야, 내야에서, 내야로 **fielder**: (외)야수 **market marketing**: 마케팅 **marketplace**: 시장, 장터 **marketable**: (상품이) 잘 팔리는[시장성이 있는] **supermarket**: 슈퍼마켓 **specific specification**: 설명서, 열거, 명세 사항 **specifics**: 세부 사항[내용] **specify**: (구체적으로) 명시하다 **nonspecific**: 특이하지 않은, 비특이성의 **unspecified**: 명시[지정]되지 않은 **approach unapproachable**: (사람이) 접근하기가[말을 붙이기가] 어려운 **available avail**: 도움이 되다, 소용에 닿다 **unavailable**: 손에 넣을[획득할] 수 없는, (어떤 샤람과) 만날[이야기를 나눌] 수 없는 **unavailing**: 성공하지 못한, 소용없는, 효과 없는 **availability**: 유효성, 유용성, 이용할 수 있는 사람[것] **voice voiceless**: 무성음의 **unvoiced**: (생각만 하고) 말로 표현하지 않은, 무성음의 **evidence self-evidence**: 자명함 **self-evident**: 자명한, 따로 증명[설명]할 필요가 없는 **evidential**: 증거의, 증거가 되는, 증거에 근거한 **evident**: 분명한, 눈에 띄는 **understand misunderstand**: 오해하다 **misunderstanding**: 오해, 착오, (가벼운) 언쟁[불화] **understandable**: (특정 상황에서) 정상적인[당연한], 이해하기 쉬운, 이해할 수 있는 **hard hardly**: 거의 ~아니다[없다], 거의 ~할 수가 없다, 전혀 ~이 아닌 것 같다 **hardness**: 단단함, 견고, 무정, 무자비, 곤란, 난해 **harden**: 굳다, 경화되다, (얼굴·목소리 등이) 딱딱해지다, 단호해지다, 둔감하게 만들다 **hardy**: (척박한 환경에) 강한[강인한] **hardihood**: 대담, 배짱, 용기, 뻔뻔스러움, 철면피 **hard-and-fast**: 엄중한, 변경을 허락하지 않는, 명확한, 엄밀한 **close closing**: (어떤 일이나 행동을) 마무리 짓는, 폐쇄 **closeness**: 근사(近似), 접근, 정확, 엄밀, 밀폐, 인색 **closure**: 폐쇄, (힘든 일의) 종료[종결] **closer**: 닫는 것[사람], 거래를 체결하는 사람 **story storyline**: (소설·영화 등의) 줄거리 **storytelling**: 이야기를 하는, 이야기하기 **storied**: 옛날이야기들 속에 나오는, 유명한, 잘 알려진 **future futuristic**: 초현대적인, 미래를 상상하는 **cause causal**: 인과관계의 **causation**: (다른 사건의) 야기 **turn upturn**: (어느 정도의 기간에 걸친) 호전[상승] **turnout**: 참가자의 수, 투표자의 수, 투표율 **turnover**: (기업의) 총매상고, 매출량[액], 이직률, 회전율 **upturned**: 위로 향한, (아래위가) 거꾸로인[뒤집힌] **turnaround**: 적하와 적재 시간, (의견·행동 등의) 백팔십도 전환 **overturn**: 뒤집히다, 번복시키다

unturned: 돌리지 않은, 뒤집지 않은 turnstile: 회전식 문 similar similarity: 유사성, 닮음 dissimilar: 같지 않은, 다른 dissimilarity: 비슷하지 않음, 차이점 similitude: 유사함 education educational: 교육의, 교육적인 educate: 교육하다, 가르치다 educated: 교육을 받은, 많이 배운, 학식[교양] 있는 educator: 교육자, 교육학자, 교육 전문가 uneducated: 교육을 못 받은, 배운 데 없는, 무지한 coeducation: 남녀공학 toward towards: 쪽으로, 향하여, 무렵에, ~에 대하여 untoward: (보통 좋지 못한 방향으로) 뜻밖의[별다른] society social: 사회의, 사회적인, 사교상의, 사교와 관련된, (동물이) 사회적인[무리를 이루어 사는] socialize: 사귀다[어울리다/교제하다], 사회화시키다 socialist: 사회주의자 socialism: 사회주의 antisocial: 반사회적인, 비사교적인 unsociable: 비사교적인, 무뚝뚝한 sociable: 사람들과 어울리기 좋아하는, 사교적인, 붙임성 있는 near nearly: 거의 nearby: 인근의, 가까운 곳 practice practicable: 실행[실현] 가능한 practiced: 연습을 쌓은, 경험이 풍부한, 숙련된, 일부러 지은, 억지스러운, 부자연스러운 malpractice: 위법[부정/배임]행위, (의사의) 의료 과실[사고] force forced: 강제적인, 강요된, 억지로 하는 forceful: 단호한, 강력한, 확실한, 강압적인 forcible: 물리력[힘]에 의한, 강제적인 due undue: 지나친, 과도한 overdue: 기한이 지난, 벌써 행해졌어야 할, 이미 늦어진 poor poorly: 좋지 못하게, 저조하게, 형편없이 poverty: 가난, 빈곤, (질적인)부족[빈곤] live lively: 활기[생기] 넘치는, 적극[의욕]적인, (색깔이) 선명한 livelihood: 생계 (수단) relive: (특히 상상 속에서) 다시 체험하다 liveliness: 원기, 활기, 명랑, 선명 outlive: ~보다 더 오래 살다, ~보다 더 오래 지속되다 enliven: 더 재미있게[생동감 있게] 만들다 liver: 생활자, ~식으로 생활하는 사람, 거주자, (생물) 간 include inclusive: (가격에) 일체의 경비가 포함된, 폭넓은, 포괄적인 inclusion: 포함, 포함된 사람[것] play player: 참가자[선수], 연주자, 재생장치 playful: 놀기 좋아하는, 장난으로 한, 농담의 playwright: 극작가, 각본가[드라마 작가] replay: 재경기, (과거 일의) 재현, 재경기를 하다, 재생하다[다시 보다] plaything: 노리개 playmate: (아이의) 놀이 친구 function functional: 기능 위주의, 실용적인, 기능상의, 기능적인 functioning: 기능, 작용 malfunction: 기능부전, 고장, (컴퓨터) 기능 불량 malfunctioning: 대로 기능하지 못하는, 제대로 움직이지 않는 dysfunction: (병리) 기능장애, (사회) 역기능, 기능장애를 일으키다, 고장나다 ground grounded: 현실에 기반을 둔 underground: 지하의 playground: (학교의) 운동장, (공원의) 놀이터, 유원지 groundless: 근거 없는 background: 배경, 바탕, 배후 사정 aground: (배가) 좌초되어 groundwork: 준비[기초] 작업 alone aloneness: (남에게서) 떨어져 있음, 혼자임 attention attentive: 주의[귀]를 기울이는, 배려하는, 신경을 쓰는 food foodstuff: 식품, 식량 space spacious: 널찍한 spacecraft: 우주선 airspace: 영공 aerospace: 항공우주 산업 spaceship: 우주선 spacing: 간격, 자간, 행간 spatial: 공간의, 공간적인 spacer: 간격을 띄우는 것[장치, 사람] theory theorize: 이론을 제시하다[세우다] theoretical: 이론의, 이론적인, 이론상으로 theorist: 이론가 theorem: 정리(定理) risk risky: 위험한 major majority: (특정 집단 내에서) 가장 많은 수[다수], 득표 차[표] 차이, (법률상의) 성년 late belated: 뒤늦은 lateness: 늦은, 요전의, 작고한, 저물어, 밤늦도록 friend friendly: 친절한[우호적인], 상냥한, 다정한, 친숙한, 사용하기 편한 unfriendly: 비우호적인, 불친절한, 쌀쌀맞은 friendship: 우정, 교우 관계 friendliness: 우정, 친선, 친절, 친목, 호의 befriend: 친구가 되어주다 friendless: 친구가 없는 method methodology: 방법론 methodical: 체계적인, 꼼꼼한 energy energetic: 정력[활동]적인, 정력을 요하는, 힘든 rest restless: 가만히 못 있는[들썩이는], 제대로 쉬지[잠들지] 못하는 restlessness: 차분하지 못함, 쉼 없음 unrest: (사회・정치적인) 불안[불만] restful: 편안한, 평화로운 current currency: 통화, 통용 section sect:

종파(宗派) **wife** **housewife**: (전업)주부 **midwife**: 산파, 조산사 **property** **proprietor**: (사업체·호텔 등의) 소유주[자] **table** **tablecloth**: 식탁보, 테이블보 **blood** **cold-blooded**: 냉혹한, 냉혈의 **warm-blooded**: 온혈의 **bloody**: 피로 더럽혀진, 피투성이의, 유혈의, 피비린내 나는, 몹시, 지독하게 **bloodshed**: 유혈 사태 **bloodstream**: 혈류, 혈액순환 **bloodline**: 혈통 **bloodthirsty**: 피에 굶주린, 살인과 폭력에 관한, 잔인한 **bloodshot**: 충혈된, 핏발이 선 **bloodless**: 무혈의, 핏기가 없는, 피도 눈물도 없는 **front** **forefront**: 맨 앞, 선두, 가장 중요한 위치[지위] **upfront**: 솔직한, 선불의 **frontal**: 정면[앞면]의, (기상) 전선의 **outside** **outsider**: (사회·집단의 일부로 받아들여지지 않는) 국외자[아웃사이더], 외부인, 승산이 없는 선수 **difficult** **difficulty**: 어려움, 곤경, 장애, 어려운 정도 **top** **topmost**: 가장 높은 **topless**: (옷을 입지 않고) 상반신을 드러낸[노출시킨] **topnotch**: (도달할 수 있는) 최고점, 최고도, 일류의, 최고의 **material** **materialistic**: 물질(만능)주의적인 **materialism**: 물질(만능)주의, 유물론 **materialize**: 구체화되다[실현되다], (갑자기·불가사의하게) 나타나다 **immaterial**: (특정 상황에서는) 중요하지 않은, 무형의, 실체가 없는 **structure** **substructure**: 하부구조 **infrastructure**: 사회[공공] 기반 시설 **structural**: 구조상의, 구조적인 **son** **grandson**: 손자 **court** **courting**: 연애 중인, 결혼할 것 같은 **courtly**: (특히 구식일 정도로 대단히) 공손한[정중한] **courtliness**: 예의 바름, 품위 있음, 아첨함 **culture** **cultural**: 문화와 관련된, 문화의 **cultured**: 세련된, 교양 있는, (세포나) 배양된 **uncultured**: 개간[경작]하지 않은, 교양 없는, 세련되지 못한 **plan** **planning**: 계획 (세우기·과정), 입안 **planner**: 일정 계획표, 설계자[계획자] **unplanned**: 미리 계획하지 않은 **increase** **increasingly**: 점점 더, 갈수록 더 **special** **specialize**: 전공하다[전문적으로 다루다] **specialized**: 전문적인, 전문화된 **specialty**: 전문, 전공, 특질, 특성, 특수성, 명물, 특산품 **specialist**: 전문가, 전공자, 전문의 **answer** **unanswered**: 해답[대답]이 나오지 않은, 답장을 못 쓴, 답을 못한 **answerable**: (자기 행동에 대해) 설명을 해야 하는, 책임을 져야 하는, 답을 할 수 있는 **private** **privatization**: 민영화, 사영화, 사유화 **privacy**: 혼자 있는 상태, 사생활 **situation** **situate**: (어떤 위치에) 짓다[두다], 위치시키다, (고려 대상을 특정 상황에) 놓고 보다[고려하다] **physical** **physique**: (사람의) 체격 **physician**: 의사, 내과의사 **character** **characteristic**: 특유의, 특징, 특질 **characterize**: 특징이 되다, 특징짓다, 특징을 묘사하다 **uncharacteristic**: ~답지 않은, 평소답지 않은 **characterization**: 성격묘사 **act** **action**: 행동, 조치, 동작[행위], 소송, 법적 조치, 전투, 작전, 작용, 영향 **actionable**: 소송을 초래할 수 있는 **actor**: 배우 **counteract**: (무엇의 악영향에) 대응하다 **purpose** **purposeful**: 목적의식이 있는, 결단력 있는, 결의에 찬 **purposive**: 목적[목적의식]이 분명한 **purposeless**: 무목적적인, 아무 목적[의미/소용] 없는 **run** **runaway**: 달아난, 가출한, 제멋대로 가는, 고삐 풀린, 아주 수월한, 걷잡을 수 없는, 도망자, 가출자 **runway**: 활주로 **rerun**: 재방송, 재시합[재경기], 재방송하다, 반복하다 **runner**: 주자, 경주마 **rundown**: 축소[쇠퇴], 설명, 묘사 **runny**: 콧물[눈물]이 흐르는, 물기가 많은, 묽은 **overrun**: 급속히 퍼지다[가득 차다], 들끓다, (예정된 시간·금액을) 초과하다 **forerunner**: 선구자, 전신(前身), 전조 **outrun**: 더 빨리[멀리] 달리다, 넘어서다, 웃돌다 **influence** **influential**: 영향력 있는, 영향력이 큰 **fire** **fiery**: 불타는 듯한, (성질이) 불같은, (감정이) 맹렬한, 입안이 타는 것 같은 **fireplace**: 벽난로 **firewood**: 장작 **bonfire**: 모닥불 **afire**: 불타서, (감정이) 격하여 **firewall**: 방화벽, 파이어 월 **fireman**: 소방관 **firefighter**: 소방관 **firearm**: (권총 등의) 화기 **fireproof**: 내화성[불연성]의 **firework**: 폭죽, 불꽃놀이, 격하게 내뱉는 말 **gunfire firecracker**: 폭죽 **fireball**: 불덩이, 화구 **object** **objective**: 목적, 목표, 대물렌즈, 객관적인, 실재하는, 실증적인 **objectivity**: 객관성, 객관적 타당성, 객관적 실재 **objection**: 이의, 반대 (이유) **objectionable**: 불쾌한, 무례한 **objector**: 반대자 **size** **sized**: 크기가 ~한 **sizeable**: 꽤

큰[많은], 상당한 **oversized**: 특대의, 너무 큰 **undersized**: 보통보다 작은[소형의] **downsize**: (사업체가 비용 절감을 위해 인원을) 줄이다[축소하다] total **totality**: 전체, 총액[총수] significant **significance**: 중대성, 중요성, 의의, 의미 **signification**: (특정한 단어·구의 정확한) 의미 **signify**: 의미하다, 뜻하다, 나타내다, 중요하다, 문제가 되다 **insignificant**: 대수롭지 않은, 사소한, 하찮은 **insignificance**: 무의미, 무가치, 사소한 일, 하찮음 letter **unlettered**: 글을 못 읽는 **letter-perfect**: (모든 면에서) 정확한[틀림없는] surface **resurface**: 다시 떠오르다[드러나다], 표면처리를 다시 하다 population **populous**: 인구가 많은 **populace**: 대중들[서민들] **populate**: (어떤 지역의 주민으로) 살다, 거주하다, 이주시키다[하다] **depopulation**: 인구 감소 **depopulate**: (어떤 장소의) 인구[주민]수를 줄이다 test **untested**: 검증되지 않은 **retest**: 다시 테스트하다 **tester**: 시험관, 검사자, 시험[검사] 장치 **testy**: 짜증[화]을 잘 내는 simple **simply**: 간단히, 평이하게, 소박하게, 요약하면, 그냥, 그저 **simplify**: 간소화[단순화]하다, 간단[평이]하게 하다 **simplicity**: 간단함, 평이함, 소박함, 순박함 **simplistic**: 지나치게 단순화한 **simplified**: 쉽게 한, 간소화한, 간략하게 한 **simplification**: 간소화, 단순화 hope **hopeful**: 희망에 찬, 기대하는, 희망적인, 희망을 주는 **hopeless**: 가망 없는, 절망적인, 형편없는, 젬병인 **hopelessness**: 가망 없음, 절망 (상태) response **responsive**: 즉각 반응[대응]하는, 관심[열의]을 보이는, 호응하는 **unresponsive**: 무반응의, 묵묵부답의 hear **unheard**: 아무도 귀 기울이지 않는, 들어보지 않은 **overhear**: (남의 대화 등을) 우연히 듣다 **hearsay**: 전해 들은 말 town **downtown**: 도심지, 도심(지)의, 중심가[상가]의, 도심지에서 **uptown**: 도심을 벗어난, (주택들이 있는) 시 외곽의, 부유층 지역의, 도심을 벗어나 **townsman**: 도회지 사람, 읍민, 시민 quality **qualitative**: 질적인 design **designer**: 디자이너, 유명 디자이너가 만든, 유명 브랜드의 move **movement**: 움직임, 이동, 운동, 진전 **mover**: 움직이는 사람[것], 물건을 옮기는[나르는] 사람[기계] **unmoving**: 움직이지 않는 project **projecting**: 돌출한, 툭 튀어나온 **projection**: 예상[추정], 투사, 투영, 영사, 돌출부, 돌기 **projected**: 예상된 **projectile**: (총알 같은) 발사체, 발사 무기 military **paramilitary**: 불법 무장 단체의, 준군사적인[준군사 조직의], 예비군의, 불법 무장 단체원 **militant**: 공격적인, 전투적인 **militarily**: 군사적으로, 군대식으로, 군사적 입장에서 **militia**: 민병대, 의용군 talk **talking**: 말하는, 수다스러운, 말 많은, 표정이 풍부한 **talkative**: 말하기를 좋아하는, 수다스러운 **talky**: 수다스러운, 쓸데없는 대화가 많은 **talkativeness**: 이야기하기 좋아함, 수다스러움 art **artistic**: 예술의, 예술적 감각이 있는, 예술적인, 아름다운 **artisan**: 장인, 기능 보유자 **artistry**: 예술가적 기교 **artful**: 교묘한, 기교 있는, 기교적인 **arty**: 예술가[예술 애호가]인 체하는 **artless**: 꾸밈없는, 소박한, 못 만든, 솜씨 없는 **artwork**: 도판, 삽화, 미술품 **artist**: 화가, 예술가, 아티스트 **artiste**: 예능인, 연예인 seem **seemingly**: 외견상으로, 겉보기에는, 보아하니 **unseemly**: 꼴사나운, 부적절한 pay **overpay**: 초과 지급하다, (일의 가치에 비해) 너무 많은 보수를 주다 **payment**: 지불, 지급, 납입, 보답 **payable**: 지불해야 하는, 지불할 수 있는 **repay**: (빌린 돈을) 갚다[상환하다], (은혜 등을) 보답하다 **paycheck**: 급료 (지불 수표) **payoff**: 급료 지불, 보복 **repayment**: 상환, 분할상환금 **payout**: (많은 액수의) 지불금 **payroll**: 급여 대상자 명단, 급여 지불 총액 **payee**: (금전·수표의) 수취인[수령인] **underpaid**: (하는 일에 비해) 제대로 보수를 못 받는[급여가 적은] **unpaid**: 아직 돈을 내지 않은, 미납의, 무보수의, 무급의 **prepaid**: 선불[선납]된 text **textual**: 원문[본문]의 **subtext**: 언외(言外)의 의미, 숨은 이유 **context**: 맥락, 전후 사정, 문맥 respect **respectable**: 존경할 만한, 훌륭한, (옷차림 등이) 점잖은, 꽤 괜찮은, 부끄럽지 않은 **respectful**: 존경심을 보이는, 경의를 표하는, 공손한 **respectability**: 존경할 만함, 훌륭함 **disrespect**: 무례, 결례 **disrespectful**: 무례한, 실례되는, 경멸하는 lead **unleaded**:

무연의 **misleading**: 호도[오도]하는, 오해의 소지가 있는 **mislead**: 호도[오도]하다 **leaden**: 납빛의, 탁한 회색의, 무거운 **leader**: 지도자, 대표, 선두 **leadership**: 대표[지도자]직[임], 지도력, 통솔력, 지도부 **ringleader**: (범죄단체 등의) 우두머리[주모자] **trade** **trading**: 거래, 영업 **trader**: 상인, 거래자 **tradesman**: 방문판매원, 배달원 **bad** **badness**: (도덕적으로) 나쁨 **worse**: 더 나쁜[못한/엉망인], 더 심한[심각한/악화된], 더 아픈[불행한] **worst**: 가장 나쁜[못한], 최악의, 가장 나쁘게, 최악으로, 가장 심한[심각한] 것[부분], 최악 **modern** **modernist**: 현대풍[식]의 사람, 근대주의자 **modernity**: 현대[근대]성, 현대적임 **modernize**: 현대화하다 **modernization**: 현대화, 근대화 **modernism**: 현대적 사상[방식], 현대주의, 모더니즘 **sound** **soundly**: (잠이 든 모양이) 깊이[곤히], 견실하게, 확고히, 튼튼하게 **unsound**: 부적절한, 믿을 수 없는, 견고하지 못한 **ultrasound**: 초음파, 초음파검사 **manner** **mannered**: 격식을 차린, 자연스럽지 못한, 예의가 ~한 **mannerism**: (본인은 의식하지 못하는) 버릇, 타성 **well-mannered**: 예절 바른, 정중한, 얌전한 **dead** **undead**: 죽지 않은, 완전히 죽지 않은 **deadbeat**: 게으름뱅이, 사회의 낙오자 **deaden**: 줄이다[죽이다] **deadlock**: (협상의) 교착상태 **deadening**: 방음재, 방음장치, 개간한 토지 **deadline**: 기한, 마감 시간[일자] **death**: 죽는 것, 죽음, 사망, 종말, 사망 **deathbed**: 임종(의 자리) **music** **musician**: 음악가, 뮤지션 **musical**: 음악의, 음악적인, 음악에 재능[관심]이 있는, 음악 같은, 듣기 좋은 **original** **originality**: 독창성 **origin**: 기원, 근원, 출신, 혈통 **originate**: 비롯되다, 유래하다, 발명[고안]하다 **origination**: 시작, 일어남, 개시, 발생 **originator**: 창작자, 창시자, 발기인 **patient** **outpatient**: 외래환자 **impatient**: 짜증난[안달하는], 못 견디는[받아들이지 못하는] **patience**: 참을성, 인내력, 인내심 **impatience**: 성급함, 조급, 안달, 초조, 조바심 **job** **jobless**: 직장이 없는, 실직 상태인, 실업자들 **image** **imagery**: 형상화[이미지], 사진 **girl** **girlish**: 여자아이 같은, 여자아이의 **girly**: 여자다운, 소녀티가 나는, 계집애 같은 **report** **reporter**: (보도) 기자, 리포터 **reporting**: 보도 **reportedly**: 전하는 바에 따르면, 소문에 의하면 **speak** **spokesperson**: 대변인 **speaker**: 연사, 연설가, 발표자, 말[이야기]하는 사람, 스피커 **unspeakable**: (보통 나쁜 것이) 이루 말할 수 없는[형언하기 힘든] **unspoken**: 말로 하지[입 밖에 내지] 않은, 무언의 **spokesman**: 대변인 **outspoken**: 노골적으로[거침없이] 말하는 **meet** **meeting**: 회의, 회의 참석자들, 만남 **earth** **earthly**: 세속적인, 도대체, 조금도 **earthen**: 흙으로 된, 흙으로 빚어 구운, 토기[옹기]의 **earthenware**: 도기의 **earthy**: 저속한, 흙[땅]의, 흙[땅] 같은 **unearth**: (땅속에서) 파내다, 발굴하다, 찾다, 밝혀내다 **earthworm**: 지렁이 **earthquake**: 지진 **complete** **completion**: 완료, 완성 **completeness**: 완성[완결]도 **incomplete**: 불완전한, 미완성의 **incompleteness**: 불완전, 불충분, 미완성 **start** **starter**: 전채 요리, 시동 장치 **upstart**: 건방진 놈 **restart**: 다시 시작하다[시작하게 하다] **foreign** **foreigner**: 외국인, 국외자 **cell** **cellular**: 세포의, 무선[휴대]전화의 **unicellular**: (생물체가) 단세포의 **rule** **unruly**: 다루기 힘든, 제멋대로 구는 **overrule**: 기각[각하]하다 **ruler**: 통치자, 지배자, 자 **ruling**: (특히 판사의) 결정, 판결, 지배[통치]하는 **try** **tryout**: 시험해보기[테스트하기] **price** **priceless**: 값을 매길 수 없는, 대단히 귀중한 **overpriced**: 너무 비싼, (제 가치보다) 값이 비싸게 매겨진 **pricing**: 가격 책정 **create** **creative**: 창조적인, 창의적인, 창의적인 사람, (창작 활동을 하는) 작가 **creativity**: 창조적임, 창조성, 독창력, 창조력 **creation**: 창조, 창작, 창출, 창작품 **creator**: 창조[창안/창작]자, 창조주 **creature**: 생명이 있는 존재, 생물, 사람 **hour** **hourly**: 한 시간마다의, 매시간의, 시간당, 매시 **hourglass**: (모래가 흘러내리는 데 정확히 한 시간이 걸리는) 모래시계 **disease** **diseased**: 질병에 걸린, 병을 앓고 있는 **dark** **darkness**: 어둠, 암흑, 캄캄함, 검음, 색이 짙음 **darkly**: 위협조로, 험악하게, 어둡게, 음울하게 **darken**: 어두워[캄캄해]지다, 어둡게[우울하게/불행하게] 만들다 **hold** **holder**: 소지자, 소유자, 받치는

것, 꽂는 것 **uphold**: 유지시키다[옹호하다], (이전의 판결을) 확인하다 **foothold**: 발 디딜 곳, (사업·직업 등에서 성공의) 발판[기반] **upholder**: 지지자, 장려자, 옹호자, 후원자 deep **deepen**: 깊어지다[깊게 하다], 악화되다, 짙어지다 direct **direction**: 방향[쪽], 목적, 목표, 지시, 명령, 지휘, 통솔 **directive**: (공식적인) 지시[명령], 지시[지휘]하는 **misdirection**: 못된 지시, 주소 성명의 오기, 그릇된 방향 **redirect**: (돈 같은 것을) 전용(轉用)하다[돌려쓰다] **directory**: 안내책자, (컴퓨터의) 디렉터리 **director**: (회사의) 임원[중역/이사], 책임자[관리자/지휘자/감독], 감독[연출자] **indirect**: 간접적인, 우회하는 step **instep**: 발등 **overstep**: (도를) 넘다 **sidestep**: (대답·문제 처리를) 회피하다, (몸을 옆으로 움직여) 피하다 follow **follower**: 추종자, 신봉자, 모방자, 졸개 appear **appearance**: (겉)모습, 외모, 나타남[도착함], 출현, 모습을 보임, 출두 **appearing**: ~인 듯한 capital **capitalize**: 대문자로 쓰다[인쇄하다], 자본화하다, 출자하다 **capitalist** 자본주의자, 자본가, 자본주의적인 **capitalistic**: 자본가[주의]의 **capitalization**: 대문자 사용, 자본화, 자본 총액 cut **uncut**: 자라도록 내버려둔, 자르지 않은, 무삭제의, 검열받지 않은, 가공되지 않은, 원석의 **undercut**: 저가로 팔다[공급하다], 약화시키다 red **redness**: 빨강, 적열 상태 **redden**: 빨개지다[붉어지다], 빨개지게[붉어지게] 하다 **reddish**: 발그레한, 불그스름한 organization **reorganization**: 재편성, 개편 **disorganization**: 해체, 분열, 혼란, 무조직, 무체계 **organizational**: 조직(상)의, 유기적 구조의, 관리 기관의 **organize**: (어떤 일을) 준비[조직]하다, 정리하다, 체계화[구조화]하다 **disorganized**: 계획이 잘못된, (사람이) 체계적이지 못한 **organizer**: 조직자, 창시자, 창립 위원, 발기인 **reorganize**: 재조직[재편성]하다 condition **conditional**: 조건부의 **unconditional**: 무조건적인 **conditioned**: 조건부의, 조건반사적인, (목적에) 적합한, (운동으로) 단련된 **conditioning**: 훈련[길들이기] consider **considerable**: 상당한, 많은 **consideration**: 사려, 숙고, 고려 사항, 배려 **considerate**: 사려 깊은, (남을) 배려하는 **inconsiderate**: 사려 깊지 못한 **inconsideration**: 지각[분별, 사려]없음, 경솔, 인정 없음 **reconsider**: 재고하다 round **roundabout**: (길을) 둘러 가는, 우회적인, 에두르는 **all-round**: 전반[전면]적인, 만능의, 다재다능한 fear **fearful**: 걱정[우려/염려]하는, 무시무시한, 무서운, 끔찍한 **fearless**: 두려움을 모르는, 용감한 **fearsome**: 무시무시한 access **accessible**: 접근[입장/이용] 가능한, 이해하기 쉬운, (사람이), 다가가기 쉬운 **accessibility**: 접근 (가능성), 접근하기 쉬움, 이해하기 쉬움 **inaccessible**: 접근하기 어려운, 접근할 수 없는 deal **dealer**: 딜러[중개인] **dealing**: 거래, 매매 **dealership**: 딜러직[중개인직], 대리점 distance **outdistance**: 훨씬 앞서다[능가하다] **distant**: 먼, (멀리) 떨어져 있는, 동떨어진[다른], 거리를 두는, 다정하지 않은, 생각이 딴 데 가 있는 die **undying**: 불멸의, 영원한 stage **staged**: 상연용으로 각색된, 일부러 꾸민, 단계적으로 생기는 **upstage**: 무대 안쪽의, ~가 받을 관심[인기]을 가로채다 length **lengthen**: 길어지다, 늘어나다, 길게 하다, 늘이다 **lengthy**: (시간·치수가) 너무 긴, 장황한, 지루한 ready **readiness**: 준비가 되어 있음, 기꺼이 하려는 상태 **readily**: 손쉽게, 순조롭게, 선뜻, 기꺼이 bed **bedtime**: 취침 시간, 잠자리에 드는 시간 **bedridden**: 아파서 누워 있는, 자리보전을 하고 있는 **bedside**: 침대 옆, (침대) 머리맡 note **noted**: 유명한, 잘 알려져 있는 **notable**: 주목할 만한, 눈에 띄는, 중요한, 유명한, 유명[중요] 인물 success **successful**: (어떤 일에) 성공한, 성공적인, 출세한 **unsuccessful**: 성공하지 못한 **succeed**: (하려던 일에) 성공하다, 출세하다, (자리 등의) 뒤를 잇다, 물려받다[승계하다] **succeeding**: 계속해서 일어나는, 계속되는, 다음의 boy **boyish**: 소년 같은 (매력이 있는) list **listless**: 힘[열의]이 없는, 무기력한 **unlisted**: 상장되지 않은, 목록에 들어 있지 않은 **checklist**: 확인[점검] 사항 대조표, 체크리스트 positive **positivism**: 실증주의, 실증철학 legal **illegal**: 불법적인, 불법체류자[노동자] **legality**: 합법성, 적법성, 법률적 측면[내용] **legalization**:

적법화, 법률화, 공인 **legalize**: 합법화하다 **inside** **insider**: (조직·단체의) 내부자, 관계자 **financial** **finance**: 재원[자금], 재정[재무] **financier**: 자본가, 금융업자 **spirit** **spirited**: 기백이 넘치는, 활발한 **spiritual**: 정신의, 정신적인, 종교의, 종교적인 **spirituality**: 정신성, 영성 **dispirited**: 의기소침한 **dispiriting**: 의기소침하게 만드는 **dispirit**: 기를 꺾다, 낙담시키다, 기력[힘]을 없애다 **remember** **remembrance**: 추모, 추도, 추억, 기념물[품] **fall** **fallen**: 떨어진[쓰러진], 전사한 **fallout**: 좋지 못한 결과, (방사능) 낙진 **fell**: (나무를) 베어 넘어뜨리다, (사람을) 쓰러뜨리다, 악랄한, 포악한 **sea** **seaman**: 선원, (배의) 승무원 **seafood**: 해산물 **seaside**: 해변[바닷가] **seaweed**: 해조, 해초 **seaport**: 항구도시 **seaboard**: 해안 지방 **overseas**: 해외[외국/국외]의 **seaplane**: 수상비행기 **seacoast**: 해안, 해변, 연안 **seasick**: 뱃멀미 **seawards**: 바다 쪽으로, 바다를 향하여 **seaworthy**: 항해하기 적합한 **undersea**: 바닷속의, 해저의 **environment** **environmental**: 환경의 **environmentalist**: 환경 운동가 **environ**: 둘러싸다, 포위하다, 두르다 **pain** **painful**: 아픈[고통스러운], 골치 아픈, 성가신 **painkiller**: 진통제 **painless**: 고통 없는, 아프지 않은, 괴롭지[힘들지] 않은 **figure** **disfigure**: 흉하게 만들다[망가뜨리다] **disfigurement**: 형태[미관]를 손상시키기, 손상, 흠, 결점 **transfigure**: (더 아름답게) 변모시키다 **transfiguration**: 변형, 변신 **learn** **learnedly**: 박학하게, 학구적으로 **unlearn**: (배운 것을 고의적으로) 잊다 **relearn**: 다시 배우다 **authority** **authoritarian**: 권위주의적인, 독재적인 **authoritative**: 권위적인, 권위 있는 **authorize**: 재가[인가]하다, 권한을 부여하다 **authorized**: 인정받은, 검정필의, 공인된, 권한을 부여받은 **unauthorized**: 공인[승인]되지 않은 **authorization**: 허가[인가], 허가[인가]증 **week** **weekly**: 매주의, 주 1회의, 주간의, 주간지 **semi-weekly**: 주 2회(의) **weekend**: 주말 휴가, 주말을 보내다 **weekday**: 평일 **complex** **complexity**: 복잡성, 복잡함, 복잡한 특징들 **series** **serial**: 연속극, 연재물, 순차적인, 계속하는, 연쇄적인, 연재되는 **except** **exceptional**: 이례적일 정도로 우수한, 특출한, 극히 예외적인 **excepted**: 제외되어, 예외인 **exception**: (일반적인 상황의) 예외, (법칙을 따르지 않는) 이례 **unexceptional**: 별스럽지 않은, 평범한 **faith** **unfaithful**: 외도를 하는, 바람을 피우는 **faithless**: 충실하지 못한, 신뢰할 수 없는 **faithfulness**: 충실함, 신뢰할 만한 **faithful**: 충실한, 충직한, 신의 있는, 믿을[신뢰할] 수 있는 **entire** **entirety**: 전체, 전부 **moral** **morality**: 도덕, 도덕성, 도덕률 **moralize**: 훈계[설교]하다 **moralistic**: 도덕주의자처럼 구는 **immoral**: 비도덕적인, 부도덕한, 음란한, (성적으로) 부도덕한 **immorality**: 부도덕, 품행이 나쁨, 사악, 난잡함, 음란 **amoral**: 도덕관념이 없는 **demoralization**: 풍속 문란, 혼란, 사기 저하 **focus** **unfocused**: 초점이 맞지 않는, 뚜렷이 뵐 보고 있지 않은, 멍한, 목적[방향]이 불분명한 **road** **roadway**: 도로, 차도 **roadblock**: 바리케이드[방어벽], 장애물 **roadside**: 길가, 노변 **middle** **middleman**: 중간상인, 중개인[중재자] **middling**: 보통[중간]의 **final** **finality**: 변경 불가능한 최후, 최종적임 **finalize**: 마무리 짓다, 완결하다 **finalist**: 결승전 출전자 **finale**: (쇼·음악 작품 등의) 마지막 부분, 피날레 **easy** **ease**: 쉬움, 용이함, 편의성, 편안함, 안락함, 편해지다, (고통 등이) 덜해지다[덜어주다], 수월[용이]하게 하다, 느슨해지다 **uneasy**: 불안한, 우려되는, 어수선한, 뒤숭숭한, 어색한, 부자연스러운 **uneasiness**: 불안, 걱정, 불쾌 **easygoing**: 태평한, 마음 편한, 유장한, 느긋한, 게으른, (말 등이) 느린 걸음의 **easeful**: 안락한, 평화로운 **easement**: 편안함, 평화로움 **eye** **eyeball**: 안구, 눈알 **eyebrow**: 눈썹 **cockeyed**: 비뚤어진, 삐딱한, 비실용적인, 비현실적인 **eyelash**: 속눈썹 **eyeless**: 눈이 없는, 장님인, 맹목적인 **hawk-eyed**: 눈이 날카로운[예리한] **tax** **taxation**: 조세, 세수, 과세제도, 세제 **taxable**: 돈이 과세되는, 세금이 붙는 **allow** **allowance**: 용돈, (특정 목적을 위한) 비용[수당], 허용량 **disallow**: 인정하지[받아들이지] 않다 **allowable**: (법·규칙상) 허용되는, (세금이) 공제되는 **fine** **finely**:

잘게[곱게], 섬세[정교]하게, 멋있게, 아름답게 **finery**: 화려한 옷과 보석 science **scientist**: 과학자 **scientific**: 과학의, 과학적인, 체계적인 region **regional**: 지방의 content **contentment**: 만족[자족](감) **malcontent**: 불만을 품은 사람, 불평[불만] 분자 **discontent**: 불만, 불만스러운 것 hair **haircut**: 이발, 머리 깎기, 머리 모양[헤어스타일] **hairy**: 털이 많은, (흔히 흥미롭고) 아슬아슬한, 스릴 있는 **hairdresser**: 미용사, 헤어 디자이너 **hairless**: 털이 없는 **hairpin**: 머리핀 **hairnet**: 머리에 쓰는 망, 헤어네트 soul **soulful**: 감정이 풍부한, 혼이 담긴 **soulless**: 마음을 끄는 데가 없는, 삭막한, 무감각한, 무감동한 wide **wideness**: 넓이, 퍼짐, 폭 **widen**: 넓어지다, 넓히다, (정도·범위 등이) 커지다[확대되다], 키우다[확대하다] wrong **wrongdoing**: 범법[부정] 행위, 비행 **wrongful**: 부당한, 불법의 **wrongdoer**: 범법자, 부정행위자 **wrongheaded**: 생각이 틀린, 틀려도 고치려 하지 않는, 완고한, 외고집의 sort **sorter**: 가려내는 사람, 선별기, 분류기, 정렬기 memory **memorial**: 기념비(적인 것), 기념하기 위한, 추도[추모]의 **memorize**: 암기하다 **memorable**: 기억할 만한 central **decentralization**: 분산, 집중 배제, 지방분권 **centralization**: 집중, 중앙집권(화), [사회] 기능의 집중화 appropriate **inappropriate**: 부적절한, 부적합한 **appropriation**: 도용(盜用), 전용(轉用), (돈의) 책정 **misappropriate**: (특히 자기에게 맡겨진 남의 돈·재산을) 유용하다 stand **standoff**: 떨어져 있는, 고립하여 있는, 서먹한, 냉담한, 고립, 냉담 **standby**: 예비품[대기자/비상용품], 대기자용의[사용 시간 직전에 구할 수 있는] **standstill**: 정지, 멈춤 **standpoint**: 견지, 관점 **upstanding**: 강직한, 정직한 million **millionaire**: 백만장자, 굉장한 부자 **millionth**: 100만 번째, 100만분의 1 **multimillionaire**: 수백만장자 doubt **doubtful**: 확신이 없는, 의심[의문]을 품은, 의심스러운 **doubting**: 의심하는, 불안한 **doubtless**: 거의 틀림없이 **undoubted**: 의심할 여지가 없는, 확실한 **redoubtable**: 경외할 만한, 가공할 brother **brotherhood**: 인류애, 형제애, 형제간, 조직[단체] **stepbrother**: 아버지[어머니]가 다른 형[아우], 배다른 형[아우] **half-brother**: 어머니[아버지]가 다른[이복/이부] 오빠[형/남동생] date **outdate**: 구식이 되게 하다, 낡게 하다, 시대에 뒤지게 하다 **outdated**: 구식인 **dated**: 구식의, 구시대[세대]의 **dateless**: 날짜가 없는, 연대(시기)를 알 수 없는, 불후의, 언제나 흥미 있는 **up-to-date**: 최신의, 최근의, 현대적인, 첨단을 걷는 **undated**: 날짜가 적혀 있지 않은, 연대가 알려져 있지 않은 equal **equality**: 평등, 균등 **equalization**: 동등화, 평등화, 균등화 **unequal**: 불공평한, 같지 않은[다른], 감당할 수 없는 **inequality**: 불평등, 불균등 **equalizer**: 동점골 strength **strengthen**: 강화되다, 강력해지다, 강화하다, 더 튼튼하게 하다 write **written**: 글로 표현된, 서면으로 된, 필기로 된, 문서[서면]로 된 **writer**: 작가, 문인, 저술가, 쓴 사람, 필자 **unwritten**: 집필되지 않은, 기록되어 있지 않은, 불문율의 **rewrite**: 다시[고쳐] 쓰다 industry **industrial**: 산업[공업]의, 공업용의 **industrialization**: 산업[공업]화 **industrious**: 근면한, 부지런한 **industrialist**: 경영주, 기업가 peace **peacemaker**: (분쟁·전쟁을 종식시키려 애쓰는) 중재자[조정자] **peaceable**: 평화적인, 비폭력적인, 평화를 사랑하는, 다툼을 좋아하지 않는 **peaceful**: 평화적인, 비폭력적인, 평화로운, 평화를 사랑하는 desire **desirous**: 바라는[원하는] **desired**: 바랐던, 희망했던, 훌륭한 **undesirable**: 원하지 않는, 달갑지 않은, 바람직하지 않은, 바람직하지 못한 사람 **desirable**: 바람직한, 호감 가는, 가치 있는, 성적 매력이 있는, 섹시한 **desirableness**: 바람직함, 호감이 감 nation **national**: 국가의, 전국적인, 국가 소유의, 국민[시민] (한 사람) **nationalism**: 민족주의, 국수주의 **nationalist**: 독립주의자, 국수주의자 **nationalistic**: 국수주의적인 **multinational**: 다국적의, 다국적기업 **nationwide**: 전국적인 critical **critic**: 비평가, 평론가, 비판하는 사람 **criticize**: 비판[비난]하다 **criticism**: 비판, 비난, 비평, 평론 (활동) **hypercritical**: 혹평하는 **hypocritical**: 위선의, 위선(자)적인 **uncritical**: 무비판적인 king **kingdom**: 왕국, 세계

kingly: 왕의, 왕과 같은, 왕에게 어울릴 **kingpin**: (조직·활동의) 중심인물 **event eventful**: 다사다난한, 파란만장한 **uneventful**: 특별한 일[사건]이 없는 **produce productive**: 생산[산출]하는, 결실 있는, 생산적인, 야기하는[불러일으키는] **productivity**: 생산성 **producer**: 생산자, 생산 회사[국가], (영화·연극의) 제작자 **production**: 생산, 생산량, 생성[분비], 제작 **product**: 생산물, 상품, 제품, 결과물, (수학) 곱 **reproduction**: 생식, 번식, 복사, 복제 **counterproductive**: 역효과를 낳는 **reproductive**: 생식[번식]의 **unproductive**: 비생산적인, 생산성이 낮은 **reproduce**: 복사[복제]하다, 다시 만들어내다, 재생[재현]하다, 번식하다 **byproduct**: 부산물, 부작용 **wish wishful**: 갈망하는, 소원하는, 탐내는, 희망적인 **well-wisher**: 행복[성공]을 비는 사람, 지지자 **wishy-washy**: 미온적인, 확고하지 못한, (색깔이) 선명하지 못한 **beautiful beautify**: 아름답게 하다[꾸미다] **beauty**: 아름다움, 미, 멋진 사례[보기], 멋진 점, 장점 **cold coldness**: 냉담함, 쌀쌀맞음, 차가움 **stop stopper**: (병의) 마개 **nonstop**: 도중에서 정거하지 않는, 직행의, 연속적인, 휴식 없는 **unstoppable**: 막을[제지할] 수 없는 **member membership**: 회원, 회원들, 회원 수 **normal abnormal**: 비정상적인 **abnormality**: 기형, 이상 **normality**: 정상 상태 **normalcy**: (경제·정치·사회 상태 따위가) 정상임, 상태(常態) **anomalous**: 변칙의, 이례적인 **anomaly**: 변칙, 이례 **paranormal**: 과학으로는 설명할 수 없는, 초자연적인, 불가사의한, 초자연적 현상 **born reborn**: 다시 활발해지다[인기를 얻다], 다시 태어나다, 거듭난, 다시 활발해진 **unborn**: 아직 태어나지 않은, 태중의 **inborn**: 타고난, 선천적인 **newborn**: 갓 난 **literature literary**: 문학의, 문학적인, 문학에 심취한, 문학을 공부하는 **literacy**: 글을 읽고 쓸 줄 아는 능력 **literal**: 문자 그대로의[기본적인/일반적인], (번역이) 직역의 **literate**: 글을 읽고 쓸 줄 아는 **illiterate**: 문맹의, 제대로 작성되지 않은, 잘 모르는, 문맹자 **illiteracy**: 문맹, 무식, (넓은 의미로) 무학(無學), 무교양 **religion irreligious**: 무종교의, 반종교적인 **religious**: 종교의, 독실한, 신앙심이 깊은 **wall wallpaper**: 벽지, 벽지를 바르다 **walled**: 벽이 있는, 벽으로 둘러싸인 **remain remainder**: 나머지, (뺄셈·나눗셈의) 나머지, (책의) 재고품, (책을) 할인가로 팔다 **weight weighty**: 중대한, 무거운 **weighted**: (한쪽에 유·불리하게) 치우친, 편중된 **lightweight**: 가벼운[경량의], (진지하거나 감동적이지 않고) 가벼운, 라이트급 선수, 별 볼 일 없는 사람[것] **overweight**: 과체중의, 비만의, 중량 초과의 **heavyweight**: 헤비급, 무게[체중]가 보통 이상인 것[사람], 영향력 있는 사람[조직 등], 유력자 **weightless**: 무게가 없는 (듯한), 무중력의 **task multitasking**: 다중 작업[처리], 동시에 여러 가지 일을 하는 능력 **taskmaster**: (흔히 하기 힘든) 일을 시키는 사람[주인/감독] **opinion opinionated**: 자기 의견을 고집하는, 독선적인 **claim unclaimed**: 주인이 나서지 않는 **reclaim**: 되찾다[돌려 달라고 하다], (늪지 등을) 매립하다, (황무지 등을) 개간하다, 간척지를 만들다, 환원[복구]되다, 재활용하다 **disclaim**: (책임이 없다고) 말하다, (책임 등을) 부인하다, 권리를 포기하다 **lack lacking**: ~이 없는[부족한], 결핍된 **thousand thousandth**: 1000 [천] 번째의, 1000 [천] 주년의 **primary prime**: 주요한, 기본적인, 최고[최상등급]의, 가장 적합한, 전성기, 대비시키다, 준비시키다 **cross across**: 건너서, 가로질러, ~쪽으로, 맞은편에 **crossing**: 건널목, 횡단[도하] 지점, 교차 지점, 건너기, 횡단 **crisscross**: 열십자(十), 십자형, 엇갈림, 모순, 십자의, 교차된 **crossbeam**: (건축) 대들보 **crossover**: 활동이나 스타일이 두 가지 이상의 분야에 걸친 것 **crosswise**: 옆으로, 십자형으로 **crossroad**: 교차로, 십자로, 네거리 **popular popularity**: 인기 **unpopular**: 인기 없는 **popularize**: 많은 사람들에게 알리다, 대중화하다 **box boxed**: 상자 포장된 **concept conceptual**: 개념의, 구상의 **stay overstay**: 더[너무] 오래 머무르다 **outstay**: ~보다 오래 머무르다[묵다], ~보다 오래가다 **opportunity opportune**: 시의적절한 **inopportune**: 때[시기]가 안 좋은 **opportunist**: 기회주의적인, 우발적인 **active**

activate: 작동시키다, 활성화시키다 **activity**: (활발한) 움직임, 활기, (취미나 특별한 목적을 위한) 활동 **activist**: (정치·사회 운동) 운동가, 활동가 **activator**: 활성물, 활성제, 활성체 **activation**: 활성화, 활동적으로 하기 **overactive**: 활약[활동]이 지나친 **deactivate**: (어떤 장치의 작동을) 정지시키다, (화학 작용 등을) 비활성화시키다 **inactivity**: 무활동, 휴지, 정지, 활발하지 않음, 무기력, 게으름 **proactive**: 상황을 앞서서 주도하는, 사전 대책을 강구하는 **hyperactive**: 활동 과잉의 volume **voluminous**: 아주 큰, (옷이) 천이 많이 든, (글·책 등이) 아주 길고 상세한, 방대한 principle **principled**: 절조[지조] 있는, 원칙에 입각한 **unprincipled**: 절조 없는 distribute **redistribute**: 재분배하다 **redistribution**: 재분배, 재분급, 재배포 **distributor**: 배급[판매/유통]업자[회사], 배전기 **distribution**: 분배, 분포, 배급, 배부, 유통 effort **effortless**: 힘이 들지 않는, 수월해 보이는 scale **scaled**: 비늘이 있는, 비늘 모양의, 비늘을 벗긴 **upscale**: 평균 이상의, 부자의 **scaling**: 비례 축소, 치석 제거 address **addressee**: 수신인 measure **measurement**: 측정, 측량, (무엇의) 치수[크기/길이/양] **immeasurable**: 헤아릴[측정할] 수 없는 **measurable**: 잴[측정할] 수 있는, (크기·효과 등이) 주목할 만한[눈에 띄는] picture **picturesque**: 그림 같은(특히 고풍스러운), 생생한 continue **continuous**: 계속되는, 지속적인, 계속 이어지는, 반복된[거듭된] **continuing**: 연속적인, 계속적인, 갱신될 필요가 없는, 영구적인 **continual**: (짜증스럽도록) 거듭[반복]되는, 끊임없는, 부단한 **continuance**: (존재나 기능의) 지속 **continuation**: 계속, 지속, 연속, 연속되는 것, 이어지는 것 **continuity**: 지속성, 연속성[연관성] **continuum**: 연속체 serious **seriousness**: 심각함, 진지함 post **postage**: 우편요금, 우송료 **postal**: 우편의, 우편물[편지]을 통한 **postcard**: 그림엽서, 엽서 style **stylish**: 유행을 따른, 멋진, 우아한 **stylist**: 미용사, 디자이너, 문장가(文章家) communication **communicate**: 연락을 주고받다, 의사소통을 하다, 전하다[알리다], 소통하다, 전염시키다 **miscommunication**: 잘못된 전달 **excommunication**: 파문 (선언), 제명, 제명당한 신분 **communicator**: 의사를 전달하는 사람, 전달자 **incommunicado**: 묵언[금언]하는, 의사소통을 단절한 **intercommunication**: 의사소통[소통] flow **flowing**: 물 흐르는 듯한, 거침없이 이어지는, 넘치도록 많은, 풍부한, 조수가 밀려 들어오는 **inflow**: 유입 **outflow**: 나감, 유출 **overflow**: 넘치다[넘쳐흐르다], 넘쳐나다 relation **relate**: 관련[결부]시키다, ~에 대하여 이야기하다[들려주다] **related**: ~에 관련된, 친척의, 동족의, 동류의 **unrelated**: 관련[관계] 없는, 친족[혈연관계]이 아닌 **relationship**: 관계 **interrelation**: 상호 관계 river **riverside**: 강가, 강변 **upriver**: 상류의, 상류에 있는, 상류 지역, 수원지 daughter **granddaughter**: 손녀, 외손녀 pass **passenger**: 승객 **passage**: 통로, 복도, (책의) 구절, (음악의) 악절, (법안의) 처리[통과], 통행, 통과 **passable**: 그런대로 괜찮은, (도로가) 통행할 수 있는, (강이) 건널 수 있는 **passer**: 통행인, 나그네, 시험 합격자, (제품의) 합격 검사증 **passageway**: 복도, 통로 **impasse**: 교착상태 **overpass**: 고가도로, 고가철도, 육교, 넘다, 건너다, 가로지르다, 극복하다, 초월하다 **underpass**: (다른 도로·철도의) 아래쪽 도로 **impassible**: 고통을 느끼지 않는, 상처를 입지 않는, 무감각[무감정, 무신경]한, 둔감한 negative **negate**: 무효화하다, 효력이 없게 만들다, (존재 등을) 부인하다 reference **refer**: 참조하게 하다, 조회하다, 위탁[부탁]하다, 언급하다, 입 밖에 내다, 관련되다 base **baseline**: (비교의) 기준선[점] **baseness**: 천함, 비열, (품질의) 조악 **baseless**: 근거 없는 **basal**: 기저[기초]가 되는 trust **trusting**: 사람을 믿는 (경향이 있는) **trusty**: (오랫동안 변함없이 함께해서) 믿을 수 있는 **trustee**: 신탁관리자 **distrust**: 불신(감), 불신하다 **trustworthy**: 신뢰할[믿을] 수 있는 **untrustworthy**: 신뢰할[믿을] 수 없는 **mistrustful**: 의심 많은, 신용하지 않는 **trustworthiness**: 신뢰성, 신용, 믿을 수 있음 **mistrust**: 신뢰하지 않다, 불신하다, 불신 **entrust**: (일을) 맡기다 **distrustful**: 의심 많은, (쉽게) 믿지 않는,

의심스러운 **media** **multimedia**: 다중[복수] 매체의, 멀티미디어의 **sun** **sunup**: 동틀 녘 **sunshine**: 햇빛, 햇살, 행복 **sunny**: 화창한, 햇살이 (눈부시게) 내리쬐는, 명랑한 **sunrise**: 동틀 녘, 일출, 해돋이 **sunset**: 해 질 녘, 일몰, 해넘이, 소멸시효, 노을빛의 **sundown**: 일몰 **sunbeam**: 일광[햇살/햇빛] **sundry**: 여러 가지의, 잡다한 **sunburn**: 햇볕에 심하게 탐, 햇볕으로 입은 화상 **sunless**: 해가 안 나는, 햇빛이 안 드는 **sunflower**: 해바라기 **sunstroke**: 일사병 **sundial**: 해시계 **army** **armistice**: 휴전 (협정) **develop** **development**: 발달, 성장, (신제품의) 개발, 새로이 전개된 사건 **developing**: 개발도상의 **developed**: 발달한, 선진의 **developer**: 개발업자[개발 회사], (사진) 현상액 **developmental**: 발달[개발]상의, 발달[개발] 중인, 발달과 관련된 **underdeveloped**: 저개발의, 후진국의 **undeveloped**: 개발되지 않은, 미개발된, 다 자라지 않은, 미발달한 **redevelopment**: 재개발, 부흥, 재건 **visit** **visitation**: 시찰, 감찰, (유령 등이 불시에) 나타남, 천벌 **revisit**: 다시 방문하다[찾다], 다시 논의하다 **visitor**: 방문객, 손님 **require** **request**: 요청[신청], 요구(사항) **requisite**: (어떤 목적에)필요한, 필수품, 필요조건 **requirement**: 필요(한 것), 필요조건, 요건 **requisition**: 요청[신청/요구], 징발 **prerequisite**: (무엇이 있기 위해서는 꼭 필요한) 전제 조건 **regard** **regardless**: 개의치[상관하지] 않고 **disregard**: 무시[묵살]하다, 무시, 묵살 **regarding**: ~에 관하여[대하여] **mouth** **mouthful**: (음식) 한입, 한 모금, 길고 복잡한[발음하기 힘든] 말[구절] **open-mouthed**: 입이 떡 벌어진 **mouthpiece**: (전화기의) 송화구, (권투 선수의) 마우스피스, (악기의) 입에 대는 부분 **mouthy**: 말이 많은, 자기주장이 강한 **blabbermouth**: 입이 싼[말이 많은] 사람 **mealy-mouthed**: 솔직히 말하지 않는 **oil** **oiler**: 기름 붓는[치는] 사람, 급유기, 주유기(oilcan), 유조선 **oily**: 기름기가 함유된, 기름기가 덮인, 기름 같은, (사람·행동이) 번지르르한, 알랑거리는 듯한 **reach** **overreach**: (지나치게 욕심을 내다가) 도를 넘다 **unreachable**: 도달할 수 없는 **news** **newspaper**: 신문, 신문지 **newsletter**: 소식지[회보] **receive** **receivable**: 돈을 받을, 미수[외상]의 **reception**: 접수처[프런트], 리셉션, 환영[축하] 연회, 수신 상태 **receptionist**: 접수 담당자 **receptive**: 수용적인[선뜻 받아들이는] **receptacle**: 그릇, 용기 **receptor**: (인체의) 수용기[감각기] **blue** **bluish**: 푸르스름한 **charge** **overcharge**: (금액을 너무) 많이 청구하다, 바가지를 씌우다 **recharge**: (휴식으로 에너지 등을) 재충전하다, (전지를[가]) 충전하다[되다] **charger**: 충전기 **actual** **actualization**: 현실화, 실현 **actuality**: 실제, 현실, 사실 **happy** **unhappy**: 불행한, 슬픈, 불만족스러워 하는, 기분이 나쁜, 불운한, 부적절한 **happiness**: 행복, 만족, 기쁨, 행운 **unhappiness**: 불행, 불운, 비참, 비애 **supply** **supplier**: 공급자, 공급 회사 **board** **boarder**: 기숙사 거주 학생, 하숙인 **aboveboard**: 공명정대하게[한], 훤히 보이는 **dashboard**: 계기판 **scoreboard**: 득점판, 스코어보드 **chalkboard**: 칠판 **cupboard**: 찬장 **billboard**: 광고[게시]판 **boarding**: (학교에서의) 기숙 **overboard**: 배 밖으로, (배 밖의) 물속으로 **demand** **demanding**: 부담이 큰, 힘든, 요구가 많은, 쉽게 만족하지 않는 **determine** **determination**: 투지, (공식적인) 결정, 확인, 측정 **determinate**: 확정적인, 확실한 **indeterminate**: 쉽게[정확히] 가늠할[규정할] 수 없는 **determinant**: 결정 요인 **duty** **dutiful**: 순종적인 **search** **searching**: 탐색하는, 살피는, 면밀한 **marriage** **marry**: 결혼하다, 결혼시키다, 주례하다, 결합시키다 **unmarried**: 미혼의 **intermarry**: (인종·국적·종교가 다른 사람들이[사람과]) 결혼[결혼]하다, 근친결혼을 하다 **remarry**: 재혼하다 **speech** **speechless**: (특히 너무 화가 나거나 놀라서) 말을 못 하는 **green** **greenery**: 녹색 나뭇잎[화초] **greenhouse**: 온실 **greenish**: 녹색을 띤 **evergreen**: 상록수, 늘푸른나무 **command** **commanding**: 지휘하는, 우세한, 위엄 있는, 전망이 좋은 **commander**: 지휘관, 사령관 **commandment**: 계명 **commandeer**: (전시에 군대가 건물·차량 등을) 징발하다 **record** **recorder**: 녹음기, 녹화기, 리코더(세로로 부는 목관 악기),

기록관 **sleep** sleepy: 졸리운, 졸음이 오는, 생기 없고 조용한[나른한] **oversleep**: 늦잠 자다 **asleep**: 잠이 든, 자고 있는 **sleepless**: 잠을 못 자는, 불면의 **sleepyhead**: 잠꾸러기 **sleepwalk**: 몽유병 증세를 보이다 **file** filing: 서류 철하기[정리], (공적) 기록물 **staff** **understaffed**: 인원이 부족한 **separate** separation: 분리, 구분, 헤어짐, 별거 **separator**: 분리기, 선별기 **separable**: 분리될 수 있는 **inseparable**: 불가분한, (사람 사이를) 갈라[떼어]놓을 수 없는 **month** monthly: 한 달에 한 번의, 매월의, 다달이 지불하는, 한 달 동안 유효한, 매월, 다달이 **foot** feet: foot의 복수 **footwear**: 신발(류) **football**: 축구 **footstep**: 발소리, 발자국 **footnote**: 각주(각 페이지 하단에 붙이는 주석), 부차적인 존재 **footloose**: (사람·책임 등에) 매인 데 없는 **barefoot**: 맨발의[로] **footpath**: 오솔길 **footfall**: 발소리 **underfoot**: 발밑에, (걸어가고 있는 사람 발 아래의) 땅에 **footprint**: (사람·동물의) 발자국, (무엇이) 차지하는 공간 **footer**: 꼬리말 **arm** armless: 팔이 없는, 팔걸이가 없는, 무방비의, 무기가 없는 **unarmed**: 무기를 가지고 있지 않은, 무기를 사용하지 않는 **armament**: 군비, 무기 **disarm**: 무장해제시키다, 군비를 축소[해제]하다, 마음을 누그러뜨리다 **forearm**: 팔뚝 **armful**: 한 아름 **armory**: 병기고 **one-armed**: 외팔의, 외팔용의 **armor**: 갑옷, 철갑 **armchair**: 안락의자, (책이나 텔레비전 등을 통해) 간접적으로 아는, (실제는 모르는) 탁상공론식의 **attack** attacker: 공격[폭행]을 한 사람 **counterattack**: 역습, 반격, 역습[반격]하다 **occur** occurrence: 발생하는[존재하는/나타나는] 것, 발생, 존재, 나타남 **labor** laborious: (많은 시간과 노력을 요하는) 힘든 **laborer**: 노동자, 인부 **laboring**: 노동에 종사하는, 고통을 겪고 있는, (배가) 난항 중인 **belabor**: 장황하게 논하다, (말로) 공격하다 **stock** stockholder: 주주 **stocky**: (사람이 체격이) 다부진 **restock**: 다시 채우다[보충하다] **firm** firmness: 견고, 단단함, 견실, 확고부동, 결의가 굳음 **essential** essence: 본질, 정수, 진수, 에센스, 진액 **global** globe: 지구본, 지구의, 세계(특히 그 크기를 강조해서 가리킬 때 씀), 구체(球體) **mental** mentality: (개인·집단의) 사고방식, 심리 **contrast** contrasting: 대조적인, 대비[대조]를 이루는 **brain** brainless: 모자라는, 어리석은 **brainstorming**: 창조적 집단 사고 **brainwash**: 세뇌시키다 **harebrained**: 경망한, 들뜬, 맹한, 무모한 **rich** enrich: 질을 높이다, 풍요롭게 하다, (식품에 어떤 영양소를) 강화하다, (더) 부유하게 만들다 **enrichment**: 풍부하게 함, 농축, 강화, 비옥화 **walk** sidewalk: (포장한) 보도, 인도 **message** messenger: (직업적으로 메시지를 전하는) 전달자[배달원] **perfect** perfection: 완벽, 완전, 완성, 마무리 **perfectionist**: 완벽주의자 **imperfection**: 미비점, 결함 **imperfect**: 불완전한, 결함이 있는 **race** racing: 경마, 경주 **racer**: 경주 참가자, 경주용 자동차 **racial**: 인종[민족] 간의, 인종[민족]의 **interracial**: 다른 인종 간의 **heat** heater: 난방기, 히터, 가열기 **heating**: 난방(장치) **overheated**: 지나치게 더운[뜨거운], (관심·흥분이) 과열된[지나친] **impossible** impossibility: 불가능, 불가능한 일 **add** additive: 첨가물, 첨가제 **additional**: 추가의 **addition**: 덧셈, 추가된 것, 부가물, 추가, 부가 **addendum**: (특히 책의) 부록 **capacity** capacitance: 정전(靜電) 용량 **incapacity**: 무능력, 기술 부족, 정상 생활 불능 상태 **capacious**: 널찍한, 큼직한 **serve** server: (컴퓨터의) 서버, 서브하는 사람 **color** colorful: 형형색색의, (색이) 다채로운, 흥미진진한, 파란만장한 **tricolor**: 삼색의, 삼색기의, 삼색기 **coloration**: 천연색 **discoloration**: 변색, 퇴색 **computer** compute: 계산[산출]하다 **computation**: 계산 **explain** explanatory: 이유를 밝히는, 설명하기 위한 **explanation**: 해명, 이유, 설명, 설명서 **unexplained**: 설명되지 않은, 이유[사유]가 밝혀지지 않은 **sight** sighted: 앞을 볼 수 있는, 시력이 정상인 **eyesight**: 시력 **oversight**: 실수, 간과, 관리, 감독 **unsightly**: 보기 흉한 **nearsighted**: 근시의, 근시안적인 **sighting**: 목격 **sightless**: 앞을 못 보는[볼 수 없는] **sightseeing**: 관광 **shortsighted**: 근시(안)의, 선견지명이 없는, 근시안적인 **piece**

piecemeal: (처음부터 세심히 계획된 것이 아니라 때에 따라) 조금씩 하는[되는], 단편적인 **worth worthiness**: 가치 있음, 훌륭함 **noteworthy**: 주목[괄목]할 만한 **worthwhile**: 가치[보람] 있는 **worthy**: ~을 받을 만한, 자격이 있는, 훌륭한, 괜찮은, ~에 어울릴 만한 **unworthy**: (존경 받을) 자격이 없는, (신분이나 직책에) 어울리지 않는[적절하지 않은] **worthless**: 가치 없는, 쓸모 없는, 무가치한 **praiseworthy**: 칭찬할 만한 **newsworthy**: 뉴스거리가 되는 **sign signatory**: 서명인, 조인국 **signature**: 서명, 특징 **signing**: 서명[조인], 계약(하기), 수화(하기) **signet**: 막도장, 도장, 인장, 인감 **undersigned**: (특정 문서의) 서명인 **unsigned**: 서명이 없는 **signal**: 신호, 신호를 보내다, 시사[암시]하다, 표시하다[표하다] **ensign**: (선박의 국적을 나타내는) 기[깃발], (미국 해군) 소위 **center centered**: 중심에 있는, 중심이 있는, 집중한, 중앙에 붙은, (관심·활동의) 주된 대상으로 한 **master mastery**: 숙달, 통달, 지배[장악](력) **masterful**: 능수능란한, 거장[장인/대가]다운 **proper propriety**: 적절성, 예의범절, 예절 **impropriety**: 부적절한[부도덕한] 행동 **strategy strategic**: (목적 달성을 위한) 전략상 중요한[전략적인] **strategize**: 전략[작전]을 짜다, 빈틈없이 계획하다 **strategist**: 전략가 **avoid avoidable**: 막을[피할] 수 있는 **unavoidable**: 불가피한, 어쩔 수 없는 **avoidance**: 회피, 방지 **economy economic**: 경제의, 경제성이 있는, 채산이 맞는 **economical**: 경제적인, 실속 있는, 알뜰한, 딱 필요한 만큼만 쓰는, (돈을) 절약하는[아끼는] **economist**: 경제학자, 경제 전문가 **economize**: 절약하다, 아끼다 **uneconomic**: 수익이 안 나는, 비경제적인 **review reviewer**: (책·연극 등의) 논평가[비평가], 검토자, 검토 위원 **preview**: 시사회[공개 쇼], 시사평, 사전 검토, 시사평을 쓰다, 간단히 소개하다 **overview**: 개관, 개요 **constant constancy**: 불변성, 지조, 절개 **benefit beneficial**: 유익한, 이로운 **beneficiary**: 수혜자, (유산) 수령인 **skin skinny**: 깡마른, 비쩍 여윈[마른], 몸에 딱 붙게 디자인 된 **skinless**: 껍질 없는[벗긴], 민감한, 과민한 **thin-skinned**: (비판·모욕에) 민감한, 껍질이 얇은 **thick-skinned**: 쉽게 동요하지 않는, 껍질이 두꺼운 **fair fairness**: 공정성, 옅은[흰] 색, 금발 **unfair**: 부당한, 불공평한 **unfairness**: 불공평(함), 편파적임, 교활함, 부정함 **gold golden**: 금으로 만든, 황금빛의, 특별한, 소중한 **gild**: 금빛으로 빛나게 하다, 금박을 입히다, 도금을 하다 **goldfish**: 금붕어 **summer summery**: 전형적인 여름의, 여름에 어울리는 **midsummer**: 한여름 **summertime**: 여름철 **sufficient insufficient**: 불충분한 **sufficiency**: 충분한 양 **suffice**: 충분하다 **advantage advantageous**: 이로운, 유리한 **disadvantage**: 불리한 점, 약점, 난점 **vantage**: 우세, 유리, 유리한 점[위치] **shape shapely**: 맵시 있는, 균형 잡힌 **shaped**: ~의 모양[형태]의 **conflict conflicting**: 서로 싸우는, 모순되는, 상충[상반]되는 **progress progressive**: 진보[혁신]적인, 점진적인, 꾸준히 진행되는, 진보주의자 **progression**: 진행[진전], (여러 가지의) 연속[연쇄] **horse horseshoe**: 편자, 편자 모양의 것 **horseback**: 말을 타고 하는 **horsey**: 말[경마]에 관심이 있는[관여하는], 말의, 말 같은 **horseplay**: 거칠게 밀고 때리는 장난 **wind windswept**: 강한 바람에 노출되어 있는 **whirlwind**: 회오리바람, 돌개바람, 정신 없이 빠르게 진행되는 **windy**: 바람이 많이 부는, 장황한 **windward**: 바람이 불어오는 쪽의, 바람이 불어오는 쪽[방향] **windmill**: 풍차 **windfall**: 우발적인 소득, 뜻밖의 횡재, 바람에 떨어진 과실 **long-winded**: 길고 지루한, 장황한 **dear endear**: 사랑[귀염]받게 하다, 사모하게 하다 **dearly**: 대단히, 몹시, 비싼 대가를 치르고 **endearment**: 애정을 담은[표현하는] 말[표현] **ship shipwreck**: 난파, 조난 사고, 난파선, 조난을 당하다 **shipyard**: 조선소 **shipment**: 수송, 수송품, 적하물 **shipshape**: 아주 깔끔한[정돈된] **construction constructive**: 건설적인 **construct**: 건설하다, 구성하다 **reconstruction**: 복원, 재건, 재현 **reconstruct**: 재건[복원]하다, 재구성[재현]하다 **reconstructed**: 재건[복원, 개조]된, 재생의 **reconstructive**: (심하게 손상되거나 한 인체 부위를) 복원하는 **prevent**

preventable: 막을 수 있는, 방해[예방]할 수 있는 **prevention**: 예방, 방지 **preventive**: 예방[방지]을 위한 **cover covert**: 비밀의, 은밀한, 은신처 **uncover**: 덮개를 벗기다, 알아내다[적발하다] **uncovered**: 아무것도 덮여 있지 않은 **scene scenery**: 경치, 풍경, (무대의) 배경, 무대장치 **glass glassy**: 유리 같은, 무표정한, (눈이) 멀건 **eyeglasses**: 안경 **glassware**: 유리 제품[그릇] **sunglasses**: 선글라스 **break broke**: 무일푼의, 빈털터리의 **breakdown**: 고장, 실패, 분해, 명세(서) **breakout**: 탈옥 **breakaway**: 탈퇴한[독립한] **unbreakable**: 부서뜨릴[깨부술] 수 없는 **breakthrough**: 돌파구 **daybreak**: 새벽, 동틀 녘 **outbreak**: (전쟁·질병 등의) 발생[발발] **groundbreaking**: 신기원을 이룬, 획기적인 **unbroken**: 중단되지[방해받지/끊이지지] 않는, (기록 등이) 깨어진 적이 없는 **civil civility**: 정중함, 공손함, 예의상 하는 말 **civilian**: 민간인 **civic**: (도)시의, 시민의 **unit unitary**: (국가·조직 등이) 통합된, 일원화된, 단일의, 한 개로 구성된 **choose choosy**: 까다로운, 가리는 게 많은 **choice**: 선택(하는 행동), 선택권, 아주 질 좋은, 고급의, 세심하게 고른 **initial initiate**: 개시되게 하다, 착수시키다, (처음으로) 접하게 하다, 가입[입회]시키다, 가입[입회]자 **initiative**: (새로운) 계획, 진취성, 결단력, 자주성, 주도권, 주도 **initiation**: 가입[입회], 시작, 개시 **aware awareness**: (무엇의 중요성에 대한) 의식[관심] **unaware**: 알지[눈치채지] 못하는 **sample sampler**: (과거) 바느질[재봉] 견본품, (특히 음악 작품들의) 샘플 모음집 **sampling**: 샘플[표본/견본] 추출, (녹음에서의) 샘플링 **sex sexual**: 성적인, 성관계에 관한, 생식의, 성과 관계되는 **unisex**: 유니섹스, 남녀 공용의 **sexuality**: 성생활[성적 취향] **homosexual**: 동성애자(보통 남자) **homosexuality**: 동성애 **sexless**: 성이 없는, 무성의, 성욕이 없는 **asexual**: 무성(無性)의, 성기가 없는, 섹스와 무관한, 섹스에 관심이 없는 **bisexual**: 양성애의, (성적으로) 남녀에게 다 끌리는, 암수 한 몸의, 양성애자 **fast fastness**: 요새 **fasting**: 단식, 금식, 절식, 단식의, 금식의 **balance unbalanced**: 평형[균형]을 잃은, 불균형한, 정신적으로 문제가 있는 **imbalance**: 불균형 **counterbalance**: 균형을 잡아 주다, 평행추, 균형을 잡아 주는 것 **apply applicant**: 지원자 **application**: 지원[신청], 적용, 응용, 바르기, 도포 **applicable**: 해당[적용]되는 **appliance**: (가정용) 기기 **exist existence**: 존재, 실재, 현존, (특히 힘들게 근근이 살아가는) 생활[생계] **existent**: 존재[실재/현존]하는, **nonexistent**: 실재[존재]하지 않는 (것) **existential**: 존재에 관한[관련된], 실존주의적인 **coexist**: 동시에[같은 곳에] 있다, 공존하다 **coexistence**: 공존 **element elementary**: 초보의, 초급의, 기본적인, 근본적인, 아주 쉽고 간단한 **elemental**: 광포한, 자연력의, 기본[근본]적인 **save saver**: 절약가, 저축인 **saving**: 절약, 저금, 예금 **code coded**: 암호[부호]로 적힌, 코드화된, 간접적으로 표현한 **plant planter**: 화분, 농장주, 파종기 **plantation**: 농장, (목재 생산을 위한) 조림지 **replant**: 옮겨 심다, 이주시키다, 새로 식물을 심다, 이식된 식물 **bottom bottomless**: 바닥이 안 보이는, 무한한 **responsible responsibility**: 책임(맡은 일), 책무, 책임감 **irresponsibility**: 책임을 지지 않음, 무책임 **irresponsible**: 무책임한 **gain gainful**: 돈벌이가 되는 **regain**: 되찾다[회복하다], 되돌아오다 **ungainly**: (움직임이) 어색한[볼품없는] **conduct conductive**: (열·전기 등을) 전도하는, 전도성의 **conductivity**: 전도성, 전도력 **conductor**: 지휘자, 안내원, (전기나 열의) 전도체 **misconduct**: 비행, 위법[불법]행위, 직권남용, 부당 경영 **semiconductor**: 반도체, 반도체를 이용한 장치 **motion motionless**: 움직이지 않는, 가만히 있는 **bank banker**: 은행가, 은행 간부, 물주 **riverbank**: 강둑, 강가슭 **bankroll**: 재정을 지원하다, 돈을 대다, 재정 지원 **bankruptcy**: 파산 (상태), 파탄 **bankrupt**: 파산한, (귀중한 것이) 결핍된, 파산자 **embankment**: 둑, 제방, 경사면 **trial retrial**: 재심, 재시험 **pretrial**: 사전 심리[절차], 공판 전의 **fight infighting**: 내분 **fighter**: 전투기, 전사(戰士) **fistfight**: 주먹다짐, 주먹싸움 **suggest suggestion**: 제안, 제의, 의견, 시사[암시], 기미, 기색 **suggestive**: 연상시키는,

23

외설적인, 도발적인 **contract** **contractor**: 계약자, 도급업자 **contraction**: 수축, 축소, 진통, (단어의) 축약형 **contracted**: 수축한, 찌푸린, 단축한, 축약한, 옹졸한, 계약한, 약혼한 **contracting**: 수축성이 있는, 계약의, 약혼의 **sister** **sisterhood**: 자매애, 여성 공동체 **sisterly**: 언니[누나/여동생] 같은, 자매 같은 **half-sister**: [이복/이부] 언니[누나/여동생] **stepsister**: 이복[배다른] 언니[누나/여동생/누이] **enter** **reenter**: 다시 들어가다, 다시 가입하다 **entrance**: 입구, 문, 입장, 등장, 가담, 입회, 가입 **external** **externality**: 외부[외면]적 성질, 외계, 외형, 외관, 형식주의, 외적 영향 **practical** **practicality**: 실현 가능성, 현실성, 현실적임, 실질적인 측면 **impracticable**: 실행[실현]이 (거의) 불가능한 **impractical**: 터무니없는, 비현실적인, 손을 쓰는 일에 서툰 **impracticability**: 실행[실시] 불가능, (드물게) 버거움, 억척스러움, 고집이 셈, 실행 불가능한 일 **battle** **battlefield**: 싸움터, 전장, 논쟁거리 **battleship**: 전함 **stress** **stressful**: 스트레스가 많은 **overstress**: 지나치게 강조하다, 심한 압력[긴장]을 주다 **drive** **driver**: 운전자, 기사, (공구) 드라이버, 추진 요인 **vision** **prevision**: 예지, 선견, 예감, 예견하다 **visionary**: 예지력[선견지명] 있는, 환영[환각]의 **envision**: 마음에 그리다[상상하다] **fit** **fitting**: 어울리는[적합한], (장비·가구의 작은) 부품, 가봉 **misfit**: 부적응자 **unfit**: (특정 기준에) 부적합한, 건강하지 못한, 몸 상태가 안 좋은 **fitness**: 신체 단련, (신체적인) 건강, 적합함 **befit**: 걸맞다 **concern** **concerning**: ~에 관한[관련된] **unconcern**: 무심, 무관심 **couple** **uncoupled**: 연결되지 않은, 분리된 **coupling**: 연결, 결합, 성교, 교미 **strange** **stranger**: 낯선[모르는] 사람, (어떤 곳에) 처음 온 사람 **notice** **noticeable**: 뚜렷한, 현저한, 분명한 **unnoticed**: 눈에 띄지 않는, 간과되는 **village** **villager**: 마을 사람 **correct** **corrected**: 수정한, 정정한 **correction**: 정정, 수정 **correctness**: 정확함, 단정 **corrective**: 바로잡는[수정/교정의], 수정[교정]하는 것 **correctional**: (범죄자에 대한) 교정[처벌]의 **incorrect**: 부정확한, 맞지 않는, 사실이 아닌, (규범·규칙에) 맞지 않는 **straight** **straightaway**: 일직선의, 즉시의, 직선 (코스), 즉시, 곧바로 **straightforward**: 간단한, 쉬운, 복잡하지 않은, 솔직한 **straighten**: 똑바르게 되다[하다], (자세를) 바로 하다 **spread** **widespread**: 광범위한, 널리 퍼진 **accept** **acceptance**: 받아들임[수락], 동의, 가입 허가 **acceptable**: 용인되는[받아들여지는], 허용할 수 있는, 그런대로 괜찮은 **acceptor**: 수납자, 수락자, 수용체, 어음 인수인 **unacceptable**: 받아들일[용납할/인정할] 수 없는 **trouble** **troublesome**: 골칫거리인, 고질적인 **client** **clientele**: (어떤 기관·상점 등의) 모든 의뢰인들[고객들] **south** **north**: 북쪽, 북부, 북쪽에 있는, 북쪽으로 향하는, 북쪽으로 **east**: 동쪽, 동부, 동양, 동구권, 동쪽[동부]에 있는[으로 향하는], 동쪽에서 불어오는, 동풍의, 동쪽으로 **west**: 서쪽, 서양, 서부, 서방[서구], 서쪽의, 서쪽으로 향하는, 서풍, 서쪽으로 **administration** **administer**: (회사·조직·국가 등을) 관리하다[운영하다], (공정하게) 집행하다, (정식으로) 주다, 부여하다, (약을) 투여하다 **administrative**: 관리[행정]상의 **administrator**: 관리자, 행정인 **speed** **speedy**: 빠른, 지체 없는, (이동·작업 등이) 빠른[신속한] **gas** **gaseous**: 기체의, 가스의 **domestic** **domestication**: 길들이기, 정듦, 익숙해지기, 사육, 교화 **domesticate**: (동물을) 길들이다[사육하다], (작물을) 재배하다 **domesticity**: 가정 (생활) **safe** **failsafe**: 절대 안전한, 전혀 문제가 없는 **safety**: 안전, 안전성, 안전한 곳 **unsafe**: 안전하지 못한, 위험한, 위험에 처한, 불안한, 증거가 불확실한, 증거 불충분의 **rose** **rosy**: (색깔이) 장밋빛의[발그레한], (전망 등이) 장밋빛의, 희망적인 **roseate**: 장밋빛의 **bear** **bearable**: 참을[견딜] 만한 **unbearable**: 참을[견딜] 수 없는 **expect** **unexpected**: 예기치 않은, 예상 밖의, 뜻밖의 **expectation**: 예상, 기대[요구] **expectant**: (특히 좋거나 신나는 일을) 기대하는 **expectancy**: (특히 좋거나 신나는 일에 대한) 기대 **credit** **creditor**: 채권자 **discredit**: 존경심[신임]을 떨어뜨리다, 신빙성을 없애다, 불명예 **represent** **representative**: 대표(자), (선발된) 대리인, 하원 의원,

(특정 단체를) 대표하는 **relevant** irrelevant: 무관한, 상관없는 **relevance**: (표현 등의) 적절, 타당성, 관련성 **irrelevance**: 무관함, 무관한 것 **federal** federalism: 연방주의[제도], 성약설 **check** checkmate: 체크 메이트, 외통 장군, 완전히 패배한 상황 **checkpoint**: (특히 국경의) 검문소 **checkout**: (슈퍼마켓의) 계산대, (호텔에서) 체크아웃 **checkup**: 대조, 검사, 시험 **upper** uppermost: 가장 위의, 가장 중요한 **press** pressed: (특히 시간·돈이) 충분하지 않은[궁한], 납작하게 만든[누른] **pressing**: 긴급한, 거절[무시]하기 힘든, 찍어 만든 것, 레코드 **pressure**: 압박, 압력, (대기의) 기압 **drug** druggist: 약제사 **drugstore**: 약국 **fellow** fellowship: 유대감, 동료애, 단체[조합/협회], 연구비[장학금], (학술·전문직 단체의) 회원 자격 **watch** watchful: 지켜보는[신경 쓰는] **watcher**: 연구가, 관찰자 **watchman**: 경비원 **double** doubly: (평상시의) 두 배로, 두 가지로, 두 가지 이유로 **generation** **generate**: 발생시키다, 만들어내다 **generator**: 발전기, 발생기 **regenerate**: 재건하다[회생시키다], 재생시키다 **generative**: 발생의, 생성의 **generating**: 전기를 일으키는 **regeneration**: (정신적·도덕적인) 갱생, 재건, 부흥, 개혁 **edge** two-edged: 양날로 된, (좋고 나쁜) 두 가지 뜻이 있는[결과를 초래하는] **edged**: 날이 있는, 통렬한, 가장자리가 있는 **edgy**: 초조해하는, 불안한, 통렬한, 신랄한 **acid** acidulous: 신맛이 나는 **acidity**: 신맛, 산성 **build** building: 건물, 건축 **rebuild**: (건물 등을) 다시 세우다[재건하다], (허물어진 삶·희망 등을) 새로 세우다[재건하다] **outbuilding**: 별채, 딴채 **buildup**: 증강, 강화, 축적, 비축, 발전, 진보, 증가, 고조 **built-in**: 붙박이의 **title** titular: 명목상의, 명의[이름]뿐인 **entitle**: 자격[권리]을 주다, 제목을 붙이다 **entitlement**: 자격, 권리 **titled**: 작위가 있는[붙은] **subtitle**: 자막, (책의) 부제, 자막 처리를 하다, 부제를 달다 **maintain** maintenance: 유지, 지속, 생활비[양육비] **maintained**: 재정 지원을 받는 **happen** happening: (흔히 이상한) 일[사건], (장소가) 신나는[멋진] **usual** unusual: 특이한, 흔치 않은, 드문, 색다른 **tradition** **traditional**: 전통의, 전통을 따르는 **regular** regularity: 정기적임, (배열 형태·무늬 등이) 규칙적임[균형됨] **irregular**: 고르지[가지런하지] 못한, 불규칙적인[불규칙한], 변칙적인, 비정상적인 **irregularity**: 변칙, 부정, 이상, 불규칙한 것, 고르지[가지런하지] 못한 것 **president** presidential: 대통령의, 대통령 선거, 주재하는, 지배[감독, 지휘]하는 **presidency**: 대통령직[임기], 회장직[임기] **mine** mining: 채굴, 채광, 광(산)업 **miner**: 광부 **wild** wildness: 야생, (토지 등의) 황폐, 난폭, 무모 **location** locate: 정확한 위치를 찾아내다, (특정 위치에) 두다[설치하다], (특정 장소에서) 사업을 시작하다 **locator**: 위치 탐사 장치[탐지기] **relocate**: (특히 기업·근로자들이) 이전[이동]하다[시키다] **relocation**: 재배치, 배치 전환 **birth** rebirth: 부활, 거듭남 **birthday**: 생일 **birthplace**: 생가[출생지], 발생지 **birthright**: 생득권 **childbirth**: 출산, 분만 **fish** fishy: 수상한 (냄새가 나는), 생선 냄새[맛]가 나는 **fishing**: 낚시, 어업 **secret** secrecy: 비밀 유지[엄수], 비밀(인 상태) **secretive**: (자신의 생각·감정 등에 대해) 비밀스러운 **error** erroneous: 잘못된 (정보에 의한) **youth** youthful: 젊은이[청년]다운, 젊은, 젊어[앳되어] 보이는 **youthfulness**: 젊음, 팔팔함 **seek** seeker: ~을 추구하는 사람 **reduce** reduction: 축소, 삭감, 감소, 할인, 인하, 축소판[축도] **opposite** opposition: 반대[항의], 반대[상대]측, 경쟁사, 대립, (두 개의) 상반되는 것들 **identify** identity: 신원, 신분, 정체, 독자성, (긴밀한) 유사성, 동질감 **identical**: 동일한, 똑같은 **identification**: 신원 확인, 식별, 인지[발견], (심리적) 동일시, 공감 **unidentified**: 정체불명의, 신원[국적] 미상의 **phone** telephone: 전화, 전화기, 송수화기, 전화를 걸다, 전화로 말하다[전하다] **payphone**: 유료 전화, 공중전화 **aid** unaided: 도움을 받지 않는 **aide**: 보좌관 **conversation** converse: 대화[이야기]를 나누다 **conversationalist**: 이야기를 잘하는 사람[대화에 능한 사람] **conversational**: 일상 대화에서 쓰이는, 구어의, 대화의 **conversant**: ~을 아는, ~에 친숙한 **eat** overeat: 과식하다

audience inaudible: 들리지 않는 **auditory**: 청각의 **auditorium**: 객석, 강당 **audio**: 녹음의 **audible**: 잘 들리는 **audition**: (가수·배우 등의) 오디션, 오디션을 보다[실시하다]
describe indescribable: 형언할[말로 다 할] 수 없는 **description**: 서술[기술/묘사/표현] **descriptive**: 서술[묘사]하는, 기술적인 **nondescript**: 별 특징 없는 **ordinary** extraordinary: 기이한, 놀라운, 보기 드문, 비범한, 임시의 extraordinaire: (명사 뒤에 쓰여) 탁월한 **inordinate**: 과도한, 지나친 **buy** buyer: 구매자, 바이어 **soft** softness: 부드러움, 씩씩함, 관대함 **soften**: 부드럽게 하다, 누그러지다, 약화시키다 **official** officialdom: 관료 집단 **unofficial**: 비공식적인, 공인되지 않은 **officiate**: 공무[직무]를 수행하다 **suppose** supposing: 만약 ~라면 **supposition**: 추정 **supposititious**: 거짓의, 가짜의, 위조의, 가정의, 가상의 **presuppose**: 예상하다, 상정[추정]하다 **touch** touchy: 화를 잘 내는, 과민한, (주제가) 민감한 **touching**: 감동적인, 감정적이 되게 하는 **untouched**: 훼손되지 않은, 본래 그대로의 **untouchable**: (사람을) 건드릴 수 없는, 처벌[비판]할 수 없는, (남이) 바꿀 수 없는 **touchdown**: (비행기·우주선의) 착륙, 터치다운 **wait** waiter: 종업원, 웨이터 **waitress**: 웨이트리스, 여자 급사 **await**: 기다리다 **familiar** familiarity: 익숙함, 낯익음, 친근함 **familiarize**: 익숙하게 하다 **unfamiliar**: 익숙지 않은, 낯선, 지식[경험]이 없는, 잘 모르는 **stone** stony: 돌이 많은, 돌처럼 차가운, 냉담한, 냉랭한 **stoneware**: 사기그릇 **limestone**: 석회석[암] **sandstone**: 사암(沙巖) **stonewall**: 의사 진행을 방해하다 **stoned**: (마리화나·술에) 취한[몽롱한] **touchstone**: 시금석, 기준 **cornerstone**: 주춧돌[초석], (어떤 일의) 초석 **keystone**: 쐐기돌[이맛돌], (계획·주장의) 핵심 **whetstone**: 숫돌 **spring** springtime: 봄철 **minute** minutiae: 세부 사항들, 상세한 내용 **college** collegiate: 대학(생)의 **obtain** obtainable: 얻을[구할/입수할] 수 있는 **broad** broadside: (말 또는 글로 하는) 공격, 옆으로, 옆을 들이받다 **broaden**: 넓어지다, 퍼지다 **doctor** doctoral: 박사 학위의 **doctoring**: 치료하는, 수리하는 **doctorate**: 박사 학위 **dog** lapdog: 작은 애완용 개, 남이 하라는 대로 하는 사람 **dogged**: 완강한, 끈덕진 **watchdog**: 감시인, 감시 단체 **iron** ironing: 다리미질 **ironclad**: 어길 수 없는, 엄한, 철갑의, 불리한 조건하에 견딜 수 있는 **absence** absent: 결석한, 결근한, 없는, 부재의, 멍한, 결석[결근]하다, 불참하다 **absenteeism**: (합당한 사유 없는) 잦은 결석[결근] **absentee**: 결석자, 결근자, 불참자 **silence** silent: 말을 안 하는, 침묵을 지키는, 조용한, 말수가 적은, 무언의, 발음되지 않는 **philosophy** philosophical: 철학의, 철학에 관련된, 달관한 듯한, 냉철한 **philosopher**: 철학자, 철학자[사색가] 같은 사람 **reaction** react: 반응하다, 반응을 보이다, 화학반응을 일으키다 **reactive**: 반응[반작용]을 보이는, (화학) 반응을 하는 **reactionary**: (사회·정치적 진보·변화에 대한) 반동자[반동분자] **reactor**: 원자로 **overreact**: 과잉 반응을 보이다 **overreaction**: 과잉 반응, 지나친 감정 표현 **baby** babyish: (못마땅함) 아기 같은 **danger** dangerous: 위험한 **endangerment**: 위험에 빠뜨리기, 위험에 빠진 상태 **endanger**: 위험에 빠뜨리다, 위태롭게 만들다 **commercial** commercialism: 상업주의 **machine** machinery: 기계(류), 기계 부품들, 조직, 시스템, 기구 **machination**: 교묘한 책략[술책] **mechanical**: 기계로 작동되는, 기계[엔진]와 관련된, 역학의, 기계를 잘 아는 **mechanic**: 정비공, 역학, 기계학, (일이 이뤄지는) 방법 **mechanism**: 기계장치[기구], 방법, 메커니즘 **confidence** confident: 자신감 있는, (전적으로) 확신하는 **overconfident**: 지나치게 자신만만한 **agent** agency: 대리점, 대행사, (특정 서비스 제공) 단체 **grow** growth: 성장, 증가, 자란 것, 종양[혹] **grown**: 다 큰, 장성한, 어른[성인]이 된 **ingrown**: 안쪽으로 성장한, 천성의, 타고난, 살로 파고든, 내향적인 **overgrown**: 마구[제멋대로] 자란, 너무 커진 **overgrowth**: 지나치게 자라남[웃자람] 것 **grownup**: 다 큰, 장성한, 어른[성인]이 된, 성인[어른]에게 맞는 **outgrow**: 너무 커져 맞지 않게 되다, 더 커지다[많아지다], 나이가 들면서

그만두다 **novel novelty**: 새로움, 참신함, 신기함, 색다른, 진기한 **novelist**: 소설가 **novella**: 중편소설 **transfer transference**: 이동[이전/양도] **transferable**: 이동[양도/전이] 가능한 **bound inbound**: (어떤 장소로) 오는, 귀항하는 **rebound**: 다시 튀어나오다[튀어 오르다], 반등하다, 되돌아오다, 다시 튀어나옴[튀어 오름] **boundless**: 한[끝]이 없는 **outbound**: (비행기 등이 어떤 장소에서) 떠나는[나가는] **judge judgement**: 판단력, 판단, 비판, 판결, 심판 **judgmental**: (남에 대해) 비판[재단]을 잘하는, 판단[재판]의 **misjudge**: 잘못 판단하다[오해하다], 잘못 계산하다 **mere merely**: 한낱, 그저, 단지 **numerous numeral**: 숫자, 수사 **innumerable**: 셀 수 없이 많은, 무수한 **numerical**: 수의, 수와 관련된, 숫자로 나타낸 **numeric**: 수, 숫자, 수의 **supernumerary**: 필요 이상의, 여분의 **therapy chemotherapy**: 화학요법 **therapeutic**: 치료상의, 치료법의, 긴장을 푸는 데 도움이 되는 **detail detailed**: 상세한 **challenge challenger**: 도전자 **unchallenged**: 의심[이의] 없이 받아들여지는, 도전 받지 않는, 도전[반대]을 받지 않는, 제지를 당하지 않는 **challenging**: 도전적인, 도전 의식을 북돋우는, 저항[항의]하는 **square squarely**: 똑바로, 정면으로, 곧바로, 정확하게 **fresh freshen**: 더 상쾌하게[산뜻하게/새롭게] 하다, 더 쌀쌀해지다 **freshness**: 새로움, 선명, 상쾌함 **freshman**: 신입생 **afresh**: 새로, 새롭게 다시 **chair chairman**: (회의의) 의장, (회사·위원회 등의) 회장 **formal formality**: 형식상의 절차, 형식[의례]적인 일, 격식 **informal**: 격식에 얽매이지 않는, 허물없는, 편안한, 평상복의, 일상어의, 일상적인 **protect protection**: 보호, 보장, 보호 제도 **protector**: 보호자, 보호기관, 보호물 **protective**: 보호하는, 보호용의, 방어적인 **protectionism**: (무역) 보호주의 **unprotected**: 보호받지 못하는, 무방비의 **overprotective**: 지나치게 보호하려 드는, 과보호하는 **protectorate**: (피)보호국 **improve improving**: 개량[개선]하는, 유익한, 도움이 되는 **improvement**: 향상, 개선, 호전 **quiet quietude**: 정적, 고요 **quietus**: 죽음[죽음을 가져오는 것], 조용히 잠재우는[종지부를 찍는] 것 **disquiet**: 불안, 동요 **warm warmth**: 온기, 따뜻함 **lukewarm**: 미지근한, 미온적인 **draw drawing**: 그림, 소묘, 데생, 도안[도면] 제작술, 제도 **drawn**: (사람이나 얼굴이) 핼쑥한 **drawer**: 서랍, 수표 발행인 **willing willingness**: 쾌히[자진하여] 하기, 기꺼이 하는 마음 **unwilling**: 꺼리는, 싫어하는, 마지못해 하는, 본의 아닌 **unwillingness**: 본의 아님, 자발적이 아님, 반항적임 **pure impure**: 순수하지[깨끗하지] 못한, 불순물이 섞인, 불결한, 부도덕한, 음란한 **purity**: 순수성, 순도 **impurity**: 불순물, 불결, 불순 **feature featured**: 특색으로 한, 주요 프로로 하는, 주연의, ~한 용모를 가진 **breath breathable**: 통기성이 있는 **breathe**: 호흡하다, 숨을 쉬다, 냄새를 풍기다, 공기를 쏘이다, (어떤 느낌·특질이) 가득하다 **breathless**: 숨이 가쁜[찬], 숨을 가쁘게 하는, 숨을 쉴 수 없는[숨이 막힐 듯한] **breathtaking**: 숨이 (턱) 막히는[멎는 듯한] **train training**: 교육, 훈련, 연수 **untrained**: 훈련되어 있지 않은, 정식 교육을 받지 않은 **trainee**: 교육을 받는 사람, 수습 (직원) **achieve achievement**: 업적, 성취한 것, 성취, 달성 **achievable**: 성취할 수 있는, 달성할 수 있는 **overachiever**: 표준[기대] 이상의 성공[성적]을 거두는 사람 **clinical clinic**: 병원, 진료, 클리닉 **clinically**: 임상적으로, 냉정하게 **tone toneless**: 단조로운, 생기 없는 **winter midwinter**: 한겨울 **wintry**: 겨울의, 겨울 같은, 추운 **afraid unafraid**: 두려워[불안해]하지 않는 **wonder wonderland**: 동화의 나라, 신 나는 것이 가득한 곳, 아주 멋진 곳 **perform performer**: 연기자[연주자] **performance**: 공연, 연주회, 연기[연주], 실적, 성과 **notion notional**: 개념상의, 관념[추상]적인 **false falsehood**: 거짓임, 거짓말하기, 거짓말 **falsify**: (문서를) 위조[변조/조작]하다 **falsification**: 위조, 변조, (사실의) 곡해, 허위임을 입증하기, 위증 **combination combine**: 결합하다, 합치다, 통합하다, 연합시키다, 합계하다, 콤바인, 연합체 **prove unproven**: 증명[입증]되지 않은 **proven**: 입증[증명]된 **contain container**: 그릇, 용기, (화물 수송용)

컨테이너 **containment**: (좋지 않은 일의) 방지[억제], (다른 국가의 무력에 대한) 견제 **huge hugeness**: 거대함, 엄청남 **lose loser**: (경쟁에서) 패자, 실패자, 손해를 보는 사람 **lost**: 길을 잃은, 잃어버린[분실된], 손실[손해]이 난, 가망이 없는 **equipment equip**: 장비를 갖추다, (필요한 지식 등을 가르쳐) 준비를 갖춰주다 **occasion occasional**: 가끔의 **seat unseat**: (사람을) 자리[권좌]에서 몰아내다[내쫓다], (말·자전거에서) 떨어뜨리다 **travel traveled**: 널리 여행한, 견문이 많은, 여행자가 자주 지나가는 **traveler**: 여행자, 나그네, 여행가 **escape inescapable**: 피할[무시할] 수 없는 **escapee**: 탈옥수, 도망자, 탈출한 동물 **escapement**: 도피구, 누출구 **rock rocking**: 흔들리는, 굉장한, 멋있는 **rocky**: 바위[암석]로 된, 바위[돌]투성이의, 고난이 많은, 험난한 **bedrock**: (튼튼한) 기반, 기반암 **fundamental fundamentalist**: 근본주의 신자, 정통 회귀론자, 원리주의자 **document documentation**: (무엇을 입증함) 서류, 기록, 문서화 **documentary**: 다큐멘터리, 기록물, 서류[문서]로 이뤄진, 다큐멘터리의, 기록물의 **dream dreamy**: 꿈을 꾸는[백일몽에 잠긴] 듯한, 공상적인, 꿈결 같은, 환상적인 **dreamer**: 몽상가, 꿈을 꾸는 사람 **daydream**: 백일몽 **dreamless**: 꿈도 꾸지 않고 자는, 깊고 평안한 **urban urbanization**: 도시화 **urbanity**: 도시풍, 세련, 우아, 도시풍의[세련된] 태도 **urbane**: (특히 남자가) 세련된, 점잖은 **establish disestablish**: 국교(國敎)를 폐지하다 **establishment**: 기관, 시설, (사회) 기득권층, 지배층, 설립, 수립, 확립 **reestablish**: 재건하다, 복직[복위]시키다, 복구하다 **station stationary**: 움직이지 않는, 정지된, 변하지 않는, 비유동적인 **divine divinity**: 신성(神性), 신, 신학 **divination**: 점(占), 점을 침 **divining**: 점(占)(의), 예언(의) **indicate indication**: (생각·감정을 보여주는) 말[암시/조짐] **indicator**: 지표, 계기[장치], 방향 표시등 **indicative**: ~을 나타내는[보여주는/시사하는], 직설법의 **wealth wealthy**: 부유한, 재산이 많은 **brief brevity**: 간결성, 짧음, 덧없음 **heaven heavenly**: 천국의, 하늘의, 정말 상쾌한 **tend tendency**: 성향, 기질, 경향, 동향, 추세 **option optional**: 선택적인 **spot spotted**: 점무늬[물방울무늬]가 있는, 얼룩무늬의 **spotter**: ~을 찾는[물색하는] 사람, 정찰기 **spotless**: spotless **bar barred**: 빗장을 지른, 가로줄(무늬)가 있는, 모래톱이 있는 **please pleasant**: 쾌적한, 즐거운, 기분 좋은, 상냥한, 예의 바른 **pleasure**: 기쁨, 즐거움, 재미로[좋아서] 하는 활동, 기쁜[즐거운] 일 **displeasure**: 불쾌감, 불만 **pleasing**: 즐거운, 기분 좋은, 만족스러운 **unpleasant**: 불쾌한, 불편한, 무례한 **pleasurable**: 즐거운 **displease**: 불쾌하게[불만스럽게] 만들다 **displeased**: 화난 **permission permit**: 허용[허락]하다, 가능하게 하다 **intelligence intelligent**: 총명한, 똑똑한, 지능이 있는 **intelligible**: (쉽게) 이해할 수 있는 **intelligibility**: 이해할 수 있음, 알기 쉬움, 명료 **intelligentsia**: 지식계급, 지식인들 **unintelligible**: 이해할 수 없는 **counterintelligence**: 방첩 활동, 반스파이 활동, 방첩부대 **conclusion conclusive**: 결정적인[확실한] **inconclusive**: 결정적이 아닌, 결론에 이르지 못하는 **conclude**: 결론[판단]을 내리다, 끝내다, 마치다, (협정·조약을) 맺다[체결하다] **interview interviewer**: 면접관, 인터뷰 진행자, 회견 기자 **express expression**: 표현, 표출, 표정, 수식, 식 **expressive**: 나타내는, 표정[표현력]이 있는, 나타내는[보여주는] **unexpressed**: 표현되지[드러내지] 않은 **camp camper**: 야영[캠핑]객, 캠핑용 자동차 **encamp**: (집단이) 야영하다, 캠프를 만들다 **encampment**: (집단적인) 야영지, 캠프장 **decamp**: (흔히 몰래) 서둘러 떠나다 **tool toolbox**: 연장[공구]통 **neck neckline**: 목둘레선[네크라인] **necklace**: 목걸이 **necktie**: 넥타이, 목을 달아매는 끈, 교수용 밧줄 **cancer cancerous**: 암의, 암에 걸린, 불치의, 독성의 **severe severity**: 격렬, 혹독, 엄격, 엄정, 통렬함, 신랄함, 격렬함 **frame framing**: 구성, 짜 맞추기, 구상, 획책, 틀, 뼈대 **framework**: 뼈대[골조], 체제, 체계, 틀 **mainframe**: 중앙 컴퓨터 **cash cashier**: (은행·상점·호텔 등의) 출납원, (군대에서) 징계면직하다 **promise promising**: 유망한,

촉망되는, 조짐이 좋은 damage undamaged: 손상[훼손]되지 않은 damaging: 손상[피해/훼손/악영향]을 주는, 해로운 contemporary contemporaneous: 동시에 발생[존재]하는 narrative narrate: 이야기를 하다[들려주다] narrator: (소설의) 서술자, 내레이터 season seasoned: 경험 많은, 노련한, 양념을 한, 조미료를 넣은 seasoning: 양념 unseasonably: 계절에 맞지 않게 seasonal: 계절적인, 계절에 따라 다른, 시즌 특유의 capable incapable: ~을 할 수 없는, ~하지 못하는, 무능한 capability: 능력, 역량 drink drunk: 술이 취한, (특정한 감정·상황에) 도취한, 술 취한 사람, 술꾼 drunkenness: 취기, 취한 상태, 술에 빠짐 lie underlying: 근본적인[근원적인], (다른 것의) 밑에 있는 underlie: 기저를 이루다[기저가 되다] overlie: ~위에 가로놓이다 belie: 착각하게 만들다, 거짓[허위]임을 보여주다 liar: 거짓말쟁이 forest rainforest: (열대) 우림 forestry: 임학, 삼림 관리 deforestation: 삼림 벌채[파괴] agree agreement: 협정, 합의, 동의, 승낙, 일치 disagree: 의견[뜻]이 다르다, 동의하지 않다, 내용이 다르다[일치하지 않다] agreeable: 기분 좋은, 쾌활한, 선뜻 동의하는[승낙하는] disagreement: 의견 충돌[차이], 다툼, 불일치 disagreeable: 유쾌하지 못한, 무례한, 무뚝뚝한 ahead go-ahead: 승인, 인가 silk silken: 비단같은, 부드러운, 실크로 된 mission missionary: (외국에 파견되는) 선교사 maximum maximize: 극대화하다, 최대한 활용하다 ideal idealist: 이상가, 이상주의자, 공상가, 몽상가, 관념론자, 유심론자 idealism: 이상주의, 관념론, 유심론 idealize: 이상화하다 idealization: 이상화(된 것) sentence sententious: 무게를 잡는, 훈계조의 distinct distinctive: 독특한 distinction: (관련이 있는 것들 사이의 뚜렷한) 차이[대조], 뛰어남, 탁월함, 우수한 성적 indistinct: 또렷하지 않은, 희미한 medium medial: 중간의, 중앙에 위치하는, 중앙의, 평균의, 안쪽[내측]의 assume assumption: 추정, 상정, (권력·책임의) 인수[장악] unassuming: 잘난 체하지 않는 excellent excellence: 뛰어남, 탁월함 excel: 뛰어나다, 탁월하다 sin sinful: 죄가 되는, 죄악의, 나쁜 advance advancement: 발전, 진보, 승진, 출세 discuss discussion: 논의, 상의, (어떤 주제를 말이나 글로) 논한 것, 논고 technical technicality: 세부적인 내용, 세부 조항 technician: 기술자, 기사, 기술[기교]이 뛰어난 사람 technique: 기법, 기술 technology: (과학) 기술, 기계, 장비 technological: 과학[공업] 기술의[에 관한], (과학) 기술(상)의 wave shortwave: 단파(短波), 단파의, 단파로 발송하다 wavelength: 파장, 주파수 wavy: 웨이브가 있는, 물결 모양의 wood woodland: 삼림지대 woody: 나무 같은, 목질의, 나무가 우거진 wooden: 나무로 된, 목재의, 경직된[뻣뻣한/딱딱한] annual semiannual: 반년마다의, 한 해에 두 번의, 반년생의 limit illimitable: 무한의, 광대한, 끝없는 unlimited: 무제한의, 무한정의 limitless: 한이 없는, 방대한 limited: 제한된, 아주 많지는 않은, 한정된 limitation: 국한[제한/한정], 제약[규제], 한계 weak weakness: 약함, 힘이 없음, 나약함, 약점 weakling: 허약자, 약골 weaken: 약화시키다, 약화되다, 약해지다, 약하게 만들다 empty emptiness: 공허(감), 허무, 텅 비어 있음, 텅 빈 곳 sum summation: 요약, 총체 solid solidification: 단결, 응결 solidity: 견고함, 탄탄함, 확실함 solidarity: 연대, 결속 solidify: 굳어지다, 굳히다, (생각 등이) 굳어지다[확고해지다] sweet sweetness: 다정함, 상냥함, 달콤함, 단맛, 향내 sweeten: 설탕[감미료]을 넣다, 달게 하다, 감언이설을 하다, 회유하다 sweetener: 감미료(설탕 대신에 쓰는 것), 회유 수단, (은밀한) 우대 조건 kill overkill: (효과를 반감시킬 수 있는) 지나침[과잉] killing: 살해, 살인, 기진맥진하게 만드는 vast vastness: 광대(함), 광대한 넓이 clean cleanliness: 청결 cleanse: (피부·상처를) 세척하다, 죄책감[죄]을 씻어주다 cleansing: 깨끗이 함, 정화, 죄를 씻음 cleanly: 깔끔하게, 산뜻하게, 깨끗이 cleaner: 청소부, 청소기, 세탁소 unclean: 더러운[불결한], 부정(不淨)한 examination examine: 조사[검토]하다, 시험을 실시하다, 진찰하다, 심문하다 examiner: 심사 위원, 시험관, 채점관 reexamine:

재시험[재검토, 재검사]하다, 재심문하다 **exam**: 시험, 검사 **joy joyous**: 아주 기뻐하는, 기쁜, 기쁨을 주는 **joyful**: 아주 기뻐하는, 기쁜, 기쁨을 주는 **overjoyed**: 매우 기뻐하는 **block blockade**: 차단, 봉쇄 **blockage**: (흐름을) 막는 것, 장애(물), 막힌 상태, 폐색 **sequence sequential**: 순차적인 **sequel**: (책·영화·연극 등의) 속편, 뒤이어 일어난 일 **concentration concentrate**: (정신을) 집중하다[집중시키다], 전념하다, (한곳에) 모으다[집중시키다], 농축시키다 **relief relieve**: (불쾌감·고통 등을) 없애[덜어] 주다, 안도하게 하다, 완화하다 **relieving**: 보조하는, 보조용의 **boat sailboat**: 범선, 요트 **guide guidance**: (특히 연장자·경력자에 의한) 지도[안내], (로켓 등의) 유도 **misguided**: 잘못 이해한[판단한] **chain unchain**: 사슬에서 풀어주다, 해방하다 **ice icy**: 얼음같이 찬, 얼음에 뒤덮인, 쌀쌀맞은, 싸늘한 **icebreaker**: 쇄빙선, 어색함을 누그러뜨리기 위한 말[행동] **iceberg**: 빙산 **profit profitable**: 수익성이 있는[있을 것 같은], 이득이 되는, 유익한 **profitless**: 수익성이 없는, 무익한 **election elect**: (선거로) 선출하다, 선택하다, 당선된 **electorate**: (전체) 유권자 **electoral**: 선거의 **elective**: 선거를 이용하는, 선거로 선출된, 선거권이 있는, (치료가) 선택에 의한, 선택 강좌 **elector**: 선거인, 유권자 **metal metallic**: (모습·맛·소리 등이) 금속성의, 금속으로 된, 금속이 함유된 **copy copycat**: 모방하는 사람, 흉내쟁이, 모방한 **forget unforgettable**: 잊지 못할[잊을 수 없는] **forgetful**: 잘 잊어 먹는, 건망증이 있는 **forgettable**: 쉽게 잊혀질, 별로 특별할 것 없는 **secure unsecured**: 안전이 보장되지 않은, 무담보의, 확실히 잠겨 있는 않는 **insecure**: 자신이 없는, 불안정한, 안전하지 못한 **security**: 보안, 경비, 안보, 방위, (미래를 위한) 보장, 안도감, 안심, 담보 **insecurity**: 불안(감), 확신이 없음, 불안정, 위험 **join rejoin**: 재가입하다, 다시 합류하다, 응수[답변]하다 **rejoinder**: 응수, 답변 **joint**: 공동의, 합동의 **disjoint**: 관절을 삐게 하다, 탈구시키다, (낱낱으로) 해체하다 **disjointed**: 연결이 안 되는, 일관성이 없는 **recognize recognition**: 알아봄, 인식, 인정[승인], (공로 등에 대한) 표창 **recognizable**: (쉽게) 알[알아볼] 수 있는 **unrecognizable**: (너무 변하거나 훼손되어서) 알아볼 수 없는[몰라볼 정도의] **wine winery**: 포도주 양조장 **imagine imagination**: 상상력, 상상, 가상, 착각, 창의력 **imaginative**: 창의적인, 상상력이 풍부한 **imaginable**: 상상[생각]할 수 있는, 상상이 가능한 **imaginary**: 상상에만 존재하는, 가상적인 **unimaginable**: 상상[생각]도 할 수 없는 **unimaginative**: 상상력이 부족한 **sell selling**: 판매하는, 판매의, 판매에 종사하는, (잘) 팔리는 **seller**: 파는 사람, 판매자 **undersell**: 싼 가격에 팔다[공급하다], 가치[중요성]를 떨어뜨리다 **cycle cyclic**: 순환하는, 주기적인 **recycle**: (폐품을) 재활용[재생]하다, 다시 이용하다[재사용하다] **quick quicken**: 빨라지다, 더 빠르게 하다, 더 활발해지다[활발하게 하다] **cast caster**: 던지는 사람, 주물공, 투표하는 사람 **beside besides**: ~외에, 게다가, 뿐만 아니라, 또(한) **inner innermost**: 가장 사적인[내밀한], 가장 안쪽의[중심부의] **subsequent subsequently**: 그 뒤에, 나중에 **shift shifty**: 구린[찔리는] 데가 있는 것 같은 **shiftless**: (인생에서) 꿈도 야망도 없는[아무 의욕이 없는] **visible invisible**: 보이지 않는, 볼 수 없는 **visibility**: 눈에 잘 보임, 가시성 **invisibility**: 눈에 보이지 않음, 나타나 있지 않음 **criminal criminologist**: 범죄학자 **crimination**: 죄를 씌움, 고소, 기소 **emphasis emphasize**: (중요성을) 강조하다, 두드러지게 하다, 강조하다 **thick thickness**: 두께, 겹 **thicken**: 걸쭉해지다, 짙어지다, 걸쭉하게[진하게] 만들다 **band disband**: (조직을[이]) 해체[해산]하다 **bandwidth**: (주파수의) 대역폭 **silver silvery**: 은빛의, 은색의, 낭랑한, 은쟁반에 옥구슬 굴러가는 듯한 **silverware**: 은제품, 은식기류 **dress overdressed**: (상황에 안 맞게) 옷을 지나치게 차려입은 **undress**: 옷을 벗다[벗기다], 옷을 벗고 있음 **undressed**: 옷을 벗은 **dressing**: 옷 입기, 드레싱[소스], 붕대 **height heighten**: (감정·효과가[를]) 고조되다[고조시키다] **reform reformation**: 개혁, 개선, 개심, 종교 개혁 **insurance insure**: 보험에 들다[가입하다],

보험을 팔다 **reinsurance**: (금융) 재보험 **uninsured**: 보험에 들지 않은, 보험에 포함되지[보험이 적용되지] 않는 **enjoy** **enjoyment**: 즐거움, 기쁨, 흥밋거리, 누림, 향유 **enjoyable**: 즐거운 **noise** **noisy**: (사람 등이) 시끄러운[떠들썩한], (장소가) 시끌벅적한[떠들썩한] **glad** **gladness**: 기쁨, 반가움 **garden** **gardener**: 원예사, 정원사, 원예사, 정원사, 외야수 **circle** **encircle**: (둥글게) 둘러싸다[두르다] **semicircle**: 반원 **circular**: 원형의, 둥근, 순회하는, 순환적인, 순환 논리의, 다수에게 발송되는, 회람용 편지[안내문] **semicircular**: 반원(형)의 **circulate**: 순환하다, 순환시키다, (소문 등이) 유포되다, 알리다 **circulation**: 순환, 유통, 사회생활[활동], 판매 부수 **circulating**: 순환하는, 순회하는 **circulatory**: 혈액순환의 **link** **linkage**: 연결, 결합, 관련(성), 연결 장치 **consequence** **consequential**: ~의 결과[영향]로 일어나는, ~에 따른, 중대한 **consequent**: ~의 결과로 일어나는 **appeal** **appealing**: 매력적인, 흥미로운, 호소하는, 애원하는 **unappealing**: 매력 없는, 유쾌하지 못한 **participation** **participate**: 참가[참여]하다 **participant**: 참가자 **absolute** **absoluteness**: 절대적임, 완전무결함, 확실함 **decide** **decidedly**: 확실히, 분명히 **decisive**: 결정적인, 결단력[과단성] 있는 **decision**: 결정, 판단, 결단력 **undecided**: 결정하지 못한, 결심이 서지 않은, 정해지지 않은, 미정의 **indecisive**: 우유부단한, 뚜렷한 해답[결과]를 내놓지 못하는 **indecision**: (결정을 못 내리고) 망설임 **mention** **aforementioned**: 앞서 언급한, 전술한 **unmentionable**: 입에 담기도 민망한 **above-mentioned**: 상기(上記)의, 앞서 언급한 **injury** **injurious**: 손상을 주는[줄 듯한], 해로운[해로울 듯한] **injure**: 부상을 입다[입히다], (평판·자존심 등을) 해치다[손상시키다] **column** **columnar**: 원주(형)의, 원주가 특징인, 종란(縱欄)식으로 인쇄한 **columnist**: 정기 기고가, 칼럼니스트 **select** **selection**: 선발, 선정, 선택, 선발[선정/선택]된 사람들[것들] **selective**: 선택적인, 조심해서 고르는[선발하는], 까다로운, 선별적인 **weather** **weathercock**: (수탉 모양의) 풍향계 **weathered**: 풍화된, 비바람에 씻긴, 천연 건조된 **extreme** **extremity**: 맨 끝, 극한, 극도 **extremist**: 극단[과격]주의자 **extremism**: 극단[과격]주의, 극단론 **debate** **debatable**: 이론[논란]의 여지가 있는 **debater**: 토론자 **academic** **academy**: (특수 분야의) 학교, 학술원, 예술원 **academia**: 학계 **doctrine** **doctrinaire**: 교조적인 **fashion** **fashionable**: 유행하는, 유행을 따른, 부유층이 애용하는 **unfashionable**: 인기가 없는, 유행에 어울리지 않는 **old-fashioned**: 옛날식의, 구식의, 전통적인 사고방식을 지닌 **raise** **upraise**: 높이 올리다, 들어 올리다, 원기를 북돋우다, 격려하다 **host** **hostess**: 여주인, 여성 진행자 **bright** **brightness**: 빛남, 밝음, 선명함, 현명, 총명, 쾌활 **brighten**: 밝아지다, 반짝이다, 활기를 주다, 생기가 나다 **minimum** **minimal**: 아주 적은, 최소의 **minimize**: 최소화하다, 축소하다 **taste** **tasting**: (특히 포도주) 시음 **tasteful**: 고상한, 우아한 **tasteless**: 아무런[전혀] 맛이 없는, 무맛의 **tasty**: (풍미가 강하고) 맛있는 **aftertaste**: 뒷맛 **distaste**: 불쾌감, 혐오감 **distasteful**: 불쾌한, 혐오스러운 **entry** **entrée**: 주요리 앞에 나오는 요리, (사교 단체·기관의) 가입[출입] 자격 **mountain** **mountainous**: 산이 많은, 산악의, 산더미 같은, 엄청나게 큰[많은] **mountaineer**: 등산가, 등산객 **mountainside**: 산비탈 **sale** **unsaleable**: 팔 수 없는, 팔리지 않는 **wholesale**: 도매의, 대량의, 다수의, 대규모의 **wholesaler**: 도매업자 **salesman**: 판매원[외판원] **resale**: 재판매, 전매(轉賣) **saleable**: 팔기에 알맞은, 시장성이 있는 **adult** **adultery**: 간통 **adulterous**: 간통의, 불륜의, 불법의, 섞음질한, 불순한, 가짜의 **yellow** **yellowish**: 노르스름한, 누르스름한 **debt** **indebtedness**: 부채, 채무, 신세, 은혜 **indebted**: 감사하는[고마워하는], 부채가 있는 **debtor**: 채무자[국] **partner** **partnership**: (사업의) 동업자[파트너]임, 동반자 관계(임), (두 사람 이상이 같이 하는) 동업 **crowd** **crowded**: 붐비는, 복잡한, 가득한[빡빡한] **overcrowded**: 너무 붐비는, 초만원인 **department** **departmental**: 부서[부처/과](별)의

bone **boneless**: (고기·물고기가) 뼈가 없는 **bony**: (사람·신체 부위가) 뼈가 다 드러나는[앙상한], (물고기가) 가시[뼈]가 많은, 뼈의, 뼈 같은 **chemical** **chemistry**: 화학, 화학적 성질, 화학반응 **chemist**: 화학자, 약사 **visual** **visualize**: 마음속에 그려 보다, 상상하다 **visually**: 시각적으로, 겉보기로는 **stream** **upstream**: 상류로 **downstream**: (강의) 하류로, 하류의, (먼저 일어난 일의) 후속의 **mainstream**: (사상·견해 등의) 주류[대세], (특정한 사상·견해를) 주류에 편입시키다 **wisdom** **unwisdom**: 무지, 어리석음, 무모함 **association** **associate**: 연상하다, 결부[연관] 짓다, (좋지 않은 사람들과) 어울리다, 찬동[지지]을 표하다, 제휴한, 준회원, (사업·직장) 동료 **associative**: 연합의, 연상의, (수학) 결합의 **equation** **equate**: 동일시하다, 일치시키다 **track** **tracker**: 추적자, 사냥꾼 **trackless**: 발자국 없는, 길 없는, 무궤도의, 자취를 남기지 않는 **device** **devise**: 창안[고안]하다 **parallel** **parallelogram**: 평행사변형 **unparalleled**: 비할[견줄] 데 없는 **mark** **postmark**: (우편물의) 소인 **unmarked**: 표시가 없는, 상대팀 선수의 방어를 안 받는 **marksman**: 명사수 **marker**: 표시[표지](물), 매직펜 **birthmark**: 모반, 점 **hallmark**: (전형적인) 특징[특질], 품질 보증 마크, 품질 보증 마크를 찍다 **earmark**: (특정 목적용으로) 배정[결정/예정]하다 **landmark**: 주요 지형지물, 랜드마크, 획기적 사건, 역사적인 건물 **trademark**: (등록) 상표, (사람·사물을 상징하는) 특징 **teach** **teachable**: 가르칠 수 있는, 잘 배우는 **teacher**: 교사, 선생 **threat** **threaten**: 협박[위협]하다, (나쁜 일이 있을) 조짐을 보이다, 위태롭게 하다, 위협하다 **threatening**: 협박하는, 위협적인, 금방이라도 비를 뿌릴 듯한 **proportion** **proportionate**: (~에) 비례하는 **proportional**: (~에) 비례하는 **disproportionate**: 균형이 안 맞는, 불균형의 **proof** **soundproof**: 방음장치가 되어 있는 **foolproof**: 실패할[잘못 될] 염려가 없는, 누구나 이용할 수 있는 **reproof**: 책망, 나무람 **rain** **rainy**: 비가 많이 오는 **rainfall**: 강우(량) **substance** **substantial**: (양·가치·중요성이) 상당한, 크고 튼튼한, 단단히 지은 **substantiality**: 실재성, 실질성, 실속 있음, 본체, 실질 **unsubstantiated**: 근거 없는, 입증되지 않은 **substantive**: 실질적인 **substantiate**: 입증하다 **insubstantial**: 대단찮은, 실체가 없는, 공허한 **possession** **possessive**: 소유욕이 강한, 독점욕이 강한, (문법) 소유의 **possess**: 소유[소지/보유]하다, 지니다[갖추고 있다] **possessor**: 소유자, 주인 **self-possessed**: 침착한, 냉정(冷靜)한 **flat** **flatten**: 납작[반반]해지다, 깨부수다[넘어뜨리다], 코를 납작하게 만들다 **fruit** **fruitful**: 생산적인, 유익한, 생산적인, 유익한 **fruition**: 성과[결실] **fruity**: 과일 맛[향]이 강한, (목소리나) 낭랑한 **fruitless**: 성과[결실] 없는 **gift** **gifted**: 재능이 있는 **rapid** **rapidity**: 급속, 신속, 민첩, 속도 **library** **librarian**: (도서관의) 사서 **sick** **sickness**: 질병, 아픔, 건강하지 못함, 구토, 구역질, 극심한 슬픔 **sicken**: 역겹게 만들다, 병이 나다 **farm** **farmer**: 농부, 농장주, 농장 관리인 **farming**: 영농, 농업, 농사 **farmland**: 농지, 경지 **load** **loaded**: (짐을) 실은, 가득한, 아주 부자인, 숨은 뜻이 있는, (총이) 장전된 **upload**: 업로드하다, 업로드 **reload**: (총을) 재장전하다, 다시 집어넣다, 다시 채우다 **overload**: 과적하다, 너무 많이 부과하다, 과부하 **download**: 다운로드하다[내려받다] **unload**: (짐을) 내리다, (총에서) 총알을 빼내다, (책임을 다른 사람에게) 떠넘기다, 없애다[처분하다] **evolution** **evolutionary**: 진화의, 점진적인 **evolving**: 진화의, 점진적인 **evolve**: (동식물 등이) 진화하다[시키다], (점진적으로) 발달[진전]하다[시키다] **hurt** **hurtful**: 마음을 상하게[아프게] 하는 **parent** **parenting**: 육아 **parental**: 부모의, 아버지[어머니]의 **parenthood**: 부모임 **grandparent**: (외)조부[모], (외)할아버지[할머니] **defense** **defensive**: 방어[수비]의, 방어적인 (태도를 보이는) **defensible**: (논리적으로) 옹호[변호]할 수 있는, (장소가) 방어[수비]가 가능한 **defenseless**: 무방비의, 방어할 수 없는 **self-defense**: 자기방어, 자위(自衛), 호신, 정당방위 **indefensible**: (도덕적으로 용납이 안 되므로) 변명[옹호]의 여지가 없는, 방어할 수 없는 **defend**: 방어[수비]하다, (말이나 글로) 옹호[변호]하다, 방어[수비]하다,

(피고를) 변호하다 **defendant**: (재판에서) 피고 **defender**: 수비 선수, (주의·사상 등의) 옹호자 **approximate approximation**: 근사치, 비슷한[가까운] 것 **scheme schema**: (계획·이론의) 개요[윤곽] **schematic**: 도식[도해]으로 나타낸, 도식적인 **category categorically**: 절대적으로, 단언적으로, 명확하게 **rare rarefied**: 극히 일부 사람들만 이해하는, 일반 보통 사람들과 동떨어진, 산소가 희박한 **rarity**: 진귀한[희귀한] 사람[것], 희귀성 **prison imprison**: 투옥하다, 감금하다 **imprisonment**: 투옥, 구금, 금고 **prisoner**: 재소자, 죄수, 포로 **reflect reflector**: 반사면, 반사 장치 **reflection**: (거울 등에 비친) 상[모습], 반사, 반향, 심사숙고, (상태·속성 등의) 반영, 반영된 생각 **reflective**: 사색적인, 빛[열]을 반사하는, 반영하는, 속성을 보여주는 **composition composite**: 합성의, 합성물 **compose**: 구성하다, 작곡하다, 작성하다, 가다듬다 **composing**: 진정시키는, 작곡, 조립 **composer**: 작곡가 **composure**: (마음의) 평정 **superior superiority**: 우월성, 우세, 거만함 **gun shotgun**: 산탄총, 엽총 **gunshot**: 발사된 탄환, 발사, 발포 **gunpowder**: 화약 **gunner**: 포수, 사수, 포병 **guess guesswork**: 짐작, 추측 **aim aiming**: 겨냥(하는), 조준(의) **aimless**: 목적이 없는, 방향을 잃은 **democracy democratic**: 민주주의의, 민주(주의)적인, (조직의 운영이) 평등주의에 입각한[민주적인], (사회가 돈이나 계급으로 나뉘지 않고) 평등한 **democrat**: 민주주의자, 민주주의 옹호자 **anti-democratic**: 반(反)민주주의의 **fail failing**: 결점, 결함, ~이 안 되면 **failure**: 실패, 실패자, 실패작, 불이행, 고장, 도산 **define definite**: 확실한, 확고한, 분명한, 뚜렷한 **definition**: (특히 사전에 나오는 단어나 구의) 정의, (어떤 개념의) 의미, 선명도 **indefinite**: 무기한의, 분명히 규정되지 않은 **undefined**: 한정되지 않은, 확실하지 않은 **definitive**: 최종적인, 확정적인, 최고의, 거의 완벽한 **transition transitory**: 일시적인, 덧없는 **transitional**: 변천하는, 과도적인, 과도기의 **sharp sharpen**: 날카롭게 하다, 선명하게 하다, (기량 등을) 갈고닦다 **sharpness**: 날카로움, 급함, 가파름, 선명, 영리, 교활 **nuclear nucleus**: (원자)핵, 세포핵, 중심, 핵심 **grace graceless**: 품위[예의] 없는, 우아한 데가 없는, 볼품없는, (동작이) 어색한 **graceful**: 우아한, 품위를 지키는 **gracefulness**: 기품, 품위, 우아함 **disgrace**: 망신, 수치, 불명예, 망신[수치]스러운 사람[것], (체면에) 먹칠하다, 실각하다 **disgraced**: 망신을 당한, 실각한 **disgraceful**: 수치스러운, 부끄러운 **gracious**: 자애로운, 품위 있는, (부유함에서 나오는) 우아한, 자비로운, 세상에 [맙소사 / 어머나] **ungracious**: 불손한[불친절한] **ear earful**: 한바탕 긴 꾸중[잔소리] **earshot**: 목소리가 닿는 거리, 부르면 들리는 거리 **eardrum**: 고막 **earring**: 귀걸이 **conscious consciousness**: 의식, 자각, 생각 **unconscious**: 의식을 잃은, 의식이 없는, 무의식적인, 의식하지[깨닫지] 못하는 **self-conscious**: 남의 시선을 의식하는, 자의식이 강한 **subconscious**: 잠재의식적인 **fat fatty**: 지방이 많은, 지방으로 된 **waste wasteland**: 황무지, 불모지 **wastrel**: 게으른 낭비자 **wasteful**: 낭비하는, 낭비적인 **wastefulness**: 낭비임, 헛됨, 사치스러움 **wastage**: 낭비 **investigation investigate**: (상황·사건·범죄 등에 대해) 수사[조사]하다, (어떤 주제·문제에 대해) 조사[연구]하다 **investigator**: 수사관, 조사관 **intervention intervene**: (상황 개선을 돕기 위해) 개입하다, (다른 사람이 말하는 데) 끼어들다, (두 가지 사건·장소) 사이에 있다[존재하다] **intervening**: (두 사건·날짜·사물 등의) 사이에 오는[있는] **quantity quantitative**: 양적인 **dance dancer**: 춤을 추는 사람, 춤꾼, 무용수, 댄서 **resource resourceful**: 지략[기략] 있는 **permanent impermanent**: 영구적이 아닌 **permanence**: 영구성, 영속성 **thank thankful**: 고맙게[다행으로] 생각하는, 감사하는 **thankfulness**: 감사, 사은 **thankless**: 힘들기만 하고 보상은 못 받는, 생색 안 나는 **instrument instrumentation**: 기기 장치[계기 장비], 기악법, 기악 편성[연주]법 **instrumental**: (어떤 일을 하는 데) 중요한, 악기에 의한[를 위한], 기악곡 **instrumentality**: 수단, 방편, 도움, 중개, 매개, 대행 기관 **instruction instructed**: 교육을 받은, 교양이 있는,

지시[훈령]를 받은 **instruct**: (공식적으로) 지시하다, 가르치다, (정보를) 알려주다[전하다] **instructive**: 유익한 **instructor**: 강사[교사] **vote voter**: 투표자, 유권자 **argue argument**: 논쟁, 언쟁, 말다툼, 논거, 주장 **argumentative**: 따지기 좋아하는, 시비를 거는 **arguable**: (충분한 이유를 들어) 주장할 수 있는, 논쟁[이론]의 소지가 있는 **slave slavery**: 노예 신분[상태], 노예제도 **enslave**: (사람을) 노예로 만들다, 노예가 되게 하다 **antislavery**: 노예제도 반대, 노예제도 반대의 **slavish**: 맹종하는 **abuse abusive**: (말·사람이) 모욕적인, 욕하는 **abuser**: (약·술의) 남용자, 학대하는 사람 **disabuse**: (오해·틀린 생각 등을) 바로잡아 주다 **snow snowy**: 눈에 덮인, 눈이 많이 내리는, 눈처럼 하얀 **snowball**: 눈뭉치, 눈덩이(처럼 불어나는 상황), (문제 등이) 눈덩이처럼 커지다 **snowfall**: 강설, 강설량 **snowflake**: 눈송이 **root rooted**: ~에 뿌리[근원]를 둔, (한곳에) 고정되어[붙박여] 있는 **deep-rooted**: 뿌리 깊은 **uproot**: (나무·화초 등을) 뿌리째 뽑다, 오래 살던 곳에서 떠나다[떠나게 만들다] **wise unwise**: 현명하지 못한, 어리석은 **virtue virtuous**: 도덕적인, 고결한, 우쭐한 **milk milky**: 우유로 만든, 우유가 든, 우유 같은, 희부연 **fill filler**: 충전제, 채우기 위한 것 **refill**: 다시 채우다, 리필하다, 한 잔 더, 리필 제품 **landfill**: 쓰레기 매립지, 쓰레기 매립 **catch catching**: 잘 옮는[전염되는], 전염성이 있는 **catchy**: 기억하기 쉬운 **catcher**: 포수, 캐처 **win winning**: 이긴, 우승한, 승리한, 마음을 끄는, 애교 있는 **winner**: 우승자, 승자 **equivalent equivalence**: (가치·힘·양이) 같음, 등가, 동량, 등가의, 동치의 **cognitive cognition**: 인식, 인지 **cognizant**: 인식한, 깨달은 **cognizance**: 인지, 이해 **coast coastline**: 해안 지대 **coasting**: 연안 항행의, 타성으로 나아가는 **coastal**: 해안[연안]의 **coastguard**: 해안경비대 **remove removal**: (특정한 곳에서) 없애기, 제거, 철폐, 해고 **remover**: (얼룩·페인트 등의) 제거제 **expose exposed**: 노출된 **exposure**: 노출, 폭로, (언론을 통해) 알려짐[다뤄짐], (보통 때는 가려져 있는 것을) 드러냄 **favor favorite**: 마음에 드는, 매우 좋아하는, 특히 잘하는, 장기인, 좋아하는 사람[물건] **favoritism**: 편애, 편파 **favorable**: 호의적인, 찬성[승인]하는, 유리한, 편리한, 유망한 **unfavorable**: 호의적이 아닌, 비판적인, 형편이 나쁜, 불운한, 불리한, 상서롭지 못한 **plate plating**: (금·은) 도금(막), (무엇을 둘러싼) 판[철판] **platter**: (음식을 차려 내는 데 쓰는 큰 서빙용) 접시, 여러 음식을 차려 놓은 요리 **transport transported**: 무아지경인, 넋을 잃은, 열중하는, 운반된, 이송된, 추방된 **transportable**: 수송[운반] 가능한 **transportation**: 수송, 운송, 귀양, 유배 **count countless**: 무수한, 셀 수 없이 많은 **recount**: (자기가 경험한 것에 대해) 이야기하다[말하다], 다시 세다, 재점표하다 **western eastern**: 동쪽에 위치한, 동향의 **northern**: 북쪽에 위치한, 북향의 **southern**: 남쪽에 위치한, 남향의 **preserve preservation**: 보존[보호/유지] **preserver**: 보호자, 수호자, 목재 방부제 **preservative**: 방부제 **legislation legislative**: 입법의, 입법부의 **legislate**: 법률을 제정하다 **legislator**: 입법자, 국회[의회]의원 **legislature**: 입법기관(의 사람들), 입법부 **experiment experimental**: (아이디어·방법 등이) 실험적인, (과학) 실험의 **experimentation**: 실험 (활동·과정) **guard unguarded**: 보호를 받지 못하는, 경비가 없는, 부주의한, 방심한 **safeguard**: (분실·손상 등에 대비하여) 보호하다, 보호[안전]장치 **bodyguard**: 경호원, 보디가드 **button unbutton**: 단추를 풀다[끄르다] **unbuttoned**: 격식을 차리지 않는, 편안한 **treat maltreat**: 아주 잔인하게 다루다, 학대[혹사]하다 **treatment**: 치료, 처치, 대우[처우/처리] **treatable**: 처리할 수 있는, 치료할 수 있는 **untreated**: 치료를 받지 않는, 보존[방부] 처리를 안 한, (약품으로) 처리되지 않은 **logic logical**: 타당한, 사리에 맞는, 논리적인 **illogical**: 비논리적인, 터무니없는 **perception perceive**: 감지[인지]하다 **perceptible**: (규모·정도 등이) 감지[인지]할 수 있는, (감각기관을 통해) 지각할 수 **perceptive**: 통찰력[직관력] 있는, 지각의 **imperceptible**: (너무 작아서) 감지할 수 없는 **spite spiteful**: 앙심[독기]을 품은, 악의적인 **institution**

institutional: 기관의, 보호시설의 **institutionalized**: 일상화된, 보호시설 생활에 익숙해진, 자활 능력이 결여된 **institute**: 기관(협회), (제도·정책 등을) 도입하다, (절차를) 시작하다 **honor** **honorable**: 고결한, 정직한, 지조 있는, 명예로운, 영광스러운, 존경할 만한 **honored**: 명예로운, 영광[명예]으로 생각하여 **honorary**: (학위·지위 등이) 명예의, 명예직의 **honorific**: 존경을 나타내는, 경칭의 **time-honored**: 예로부터의, 유서(由緖) 깊은 **dishonor**: 불명예, 망신, 치욕, 굴욕, 모욕, (어음의) 부도, 명예를 손상시키다[더럽히다], (어음을) 부도내다 **dishonorable**: 불명예스러운, 수치스러운, 부도덕한, 비열한 **intention** **intent**: 강한 관심[흥미]을 보이는, 몰두[열중]하는, 전념하는, 의도 **intentional**: 의도적인, 고의로 한 **unintentional**: 고의가 아닌, 무심코 한 **poem** **poet**: 시인 **poetic**: 시의, 시적인 **poetical**: 시로 쓰여진 **poetry**: (집합적으로) 시, 시가, 우아함, 우아한 아름다움 **publication** **publish**: 출판[발행]하다, 출간하다, 공표하다, 게재하다 **unpublished**: 출간[출판]되지 않은 **publishing**: 출판[발행] **curve** **curved**: 곡선의, 약간 굽은[휜] **curvaceous**: (여성이) 곡선미[육체미]가 있는 **curvature**: 굽음, 만곡, 곡률 **liberty** **liberal**: 자유민주주의적인, 진보적인, 진보주의의, 아끼지 않는[후한], (일반) 교양의, 엄밀히 정확하지는 않은, 자유주의자, 진보주의자 **liberalize**: (시스템을) 완화하다 **illiberal**: 자유를 제한하는 **liberalism**: (특히 정치적) 진보주의 **liberated**: 해방된[자유로운] **liberation**: 해방, 석방, 해방 운동 **liberate**: 해방시키다, 자유롭게[벗어나게] 해주다 **libertine**: 난봉꾼 **angry** **anger**: 화, 분노, 화나게 하다 **stable** **stability**: 안정, 안정성[감] **stabilize**: 안정되다, 안정시키다 **stabilization**: 안정(화), (물가·통화·정치 등의) 안정 **unstable**: 금방이라도 급변할 듯한, 불안정한, (사람이 정서적으로) 불안정한 **destabilize**: (체제·국가·정부 등을) 불안정하게 만들다 **instability**: 불안정 **respond** **respondent**: (특히 실태 조사에서) 응답자, 피항소인, 피상고인 **dynamic** **dynamics**: 역학, 동역학, 역학 관계, 에너지, 박력 **dynamically**: 동력학적으로, 정력적으로, 역학상 **suit** **suited**: 어울리는, 적당한, 적합한, 정장을 입은 **suitable**: 적합한, 적절한, 알맞은 **unsuitable**: 적합하지[알맞지] 않은 **suitability**: 적당, 적합, 어울림 **unsuitableness**: 부당(함), 적임이 아님 **unsuitability**: 부적당, 부적임 **territory** **territorial**: 영토의, (동물·조류 등이) 세력권[텃세권]을 주장[보호]하는 **wear** **underwear**: 속옷 **worn**: 해진, 닳은, 몹시 지쳐 보이는 **skill** **skilled**: 숙련된, 노련한, 전문적인 **unskilled**: 특별한 기술이 없는[필요 없는], 특별한 훈련을 받지 않은 **skilful**: 능숙한, 전문가가 한[만든] **pick** **picker**: (꽃·채소 등을) 수확하는 사람[기계] **translation** **translate**: 번역[통역]하다, (다른 언어로) 옮기다, (다른 형태로) 바꾸다[옮기다], 해석하다 **translatable**: 번역[통역] 가능한, 변환[전환] 가능한 **translator**: 번역가, 통역사 **regulation** **regulate**: 규제[통제/단속]하다, (기계 등의 속도·온도 등을) 조절[조정]하다 **regulator**: 규제[단속] 기관[담당자], 조절장치[조절기] **regulatory**: (산업·상업 분야의) 규제[단속]력을 지닌 **comfort** **comforting**: 위로가 되는 **comfortable**: 편(안)한, 쾌적한, 수월하게[편하게] 생각하는, 풍족한, 넉넉한 **comforter**: 위안을 주는[위로가 되는] 사람[것] **uncomfortable**: 불편한, 거북한, 불쾌한, 언짢은 **discomfort**: 불편, 가벼운 통증, 불편하게 하는것, (마음을) 불편하게 하다 **match** **unmatched**: (아무도) 필적할 수 없는, 타의 추종을 불허하는 **efficient** **efficiency**: 효율(성), 능률, 효율화 (방안) **inefficient**: 비효율[비능률]적인 **border** **borderline**: 이쪽도 저쪽도 아닌, 경계선상의, (두 가지 성격·조건 사이의) 경계 **promote** **promotion**: 승진, 진급, 홍보[판촉], 승격, 주창 **promotional**: 홍보[판촉]의 **promoter**: 기획자[사], 주창자 **worship** **worshipper**: 예배를 보는 사람, 숭배자 **shut** **shutter**: 덧문, 셔터 **shutdown**: (공장·사업체 등의) 폐쇄 **holy** **holiness**: 신성함, 성하(교황 및 일부 종교 지도자에 대한 존칭) **unholy**: 위험한, 위태로운, 불경스러운, 성스럽지 못한, 끔찍한, 지독한 **atmosphere** **atmospheric**: 대기의, 분위기 있는 **passion** **passional**: 정열적인, 격정에 사로잡힌, 성을 잘

내는, 갈망하는, 정욕의 **passionate**: 욕정[열정]을 느끼는[보이는], 격정적인, 열정적인, 열렬한 **impassioned**: 열정적인, 간절한 handle **handler**: 조련사, (직업적으로 무엇을) 취급[처리]하는 사람, 조언자, 참모 manage **management**: (사업체·조직의) 경영[운영/관리], 경영[운영/관리]진, (사람·상황의) 관리(능력) **manager**: 경영자[운영자/관리자], (스포츠 팀의) 감독 **manageable**: 관리[감당/처리]할 수 있는 **managerial**: 경영[관리/운영]의 glory **glorification**: 영광을 찬양함, 찬미, 찬양, 찬송, 미화(美化), 미화한 것 **glorious**: 영광스러운, 영예로운, 눈부시게 아름다운, 장엄한, 대단히 즐거운 **vainglorious**: 자만심이 강한 **glorified**: 미화시킨 **glorify**: 미화하다, 찬미하다 yield **yielding**: (물질이) 유연한, (사람이) 순종적인, 말을 잘 듣는, 산출량을 내는 **unyielding**: 고집이 센, 유연성[탄력]이 없는 liquid **liquidate**: (부채를 갚기 위해 사업체를) 청산[정리]하다, (문제의 원인이 되는 것을) 제거하다[없애 버리다] climate **climatic**: 기후의 electronic **electron**: (물리) 전자 **electronics**: 전자 기기[제품], 전자공학, 전자 기술 grass **grassy**: 풀로 덮인 tongue **silver-tongued**: 언변이 좋은, 유창한, 설득력이 있는 **tongue-tied**: (긴장해서) 말이 잘 안 나오는 medicine **medicinal**: 약효[치유력]가 있는 **medical**: 의학[의료]의, 내과의, 종합검진 **medication**: 약[약물] **medicate**: 약을 투여하다 **medicated**: 약제가 든 murder **murderer**: 살인범[자], 살해범 **murderous**: 사람을 죽이려 드는[죽일 것 같은] cool **coolness**: 시원함, 차분함, 냉랭함 **cooler**: 냉장고[냉장 박스] **coolant**: 냉각수 flesh **fleshy**: 살집이 있는, 살진, (과일 등이) 과육이 다육질의, 두껍고 부드러운 violent **violence**: 폭행, 폭력, 격렬함, 맹렬함 **nonviolent**: 비폭력(주의, 정책)의 sugar **sugary**: 설탕이 든, 설탕 맛이 나는, 지나치게 달콤한[감상적인] **sugarless**: 설탕이 들어 있지 않은, 무가당의, (설탕 대신) 인공감미료를 넣은 steel **steely**: 강철 같은, 강철빛의 minor **minority**: (한 집단의 절반이 못 되는) 소수, (한 사회·국가 내의) 소수집단, 미성년(인 상태) grave **graveyard**: 묘지, 폐기장 victory **victorious**: 승리한, 승리를 거둔, 승리로 끝나는 route **routing**: 여정(旅程), 절차의 결정, 전달, 발송, 발송 절차 salt **salting**: 소금에 절이기, (식품의) 염장 **salty**: 소금이 든, 짠, 짭짤한, 재미있는 **salted**: 소금에 절인, 소금으로 간한, 숙련된, 노련한 **saline**: 소금이 든, 염분이 함유된, 염분 discipline **disciplinarian**: 규율을 강조하는 사람, 엄격한 사람 **disciplinary**: 징계의 **disciplined**: 훈련받은, 잘 통솔된 **undisciplined**: 규율이 안 잡힌, 버릇없는 harm **harmless**: 해가 없는, 무해한, 악의 없는 **unharmed**: 다치지[손상되지] 않은 **harmful**: 해로운[유해한] depend **dependent**: 의존[의지]하는, 중독된, 좌우되는[달려 있는] **dependence**: 의존, 의지, 의존성, 중독, 상관성 **dependency**: 의존, 종속, 속국[속령/보호령] **dependant**: 딸린 사람[식구](보통 자식) **codependent**: 종속적 관계가 되는[에 관한], 그 관계의 사람 **independent**: 독립된, 독자적인, 별개의, 자립적인, 무소속의 **independence**: 독립, 자립 **dependable**: 믿을[신뢰할] 수 있는 nose **nosebleed**: 코피 **nosy**: 참견하기 좋아하는, 꼬치꼬치 캐묻는 beat **unbeaten**: 진 적이 없는, 패배를 모르는, 무패의 **unbeatable**: 패배시킬 수 없는, 무적의, 타의 추종을 불허하는 **upbeat**: 긍정적인, 낙관적인 **offbeat**: 색다른 **browbeat**: 으르다, 협박하다 universe **universal**: 일반적인, 전 세계적인, 보편적인 **universality**: 일반성, 보편성, 만능, 박식 tired **tire**: 피로[피곤]해지다, 지치다, 피로하게[피곤하게/지치게] 만들다 **tiring**: 피곤하게 만드는, 피곤한 **dog-tired**: 지쳐 죽을 지경인, 기진맥진한 **tiresome**: 성가신, 짜증스러운 **tireless**: 지칠 줄 모르는 **overtired**: 극도로 지친 smoke **smokestack**: (공장의) 높은 굴뚝 **smoker**: 담배 피우는 사람, 흡연가 **smokeless**: (탈 때) 연기가 나지 않는, 무연의, 매연이 없는 **smoking**: 담배 피우기, 흡연 **smoky**: 연기[매연]가 자욱한, 연기가 많이 나는, 훈제[훈연]한 맛이 나는, 연기 색깔의 sand **sandy**: 모래로 뒤덮인, 모래가 든, 모래 색깔의, 엷은 갈색의 **sandbag**: 모래주머니, 모래주머니를 쌓다 **sandpaper**: 사포(沙布),

사포(沙布)로 닦다 **sandbank**: 모래톱[모래언덕] **quicksand**: 아래로 흘러내리는 모래, 헤어나기 힘든[위험한] 상황 **sandbar**: 모래톱 **hole loophole**: (법률·계약서 등의 허술한) 구멍 **pothole**: (도로에) 움푹 패인 곳 **porthole**: (선박·항공기 측면의) 둥근 창 starry: 별이 총총한, 별 같은 **starred**: 별이 총총한, 별밤의, 스타[인기 배우]로서 이름난, 별표가 있는 estimate **estimation**: 판단[평가], 평가치 **estimated**: 견적의, 추측의 **underestimate**: 너무 적게 잡다[추산하다], 과소평가하다, 너무 적게 잡음, 과소평가 **overestimate**: 과대평가하다, 과대평가 grand **grandeur**: 장엄함, 위엄 involve **involved**: 관여하는, 관련된, 연루된, 열심인, 몰두하는 **involvement**: 관련, 관여, 개입, 연루, 몰두, 열중 **uninvolved**: 복잡하지 않은, 단순한 accurate **accuracy**: 정확, 정확도 **inaccuracy**: 부정확, 정밀하지 않음, 잘못, 틀림 **inaccurate**: 부정확한, 오류가 있는 fate **fateful**: 운명적인(흔히 앞으로의 일에 치명적인 악영향을 미치는 것을 가리킴) **fated**: 운명인, 운명이 정해져 있는 **fatal**: 죽음을 초래하는, 치명적인, 돌이킬 수 없는 **fatalism**: 운명[숙명]론, 체념 **fatality**: 사망자, 치사율, 운명을 피할 수 없다는 생각, 숙명론 **fatalist**: 운명[숙명]론자 pull **pulley**: 도르래 web **cobweb**: (망처럼 엮어 놓은) 거미줄 executive **execute**: 처형[사형]하다, 실행[수행]하다, (법적 문서대로) 집행[이행]하다, (어떤 기술적인 동작을) 해내다 **execution**: 처형, 사형 (집행), 실행, 수행, 집행[이행] **executor**: 유언 집행자 **executioner**: 사형 집행인 frequent **frequency**: 빈도, 빈발, 잦음, 진동수[주파수/빈도] **infrequent**: 잦지 않은, 드문 suffer **insufferable**: 참을[견딜] 수 없는 phrase **phrasing**: (무엇의 표현에 쓰인) 말, 표현 **rephrase**: (뜻을 더 분명히 하기 위해) 바꾸어 말하다 **paraphrase**: (특히 이해를 더 쉽게 하기 위해) 다른 말로 바꾸어 표현하다 score **scorecard**: 득점 카드, 득점표 **scoring**: 경기 기록[기입], 득점, 관현악보 작성 adequate **inadequate**: 불충분한, 부적당한, (상황을 처리하기에) 부족한[무능한] **inadequacy**: 불충분함, 부적당함, 부족함, 무능함, 약점, 부족 depression **depress**: 우울[암울]하게 만들다, 부진하게 만들다[침체시키다], 떨어뜨리다[하락시키다] **depressed**: (기분이) 우울한[암울한], 우울증을 앓는, 활기가 없는, 침체된 **depressing**: 우울하게 만드는, 우울한 **depressive**: 우울증의, 우울증 환자 **antidepressant**: 우울증 치료제, 항우울제 strike **striker**: 파업 중인 노동자, 파업 참가자, (축구) 공격수 **striking**: 눈에 띄는, 두드러진, 현저한, 굉장히 매력적인, 빼어난 topic **topical**: 시사(時事)와 관련된, (사람 몸의) 국부[국소]의 gate **gateway**: (문이 달려 있는) 입구, 관문, ~에 이르는 길[수단] contribute **contribution**: 기부금, 성금, 개인 분담금, 기여, 이바지, 기고문, 의견 제시 **contributor**: 기고자, 토론자[참석자], 기부[기여]자, 원인 제공자 cry **outcry**: (대중들의) 격렬한 반응[항의] royal **royalty**: 왕족(들), (책의) 인세, (음악 작품 등의) 저작권 사용료[수익금] admit **admittedly**: 인정하건대 **admittance**: 입장, 들어감 **admission**: 들어감, 가입, 입장, 입학, 입회, 시인[인정], 입장료 **admissible**: 인정되는 **inadmissible**: 인정할[채택할] 수 없는 meat **meaty**: 고기가 많이 든, 고기 냄새[맛]가 나는, (내용이) 충실한[알찬], 두툼한, 살이 많은 engage **engaging**: 호감이 가는, 매력적인 **engagement**: 약혼, 약혼 (기간), 약속, 교전, 참여 **disengage**: (잡고 있던 것에서) 풀다, 해방하다, 떼다, 철수하다[시키다] **disengaged**: 약속이 없는, 자유로운, 한가한, (장소가) 비어있는, 풀린 grade **grading**: 등급 매기기, 경사 변경, 땅고르기 **graded**: 등급[단계]이 나뉜 **upgrade**: (기계·컴퓨터 시스템 등을) 개선하다, 승진[승급]시키다, 상위 등급으로 높여주다 **downgrade**: (등급·수준 등을) 격하시키다, (중요성·가치를) 떨어뜨리다[훼손시키다] diagnosis **diagnose**: 진단하다, 규명하다 **diagnostic**: 진단의 consent **consenting**: 동의[승낙]하는 **consensus**: 의견 일치, 합의 **consensual**: (사람들이) 대체로 동의하는, (관련 당사자가) 합의한 theme **thematic**: 주제의, 주제와 관련된 phenomenon **phenomenal**: 경이적인, 경탄스러운 shore **ashore**: 해안[강안]으로[에], 물가로[에] **offshore**: 앞바다의,

연안의, 바다 쪽으로 부는 **foreshore**: 물가, 갯벌 **organic inorganic**: 무기물의 **organism**: 유기체, 유기적 조직체 **expense expend**: (많은 돈·시간·에너지를) 쏟다[들이다] **expensive**: 비싼, 돈이 많이 드는 **inexpensive**: 비싸지 않은 **expenditure**: 지출, 비용, 경비, 소비 **expendable**: 소모용의 **motor motorized**: 엔진[동력]이 달린, 동력설비[자동차]를 갖춘 **courage courageous**: 용감한 **discourage**: (무엇을 어렵게 만들거나 반대하여) 막다[말리다], 의욕[열의]을 꺾다, 좌절시키다 **discouraging**: 낙담시키는, 맥빠지게 하는 **encourage**: 격려[고무]하다, 용기를 북돋우다, 권장[장려]하다, 부추기다, 조장하다 **encouragement**: 격려[고무](가 되는 것) **discover rediscover**: 재발견하다 **discovery**: 발견, 발견된 것[사람] **undiscovered**: 발견되지 않은 **ride rider**: (말·오토바이를) 타는[탄] 사람, 추가 사항, 부칙 **revolution revolutionary**: (정치적) 혁명의, 혁명적인, (변화 등이) 혁명[획기]적인 **revolutionize**: 대변혁[혁신]을 일으키다 **revolt**: 반란, 봉기, 저항, 반란[봉기]을 일으키다, 혐오감을 주다 **revolting**: 혐오스러운, 역겨운 **decline declining**: 기우는, 쇠퇴하는 **declination**: 기욺, 경사, 정식 사퇴, 쇠퇴, 하락 **fault faultless**: 흠잡을 데 없는 **faulty**: 흠[결함]이 있는, 불완전한, (사고방식이) 잘못된 **mistake unmistakable**: 오해의 여지가 없는, 틀림없는 **mistaken**: 잘못 알고[판단하고] 있는, (의견·판단이) 잘못된[틀린] **reputation repute**: 평판, 명성 **reputed**: ~라고 평판이 나[알려져] 있는 **reputable**: 평판이 좋은 **disrepute**: 오명, 악평 **disreputable**: 평판이 안 좋은 **ethical ethic**: (개인 행동 규범으로서의) 윤리 **ethics**: 윤리학, 도덕원리, 윤리 **unethical**: 비윤리적인 **exact exacting**: 힘든, 까다로운 **exactitude**: 정밀성 **throw thrower**: 던지는 사람[선수] **overthrow**: (지도자·정부를) 타도하다[전복시키다] **throwback**: 과거의 사람[것]과 비슷한 사람[것] **observe observation**: 관찰, 관측, 전망, 의견 **observer**: 보는 사람, 목격자, (회의·수업 등의) 참관인[옵서버], 관찰자 **observance**: (법률·규칙 등의) 준수, (종교·전통) 의식 **observant**: 관찰력 있는, (법률·관습을) 준수하는 **observable**: 식별[관찰]할 수 있는 **observatory**: (별·날씨 등을 관측하는) 관측소, 천문대, 기상대 **attend attendance**: 출석, 참석, 참석자 수, 참석률 **unattended**: 주인이 옆에 없는[같이 있지 않은], 지켜보는[돌보는] 사람이 없는 **attendant**: (공공장소에서 사람들의 편의를 돌보는) 종업원[안내원], 수행원, 간병인 **conception preconception**: 예상 **misconception**: 오해 **conceive**: (생각·계획 등을) 마음속으로 하다, 임신하다 **conceivable**: 상상할 수 있는 **conceivably**: 생각할 수 있는 바로는, 상상컨대 **inconceivable** 상상도 할 수 없는 **preconceived**: (생각·견해 등이) 사전에 형성된 **misconceive**: 오해하다 **stuff stuffy**: (환기가 안 되어) 답답한, 딱딱한, 격식적인, 고루한 **honest honesty**: 정직(성), 솔직함 **dishonest**: 정직하지 못한, 부정직한 **dishonesty**: 부정직, 불성실, 부정, 사기 **worry worrisome**: 걱정스럽게 만드는, 걱정스러운 **devote devotedness**: 헌신적임, 열심 **devotedly**: 헌신적으로 **devotion**: 헌신, 몰두, 전념, 기도, 예배 **instant instantaneous**: 즉각적인 **finger forefinger**: 집게손가락, 검지 **fingerprint**: 지문 **fingerprinting**: 지문 채취 **fingernail**: 손톱 **victim victimize**: 부당하게 괴롭히다, 희생시키다 **victimless**: 피해자[희생자]가 없는 **intensity intense**: 극심한, 강렬한, 치열한, (사람이) 열정적인, 진지한 **intensive**: 집중적인(짧은 시간에 많은 일·활동을 하는), 철두철미한, 많은 주의를 기울여 하는 **intensify**: (정도·강도가) 심해지다[격렬해지다], 심화시키다, 강화하다 **intensification**: 강화, 극화, 증대 **blind blindness**: 맹목, 무지 **blindfold**: 눈가리개, 눈을 가리다 **incident incidental**: 부수적인, ~에 따르기 마련인, 부수적인 일[것] **conference confer**: 상의하다, (상·학위·명예·자격을) 수여[부여]하다 **prepare preparedness**: 준비[각오](가 된 상태) **unprepared**: 준비[대비]가 안 된, 예상 못한, 선뜻 하려 하지 않는, 각오가 안 된 **preparatory**: 준비[대비]를 위한 **preparation**:

준비[대비] **moon** moony: 달의[같은], 꿈결 같은, 멍한, 넋 잃은 **moonlit**: 달빛이 비치는 **moonlight**: 달빛, (보통 추가 소득에 대한 세금을 안 내고 은밀히) 부업을 하다 **pocket** pocketful: 호주머니 하나 (가득한 양) pickpocket: 소매치기(꾼) **vary** various: 여러 가지의, 각양각색의, 다양한, 다양한 특징을 지닌 **variety**: 여러 가지, 갖가지, 각양각색, 다양성, 품종[종류] **varying**: (연속적으로) 바뀌는, 변화하는, 가지각색의 **variable**: 변동이 심한, 가변적인, 변화를 줄[변경할] 수, 변수 **variability**: 가동성, 변동성 **variation**: (특히 양·정도의) 변화[차이], 변형, 변주곡 **variant**: 변종, 이형(異形) **variance**: 변화[변동](량) **unvaried**: 변화가 없는[적은], 단조로운 **unvarying**: 불변의 **invariable**: 변함없는, 변치 않는 **billion** billionaire: 억만장자, 갑부 **demonstrate** demonstration: 시위, 데모, (사용법에 대한 시범) 설명, 입증, 실증, (감정·의견을) 드러냄 **demonstrator**: 시위자, 시위[데모] 참가[가담]자, 시범 설명하는 사람 **row** rowing: 노 젓기, 조정(漕艇) **architecture** architect: 건축가, (사상·행사 등의) 설계자[건설자] **architectural**: 건축학[술]의 **genetic** gene: 유전자 geneticist: 유전학자 biogenetics: 유전자 공학 **sacrifice** sacrificial: 제물로 바쳐진 **leg** foreleg: (네발짐승의) 앞다리 **legless**: 다리가 없는 **one-legged**: 다리가 하나인, 외다리의 **rank** ranking: 순위[랭킹], 순위[서열]표, (최)고위[고급]의, 등급의 **outrank**: (신분·자질 등이) ~보다 더 높다 **belong** belonging: 소유물, 재산, 소지품, 부속물, 성질, 속성, 가족, 친척, 친밀한 관계 **alcohol** alcoholic: 술의, 알코올이 든, 음주에 의한, 알코올[술] 중독자 **alcoholism**: 알코올중독[의존증] **shadow** shadowy: 그늘이 진, 어둑어둑한, 어슴푸레한, 잘 알려져 있지 않은 **shady**: 그늘이 드리워진, 수상한 구석이 있는 **overshadow**: (그늘에 가려) 빛을 잃게[무색하게] 만들다, 그림자[그늘]를 드리우다 **foreshadow**: 전조가 되다, 조짐을 나타내다 **dust** dusty: 먼지투성이인, 윤기가 없는, 칙칙한 **dusting**: 먼지 털기, 가루 살포 **vital** vitality: 활력 **vitalize**: 생명을 주다, 활력을 북돋아 주다, 고무(鼓舞)하다, 생생하게 묘사하다 **revitalize**: 새로운 활력을 주다, 재활성화시키다 **hill** hillside: 비탈, 산비탈 **uphill**: 오르막의 **downhill**: 비탈[내리막] 아래로, 비탈[내리막]을 내려가는 **calm** calmness: 고요, 평온, 냉정, 침착 **shock** shocking: 충격적인, 망측한, 형편없는, 엉망인 **pale** paleness 창백함, 파랗게 질림 **pallor**: (얼굴 색깔이 특히 병·두려움으로) 창백함[파리함] **pallid**:(특히 아파서) 창백한[핼쑥한], (색깔·빛이) 흐릿한 **rational** rationalize: 합리화하다 **rationale**: (특정한 결정·행동 방침·신조 등의) 이유[근거] **irrational**: 비이성[비논리]적인 **rationalization**: 합리화, 이론적 설명, 합리적 사고, 합리화 상태 **roof** rooftop: (건물의) 옥상 **roofed**: 지붕이 있는 **prominent** prominence: 중요성, 명성, 유명함, 현저함 **anxious** overanxious: 지나치게 근심하는 **anxiety**: 불안(감), 염려, 걱정거리, 열망 **slight** slighting: 깔보는, 경멸하는, 대수롭지 않게 여기는, 실례되는 **storm** stormy: 폭풍우[눈보라]가 몰아치는, (날씨가) 험악한, 격렬한, 언쟁이 오가는 **storming**: 대단히 감동적인, 에너지가 넘치는 **rainstorm**: 폭풍우, 호우 **thunderstorm**: 뇌우 **windstorm**: 폭풍 **uniform** uniformity: 한결같음, 균일성, 동질, 같은 모양의 것 **uniformed**: 제복[유니폼]을 입은 **fuel** refuel: 연료를 재급유하다 **digital** digit: 자릿수, 숫자, 손[발]가락 **digitally**: 숫자로, 디지털 방식으로 **digitize**: 디지털화하다 **wet** wetland: 습지(대) **wetness**: 축축함, 젖어 있음, 습기, 강우 **ultimate** ultimatum: 최후통첩 **senior** seniority: 손위임, 연장자임, 상급자임, (근무 햇수에 따른) 연공서열 **vehicle** vehicular: 차량을 위한, 차량과 관련된 **surgery** surgical: 외과의, 수술의 **surgeon**: 외과의, 외과 전문의 **curious** curiosity: 호기심, 진기한 것 **custom** customary: 관례적인, 습관적인 **smooth** smoothness: 반드러움, 평탄, 평온, 평이, 유창, 언변 좋음, 사교적임 **grant** grantor: 양도인, 수여자, 교부자 **grantee**: 피(被)수여자, 양수인, (장학금 등의) 수령자, 장학생 **enormous** enormity: 엄청남[막대함], 심각함, 극악무도한 범죄행위 **corporation**

corporate: 기업[회사]의, 법인(체)의, (그룹 구성원을 다 포함하는) 공동의 **rough** **roughen**: 거칠어지다, 거칠게 만들다 **string** **stringy**: (길고 가늘며 감기 않은 것처럼) 지저분한, (씹기 어렵게) 섬유질[힘줄]이 많은, (아주 여위어서) 힘줄이 다 드러나는 **bond** **bonding**: 유대(감 형성), (원자의) 결합 **bonded**: 공채[채권]으로 보증된, 담보가 붙은, 보세창고에 유치된, 보세품의 **bondsman**: 보증인 **enterprise** **enterprising**: 기획력[진취력]이 있는 **oxygen** **oxide**: 산화물 **oxidize**: 산화시키다, 녹슬게 하다 **oxidation**: 산화작용 **hypothesis** **hypothetic**: 가설의, 가상의, 가정의 **hypothetical**: 가상적인, 가설의 **accident** **accidental**: 우연한, 돌발적인 **reveal** **revealing**: 흥미로운 사실을 드러내는[보여주는], (옷이) 노출이 심한 **revelation**: 폭로(된 사실), (비밀 등을) 드러냄, 폭로, (신의) 계시 **formula** **formulate**: (세심히) 만들어내다, (의견을 공들여) 표현[진술]하다 **formulation**: 공식[정식]화, 공식 표시, 계통적 서술, 명확한 어구[표현] **blow** **overblown**: 잔뜩 부풀려진[과장된], (꽃이) 한창때가 지난 **blowout**: (자동차 바퀴의) 펑크, 거창한 식사, 파티, 낙승, 기름[가스] 분출 **pray** **prayer**: 기도, (정형화된) 기도문, 간절히 원하는 것 **habit** **habitual**: 특유의, 늘 하는, 습관적인, 상습적으로 하는 **feed** **feeder**: ~먹는 동물[식물], (기계의) 공급 장치, 먹이통, 진입하는, 공급하는 **loud** **loudness**: 큰 목소리, 소란스러움, 소리의 세기, 지나치게 화려함 **aloud**: 소리 내어, 큰 소리로, 크게 **burden** **burdensome**: 부담스러운, 힘든 **unburden**: (걱정 등을) 털어놓다, (부담·걱정 등을) 덜어주다 **tension** **tense**: 긴장한, 신경이 날카로운, 긴장된, 팽팽한, (근육 등을[이]) 긴장시키다[긴장하다], (동사의) 시제 **hypertension**: 고혈압(증) **coat** **overcoat**: 외투, 오버코트 **coating**: (막 같이 두른) 칠[도금] **operate** **operation**: 수술, (조직적인) 작전[활동], 기업, 사업체, 사업, 영업, 운용[작동], (군사)작전 **operator**: 조작[운전]하는 사람, 전화 교환원, 연산자 **operational**: 가동[운영/운용]상의, 사용[가동]할 준비가 갖춰진, (군사) 작전의 **operating**: 수술의[에 쓰이는], 경영[운영]상의, 조작상의, 운전상의 **operative**: 가동[이용] 준비가 된, 수술의, (특히 수작업을 하는) 직공, 정보원[첩보원] **guilty** **guilt**: 죄책감, 유죄(임), (잘못된 일에 대한) 책임 **mixture** **mixer**: 섞는 기구, 혼합기, 희석 음료, (소리·영상) 믹서기 **mix**: 섞다, 혼합[배합]하다, 어울리다, 혼합체, 혼합 **admixture**: 혼합(물), (약간) 섞인 것 **intermixture**: 혼합물, 혼합 **nerve** **unnerve**: 불안하게 만들다 **nerve-racking**: 안절부절못하게 하는 **nervous**: 불안해[초조해/두려워]하는, 신경이 과민한, 걱정을 많이 하는, 신경의 **emotion** **emotional**: 정서의, 감정의, 감정을 자극하는, 감정적인 **emotionalism**: 감정에 흐름, 정서 본위, 감격성, 감정 표출 **unemotional**: 감정을 드러내지 않는, 침착한 **psychology** **psychological**: 정신의, 심리적인 **psychologist**: 심리학자 **psychotherapy**: 정신요법, 정신치료 **lake** **lakeside**: 호반, 호숫가 **afford** **affordable**: 줄 수 있는, 입수 가능한, (가격이) 알맞은 **peculiar** **peculiarity**: 기이한 특징, 특이한 점, 기벽 **welcome** **unwelcome**: 반갑지 않은 **welcoming**: 따뜻이[반갑게] 맞이하는, (장소가) 마음을 끄는, 안락해 보이는 **throat** **cutthroat**: 살인자, 극악무도한 사람, 살인의, 잔인한, 흉악한 **capture** **recapture**: 탈환하다, 다시 붙잡다[체포하다], (과거의 느낌·경험을) 되찾다 **loose** **loosely**: 느슨하게, 헐겁게, 엄밀하지 않게, 막연히, 대략 **loosen**: 느슨하게[헐겁게] 하다[되다], 늦추다, (묶인 것을) 풀다, 완화하다 **eternal** **eternity**: 영원, 영겁, (영겁처럼 느껴지는) 오랜 시간 **electric** **electricity**: 전기, 전력, 강력한 감정[흥분], 열광 **electrical**: 전기의, 전기를 이용하는[생산하는] **electrify**: 전기로 움직이게 하다, 전화(電化)하다, 열광[흥분]시키다 **tube** **tubing**: 배관 **tubular**: 관[튜브]으로 된, 관[튜브] 모양의 **radical** **radix**: (언어) 어근(語根), (수학) 근, (뇌·신경 등의) 뿌리, 뿌리(root), (철학) 근원 **compensation** **compensate**: 보상하다, 보상금을 주다 **overcompensate**: 과잉 보상을 하다 **testimony** **testimonial**: (이전 고용주가 작성해주는) 추천서, (품질에 대한) 추천의 글, (감사의 표시로 전하는) 기념물 **testament**: (존재·사실의)

증거 **testify**: (법정에서) 증언[진술]하다, 증명하다, 신앙 간증을 하다 **axis axial**: 축의, 축을 이루는 **axle**: 차축 **profile profiling**: (개요 작성을 위한) 자료[정보] 수집 **fortune fortunate**: 운 좋은, 다행한 **fortuneteller**: 점쟁이 **misfortune**: 불운, 불행 **fortuitous**: 우연한, (특히) 행운의 **unfortunate**: 운이 없는[나쁜], 불운한, 불행한, 유감스러운, 당혹스러운, 불쾌한, 불행한 사람 **stick sticker**: 스티커 **sticky**: 끈적거리는, (불쾌하게) 끈끈한, 힘든, 접착용 쪽지[메모지] **stickiness**: 끈적거림, 끈적끈적함 **stuck**: 움직일 수 없는[꼼짝 못하는], 갇힌, 막힌, 무엇을 할지 모르는 **steady unsteady**: (동작이) 불안정한, 떨리는 휘청거리는 **temporary temporize**: (결정·확답을 하지 않고) 미루다[시간을 끌다] **temporal**: 현세적인, 속세의, 시간의, 시간의 제약을 받는, 관자놀이께의 **mood moody**: 기분 변화가 심한, 기분이 안 좋은[침울한] **compare comparative**: 비교를 통한, 비교의, 상대적인, 비교적, 비교급의, (문법) 비교급 **incomparable**: 비할 데가 없는 **comparable**: 비슷한, 비교할 만한 **comparison**: 비교함, (A와 B의) 비교, (A를 B에) 비유 **diverse diversity**: 다양성, 포괄성 **diversify**: (사업들) 다각[다양]화하다, 다양하게 만들다 **diversification**: 다양화, 다양성, 다각화 **extend extensive**: 아주 넓은[많은], 대규모의, (다루는 정보가) 광범위한[폭넓은] **extension**: 확대, 확장, 증축, 연장, 구내전화 **extensible**: 펼 수 있는, 늘일 수 있는, 신장성이 있는 **wound wounding**: 마음을 상하게 하는 **assist assistant**: 조수, 보조원 **assistance**: 도움, 원조, 지원 **plot plotter**: 음모[모의]자 **expert expertise**: 전문 지식[기술] **inspire inspired**: (자질·능력이) 탁월한, 영감을 받아 한, 직관에 따른 **inspirational**: 영감[감화/자극]을 주는 **inspiration**: (예술적 창조를 가능하게 하는) 영감, 영감[자극]을 주는 사람[것], 기발한 생각 **uninspired**: 독창적이 아닌, 활기 없는 **destroy destructive**: 파괴적인 **destruction**: 파괴, 파멸, 말살 **destruct**: 파괴용의, 자동 파괴, 자폭시키다 **destroyer**: 구축함, 파괴자 **indestructible**: (쉽게) 파괴할 수 없는 **plenty plentiful**: 풍부한 **seed seedy**: 지저분한, 더러운 **explore exploration**: 탐사, 답사, 탐험, 탐구 **explorer**: 답사[탐사]자, 탐험가 **exploratory**: 탐사의, 탐구의 **unexplored**: 탐험[탐사]되지 않은, 철저히 검토[논의]되지 않은 **complicated complicate**: 복잡하게 만들다 **complicating**: 복잡하게 **uncomplicated**: 복잡하지 않은, 단순한 **complication**: (상황을 더 복잡하게 만드는) 문제, 합병증 **prefer preferred**: 선취권 있는, 우선의, 발탁된, 승진한 **preference**: 선호(도), 애호, 선호[애호]되는 것 **preferable**: 더 좋은, 나은, 선호되는 **preferential**: 우선권[특혜]을 주는 **ocean oceanographic**: 해양학의 **proceed procedure**: 절차[방법], 수순, 수술 **proceeding**: 소송[법적] 절차, 행사, 일련의 행위들, (회의 등의) 공식 기록 **procedural**: 절차(상)의 **dose overdose**: (약의) 과다 복용[과잉 투여], 과다 복용[과잉 투여]하다 **hate hateful**: 혐오스러운 **outer outermost**: (안·중심에서) 가장 바깥쪽의 **mirror mirrored**: 거울이 붙은[달린], 거울 같은 **council councilor**: 의원, 평의원, 참사관 **candidate candidacy**: 입후보, 출마 **sphere spherical**: 구 모양의, 구체의 **hemisphere**: (지구의) 반구, (뇌의) 반구, 반구체 **park parking**: 주차, 주차 지역[공간] **hide hideout**: 비밀 은신처, 아지트 **wire wiry**: (여위지만) 강단 있는, 철사 같은, 뻣뻣한 **wireless**: 무선 (시스템), 라디오 **transaction transact**: 거래하다 **discrimination discriminate**: 식별[구별]하다, 차별하다 **discriminating**: 안목 있는 **indiscriminate**: 무분별한[무차별적인], 지각없는, 신중하지 못한 **indiscrimination**: 무차별, 무분별, 마구잡이 **symbol symbolic**: 상징적인, 상징하는 **symbolism**: (특히 문학·예술의) 상징주의 **symbolize**: 상징하다 **symbolical**: 상징적인 **brand branded**: 유명 상표의 **gentle gentleness**: 상냥함, 점잖음, 정다움, 온화함, 관대함 **gentleman**: 신사, 양반 **cat catlike**: 고양이 같은, 날랜, 발소리 없이 다니는 **catty**: 심술궂게[악의적인] 말을 하는 **constitute constitution**: 헌법, 체질, 구조, 설립, 설치 **constitutional**: 헌법의, 입헌의, 합헌적인,

헌법에 따르는 **constitutionally**: 입헌적으로, 헌법상, 나면서부터, 체질적으로, 구조상으로 **unconstitutional**: 헌법에 위배되는 **constituent**: (특정 선거구에 사는) 주민[유권자], 구성 성분[요소], ~을 구성하는[이루는] **constituency**: (국회의원을 선출하는) 선거구, 선거구민[유권자들], (특정 인물·상품 등의) 지지층[고객층] dimension **dimensional**: 치수의, 차원의 god **godly**: 경건한 **godlike**: 신과 같은 **godless**: 신을 믿지 않는 **godliness**: 신앙심 깊음, 독실함 **goddess**: 여신, 여신 같은 존재 **demigod**: 반신반인(半神半人), 신격화된 통치자 noble **nobility**: (집합적으로) 귀족, 고귀함, 고결함 **nobleman**: 상류층[귀족](인 사람) shoe **overshoe**: (신발 위에 덧신는) **shoestring**: 구두끈, 가느다란, 적은 자본의, 위태위태한 trace **traceable**: (기원·자취 등을) 추적할 수 있는 **untraceable**: 추적할 수 없는, 찾아낼 수 없는 **retrace**: (왔던 길을) 되짚어 가다, 발자취를 따라가다, 추적하다 **tracing**: 투사 grain **grainy**: (입자가) 거친, 선명하지 못한, (표면이) 오돌토돌한, 알갱이가 있는 push **pushy**: 지나치게 밀어붙이는[강요하려 드는] **pushover**: 식은 죽 먹기, 아주 쉬운[간단한] 일, 호락호락한[만만한] 사람 advertise **advertising**: 광고(하기), 광고업 **advertisement**: 광고 fiction **fictional**: 허구적인, 소설의 **fictitious**: 허구의, 지어낸 abstract **abstraction**: 관념, 추상적 개념, 마음이 쏠려 있음, 정신이 딴 데 팔려 있음, 추출 excite **excitement**: 흥분, 신남, 흥분되는[신나는] 일 **exciting**: 신나는, 흥미진진한, 흥분하게 하는 **overexcited**: 지나치게 흥분한 **excitation**: 자극 sympathy **sympathetic**: 동정적인, 동정어린, 호의적인, 공감하는 **sympathize**: 동정하다, 측은히 여기다, 지지하다 **unsympathetic**: 인정 없는, 매정한, 동조[지지]하지 않는, 호감이 안 가는, 마음에 안 드는 profession **professionalism**: 전문성, 뛰어난 기량, 프로 선수 기용 **professional**: 직업[직종]의, 전문적인, 전문가의 솜씨를 보이는, 능숙한, 프로의 **unprofessional**: 전문가답지 못한 distinguish **distinguishing**: 특징적인, 다른 것과 구별되는, 특색 있는 **indistinguishable**: 구분이 안 되는, 분명하지 않은 verse **versify**: 시를 짓다, 운문으로 쓰다 **versed**: 정통한[조예가 깊은] comment **commentary**: 실황방송, 해설, 비판, 논의 **commentator**: (신문·방송의) 해설자, 실황방송 아나운서 array **disarray**: (상황·장소가) 혼란(스러움) valid **invalidate**: (생각·주장 등이) 틀렸음을 입증하다, (서류·계약·선거 등을) 무효화하다 **invalid**: (법적·공식적으로) 효력 없는[무효한], 근거 없는 **validate**: 입증하다, 인증하다 **validation**: 확인, 비준 finish **unfinished**: 완료되지[끝나지] 않은 deliver **delivery**: 배달[인도/전달], 출산, 분만, 전달[발표] **undelivered**: 배달[인도]되지 않은, 석방[방면]되지 않은, 아직 출산하지 않은 lunch **luncheon**: 오찬 occupation **occupational**: 직업의, 직업과 관련된 obligation **obligate**: (법률·도덕상의) 의무를 지우다, 감사하는 마음이 우러나게 하다, 불가피한, 부득이한 **obligated**: 의무가 있는 **oblige**: 의무적으로[부득이] ~하게 하다, 돕다, (도움 등을) 베풀다 **obliging**: (기꺼이 남을) 도와주는, 친절한 **obligatory**: 의무적인, 의무감에서 hero **heroine**: 영웅적인 여자, 여걸, (소설·영화 등의) 여자 주인공 **heroic**: 영웅적인, 용감무쌍한, 투지 넘치는, 영웅의, 엄청나게 큰 **heroism**: 영웅적[대단히 용감한] 행위 tight **tighten**: (더) 팽팽해지다[팽팽하게 하다], (더) (꽉/단단히) 조여지다[조이다], 더 엄격하게 하다 **tightness**: 견고, 긴장, 옹색함 **uptight**: 긴장한, 초조해하는, 자의식이 강한 loan **loaner**: 대부자, 대여자, (수리하는 동안에 빌려주는) 대체품, 차용어 atlantic **transatlantic**: 대서양 횡단의, 대서양 연안 국가들의, 대서양 건너편의 orientation **disorientation**: 방향감각 상실, 혼미 **disoriented**: 혼란에 빠진, 방향감각을 잃은 **orient**: 지향하게 하다, (특정 목적에) 맞추다, (주변 상황과 관련지어) 자기 위치를 알다 bare **barely**: 간신히, 가까스로, 빠듯하게, 꼭, 겨우 summary **summarize**: 요약하다 commission **commissioned**: 임명된, 임관된, 권한이 있는 **commissioner**: (위원회의) 위원, 장관 arrive **arrival**: 도착, 도착한 사람[것], 도래, 도입 mystery **mysterious**: 이해[설명]하기 힘든, 기이한, 불가사의한, 말을 많이 하지 않는,

비밀스러운 **burst outburst**: (감정의) 폭발[분출], 급격한 증가 **terror terrorism**: 테러리즘, 테러 (사용) **terrorist**: 테러리스트, 테러범 **terrorize**: 공포에 떨게[사로잡히게] 하다 **bottle bottleneck**: 좁은[번잡한] 도로, 병목 지역, 장애물 **bottled**: 병에 담은, 병에 든 **bottling**: 병에 채워 넣기, 병에 든 음료 **peak peaked**: (모자의) 챙이 있는 **peaky**: 아픈, 병든, 창백한 **vice vicious**: 잔인한, 포악한, 악랄한, 사나운, 공격적인, 지독한, 극심한 **tender tenderness**: 유연함, 마음이 무름, 민감, 친절 **innocent innocence**: 결백, 무죄, 천진 **mobile mobility**: (사회적) 유동성, 이동성, 기동성 **immobility**: 부동성, 고정, 지지 **immobile**: 움직이지 않는, 움직이지 못하는 **automobile**: 자동차 **conviction convict**: 유죄를 선고하다, 유죄판결을 내리다, 기결수, 재소자 **desert deserted**: (같이 있거나 살던) 사람(들)이 떠나 버린, 버림받은 **desertification**: 사막화 **desertion**: 내버림, 유기, 탈영, 탈주, 황폐 (상태) **deserter**: 탈영병 **diet dietary**: 음식물의, 규정식의, 식이요법의, 규정식, (식사의) 규정량 **conscience conscientious**: 양심적인, 성실한 **unconscionable**: 비양심적인, 부도덕한, 과도한, 터무니없는 **deny denial**: 부인[부정], (권리 주장에 대한) 거부 **deniability**: 관련 사실 부인, 진술 거부(권) **undeniable**: 부인할 수 없는, 명백한 **survive survivor**: 생존자, 살아남은 사람 **survival**: 생존, 유물 **conservative conserve**: 아끼다, 아껴 쓰다, 보호[보존]하다, 과일 설탕 조림 **conservation**: (자연환경) 보호, (유적 등의) 보존, (자원 등을 보호하기 위한) 관리 **profound profundity**: (어떤 주제에 대한 처리·이해 등의) 깊이, (영향 등의) 심각함[강력함], 심오함 **delight delightful**: 정말 기분 좋은[마음에 드는] **reward rewarding**: (활동 등이) 보람 있는, 돈을 많이 버는, 수익이 많이 나는 **smell smelly**: 냄새[악취] 나는 **wedding unwed**: 미혼의, 독신의 **introduce introductory**: (말·글에서) 서두[서론/서문/도입부]의, 입문자들을 위한, 소개용의[출시 기념을 위한] **introduction**: 도입, 전래, 소개, (책·연설의) 도입부[서문/서론], 입문서 **companion companionship**: 동료[동지]애, 우정 **trend trendy**: 최신 유행의, 유행의 첨단을 걷는 사람 **vain vanity**: 자만심, 허영심, 헛됨, 무의미, 자만 **secretary secretarial**: 비서직의, 비서 일의 **secretariat**: 사무국 **rear rearward**: 뒤쪽의, 뒤쪽에 가까운 **rearing**: 양육, 사육 **roll rolling**: 완만하게 경사진, 구릉으로 된, 규칙적인 단계로 이뤄진 **roller**: 롤러, 굴림대, 큰 파도, 너울 **unroll**: (두루마리처럼 말린 것을) 펼치다[펴다], (사건 등이) 전개되다 **rolling-pin**: 밀방망이 **judicial judiciary**: 법관들, 사법부 **solve unsolved**: 해결되지[풀리지] 않은 **wage waged**: 임금[급여]이 지급되는, 임금 노동자들 **assess assessment**: 평가 **reassess**: 재평가하다 **schedule unscheduled**: 미리 계획되지 않은, 계획에 없던 **reschedule**: 일정을 변경하다, (대부금 등의) 상환 기한을 연장하다 **innovation innovative**: 획기적인 **innovate**: 혁신[쇄신]하다, 획기적으로 하다 **wheel wheeled**: 바퀴 달린, 차(바퀴)로 움직이는 **blame blameless**: 떳떳한, 책임이 없는 **blameworthy**: 탓할 만한, 책임이 있는 **adopt adoption**: 입양, (아이디어·계획 등의) 채택 **adoptive**: (부모나 가족이) 입양으로 맺어진 **reverse reversible**: 뒤집어 입을 수 있는, 양면을 다 이용할 수 있는, (원상태로) 되돌릴 수 있는 **reversion**: (원상태로의) 회귀[복귀], (토지·재산의) 반환[복귀] **reversionary**: 되돌아가는, 복귀의 **reversal**: (정반대로) 뒤바꿈[뒤], 전환, 반전, 좌절, (사람들 간의 위치·기능의) 전도[전환] **irreversible**: (이전 상태로) 되돌릴[철회할] 수 없는 **moderate moderation**: 적당함, 온건, 절제 **moderator**: (분쟁 등의) 조정자[중재자], (토론의) 사회자 **immoderate**: 과도한, 터무니없는 **statistics statistical**: 통계적인, 통계학상의 **fancy fancied**: 상상의, 공상의, 가공의, 마음에 든, 이길 듯 싶은 **fanciful**: 상상[공상]의, 상상 속에나 나오는 것 같은 **sing singer**: 노래하는 사람, 가수 **unsung**: 찬양 받지[유명해지지] 못한 **brilliant brilliance**: 광휘, 광명, 광택, 탁월, 걸출, 재치 있는 말[태도 따위] **repeat repeatedly**: 되풀이하여, 재삼재사, 여러 차례 **repetition**: 반복[되풀이] **repetitious**: 자꾸 반복[중복]되는

repetitive: (지루할·단조로운 정도로) 반복적인, (계속) 반복되는 **beach** **beachfront**: 해변, 해안 지대, 해변에 위치한, 해변에 이웃한 **flower** **flowery**: 꽃으로 덮인, 꽃무늬의, 꽃향기[맛]가 나는, (글 등이) 너무 복잡한, 꾸밈이 심한 **floral**: 꽃 그림의, 꽃무늬의, 꽃으로 만든 **florist**: 꽃집 주인[직원], 꽃집 **yard** **backyard**: 뒷마당, 뒤뜰 **courtyard**: (건물에 둘러싸인) 뜰[마당] **magic** **magical**: 마력이 있는, 마법[마술]에 쓰이는, 황홀한 **magician**: 마술사, 마법사 **precise** **precision**: 정확(성), 정밀(성), 신중함 **appointment** **appoint**: 임명[지명]하다, (시간·장소 등을) 정하다 **appointee**: 지명[임명]된 사람, 피지정인 **mercy** **merciful**: 자비로운, 다행스러운 **unmerciful**: 무자비한, 잔인한, 지독한, 터무니없는 **merciless**: 무자비한, 인정사정없는 **utility** **utilize**: 활용[이용]하다 **utilitarian**: 실용적인, 공리주의의 **utilization**: 이용, 활용 **shame** **shameful**: 수치스러운, 창피한, 부끄러운 **shameless**: 창피한 줄 모르는, 파렴치한 **citizen** **citizenship**: 시민[공민]권, 시민의 신분[자질] **journal** **journalistic**: 저널리스트[기자]의 **journalist**: (신문·잡지사의) 기자 **journalism**: 신문·방송·잡지를 위해 기삿거리를 모으고 기사를 쓰는 일 **classic** **classical**: 고전주의의, 고전적인, 클래식의, 단아한, 고대 그리스·로마의 **classy**: 고급의, 세련된 **jury** **jurisdiction**: 관할권, 사법권 **jurisdictional**: 사법[재판]권의, 재판 관할상의 **jurisprudence**: 법학 **jurist**: 법학자, 법률문제 전문가 **juror**: (한 사람의) 배심원 **beam** **beamed**: 기둥이 있는 **beaming**: 빛나는, 기쁨에 넘친 **correlation** **correlative**: 상관관계가 있는 것 **cloth** **clothing**: 옷[의복] **clothe**: 옷을 입히다, 입을 옷을 마련해주다 **unclothed**: 옷을 입지 않은, 벌거벗은 **odd** **oddity**: 이상한[특이한] 사람[것], 이상함, 특이함 **oddness**: 기묘(함), 별남 **mad** **madness**: 정신이상, 광기, 미친[어리석은] 행동 **madden**: 미치게[정말 화나게] 만들다 **corn** **corned**: 소금에 절인, 소금으로 간을 한, 작은 알갱이로 만든 **miss** **missing**: 없어진[실종된], 빠진[분실된/폐기된] **amiss**: 잘못된 **misshapen**: 모양이 정상이 아닌, 기형의 **steam** **steamy**: 김이 자욱한[잔뜩 서린], (더위가) 찌는 듯한, 에로틱한, 선정적인 **steamer**: 증기선, 기선, 찜통, 시루 **ritual** **ritualistic**: 의식 절차상의, 제의적인, (단순히) 의례적인 **dispute** **disputation**: (합의가 불가능한 것에 대한) 논쟁 **disputant**: 논쟁자, 토론자 **indisputable**: 반론의 여지가 없는 **undisputed**: 반론의 여지가 없는, 모두가 인정하는 **affection** **affectionate**: 다정한, 애정 어린 **affect**: 영향을 미치다, (사람이나 신체 부위에) 발생하다[침범하다], (강한 정서적) 충격을 주다, (감정이나 생각을) 가장하다[꾸미다] **unaffected**: 영향을 받지 않은, 꾸밈없는, 자연스러운 **disaffected**: 불만[반감]을 품은 **affective**: 정서적인 **affecting**: (정서적으로) 충격적인, 깊은 슬픔[연민]을 유발하는 **defeat** **undefeated**: 진 적이 없는, 무패의 **legitimate** **illegitimate**: 사생아로 태어난, (규칙·법률에 어긋나는) 불법의 **legitimacy**: 합법성, 적법, 합리[타당]성, 적출(嫡出) **satisfy** **satisfaction**: 만족(감), 흡족, 충족, 배상[보상] **satisfying**: 만족스러운, 만족감을 주는 **dissatisfaction**: 불만 **dissatisfy**: 불만을 느끼게 하다, 불평을 갖게 하다 **unsatisfactory**: 만족스럽지 못한 **satisfactory**: 만족스러운, 충분한 **self-satisfied**: 자기만족에 빠진, 자기만족적인 **unsatisfying**: 만족감을 주지 못 하는 **unsatisfied**: (욕구·요구 등이) 처리되지 않는 **crown** **crowning**: 더없는, 최고의 **trail** **trailer**: 트레일러 **trailing**: 질질 끌리는, 길게 나부끼는 **bitter** **bitterness**: 씀, 쓴맛, 신랄함, 비통 **embitter**: (오랜 시간 동안) 원통하게[쓰라리게] 만들다 **pursue** **pursuit**: 추구, (원하는 것을) 좇음[찾음], 뒤쫓음, 추적, 추격 **priority** **prioritize**: 우선순위를 매기다, 우선적으로 처리하다 **curriculum** **curricular**: 교육과정의 **extracurricular**: 과외의, 학과 이외의 **theology** **theological**: 신학의, 신학적인, 성격에 입각한 **wing** **winged**: 날개가 있는, 날개 달린 **wingless**: 날개가 없는 **appreciate** **appreciation**: 감탄, 감상, 공감, 감사, 가치 상승 **appreciable**: 주목할 만한 **unappreciated**: (노력·진가 등을) 인정받지 못하는 **inappreciable**: 감지(感知)할 수 없을

정도의, 근소한, 보잘것없는 **underappreciated**: 인정을 덜 받는 **appreciative**: 감탄하는, 감상을 즐기는 **migration** **migrate**: (계절에 따라) 이동하다, 이주하다 **migratory**: 이주[이동]하는 **migrant**: 이주자, (계절에 따라) 이동하는 동물 **transmigrate**: 이전하다, 윤회하다 **transmigration**: 환생 **evaluate** **evaluation**: 평가, 평가액 **devaluation**: 평가절하, 가치의 저하 **reevaluate**: 재평가하다, 다시 고려하다 **palace** **palatial**: 대궐 같은, 으리으리한 **rent** **rented**: 빌린, 세낸, 임차한 **renter**: 임차인, 세입자, 임대업자 **rental**: 사용료, 임대료, 임대, 임차, 대여 **paint** **painting**: (물감으로 그린) 그림, 페인트칠하기 **painter**: 도장공, (페인트) 칠장이, 화가 **agriculture** **agricultural**: 농업의, 농사[농예]의, 농학(상)의 **privilege** **privileged**: 특권[특전]을 가진, (기회를 갖게 되어) 영광스러운, (정보가) 기밀의 **underprivileged**: (사회·경제적으로) 혜택을 못 받는, 혜택을 못 받는 사람들 **cloud** **cloudy**: (하늘이나 날씨가) 흐린, 구름이 잔뜩 낀, (액체가) 탁한, 흐린 **cloudless**: 맑은, 구름 한 점 없는 **refuse** **refusal**: 거절, 거부 **wake** **awaken**: (잠에서) 깨다[깨우다], (감정이) 일다, (감정을) 불러일으키다 **awake**: (아직) 잠들지 않은, 깨어 있는, (잠에서) 깨다[깨우다], (감정이) 일다 **waken**: (잠에서) 깨다[일어나다], 깨우다, (기억·감정을) 일깨우다[떠올리게 하다] **drama** **dramatic**: 극적인, 감격적인, 인상적인, 과장된 **dramatist**: 극작가, 드라마 작가 **melodramatic**: 멜로드라마 같은, 과장된[극단적인] **dramatization**: 각색, 극화, 극화한 것, 각색한 것 **acknowledge** **acknowledgment**: 승인, 시인, 자백, 감사, 사례, 접수 통지, 수령 증명 **province** **provincial**: (행정 단위인) 주(州)[도(道)]의, (수도를 제외한) 지방의, 편협한, 고루한, 지방 출신자 **provincialism**: 편협성, 고루함 **illustrate** **illustration**: (책 등에 실린 각각의) 삽화[도해], 실례 **illustrious**: 저명한, 걸출한 **illustrator**: 삽화가 **infant** **infancy**: 유아기, (발달의) 초창기[초기] **infantile**: 어린애 같은, 유치한, 유아의, 어린아이의 **infanticide**: 유아[영아] 살해[살해범], (일부 문화권에 존재하는) 영아 살해 풍습 **enthusiasm** **enthusiastic**: 열렬한, 열광적인 **unenthusiastic**: 열성이 없는, 냉담한 **enthuse**: 열변을 토하다, 열광해서 말하다, 열광하게 만들다 **sport** **sporting**: 스포츠의, (특히 스포츠·경기에서) 정정당당한 **sporty**: 스포츠를 좋아하는[잘하는], 운동복[평상복] 같은, 스포츠카 같은 **unsportsmanlike**: 스포츠맨답지 못한[정정당당하지 않은] **sportsmanship**: 스포츠맨 정신 **grief** **grieve**: (누구의 죽음으로 인해) 비통해하다, 대단히 슬프게 만들다 **grievous**: 통탄할[극심한] **grievance**: 불만[고충] **counsel** **counselor**: 상담역, 고문, 의논 상대자, 법정 변호사 **fever** **feverish**: 몹시 흥분한, 과열된, 열이 나는, 열로 인한 **fevered**: 몹시 흥분한, 과열된, 열이 있는 **replace** **replacement**: 교체, 대체, 교체[대체]물, 대신할 사람, 후임자 **irreplaceable**: (대단히 귀중하거나 특별하여) 그 무엇으로도 대체[대신]할 수 없는 **replaceable**: 대신할 수 있는[교체 가능한] **facility** **facilitate**: 가능하게[용이하게] 하다 **facilitation**: 용이[간편]하게 함, 편리[간이]화 **thesis** **antithesis**: 반대(되는 것), (둘 사이의) 대조[대립] **antithetical**: 현저하게 대조를 이루는, 정반대의 **bore** **boring**: 재미없는, 지루한 **bored**: 지루해[따분해]하는 **boredom**: 지루함, 따분함 **clock** **clockwise**: 시계(바늘) 방향으로[방향의] **sole** **solely**: 오로지, 단지, 단독으로 **reliable** **reliance**: 의존, 의지 **reliability**: 신뢰할 수 있음, 믿음직함, 신뢰도 **reliant**: 의존[의지]하는 **self-reliant**: 자립[독립]적인 **unreliable**: 믿을[신뢰할] 수 없는 **bow** **crossbow**: 석궁 **grateful** **ungrateful**: 감사할 줄 모르는, 은혜를 모르는, 배은망덕한 **resist** **resistance**: 저항[반대], 저항력, 저항운동 **irresistible**: 억누를[저항할] 수 없는, 너무 유혹적인 **resistant**: 저항력 있는, 저항[반대]하는 **pace** **pacer(=pacemaker)**: 천천히 걷는 사람, 보조를 맞춰 걷는 사람 **neutral** **neutrality**: 중립 **neutralize**: 무효화[상쇄]시키다, (화학물질을) 중화시키다, 중립국[중립지대]으로 만들다 **neuter**: (문법) 중성의, 거세하다, 효과를 못 내게 하다, 무력화시키다 **suspect** **unsuspecting**: 의심하지 않는, 이상한 낌새를 못 채는 **suspicion**:

혐의[의혹], 의심, 불신 **suspicious**: 의혹을 갖는, 수상쩍어 하는 **grip gripping**: (마음·시선을) 사로잡는, 눈을 떼지 못하게 하는 **scarcely scarce**: 부족한, 드문, 겨우, 간신히, 거의 ~않다 **scarcity**: 부족, 결핍 **dare daring**: 대담한, 위험한 **daredevil**: 저돌적인[무모한] 사람 **luck lucky**: 운이 좋은, 행운의, 다행한, 행운을 가져다주는, 행운의 **suicide suicidal**: 자살 충동을 느끼는, 죽음[자멸]을 초래할, 몹시 위험한 **filter filtration**: 여과(과정) **infiltrate**: 잠입[침투]하다 **infiltration**: 침입, 침투, 잠입 **delicate delicacy**: 여림, 연약함, 섬세함, 사려깊음, 미묘함, 진미 **indelicate**: 무례할[난처하게 만들] 수도 있는 **render rendering**: (특정한 해석을 가미한) 연주[연기], 번역 **settle settlement**: 합의, 해결, 지불[계산], 정착지 **settler**: 정착민 **unsettled**: 불확실한, 불안정한, 긴장한, 합의를 못 보는, 납부가 안 된 **unsettling**: 불안하게[동요하게] 만드는 **inevitable inevitability**: 피할 수 없음, 불가피함, 필연성 **restaurant restaurateur**: 식당 경영자 **enhance enhancer**: 개선제, 개선 장치 **enhancement**: (가격·매력·가치 등의) 상승, 향상 **prince princess**: 공주, 왕자비 **princely**: (반어적으로 써서) 엄청난, 왕자의, 왕자 같은 **queen queenly**: 여왕의, 여왕 같은, 여왕에게 어울리는 **virus viral**: 바이러스성의, 바이러스에 의한 **package packaging**: (판매되는 상품의) 포장재, 포장 **attribute attribution**: 귀착시킴, 귀속, 귀인 **attributive**: 한정 용법으로 쓰인(명사 앞에서 그것을 수식하는) **brave bravery**: 용감(성), 화려함, 화려한 빛깔 **throne enthrone**: 왕좌[자리]에 앉히다 **lift lifter**: 들어 올리는 것[사람] **uplift**: (위로) 올리기, 증가, 희망, 행복감 **uplifting**: 희망[행복감]을 주는 **carbon carbonic**: 탄소의, 탄소의 **carbonate**: 탄산염 **carbonated**: (음료가) 탄산이 든 **implement implementation**: 이행, 실행, 완성, 성취 **cap capped**: 뚜껑을 덮은 **probable probably**: 아마 **probability**: 개연성, 개연성 있는 일, 확률 **improbable**: 사실[있을 것] 같지 않은, 희한한, 별난 **adapt adapted**: 개조된, 적당한, 알맞은 **adapter**: 번안자, 어댑터, 접속 소켓 **adaptation**: 각색, 적응 **adaptable**: (새로운 환경에) 적응할 수 있는 **adaptive**: 조정의, 적응할 수 있는 **intimate intimacy**: 친밀함, 친밀감을 나타내는 말, 성행위 **intimately**: 친밀히, 충심으로, 상세하게 **intimation**: 넌지시 알림, 시사 **loop loopy**: (머리가) 이상한, 제정신이 아닌 것 같은, 몹시 화가 난 **generous generosity**: 너그러움 **ungenerous**: 옹졸한, 대범하지 못한, 비열한, 인색한 **truck trucking**: 교역, 거래, 시장 판매용 채소[청과물] 재배 **collect collector**: 수집가, 징수원 **collection**: 수집품, 소장품, 무리, 더미, 수집, 수거, 모금 **collective**: 집단의, 단체의, 공동의, 공통의, 공동 사업(체) **gross grossly**: 지독히, 극도로 **artificial artifice**: 계략, 책략 **resolve resolution**: 결의안, (문제·불화 등의) 해결, 결단력, (굳은) 다짐 **unresolved**: (문제·질문이) 미해결의, 대답되지 않은 **resolving**: 분해하는, 분석하는 **irresolute**: (격식) 결단력이 없는 **resolute**: 단호한, 확고한 **acquire acquisition**: 습득, 구입[취득]한 것, (기업) 인수, 매입(한 물건) **acquirement**: 취득, 획득, 습득 (능력), 습득한 것 **inherent inhere**: 본래부터 타고나다, (권리 등이) 부여되어 있다, (뜻이) 포함되어 있다 **tour tourist**: 관광객 **tourism**: 관광업 **touristy**: 관광객에게 인기 있는, 많은 관광객을 끌어들이기 위한 **detour**: 둘러 가는 길, 우회로, 둘러 가다, 우회하다 **gather gatherer**: 채집[수집]하는 사람 **gathering**: (특정 목적을 위한) 모임, 수집 (과정) **protest protestation**: (특히 다른 사람들이 믿어주지 않는) 주장[항변] **protestant**: (개)신교도, 프로테스탄트 **prospect prospective**: 장래의, 유망한, 곧 있을, 다가오는 **prospectus**: (학교·대학 등의) 안내서, (기업의) 투자[사업] 설명서 **beer beery**: 맥주 냄새가 나는, 맥주에 취한 **inferior inferiority**: 열등함 **harmony harmonious**: (관계 등이) 사이가 좋은, (보기 좋게) 조화를 이루는, (소리가) 듣기 좋은 **harmonize**: 조화를 이루다, 어울리다, (시스템·법규를 다른 나라·조직과) 맞추다, 화음을 넣다 **harmonic**: 화성[화음]의 **harmonization**: 조화, 일치, 화합 **fool foolish**: 어리석은, 바보 같은 **horror horrible**:

지긋지긋한, 끔찍한, 소름끼치는, 불쾌한, 지독한 **horrify**: 몸서리치게[소름끼치게] 만들다 **horrific**: 끔찍한, 무시무시한, 지독한, 불쾌한 **knee kneel**: 무릎을 꿇다 **leaf leafy**: 잎이 무성한, 녹음이 우거진 **leafless**: 잎이 없는[떨어진] **leaflet**: 전단, 전단을 나눠주다 **employ employment**: 직장, 취업[고용], (기술·방법 등의) 사용[이용] **employee**: 종업원 **employer**: 고용주 **unemployed**: 실직한, 실업자인 **unemployment**: 실업, 실업률, 실업자 수, 실직[실업] 상태 **unemployable**: (기술·자격 부족으로) 취업을 할 수 없는 **giant gigantic**: 거대한 **elderly elder**: 나이가 더 많은, 손윗사람[연장자] **verbal verb**: (문법) 동사 **verbally**: (글이나 행동이 아닌) 말로, 구두로 **excuse inexcusable**: 용서[용납]할 수 없는 **combat combative**: 전투적인, 금방이라도 싸울 듯한 **combatant**: 전투적인, 금방이라도 싸울 듯한 **primitive primeval**: 태고의, 원시시대부터 내려온, (감정 등이) 원시적인 **sorrow sorrowful**: (아주) 슬픈 **cook cooking**: 요리, 음식 준비 **overcooked**: 너무 익힌[구운] **uncooked**: 익히지 않은, 날것의 **cooker**: (오븐이 딸린 요리용) 레인지 **disaster disastrous**: 처참한, 형편없는 **monitor monitoring**: 감시, 관찰 **premonitory**: 예고의, 전조의 **monitory**: 권고의, 훈계의, 권고하는 **imperial imperialism**: 제정, 제국주의, 영토 확장주의 **naked nakedness**: 벌거숭이, 노출, 있는 그대로임, 결핍, 무방비(의 상태) **shoot shooting**: 발사, 총격, 사냥, (영화) 촬영 **offshoot**: 파생물, 분파, 새 나뭇가지[줄기] **overshoot**: (목표 지점보다) 더 가다, (원래 계획보다) 더 많이 하다[(돈을) 더 많이 쓰다] **retain retainer**: 의뢰 비용[상담료], 치아 교정 장치 **retaining**: (어떤 것을 제자리에) 고정시키는 **retention**: (어떤 것을 잃지 않는) 보유[유지], (액체·열기 등이 빠져나가지 않는) 정체[잔류] **retentive**: (기억력이 있어서) 잘 잊지 않는 **convention conventional**: 관습[관례]적인, 극히 평범한[인습적인], 전통적인, 종래의, 재래식의 **unconventional**: 인습[관습]에 얽매이지 않는, 색다른, 독특한 **attach attachment**: 애착, 믿음, 지지, 부가 장치, 부착 **reattach**: 다시 달다, 재장착하다 **unattached**: 매이지[결혼하지] 않은, 사귀는 사람이 없는, (특정 집단·기관에) 소속[연관]되지 않은, 무소속의 **exhibit exhibition**: 전시회, 전시, (기교 등의) 발휘, (감정 등의) 표현[드러냄] **exhibitionism**: 과시 행위, 노출증 **immense immensity**: 엄청남, 방대함 **talent talentless**: 무능한 **bias biased**: 편향된, 선입견이 있는, ~에 더 관심을 두는 **unbiased**: 선입견 없는, 편파적이지 않은 **pity pitiful**: 측은한, 가련한, 한심한[초라한] **pitying**: (흔히 우월감을 갖고) 동정하는 **pitiless**: 인정사정없는, 냉혹한, 혹독한, 무자비하게 계속되는 **pitiable**: 측은한, 가련한, (경멸감이 들 정도로) 한심한[초라한] **draft drafting**: 기안[기초] (방법), 제도, (징병의) 선발 **synthesis synthesize**: 합성하다 **synthetic**: 합성한, 인조의, 종합적인 **ceremony ceremonial**: 의식[예식]의, 의식 절차 **export exporter**: 수출업자[회사·국가] **exportation**: 수출 (절차) **shelter sheltered**: 비바람이 들이치지 않는, 보호를 받는, 근심 걱정[시련]이 없는 **hungry hunger**: 굶주림, 기아, 배고픔, 갈구[갈망] **flag flagpole**: 깃대 **unflagging**: 쇠하지 않는, 지칠 줄 모르는 **flagship**: (해군 함대의) 기함, 주력[대표] 상품 **weapon weaponry**: 무기[무기류] **cream creamy**: 크림 같은, 크림이 많이 든, 크림색의, 미색의 **planet interplanetary**: 행성 간의 **planetary**: 행성의 **bold embolden**: 대담하게 만들다, (글자를) 볼드체로 인쇄하다 **grasp grasping**: (못마땅함) 욕심 많은 **lateral bilateral**: 쌍방의, 쌍무적인 **equilateral**: 등변형, 등변 **quadrilateral**: 사변의, 사변형 **unilateral**: 일방적인, 단독의 **multilateral**: 다자간의, 다각적인 **convenient convenience**: 편의, 편리, 편리한 것, 편의 시설 **inconvenience**: 불편, 애로, 불편한[귀찮은] 사람[것], 불편하게 하다, 애로를 주다 **inconvenient**: 불편한[곤란한] **tie untie**: (매듭 등을) 풀다 **untied**: 묶이지 않은, 제한되지 않은 **tier**: (여러 줄·단으로 이뤄진 것의 어느 한) 줄[단], (조직·시스템에서) 단계 **blank blankly**: 멍하니, 우두커니, 딱 잘라서, 완전히 **accomplish accomplishment**:

업적, 공적, 재주, 기량, 완수 aggressive **aggressor**: (먼저) 공격[침략]을 한 사람[국가] **aggression**: 공격성, 공격, 침략 cruel **cruelty**: 잔인함, 학대, 잔학 행위, 불공평한 일 romantic **romance**: 연애, 로맨스, 사랑, 설렘 모험담, 모험담을 들려주다, 연애하다 **romanticize**: (실제보다 더) 낭만적으로[근사하게] 묘사하다[만들다] **romanticism**: 낭만주의, 낭만의적[로맨틱한] 성향 **unromantic**: 공상적이 아닌, 로맨틱하지 않은 register **registry**: 등기소, 등록소 **registration**: 등록, (출생·혼인·사망 사실의) 신고, 등록 서류 **registrar**: 호적 담당자, (대학의) 교무과장 **unregistered**: 등록[기록]되지 않은, 등기우편이 아닌, (가축 등이) 혈통 증명이 없는 ideology **ideological**: 사상적인, 이념적인 desperate **despair**: 절망, 절망[체념]하다 **desperation**: 자포자기, 필사적임 divide **dividing**: 나누는, 구분하는, 눈금 **undivided**: 분리[분할]되지 않은, 전적인, 완전한 **dividend**: 배당금 **division**: 분할, 분배, 나눗셈, 경계선 **divisional**: 사단의, 부서의 **indivisible**: 나눌 수 없는, 불가분의 **divisible**: 나눌 수 없는, 불가분의 **divisor**: (수학) 나눗수, 제수 **divisive**: (못마땅함) 분열을 초래하는 pulse **pulsate**: (동작·음향이 강하게 규칙적으로) 진동하다[고동치다] **pulsation**: 맥박, 박동, 파동, 진동 remark **remarkable**: 놀랄 만한, 놀라운, 주목할 만한 **unremarkable**: 특별할 것 없는, 평범한 connect **connection**: 관련성[연관성], 연결, 접속, 운행 수단, 운행편 **connective**: 연결[결합]하는 **disconnect**: 연결[접속]을 끊다, 공급을 끊다, 분리하다 **disconnected**: 동떨어진[단절된], 연결이 잘 안 되는, 일관성이 없는 **unconnected**: 관련[상관]이 없는 **reconnect**: 다시 연결되다[하다] horizon **horizontal**: 수평(선)의, 가로의, 수평 위치, 수평선, 수평면 reserve **reserved**: 말을 잘 하지 않는[속마음을 드러내지 않는], 내성적인 **reservation**: 예약, 의구심[거리낌], 인디언[아메리카 원주민] 보호 구역 patent **patently**: 명백히, 틀림없이 hang **hanger**: 옷걸이 slip **slippery**: 미끄러운, 미끈거리는, 믿을 수 없는, 약삭빠른 mathematics **mathematician**: 수학자 **mathematical**: 수학의, 수리적인, 아주 정확한, 엄밀한 autonomy **autonomic**: 자치의, 자율 신경계의, 자발적인 **autonomous**: 자주적인, 자율적인, 자치권이 있는 gravity **gravitational**: 중력의 **gravitation**: 만유인력, 중력 **gravitate**: 인력을 끌다, 중력작용으로 움직이다, 가라앉다 awful **awfulness**: 두려움, 장엄, 지독함, 굉장함 **god-awful**: 지독한 tower **towering**: 우뚝 솟은, 높이 치솟은, 대단히 뛰어난, (감정이) 격렬한 colony **colonial**: 식민(지)의, 식민지 시대의 **colonist**: 식민지 주민 **colonize**: 식민지로 만들다, (동물이나 식물들이) 대량 서식하다 **colonization**: 식민지화[건설], (동식물의) 군체 형성 pitch **high-pitched**: (음이) 아주 높은 **low-pitched**: (소리가) 깊은, 낮은 **pitcher**: 투수 **pitching**: 투구, 돌바닥, 상하 동요 liable **liability**: (~에 대한) 법적 책임, 골칫거리, (개인·회사의) 부채 bulk **bulky**: 부피가 큰[커서 옮기기 힘든], (사람이) 덩치가 큰 cluster **clustered**: 무리를 이룬, 다발 기둥의 fraction **fractional**: 아주 적은, 단편적인, (수학) 분수의, 분수로 fix **fixation**: (~에 대한) 집착, 고정 **fixated**: (~에) 집착하는 **fixer**: 해결사 **fixable**: 고정시킬 수 있는, 굳어지는 **affix**: 부착하다, 붙이다 recover **recovery**: 회복, 회복실, (분실물 등을) 되찾음 pack **packed**: 꽉 들어찬, 단단히 다져진 **backpack**: 배낭을 지고 걷다, 져 나르다, 배낭, 져 나르는 짐 **unpack**: (여행 가방 등에 든 것을) 꺼내다, (짐을) 풀다, (이해하기 쉽도록) 분석하다 **unpacked**: 굳지 않은 **packer**: 포장 담당 직원, 포장용 기계, 포장 전문 업체 embrace **all-embracing**: 모두를 아우르는 graduate **graduation**: 졸업, 졸업식 **undergraduate**: 학부생, 대학생 burn **burnout**: 극도의 피로, 연료 소진 **burner**: 가열 기구, 화덕 **burnt**: (불에) 덴[탄] stupid **stupidity**: 어리석음, 어리석은 짓, 우둔함 impulse **impulsive**: (사람·행동이) 충동적인 expand **expansion**: 확대, 확장, 팽창 **expanse**: 넓게 트인 지역 **expansive**: 툭 트인, 광활한, 포괄적인, 광범위한, (사람이) 속이 트인[말을 잘하는], 경제가 팽창[신장]하는 hierarchy **hierarchical**: 계급에 따른 entertain **entertainment**:

(영화·음악 등의) 오락(물), 여흥, 접대 **entertaining**: 재미있는, 즐거움을 주는 **entertainer**: 연예인, 엔터테이너 **dawn dawning**: 새벽, 여명, (새 시대 등의) 조짐, 출현, 시작 **pour downpour**: 폭우 **outpouring**: (감정의) 분출, 터져 나옴, 쏟아져 나옴 **leather leathery**: 가죽 같은(딱딱하고 질긴) **cheek cheekbone**: 광대뼈 **emerge emergent**: 신생의, 신흥의 **emerging**: 최근 생겨난, 최근에 만들어진 **submit submission**: 항복, 굴복, (서류·제안서 등의) 제출 **submissive**: 순종적인, 고분고분한 **hostile hostility**: 적의, 적대감, 적개심, (생각·계획 등에 대한) 강한 반대[반감], (전쟁에서의) 전투, 교전 **vulnerable invulnerable**: 해칠[물리칠] 수 없는, 안전한 **vulnerability**: 상처[비난]받기 쉬움, 약점이 있음, 취약성 **faint fainting**: 기절, 졸도, 실신, 의기소침, 졸도하는, 기절의 **ignore ignorant**: 무지한, 무식한, 무지막지한 **ignorance**: 무지, 무식 **ignoramus**: 무식한 사람 **powder powdered**: 가루[분말]로 만든, 파우더[분]를 바른 **bacteria bacteriology**: 세균학 **bacterial**: 박테리아[세균]의 **expedition expedite**: 더 신속하게 처리하다 **expeditious**: 신속한, 효율적인 **edit editorial**: 편집의, 편집과 관련된 **editor**: 편집자, 편집자, 담당 기자 **optical optics**: 광학 **optic**: 눈[시력]의 **optician**: 안경사, 안경점 **dull dullness**: 둔함, 둔감, 멍청함, 아둔함, 불경기, 지루함 **alarm alarmed**: 불안해[두려워]하는, 경보장치가 달린 **alarmist**: 불필요한 우려를 자아내는 **alarming**: 걱정스러운, 두려운 **dirty dirt**: 먼지, 때, 흙, 좋지 않은 정보[추문] **alter alteration**: 변화, 개조, 고침, 변경 **unalterable**: 바꿀[변경할] 수 없는, 불변의 **unaltered**: 바뀌지[변하지] 않은 **alterative**: 바꾸는, 대사 기능을 개선하는, 서서히 회복시키는 **photograph photographic**: 사진(술)의 **photogenic**: 사진이 잘 받는 **photographer**: 사진작가, 사진사 **photography**: 사진[촬영]술, 사진 찍기[촬영] **photocopy**: (복사기로 사진 찍듯 하는) 복사, (복사기로) 복사하다 **elaborate elaboration**: 고심하여 만듦[완성시킴], 공들임, (추가한) 상세한 말, 복잡함, 정교 **supreme supremacy**: 패권, 우위, 지상주의 **supremely**: 극도로, 지극히 **sentiment sentimentality**: 감상벽(感傷癖) **presentiment**: (특히 불길한) 예감 **cheap cheapen**: (사람의) 격을 낮추다[떨어뜨리다], (값을) 낮추다, 가치를 떨어뜨리다 **triumph triumphant**: 크게 성공한, 큰 승리를 거둔, 의기양양한 **triumphal**: 승리를 축하하는, 개선의 **import importer**: 수입자, 수입자, 수입국 **importation**: 수입, 수입품 **modest modesty**: 겸손, 얌전함, 단정함, 대단하지 않음, 보통 정도임 **immodest**: 자만하는, 야한 **crystal crystallize**: (생각·계획 등이) 확고해지다[확고히 하다], 결정체를 이루다[이루게 하다] **crystalline**: 크리스털[수정] 같은, 수정 같이 맑은 **crystallization**: 결정화, 구체화(된 것), 결정체, 설탕 절임 **margin marginal**: 미미한, 중요하지 않은, 주변부의, 여백에 쓴, (농지가) 수익이 안나는 **marginally**: 아주 조금, 미미하게 **wheat buckwheat**: 메밀 **wheaten**: 밀의, 밀(가루)로 만든 **smart outsmart**: ~보다 한 수 앞서다 **smarten**: 스마트하게 만들다, 말쑥하게 하다, 재빠르게 하다, 활발하게 하다, 경험을 쌓게 하다 **controversy controversial**: 논란이 많은 **portrait portrayal**: 묘사 **portray**: 그리다[묘사하는], (영화 등에서 특정한 역할을) 연기하다, (완벽하지 못하게) 나타내다 **charity charitable**: 자선(단체)의, 자선을 베푸는, 궁핍한 사람들을 돕는, 너그러운 **stretch stretcher**: (부상자를 싣는) 들것, 들것으로 실어나르다 **outstretch**: 펴다, 뻗다, 확장하다, 한계를 넘어서 펴다 **commit commitment**: 약속, 전념, 책무, (돈·시간) 투입 **noncommittal**: 언질을 주지 않는, (태도 따위가) 애매한, 특징이 없는, 언질을 주지 않음, 태도를 밝히기를 거부[회피]함 **uncommitted**: 지지를 보내지[약속하지] 않는 **adverse adversity**: 역경 **restore restoration**: 복원[복구], 부활, 회복, 반환 **restorative**: 원기를 회복시키는, (신체 부위를) 복원하는 **pot potted**: 화분에 심은, (책·이야기가) 간략한, (고기·생선을 요리하여) 병[통]에 넣어 저장한 **interpret interpretation**: 해석, 이해, 설명, (음악 작품·배역에 대한) 해석[연주/연기] **interpreter**:

통역사, 연주자[연기자] **misinterpretation**: 오해, 오역 **misinterpret**: 잘못 해석[이해]하다 **tough toughen**: 더 단단하게[질기게] 만들다, 강화하다, (사람을) 더 강인하게 만들다 **toughie**: 굳센[강인한] 사람, 아주 힘든 선택, 난제 **merit meritorious**: 칭찬할 만한 **compromise uncompromising**: 타협하지 않는, 단호한 **compromising**: 낯 뜨거운, 남부끄러운 **manifest manifestation**: 징후[표명], (유령·영혼의) 나타남 **manifesto**: 성명서[선언문] **tribe tribal**: 부족의, 종족의, 부족[종족]의 일원 **cure cure-all**: 만병통치약 **curative**: 치유력이 있는 **incurable**: 치유할 수 없는, 불치의, 바꿀 수 없는, 구제불능의 **tide tidal**: 조수의 **regret regrettable**: 유감스러운 **spare sparing**: 조금만 쓰는[아끼는], 인색한 **mud muddy**: 진창인, 진흙투성이인, 흙탕물의, 탁한, 우중충한 **consist consistent**: 한결같은, 일관된, 거듭되는, 변함없는, 일치하는, 일관성 있는 **consistency**: 한결같음, 일관성, (혼합물이나 용액의) 농도[밀도] **inconsistent**: (진술 등이) 내용이 다른[모순되는], (규범 등에) 부합하지 않는, 너무 자주 변하는, 일관성 없는 **inconsistency**: 불일치, 모순, 모순된 사물[행위, 언어] **sovereignty sovereign**: 군주, 국왕, (국가가) 자주적인, 독립된, (국가 내에서) 최고[절대] 권력을 지닌 **gesture gesticulate**: 몸짓으로 가리키다[나타내다] **gesticulation**: 몸짓[손짓]하기, 요란스런 몸짓 **intermediate intermediation**: 중개, 매개, 중재 **intermediary**: 중재자, 중개인 **recommend recommendation**: 권고, 추천, 추천장[서] **detect detective**: 형사, 수사관, 탐정, 흥신소 직원 **detection**: 발견, 간파, 탐지 **detectable**: 발견할 수 있는, 탐지할 수 있는 **detector**: 탐지기 **undetected**: 아무에게도 들키지[발견되지] 않는 **undetectable**: 감지할 수 없는 **propose proposal**: 제안, 제의, 청혼, 프러포즈 **proposition**: (사업상의) 제의, (처리해야 할) 문제, 명제, 진술 **shake shaker**: 흔드는 데 쓰는 용기, 셰이커 **shaky**: 떨리는[휘청거리는], 불안한, 실패할 것 같은 **unshakable**: 흔들리지 않는, 확고부동한 **bowl fishbowl**: (유리) 어항, 프라이버시가 전혀 없는 장소[상태], 유치장 **bowling**: 볼링 **bowlful**: 한 사발[공기](의 분량) **peer peerless**: (뛰어나기가) 비할 데 없는 **immigration immigrant**: (다른 나라로 온) 이민자[이주민] **keen keenness**: 날카로움, 매서움 **funeral funerary**: 장례의 **funereal**: 장례식에 적합한, 구슬픈 **assault assail**: (신체적·언어적) 공격을 가하다, (몹시) 괴롭히다 **assailant**: (특히 신체적) 공격을 가한 사람, 폭행 **flame aflame**: 불타는, 불붙은, (불타듯) 환한, (흥분·당혹감으로) 불타는 듯한 **flammable**: 가연[인화]성의, 불에 잘 타는 **inflame**: 흥분[격앙/격분]시키다, (상황을) 악화시키다 **inflamed**: 염증이 생긴, 흥분한, 격앙된 **inflammatory**: 선동적인, 강한 분노를 유발하는, 염증을 일으키는, 염증의 **inflammation**: 염증 **inflammable**: 격앙된, 광분한, 가연[인화]성의, 불에 잘 타는 **declare declaration**: 선언문[서], 선언, 공표, 맹세[진술], 신고서 **license unlicensed**: 면허가 없는 **forgive forgiveness**: 용서 **unforgivable**: 용서할 수 없는 **unforgiving**: (사람이) 용서를 잘 안 하는, (사람에게) 힘든 **attract attractive**: 매력적인, 멋진, 마음을 끄는 **attraction**: (성적으로) 끌림, (사람을 끄는) 명소[명물], 매력(적인 요소), 끌어당기는 힘, 인력 **unattractive**: (보기에) 매력적이지 못한, 보기 안 좋은, 좋지[유쾌하지] 못한, 재미없는 **funny unfunny**: 우습지[재미있지] 않은 **earn earning**: (일하여) 벌기, 획득, 소득, 수입, 번 것 **rage outrage**: 잔학 행위, 잔인무도한 일, 격노, 격노하게 만들다 **outrageous**: 너무나 충격적인, 언어도단인, 아주 별난, 터무니없는 **enrage**: 격분하게 만들다 **penalty penal**: 처벌의, 형벌의, 처벌할 수 있는, 형사상의, 매우 심한 **penalize**: 처벌하다[벌을 주다], 불리하게 만들다 **collaboration collaborative**: 공동의 **collaborator**: 공동 연구자, 협력자 **collaborate**: 협력하다, 공동으로 작업하다 **angel angelic**: 천사 같은 **wash washable**: 물빨래가 가능한 **unwashed**: 씻지 않은, 더러운 **awash**: 물에 뒤덮인, (양이 많아서) 넘쳐나는 **washy**: 물기 많은, 묽은, 물을 탄, (문체 등이) 약한, 힘이 없는 **pregnant pregnancy**: 임신 **temper**

quick-tempered: 화를 잘 내는, 걸핏하면 화를 내는 **temperament**: 기질, 신경질적임, 괴팍함 **temperamental**: 신경질적인, 괴팍한, 기질적인 **tempered**: 조절된, 완화된, 달구어 단련한 **fame famed**: 아주 유명한, 저명한 **splendid splendor**: 훌륭함, 화려함, 영예, 영광, 빛남, 광휘, 광채 **theater theatrical**: 연극[공연]의, 연극조의, 과장된 **amphitheatre**: 원형경기장, 원형극장 **craft crafty**: 술수[술책]가 뛰어난, 교활한 **craftsman**: (수)공예가 **handicraft**: 수공예, 수공예품 **craftsmanship**: 손재주, (훌륭한) 솜씨 **lock padlock**: 맹꽁이자물쇠, 맹꽁이자물쇠로 잠그다 **gridlock**: (도로상의 교통) 정체, 정체[교착] 상태 **unlocked**: (자물쇠로) 잠겨 있지 않은 **unlock**: (열쇠로) 열다, (비밀 등을) 드러내다 **locker**: (자물쇠가 달린) 개인 물품 보관함 **calculate calculation**: 계산, 산출, 추정, 추산, 타산 **calculator**: 계산기 **calculating**: (못마땅함) 타산적인, 계산적인 **miscalculation**: 계산 착오 **thread threadlike**: 실 같은, 가늘고 긴 **threadbare**: (낡아서) 올이 다 드러난, 새로울 게 없는, 뻔한 **transform transformation**: (완전한) 변화[탈바꿈], 변신 **transformer**: 변압기 **neglect neglectful**: 태만한, 등한한 **negligence**: 부주의, 태만, 과실 **negligible**: (중요성·규모가 작아) 무시해도 될 정도의 **negligent**: (의무 등에) 등한한[태만한/부주의한], (사람·태도가) 느긋한, 편안한 **motive motivate**: (행동 등의) 이유[원인]가 되다, (특히 열심히 노력하도록) 동기를 부여하다 **motivated**: 자극받은, 의욕을 가진, 동기가 부여된 **motivation**: 자극, 유도, 동기 부여, 학습 의욕 유발 **motivator**: 동기를 부여하는 사람[것] **cord cordless**: (전화기나 전기 기구가) 무선의 **script postscript**: (편지의) 추신, (책 등의) 후기 **scripted**: 대본을 읽는 **manuscript**: (책 등의) 원고, 필사본 **sail sailor**: 선원, 뱃사람, 배를 조종하는 사람 **sailing**: 보트 타기, 출항 **bid outbid**: (경매 등에서 남보다) 더 비싼 값을 부르다[제의하다] **gratitude ingratitude**: 은혜[고마움]를 모름 **remedy irremediable**: 돌이킬[치유할] 수 없는 **remedial**: 교정[개선]하기 위한 **vague vagueness**: 막연함, 분명치 않음 **myth mythology**: 신화, (많은 사람들의) 근거 없는 믿음 **mythological**: 신화의 **mythical**: 신화 속에 나오는, 가공의 **eliminate elimination**: 제거, 배제, 배출, 소거 **sophisticated sophisticate**: 세련된 사람 **sophistication**: 교양, 세련 **sophistry**: 궤변술, 궤변 **confirm confirmation**: 확인, 확증, 입증 **unconfirmed**: 확인되지 않은, 미확인의 **predict unpredictability**: 예측 불가능 **unpredictable**: 예측할 수 없는, 예측이 불가능한 **prediction**: 예측, 예견 **tragedy tragic**: 비극적인, 비극의 **emperor empress**: 여자 황제, 여제, 황후 **hetoric rhetorical**: 수사적인, 미사여구식의, 과장이 심한 **mature maturity**: 성숙함, 원숙함, 성인임, 성숙한 상태, (보험의) 만기 **immaturity**: 미숙, 미성숙, 생경함 **immature**: 미숙한, 치기 어린, 다 자라지 못한 **premature**: 정상보다 이른, 조산의, 시기상조의 **fond fondness**: 도타운 사랑, 자애, 유난히 귀여워함, 좋아함, 어리석음, 경망 **mask masked**: 마스크[가면/복면]를 쓴 **unmask**: 가면을 벗기다, 정체를 드러내다 **masque**: 가면극 **masquerade**: (진실·진심을 숨기는) 가장[가식], 가장무도회 **preliminary prelim**: 예비시험, (경기 등의) 예선, (책의) 앞부분이 **thermal thermometer**: 온도계 **thermos**: 보온병 **thermodynamics**: 열역학 **hypothermia**: 저체온증 **flash flashy**: 호화스러운, 화려하게 치장한, 현란한 **rescue rescuer**: 구조자, 구출자 **fur furry**: 털로 덮인, 털 같은 **brush brushing**: 휙 스쳐가는, 민활한, 빠른 **resident residential**: 거주하기 좋은, 주택지의, 거주[상주]를 요하는 **residency**: (특정 장소에서의) 거주, (특정 기관 소속으로 일하는) 전속[전속 기간] **residence**: 주택, 거주지, 거주[상주] **reside**: (특정한 곳에) 살다[거주하다] **abundance abundant**: 풍부한 **abound**: 아주 많다, 풍부하다 **abounding**: 풍부한, 많은 **ruin ruination**: 파괴, 파멸 **ruinous**: (비용이) 감당할 수 없는, 파산을 가져올 정도의, 파괴적인, 파멸을 가져올, 폐허가 된 **automatic automatical**: 자동적인 **semiautomatic**: 반자동식의, 반자동식 기계 **automated**: 자동화 **boss bossy**:

51

우두머리 행세를 하는, 다른 사람을 쥐고 흔드는 **regression** regress: 퇴행[퇴보]하다 **lonely** lone: 혼자인, 단독의 **lonesome**: 외로운, 허전한, 인적이 드문, 외진 **palm** palmistry: (사람의 운수를 헤아리기 위한) 손금 보기 **magnificent** magnificence: 장려(壯麗), 웅장, 장엄 **tear** tearful: 울고 있는, 울먹이는, 눈물을 자아내는 **teary**: 눈물의[같은], 눈물이 글썽한 **sink** sinker: (낚싯줄·그물에 매다는) 봉돌 **sunken**: 침몰한, 물속에 가라앉은, 움푹 들어간, 퀭한, (주변 지역보다) 가라앉은[낮은] **substitute** substitution: 대리, 대용, 대리인, 대용품, 바꿔침, 보완적 대체, 치환, 대입 **efficacy** efficacious: 효과적인 **episode** episodic: 가끔씩 발생하는, (이야기 등이) 여러 삽화들로 된, 단편적인 사건들로 이뤄진 **adventure** adventurous: 모험심이 강한, 모험적인, 용기가 필요한, 흥미진진한 **adventurer**: 모험가, 투기꾼, 승부사 **adventitious**: 우발적인, 우연한 **clerk** clerical: 사무직의, 성직자의 **rival** rivalry: 경쟁 (의식) **convince** convincing: 설득력 있는, (승리 등이) 확실한 **unconvincing**: 설득력이 없는 **unconvinced**: (남의 말을 듣고도) 납득[확신]하지 못하는 **fold** folding: (가구·자전거 등이) 접을 수 있는 **unfolded**: 접히지 않은, 펼쳐진 **unfold**: (접혀 있는 것을) 펴다[펼치다], (어떤 내용이 서서히) 펼쳐지다[밝혀지다] **reject** rejection: 거절, 배제, 폐기, 폐기물, 거부반응 **merchant** merchandise: (매매하는) 물품, (상점에서 파는) 상품, 판매하다 **merchandising**: 판매, 판촉 **pollution** pollute: 오염시키다 **undertake** undertaker: 장의사 **undertaking**: (중요한·힘든) 일[프로젝트], 약속, 동의, 장의사업 **exceed** excessive: 지나친, 과도한 **exceeding**: 엄청난, 대단한, 굉장한 **continent** transcontinental: 대륙 횡단의 **continental**: 유럽 대륙의, 대륙풍의[유럽식의], 대륙의, 유럽인의 **cheese** cheesy: 싸구려의, 저급한, (미소가) 가식적인, 치즈 냄새[맛]가 나는 **petition** petitioner: 청원자, 탄원하는 사람, (법원에 법률적 처리를 요청하는) 신청인 **sustain** sustainable: (환경 파괴 없이) 지속 가능한 **sustaining**: 떠받치는, 유지하는, 몸에 기운을 주는 **self-sustaining**: 자립하는, 자급자족하는 **sustenance**: 지속, 유지, 자양물, 생명을 건강하게 유지시켜 주는 것 **metaphor** metaphorical: 은유의, 은유를 쓴 **humor** humorous: 재미있는, 유머러스한 **humorless**: 유머가 없는, 멋없는, 재미없는 **cease** unceasing: 끊임없는 **cessation**: 중단, 중지 **ambition** ambitious: (사람이) 야심 있는, (일이) 야심적인, 어마어마한 **bath** bathing: 수영 **bathed**: (빛에) 휩싸인[잠긴], (땀·눈물) 범벅인 **neighbor** neighboring: 이웃의, 근처[인근]의, 인접한 **neighborly**: 이웃 사람다운, 사귐성 있는, 친절한 **neighborhood**: 근처, 인근(隣近), 이웃, 이웃 사람들, 근접, 가까움 **lecture** lecturer: 강사, 강연자 **engineer** engineering: 공학, 공학 기술 **imply** implicit: 암시된, 내포된, 절대적인, 무조건적인 **implication**: 함축, 암시, (특히 범죄에의) 연루, (행동·결정이 초래할 수 있는) 영향[결과] **implicate**: (나쁜 짓·범죄에) 연루되었음을 보여주다[시사하다], (나쁜 것의) 원인임을 보여주다[시사하다] **convey** conveyance: 수송, 운송, 수송기관, 탈것, (부동산의) 양도증서 **conveyor**: 전달자, 전달[운반]하는 것 **scholar** scholarship: 장학금, 학문 **scholastic**: 학업의, 스콜라 철학의 **fiber** fibrous: 섬유로 된, 섬유 모양의 **weary** weariness: 권태, 피로, 지루함 **wearisome**: 지루한, 싫증나는 **world-weary**: 사는 게[세상일이] 시들한 **obey** obedient: 말을 잘 듣는, 순종적인, 복종하는 **obeisance**: 존경, 순종, 절[고개 숙임] **obedience**: 복종, 순종, 충실 **disobey**: (사람·법·명령 등에) 불복종하다[거역하다/반항하다] **physics** physicist: 물리학자 **metaphysics**: 형이상학 **metaphysical**: 형이상학의, 극히 추상적인, 난해한 **prejudice** prejudicial: 해로운, 해로울 **prejudiced**: 편견이 있는 **extract** extraction: 뽑아냄, 추출, 발치 **extracted**: 추출한 **purple** purplish: 자주빛을 띤 **amazing** amazed: (대단히) 놀란 **amazement**: (대단한) 놀라움 **amaze**: (대단히) 놀라게 하다, 놀랍다 **impose** imposing: 인상적인, 눈길을 끄는 **imposition**: 시행[도입], 폐, 부담 **assure** assured: 자신감 있는,

확실한, 확실시 되는, (무엇을) 보장받는 **assuring**: 보증하는, 확신을 가진, 자신을 갖게 하는 **assurance**: 확언, 장담, 확약, 자신감 descent **descend**: 내려오다, 내려가다, (아래로) 경사지다, 내리막이 되다, 내려앉다[다가오다] **descendant**: 자손, 후손, 후예, (과거의 비슷한 것에서) 유래한 것 allocation **allocate**: 할당하다, 배분하다 contest **contestation**: 논쟁, 쟁론, 쟁송(爭訟), 쟁점, 주장 **uncontested**: 반대[논란]가 없는 **contestant**: (대회·시합 등의) 참가자 occupy **preoccupy**: (생각·걱정이) 뇌리를 사로잡다[떠나지 않다] **preoccupied**: (어떤 생각·걱정에) 사로잡힌[정신이 팔린] **preoccupation**: (어떤 생각·걱정에) 사로잡힘, 집착, 심취, 몰두 **occupant**: (주택·방·건물 등의) 사용자[입주자] **occupancy**: (특정 시간에 차량·의자 등에) 타고[앉아] 있는 사람 clever **cleverness**: 영리함, 빈틈 없음, 교묘, 솜씨 좋음 instinct **instinctive**: 본능[직감]에 따른, 본능적인 rhythm **rhythmic**: 리드미컬한, 율동적인 climb **climber**: 등반가, 덩굴식물 convert **converter**: 전환시키는 사람[것], 컨버터, 변환기 **convertible**: (다른 형태나 용도로) 전환 가능한, (승용차) 컨버터블 **conversion**: 전환, 개조, 개종 remind **reminder**: 상기시키는[생각나게 하는] 것, 독촉장 solemn **solemnity**: 침통함, 근엄함, 엄숙함, 의식 절차 confess **confessor**: 고백성사를 들어주는 사제, 고해신부 **confession**: (죄의) 자백, (수치스럽거나 당황스러운 사실의) 고백[인정], 고해성사 authentic **authenticity**: 진짜임 **authenticate**: 진짜임을 증명하다 **authentication**: 입증, 증명, 인증 pump **pumped**: 배가 튀어나온, 임신한, 열성적인, 열의 있는, 과장된, 허풍의 induce **inducement**: (어떤 일을 하게 하기 위한) 유인책[장려책] **inductive**: 귀납적인, (전기) 유도의 **induction**: (새로운 직장·기술·조직 등으로의) 인도[소개], 유도 분만, 귀납법, (전기의) 유도 **self-induction**: (전기) 자기유도 **induct**: 취임시키다, 입대시키다, (조직에) 가입시키다 charm **charming**: 매력적인, 멋진 **charmed**: 매혹된, 마법에 걸린, 저주 받은, 운이 좋은, 불사신의 slide **sliding**: 미끄러져 움직이는, 이동하는, 변화하는, 미끄러짐, 슬라이딩 **landslide**: 산사태, (선거에서) 압도적인 득표[승리] inherit **inheritance**: 상속받은 재산, 유산, (과거·선대로부터 물려받는) 유산, 유전(되는 것) **disinherit**: (특히 아들이나 딸의) 상속권을 박탈하다 **heritage**: (국가·사회의) 유산 interact **interactive**: 상호작용의, 대화식의 **interaction**: 상호작용 noon **afternoon**: 오후 trap **entrap**: 덫으로 옭아매다, 함정에 빠뜨리다, 함정수사를 하다 **trapper**: 덫을 놓는 사냥꾼 crack **crackdown**: 엄중 단속, 강력 탄압 utter **utterly**: 완전히, 순전히 **utterance**: (말로) 표현함, 입 밖에 냄, 발언 intellect **intellectual**: 지능의, 지적인, 교육을 많이 받은, 이지적인, 지식인, 식자 interfere **interference**: 간섭, 참견, 개입, 방해, 전파방해, 혼선 **interfering**: 간섭하는, 참견하기 좋아하는 dense **density**: 밀도(빽빽한 정도), (물질의) 농도[밀도] dual **dualistic**: 이원적인, 이원의 **duality**: 이중[이원]성 audit **auditor**: 회계 감사관, 청강생 beast **beastie**: (귀여운) 작은 동물, 싫은, 조잡한, 저속한, 인상적인, 강대한 **bestial**: 짐승 같은 deserve **deserved**: 응당한 **deserving**: 받을 만한[자격이 있는] **undeserved**: 받을 만하지 않은, 부당한, 받을 자격이 없는, 과분한 **undeserving**: 가질[받을] 자격이 없는 juice **juicy**: 즙[물기]이 많은, (흥미진진하게) 재미있는[군침 도는], 매력적인[군침을 흘릴 만한] deposit **depository**: 보관소 **deposition**: 퇴적, 퇴적물, 퇴위, 폐위(시킴), 증언[진술] 녹취록 fatigue **fatigued**: 심신이 지친, 피로한 fraud **fraudulent**: 사기를 치는[치기 위한] **defraud**: 사취하다 contempt **contemptuous**: 경멸하는, 업신여기는 **contemptible**: 경멸을 받을 만한 manufacture **manufacturing**: 제조업 **manufacturer**: (상품을 대량으로 만들어내는) 제조자[사], 생산 회사 quote **quotation**: 인용, 인용구[문], 견적, 시세 **quotable**: 인용할 만한 torture **torturous**: 고문의, 고통스러운, 일그러진 successive **succession**: 연속, 잇따름, (일정한 패턴을 이루는) 연쇄, 승계, 계승 **successor**: 후임자, 계승자 vein **venous**: 정맥의, 정맥에

있는 **intravenous**: 정맥으로 들어가는, 정맥주사의 spell **spelling**: 철자법, 맞춤법, 철자 strip **outstrip**: 앞지르다, (경쟁 상대를) 능가하다[앞서다] adjust **adjusted**: 조절[조정]된, 보정(補正)된, 적응[순응]한 **adjustable**: 조절[조정] 가능한 **adjuster**: 조정자, 조절장치, 조절기관 **adjustment**: (약간의) 수정[조정], 적응 launch **launching**: (배의) 진수(식), (로켓·위성 따위의) 발사, 착수, 개시 **launcher**: (로켓·미사일 등의) 발사 장치 destiny **destine**: (어떤 목적·용도로) 예정해두다, (운명으로) 정해지다 **destination**: 목적지, (물품의) 도착지 discretion **discreet**: 신중한, 조심스러운 **discretionary**: 자유재량에 의한 **indiscreet**: 지각[조심성]없는 **indiscretion**: (특히 도덕적이지 못한) 무분별한 행동, 지각없는[경솔한] 행동 molecule **molecular**: 분자의, 분자로 된 disappear **disappearance**: 사라짐, 소실, 소멸, 실종 ecological **ecology**: 생태계,생태학 **ecosystem**: (특정 지역의) 생태계 abandon **abandoned**: 버려진, 유기된, 방종한, 제멋대로인 **abandonment**: 유기, 버림, 포기 treasure **treasurer**: 회계 담당자 **treasury**: 재무부, 금고[보고] ugly **ugliness**: 추함, 볼품없음 owe **owing**: (아직) 갚아야 할[빚이 있는] mill **milling**: 떼를 지어 서성거리는 certificate **certified**: 보증[증명]된, 공인의 **certify**: (특히 서면으로) 증명하다, 자격증[면허증]을 교부하다 **certification**: 증명, 증명서 교부 **certifiable**: 정신이상인, 미친 scare **scary**: 무서운, 겁나는 decay **decadent**: 타락한, 퇴폐적인 **decadence**: 타락, 퇴폐 warrant **warranty**: (제품의) 품질보증서 **unwarranted**: 부당한, 불필요한, 부적절한 conjunction **conjunct**: 결합[연결]한, 공동의, 긴밀한, 결합에 의해 만들어진, (논리) 연어(連語)의 각 명제, 접속사 **conjunctive**: 결합하는, 접합[연결]적인, (문법) 접속어 quit **quitter**: 중도 포기를 잘하는 사람 bride **bridal**: 신부의, 결혼식의 marine **maritime**: 바다의, 해양의, 바다에 접한, 해안의 alien **alienate**: (사람을) 소원하게[멀어지게] 만들다, 소외감을 느끼게 하다 **alienation**: 멀리함, 소외, 이간, (법) 양도 **inalienable**: 빼앗을 수 없는 rail **railing**: 철책 **railway**: 철로, 철길, 선로 **railroad**: 철도, 몰아붙이다, (압력을 가해) 전격 통과시키다, 부당하게 유죄를 확정하다 **derail**: (기차가) 탈선하다[시키다] feminine **feminism**: 남녀평등주의[운동] **feminist**: 남녀평등주의자 **effeminate**: (남자가) 여자 같은, 여성적인 **effeminacy**: 여자 같음, 나약, 연약, 우유부단 loyal **disloyalty**: 불충, 불성실, 신의 없음 **disloyal**: 불충한[불성실한, 배신] 행위 **loyalty**: 충실, 충성, 충성심 intend **intending**: 미래의, 지망하는 assert **assertion**: (사실임을) 주장, (권리 등의) 행사 **assertive**: 적극적인, 확신에 찬 **self-assertive**: 자신만만한, 자기주장이 강한 ashamed **unashamed**: 부끄러움을 모르는, 뻔뻔한 seal **sealant**: 밀폐제 **unseal**: 개봉하다, (봉인한 것을) 열다, 털어놓다, 자유롭게 하다 **unsealed**: 날인[봉인]되지 않은, 밀폐[밀봉]되지 않은, 확증[확인]되지 않은 mess **messy**: 지저분한, 엉망인, 지저분하게 만드는, 엉망인, 골치 아픈 rubber **rubbery**: 고무 같은, (다리·무릎이) 힘이 없는, 후들거리는 refuge **refugee**: 난민, 망명자 notorious **notoriety**: 악명, 악평 luxury **luxuriant**: (식물·머리카락이 보기 좋게) 무성한, 풍성한, (특히 예술·분위기에 대해 써서) 풍부한 **luxurious**: 아주 편안한, 호화로운 **luxuriate**: 무성하다, 현저하게[눈에 띄게] 확대되다, 사치스럽게 지내다, 탐닉하다 compete **competition**: 경쟁, (경연) 대회, 시합, 경쟁자, 경쟁 상대 **competent**: 능숙한, (수준이) 만족할 만한[괜찮은], 권한[결정권]이 있는 **competitor**: 경쟁자[경쟁 상대] **competitive**: 경쟁을 하는, 경쟁력 있는, 뒤지지 않는, 경쟁심이 강한 **competitiveness**: 경쟁력, 경쟁적인 것 **incompetent**: (업무·과제 등에 대해) 무능한[기술이 부족한] **incompetence**: (업무·과제 등에 대한) 무능[기술 부족] modify **modification**: (개선을 위한) 수정[변경] **modifier**: (형용사·부사와 같은) 수식어 correspond **corresponding**: ~에 해당[상응]하는 **correspondent**: (특정 지역이나 주제 담당) 기자[통신원], 특파원 **correspondence**: (남과 주고받는) 서신[편지], 편지 쓰기, (A와 B

사이의) 관련성[유사함] **apt aptly**: 적절히 **inapt**: 적절하지 않는, 적법성을 결여한, 서투른 **aptitude**: 소질, 적성 **disappointment disappoint**: 실망시키다, 실망을 안겨주다, (바라던 일을) 좌절시키다 **disappointing**: 실망스러운, 기대에 못 미치는 **trick trickery**: 사기, 협잡 **trickster**: 사기꾼, 협잡꾼 **insist insistence**: 고집, 주장, 강조 **insistent**: 고집[주장]하는, 우기는, (무시할 수 없게 오랫동안) 계속되는 **grammar grammatical**: 문법의, 문법에 맞는 **ungrammatical**: 비문법적인 **wit witty**: 재치 있는 **witticism**: 재치 있는 말, 재담 **outwit**: 한 수 앞서다 **miracle miraculous**: 기적적인, 초자연적인 **caution cautious**: 조심스러운, 신중한 **cautionary**: 충고[경고]성의 **precaution**: 예방책, 예방 조치[수단] **precautionary**: 예방의 **cautiously**: 조심스럽게 **incautious**: 부주의한, 경솔한 **defect defective**: 결함이 있는 **endure endurance**: 인내(력), 참을성 **enduring**: 오래가는[지속되는] **endurable**: 참을 수 있는, 견딜 수 있는 **beg beggar**: 거지, 거지로[아주 가난하게] 만들다 **behave behavioral**: 행동의, 행동에 관한 **behavior**: 행동, 거동, 행실, 품행, 태도 **misbehave**: 못된 짓을 하다, 비행을 저지르다 **misbehavior**: 버릇없음, 품행 나쁨, 부정행위 **bomb bomber**: 폭격기, 폭파범 **bombshell**: (불쾌한) 폭탄선언, 몹시 충격적인 일[소식], 아주 섹시한 금발 미녀 **courtesy courteous**: 공손한, 정중한 **discourteous**: 예의 없는, 무례한 **compassion compassionate**: 연민 어린, 동정하는 **derive derivable**: 끌어낼 수 있는, 추론할 수 있는 **derivation**: (단어의) 어원 **derivative**: 파생어, 파생물, 다른 것을 본뜬 **regiment regimental**: 연대의 **deliberate deliberation**: 숙고, 숙의, 신중함, 찬찬함 **deliberative**: 깊이 생각하는, 심의하는 **attain unattainable**: 도달 불가능한 **accompany accompaniment**: (노래나 다른 악기를 지원하는) 반주, 반찬, 안주, 수반[동반]되는 것 **accompanying**: 수반하는, 동봉한, 첨부한 **accompanist**: (음악의) 반주자 **unaccompanied**: 동행자가 없는, 무반주의 **accomplice**: 공범(자) **concert disconcerting**: 당황하게 하는 **disconcert**: 불안하게[당황스럽게] 만들다 **ghost ghostly**: 귀신[유령] 같은, 귀신[유령]이 많은 **ghastly**: 무시무시한, 섬뜩한, 지독한, 끔찍한 **aghast**: 경악한, 겁에 질린 **swim swimmer**: 수영을 할 줄 아는 사람, 수영을 하고 있는 사람 **transparent transparency**: (유리 등의) 투명도, 속이 빤히 들여다보임[명백함], (상황·주장 따위의) 명료성 **parliament parliamentary**: 의회의, 의회가 있는 **invest investment**: 투자, 투자액 **investor**: 투자자 **biology biologist**: 생물학자 **biological**: 생물학의, 생물체의, 효소를 함유한 **biologic**: 생물(상)의, 응용 생물학에 의한, 피가 연결된, 효소를 가진 **bionic**: 생체공학적인 **spontaneous spontaneity**: 자발[즉흥]적임, 자연스러움 **analogy analogous**: 유사한 **analogue**: 아날로그식의, 유사체 **breeze breezy**: 산들바람이 부는, 경쾌한 **ego egotism**: 자기중심벽, 이기주의, 자만 **egomaniac**: 병적으로 자기중심적인 사람 **egocentric**: 자기중심적인, 이기적인 **egoism**: 자기중심주의, 이기주의 **egoistic**: 이기주의의, 제멋대로의 **superego**: 초자아 **egotistic**: 독선적인, 이기적인 **retail retailer**: 소매업자, 소매상 **hunt manhunt**: (조직적인) 범인[탈주자] 수색 **hunter**: 사냥꾼, (특정한 것을) 찾아다니는 사람 **absurd absurdity**: 부조리, 불합리, 모순, 어리석은 일[것] **statue statuesque**: 조각상[조각품] **statuary**: 조각상들 **elegant elegance**: 우아, 고상, (과학적인) 정밀함, (사고·증명 등의) 간결함 **inelegant**: 우아하지[매력적이지] 못한 **tomb entomb**: (완전히) 파묻다[뒤덮다], (무덤에) 안치하다 **diplomatic diplomacy**: (국가 간의) 외교(술), (사람들 사이의) 사교 능력[외교 수완] **undiplomatic**: 외교 수완이 없는, 요령이 없는 **advocate advocacy**: (생각·행동 노선·신념 등에 대한 공개적인) 지지[옹호], (변호사의) 변호 **ticket ticketed**: (행사가) 표가 발매되는[유료의] **idle idleness**: 게으름, 무용(無用), 무익(無益), 실업 상태, 놀고 지냄 **arrange rearrange**: 재배열[배치]하다, (몸의 자세를) 바꾸다, (날짜·장소 등을) 재조정하다 **arrangement**: 준비, 마련, 주선, (처리) 방식, 합의,

협의, 배치, 배열, 편곡 **envelope** envelop: 감싸다, 뒤덮다 **envelopment**: 봉함, 싸기, 포위, 싸개, 포장지 **obscure** obscurity: 무명, (세상 사람들에게) 잊혀짐, 모호함, 모호한 것, 어둠 **sketch** sketchy: 대충의, 개략적인 **collar** white-collar: 화이트칼라의, 사무직의 collarless: 칼라[깃]가 없는 **urge** urgent: 긴급한, 시급한, 다급해하는, 다급한 **urgency**: 긴급, 화급, 긴급한 일, 역설, 집요 **spine** spineless: 줏대가 없는, 척추가 없는, 가시가 없는 **spiny**: 가시가 있는 **spinal**: 척추의 **stiff** stiffen: 뻣뻣해지다[뻣뻣이 하다], 경직되다, (태도·생각을[이]) 강화시키다[강화되다] **flour** floury: 밀가루가 뒤덮인, 밀가루 같은, (감자가 삶았을 때) 파슬파슬한 **persuade** persuasion: 설득, (특히 종교적·정치적) 신념[신조] **persuasive**: 설득력 있는 **tune** tuneful: 듣기 좋은, 선율이 아름다운 **tuneless**: 듣기 싫은, 소리가 안 맞는 **tuner**: (특히 피아노) 조율사, (라디오·텔레비전 등의) 동조기 **tuning**: 조율, 동조(同調), 세부 조정 **bind** binding: (제본용) 표지, (천의) 가장자리 장식, (스키의) 바인딩 **binder**: (종이 등을 함께 묶는) 바인더, 제본 기계, 굳게 하는 물질 **unbind**: 묶은 것을 끄르다, (붕대 등을) 풀다, 속박을 풀다, 석방하다 **unbound**: 속박이 풀린, 해방된, 제본되지 않은 **maternal** maternity: 어머니[임부]인 상태 **chaos** chaotic: 혼돈[혼란] 상태인 **legend** legendary: 전설적인, 아주 유명한, 전설에 나오는, 전설 속의 **atom** atomic: 원자의, 원자력의, 핵무기의 **lion** lioness: 암사자 **geometry** geometric: 기하학의, 기하학적인 **stir** stirring: (감정·생각 등이) 시작됨[일어남], 마음을 뒤흔드는, 신나는 **decent** decency: 체면, 품위, 예절 **temptation** tempt: (좋지 않은 일을 하도록) 유혹하다[부추기다], (어떤 것을 제의하거나 하여) 유도[설득]하다 **tempting**: 솔깃한, 구미가 당기는 **feast** festal: 축제의, 유쾌한(gay), 즐거운 **sincere** sincerity: 성실, 정직, 표리가 없음 **insincere**: 진실되지 못한 **insincerity**: 불성실, 무성의, 위선, 불성실한 언행 **enforce** enforcement: 시행, 집행, 강제, 강조 **enforcer**: 집행자 **bite** backbite: (뒤에서) 험담하다 **biter**: 무는 사람[것], 물어뜯는 짐승 **biting**: (바람이) 살을 에는 듯한, 얼얼한, (발언이) 가슴을 후비는[찌르는] 듯한 **gear** geared: (~에 맞도록) 설계된[구성된], 준비[대비]가 되어 있는 **sweat** sweaty: 땀투성이의, 땀에 젖은, 땀이 나서 축축한, 땀나게 하는 **sweater**: 스웨터 **comply** compliance: (법·명령 등의) 준수, 따름 **compliant**: 순응하는, 따르는, (법률을) 준수하는 **tropical** tropic: 회귀선, 열대지방 **neural** neuralgic: 신경통의 **illusion** disillusioned: 환멸을 느낀 **illusory**: 환상에 불과한 **disillusion**: 환상을 깨뜨리다, 환멸을 느끼게 하다 **urine** urination: 배뇨 urinate: 소변을 보다 **urinary**: 소변의, 비뇨기의 **urinal** **glow** glowing: 극찬하는 **afterglow**: (해가 진 후의) 잔광, (기분 좋은) 여운 **aglow**: 환히 빛나는 **prose** prosy: 산문체의, 평범한, 몰취미한, 지루한, 단조로운 **invite** invitation: 초대[초청], (보통 나쁜 일에 대한) 유혹(하는 것) **inviting**: 유혹[매력]적인, 솔깃한 **uninvited**: 초대받지 않은 **ample** amply: 충분히, 널따랗게, 상세하게 **amplify**: 증폭시키다, 더 자세히 진술[서술]하다 **amplifier**: 앰프, 증폭기 **amplification**: 확대, 확장, 확대율, 증폭, 확충 **amplitude**: (파동의) 진폭 **explode** explosion: 폭발, 폭파, 폭발적인 증가 **explosive**: 폭발성의, 폭발하기, (폭력·분노·증오를) 촉발하는, (성격이) 격정적인, 폭발적으로 증가하는 **vivid** vivify: 생명(생기)을 주다, 선명[강렬]하게 하다, 생생하게 하다, 활기를 띠게 하다, 격려하다 **silly** silliness: 어리석음, 우둔, 바보짓 **prompt** prompting: (~하도록) 설득[유도] **impromptu**: 즉흥적으로[즉석에서] 한 **dwell** dwelling: 주거, 주택 dweller 거주자, ~에 사는 동물 **knock** knockoff: (일 따위의) 중단 (시간), (기계 따위의) 급정지, 도난품, 싸구려 불법 복제품 **knockout**: (권투에서) 녹아웃, 케이오, 뿅 가게 만드는[엄청 멋진] 사람[것], 케이오의, (사람을) 일어날 수 없게 만드는 **knockdown**: 때려눕히기, 타도하는 일격, 압도적인 것, 난투(亂鬪), 타도하는, 타도할 정도의 **hybrid** hybridization: (이종) 교배 **pretend** unpretending: 겉꾸미지 않는, 거만 떨지 않는, 신중한, 얌전한, 겸손한 **pretentious**: 허세

부리는, 가식적인 **unpretentious**: 잘난 체하지 않는, 가식 없는 **pretender**: (소유권 등의) 권리를 주장하는 사람 **pretension**: 허세, 가식, 주장, 자처 **exclude exclusion**: 제외, 배제, 차단, 정학 처분 **excluding**: ~을 제외하고 **exclusive**: 독점적인, 전용의, 배타적인, 특권층의, 고가의[고급의], 배타적인, 제외하고 **incorporate incorporated**: (법인 허가를 받은) 주식회사 **incorporation**: 법인 단체, 회사, 결합, 합병, 체내화 **withdraw withdrawn**: 내성적인, 내향적인 **withdrawal**: 철회, 취소, 철수, 회수, 탈퇴, 기권, 인출 **vegetable vegetation**: (특히 특정 지역·환경의) 초록[식물] **vegetative**: 식물 생장과 관련된, (사람이) 식물인간 상태의 **vegetarian**: 채식주의자, 고기[생선]를 안 먹는 사람 **vegetative**: 식물 생장과 관련된, (사람이) 식물인간 상태의 **vegetate**: (사람이) 별로 하는 일 없이 지내다, 무위도식하다 **vegetarianism**: 채식(주의) **navy naval**: 해군의 **reluctant reluctance**: 싫음, 마지못해 함, 꺼림, 마음 내키지 않음, [드물게] 반항 **accommodation accommodate**: 공간을 제공하다, 수용하다, (의견 등을) 수용하다[담다], (환경 등에) 맞추다 **accommodating**: 선뜻 부응하는, 잘 협조하는 **norm normative**: 규범적인 **cinema cinematic**: 영화(제작)의 **thumb thumbnail**: 엄지손톱, 매우 간단한 그림 **poison poisonous**: 유독한, 독[독성]이 있는, 지독히 불쾌한[불친절한] **poisoning**: 중독, 음독, 독살 **patch patchwork**: 쪽모이 깁기, 여러 조각들로 이뤄진 것 **patchy**: 군데군데[드문드문] 있는, 질적으로 고르지 못한 **anchor anchorage**: 정박지, (무엇을 묶어놓는) 보관대, 묶는 곳 **ridiculous ridicule**: 조롱, 조소, 비웃다, 조롱하다 **incredible credible**: 믿을[신뢰할] 수 있는, (성공하리라고 보고) 받아들일 만한, 믿을 만한 **credibility**: 신뢰성 **bark barking**: (잘) 짖는, 정신이 이상한, 짖는 소리, 심한 기침 **rude rudeness**: 버릇없음, 무례함, 조잡함 **whisper whisperer**: 속살거리는 사람, 고자질하는 사람 **complain complaint**: 불평[항의], 고소, (신체 어떤 부위의, 심하지 않은) 통증[질환] **uncomplaining**: 불평하지 않는 **dread dreadful**: 끔찍한, 지독한, 무시무시한 **coin coinage**: 동전들, 주화, (한 국가의) 화폐제도[통화], 새로 만들어진 말[구], 신조어 **diary diarist**: 일기를 쓰는 사람, 일기 작가 **limb limbless**: 팔다리[날개, 가지]가 없는 **toxic intoxicate**: 취하게 하다, 흥분시키다, 중독시키다 **intoxication**: 취함, 도취, 중독 **intoxicating**: 취하게 만드는, 도취시키는 **toxin**: 독소 **toxicity**: 유독성 **bullet bulletproof**: 방탄이 되는 **crash crasher**: 요란스러운 소리를 내며 부서지는 것, 강타 **residual residue**: 나머지, 잔여, 잔류물 **appetite appetizer**: 전채, 식욕을 돋우기 위한 것 **appetizing**: 구미를 동하게 하는 **infinite infinity**: 무한성, 아득히 먼 곳, 무한대, 무한히 많음, 무한함 **infinitesimal**: 극미한, 극소의 **finite**: 한정된, 유한한 **propaganda propagandist**: 선전원 **brass brassy**: 쇳소리가 나는, 듣기 싫은, 야한, 황동색의, 말을 막는 **brazen**: 뻔뻔한, 놋쇠로 만든 **govern governor**: (식민지의) 총독, (미국에서) 주지사, (한 기관의) 장(長)[관리자] **government**: 정부, 정권, 통치[정치] 체제, 행정, 통치 **governmental**: 정부의 **governance**: 통치, 관리, 통치[관리] 방식 **consult consultation**: 협의, 상의, (정식) 회담, (특히 의사와의) 상담, 진찰 **consultant**: 상담가, 자문위원, 컨설턴트 **consulting**: 자문, 조언, 진찰, 상담역의, 자문의 **indifferent indifference**: 무관심, 무심 **monopoly monopolistic**: 독점적인 **monopolize**: 독점하다, (사람의 관심 등을) 독차지하다 **monopolist**: 독점자, 독점기업 **eligible ineligible**: 자격이 없는, 부적격의 **drift adrift**: 표류하는, (고장 등으로) 떨어져 나간, 방황하는 **bless blessing**: 축복(의 기도), 승인, 허락, 다행스러운 것, 좋은 점 **bliss**: 더없는 행복 **blissful**: 더없이 행복한 **resurrection resurrect**: (사상·관례 등을) 부활시키다, (죽은 사람을) 부활시키다 **fragment fragmentary**: 단편적인, 부분적인 **vacuum vacuous**: 멍청한, 얼빠진 **subordinate insubordinate**: 순종하지 않는, 반항하는, 하위가 아닌 **insubordination**: 불복종, 반항 **casual casually**: 우연히, 아무 생각 없이, 무심코, 훌쩍, 문득, 약식으로 **crude crudely**:

조잡하게, 투박하게, 노골적으로 말하면 **hook** hooked: 갈고리 모양의, 굽은, (특히 약물에) 중독된, 대단히 즐기는, 빠져 있는 **unhook**: (갈고리 등에 걸린 것을) 떼어 내다[벗기다] **bend** unbend: (행동·태도가) 누그러지다, 긴장을 풀다, (휘어진 것을) 펴다 **unbending**: (의견·결정 등을) 굽히지 않는, 고집스러운 **bent**: 구부러진, 휜, 등[허리]이 굽은, 정직하지 못한, 소질, 취향 **bendy**: 잘 휘어지는, 굽이가 많은 **geography** geographical: 지리학(상)의, 지리(학)적인 **triangle** triple: 3부로 된, 세 배의, 세 배가 되다 **triplicate**: 세 배하다, 삼중의, 세 개 한 벌 **triplet**: 세 쌍둥이, 셋잇단음표 **triangular**: 삼각형의, 삼자 간의 **trinity**: 삼위일체, 삼인조 **trio**: 세 개가 한 조로 된 것, 삼중주[창]단 **triad**: 세 개 한 벌(로 된 것) **tripod**: 삼각대 **trident**: 삼지창 **tripartite**: 3부로 된, 3자로 이뤄진 **festival** festive: 축제의, 기념일의, 축하하는 **festivity**: 축제 행사, 축제 기분 **contradiction** contradict: (어떤 사람의 말을) 부정[부인]하다, 반박하다, 모순되다 **contradictory**: 모순되는 **contradistinction**: 대조 구별, 대비(對比) **pastor** pastoral: 목회자의(인간적인 도움을 주는 일과 관련된 것을 나타냄), 목가적인 **proximity** proximate: 가장 가까운, 근접한 **wool** woolly: 털이 뒤덮인, 털북숭이의, 양모 같은, (생각이) 분명하지 않은 **woolen**: 양모의, 양모제의, 모직의, 모직물을 취급하는, 모직물의, 모직물, 나사 **shelf** shelve: (계획을) 보류하다, (책 등을) 선반에 얹다, (아래쪽으로) 경사지다 **shelving**: 선반 **bother** bothersome: 성가신 **compatible** incompatible: 양립할 수 없는, 공존할 수 없는, 호환성이 없는 **compatibility**: 양립[공존] 가능성, 호환성 **assign** assignment: 과제, 임무, 배정, 배치 **reassignment**: 재할당, 재지정 **reassign**: 다시 맡기다, 새로 발령내다, 지위를 변경하다 **stack** stacked: (무엇이) 잔뜩 쌓인 **steal** stealing: 훔침, 절도, 훔친 물건, 장물, (슬쩍) 훔치는, 도벽이 있는 **insert** insertion: 삽입, 끼워 넣기, (책·글 등에 덧붙이는) 첨가(물) **accord** accordance: 일치, 합치, 조화, 인가, (권리 등의) 수여 **accordant**: 일치[조화]하여 **belly** underbelly: (공격에) 가장 취약한 부분, (동물의) 아랫배 부분 **negotiate** negotiation: 협상, 교섭, 절충, 협의 **negotiator**: 교섭자, 협상자 **negotiable**: 협상의 여지가 있는, 절충 가능한, 양도 가능한 **nonnegotiable**: 교섭할 수 없는, 양도 불가능한 **coherent** coherence: 일관성 **incoherent**: 앞뒤가 맞지 않는 **compact** compactor: 다지는 기계[사람], 쓰레기 분쇄 압축기 **irrigation** irrigate: (땅에) 물을 대다, 관개하다, (상처 등을) 세척하다 **candle** candlelit: 촛불을 밝힌 **probe** probing: 진실을 캐기[조사하기] 위한, 면밀히 살피는 **bush** bushy: 숱이 많은, 무성한, 우거진 **republic** republican: 공화주의자, 공화제 지지자, 공화당원, 공화국의, 공화주의의 **eminent** eminence: (특히 전문 분야에서의) 명성, 저명 **preeminent**: 탁월한, 발군의, 걸출한, 우위[상위]의, 현저한 **celebrate** celebration: 기념[축하]행사, 기념[축하] **celebratory**: 기념[축하]하는 **behold** beholden: ~에게 신세를 지고 있는 **elastic** elasticity: 탄성, 탄력 **inelastic**: 탄성이 없는, 적응력이 없는, (사람이) 완고한 **corrupt** corruption: 부패[타락], 오염, 변질 **vocal** vocalic: 모음의, 모음으로 된 **vocalist**: 보컬리스트 [가수] **fascinate** fascinating: 대단히 흥미로운, 매력적인 **fascination**: (아주 강한) 매력, 매혹, 매료됨 **icon** iconoclastic: 우상파괴의, 인습 타파주의적인 **veil** unveil: 덮개를 벗기다[제막식을 하다], (새로운 계획·상품 등을) 발표하다 **veiled**: 분명하게 드러내지 않는, 은근한, 베일을 쓴 **unveiling**: (기념비 등의) 제막식, 보이는[진열하는] 것 **wrath** wrathful: 몹시 노한, 노기등등한 **frustrate** frustrated: 좌절감을 느끼는, 불만스러워 하는, 충족되지 못한 **frustration**: 불만, 좌절감, 방해함, 좌절시킴 **barn** barnyard: 농가 마당 **volunteer** voluntary: 자발적인, 임의적인, 자진한, 자원봉사로 하는 **involuntary**: (갑자기) 자기도 모르게 하는, 원치 않는, 본의 아닌 **masculine** masculinity: 남성성 **perpetual** perpetuate: 영구화하다, 영속시키다 **advise** adviser: 고문, 조언자 **advisory**: 자문[고문]의, 경보, 주의보 **advisable**: 권할 만한,

바람직한 **unadvisedly**: 분별없이, 경솔하게 **ill-advised**: 경솔한, 문제의 소지가 있는 **advisability**: 권할 만함, 타당함 **inadvisable**: 현명하지 못한, 권할 만한 일이 못 되는 **well-advised**: 사려[분별]가 있는, 깊이 생각한, 신중한 **advisement**: 조언, 충고, 상담 **advice**: 조언, 충고 zeal **zealous**: 열성적인 **overzealous**: 지나치게 열성적인 kick **kicker**: 키커, 뜻밖의 결말 **kickoff**: (시합 개시의) 킥오프 shear **sheared**: 베어낸, (정원수 따위를)같은 길이로 가지런히 자른 jealous **jealousy**: 질투[시기](심), 시샘 offense **offensive**: 모욕적인, 불쾌한, (냄새 등이) 역겨운, 공격(용)의, 공격적인 **inoffensive**: 남의 마음을 상하게 하지 않을 monster **monstrous**: 도저히 말도 안 되는, 가공할, 무시무시하게 큰, 거대한, 괴물 같은 **monstrosity**: 아주 크고 흉물스러운 것(특히 건물) drain **drainage**: 배수, 배수 시설 oppose **opposed**: 반대하는, 아주 다른 **unopposed**: 누구의 반대[저지]도 받지 않고 **opposable**: 적대[대항]할 수 있는, 마주 볼 수 있는 **opposing**: 서로 겨루는[대립하는/싸우는] 서로 다른 대립되는 damp **dampen**: (물에) 축이다[적시다], (감정·반응의 기세를) 꺾다[약화시키다] **dampener**: 완충장치 **dampness**: 축축[눅눅]함 litigation **litigate**: 소송[고소]하다 **litigator**: 소송자, 기소자 **litigant**: 소송 당사자(원고 또는 피고) spectacle **spectacular**: 장관을 이루는, 극적인, 화려한 쇼[공연] **spectator**: 관중 **bespectacled**: 안경을 쓴 custody **custodian**: 관리인 **custodial**: 구금의, 양육권이 있는 complement **complementary**: 상호 보완적인 imitation **imitable**: 모방할 수 있는, 본받을 만한 **imitate**: 모방하다, 본뜨다, (우스개로 누구를) 흉내 내다 **inimitable**: (아주 훌륭하거나 독창적이어서) 아무나 흉내 낼 수 없는 **imitative**: (격식 때로 못마땅함) 모방적인 **imitator**: 모방하는 사람[모방한 것] siege **besiege**: 포위하다, 에워싸다, (잔뜩) 둘러싸다, (질문 등을) 퍼붓다 rehabilitation **rehabilitate**: 재활[갱생] 치료를 하다, (장기 재소자의) 사회 복귀를 돕다, 명예를 회복시키다 jaw **jawbone**: (아래) 턱뼈 plausible **implausible**: 믿기 어려운, 타당해 보이지 않는 beef **beefy**: (사람이나 그의 몸이) 우람한, 통통한 horn **foghorn**: 항해 중인 배에게 안개를 조심하라는 뜻에서 부는 고동 heir **heiress**: (특히 상당한 재산의) 여자 상속인[상속녀] **heirloom**: (집안의) 가보 ethnicity **ethnic**: 혈통의, 민족의 scrutiny **scrutinize**: 세심히 살피다, 면밀히 조사하다 conspiracy **conspirator**: 공모자, 음모 가담자 **conspire**: 음모[모의]를 꾸미다, 공모하다, (일들이) 안 좋게 돌아가다 tribute **tributary**: (강의) 지류 fulfill **fulfilled**: 성취감을 느끼는 **fulfillment**: (의무·직무 등의) 이행, 수행, 완수, 실천, 실현 **unfulfilled**: (욕구·소망 등이) 충족[실현]되지 않은, (사람이) 성취감을 못 느끼는 saint **sainthood**: 성인들, 성자들, 성인의 신분[자격] **saintly**: 성자 같은, 성스러운 thunder **thunderclap**: (우르릉 쾅 하는) 천둥소리 **thunderbolt**: 벼락 **thundering**: 우레[뇌성] 같은, 매우, 엄청나게 cerebral **cerebellum**: 소뇌 **cerebrum**: 대뇌 polite **impolite**: 무례한, 실례되는 pig **piggish**: 돼지 같은, 탐욕스런, 불결한, 고집불통인 **piglet**: 새끼 돼지 **piggyback**: (등에) 업기[어부바], 목말 타기 **pigsty**: 양돈장, 돼지우리, 아주 지저분한 곳 **piggy**: 돼지, (사람의 눈이) 돼지 눈 같은 **pigheaded**: 완고한, 외곬의, 옹고집의 **piggery**: 양돈장 comedy **comic**: 웃기는, 재미있는, 코미디의, 희극의 **comedic**: 희극(풍)의 **comedian**: 코미디언, 희극인 mount **mounting**: (흔히 우려스러울 정도로) 증가하는[커져 가는] **dismount**: (말·자전거에서) 내리다 **remount**: (말·자전거 등에) 다시 올라타다, (두 번째로) 다시 조직[시작]하다 scent **scented**: 강한 향기[향내]가 나는, 향기로운 sweep **sweeper**: 청소부, 청소기 accent **accentual**: 악센트의[가 있는], 음의 강약을 리듬의 기초로 삼는 **accented**: 외국인 악센트가 드러나는, 강세가 있는, 억양 표시가 되어 있는 **accentuate**: 강조하다, 두드러지게 하다 **accentuation**: 음의 억양법, 강조, 역설 **unaccented**: 사투리가 없는, 특정 지역[외국인] 말투를 안 쓰는, 강세가 없는 fairy **fairy-tale**: 동화 같은 anonymous **anonymity**: 익명(성), 특색 없음 junction **disjunction**:

괴리 **disjunctive**: 분리성(性)의, [논리] 선언적인 **constrain constrained**: 부자연스러운, 강요된 **constraint**: 제약(이 되는 것), 제한, 통제 **integrate integrated**: 통합적인 **integration**: 통합 **disintegration**: 분해, 붕괴, 분열 **disintegrate**: 해체되다, 산산조각나다, 붕괴되다 **feasible feasibility**: 실행할 수 있음, (실행) 가능성 **micro microscope**: 현미경 **microchip**: 마이크로칩, 마이크로칩을 심다 **microscopic**: 미세한, 현미경으로 봐야만 보이는, 현미경을 이용한 **microwave**: 전자레인지, 극초단파 **microcosm**: 소우주, 축소판 **microbe**: 미생물 **microscopy**: 현미경 관찰 **knight knightly**: 기사의, 기사다운 **exempt exemption**: 면제, (세금) 공제(액) **ambiguous unambiguous**: 모호하지 않은[분명한/확실한] **ambiguity**: 애매성, 애매모호함 **part-time full-time**: 상근의, 정규직인 **irony ironic**: 반어적인, 비꼬는, (상황이) 아이로니컬한, 역설[모순]적인 **alternate alternative**: 대안, 선택 가능한 것, 대체 가능한, 대안이 되는, 대안적인, 대체의(전통적인 방식과 다른) **alternation**: 교대, 교체, 하나씩 거름, 교대 수열 **alternator**: 교류발전기 **metabolic metabolism**: 신진대사 **breed breeding**: (번식을 위한 동물) 사육, 번식, 가정교육 **breeder**: (동물) 사육자 **well-bred**: 교육을 잘 받고 자란, 예절 바른, (가축 따위의) 종자가 좋은 **inbreeding**: 근친[동계]교배 **inbred**: (동식물을) 근친[동계] 교배한 **leap leapfrog**: 등 짚고 뛰어넘기, (더 높은 위치 · 등급으로) 뛰어넘다 **civilize civilized**: (문화 · 생활양식 등이) 문명화된, 교양 있는, 고상한 **civilization**: 문명, 전 세계 (사람들), 문명사회 **uncivilized**: (사람 · 행동이) 예의 없는, 점잖지 못한, (사람들 · 장소가) 미개한, 야만적인 **comprehend comprehension**: 이해력, (언어) 이해력 연습 **comprehensive**: 포괄적인, 종합적인 **comprehensible**: 이해할 수 있는 **sauce saucy**: (심하지는 않고 재미있게) 성과 관련된[짓궂은] **exaggerate exaggerated**: 과장된, 부풀린, 지나친 **exaggeration**: 과장, 과대시, 과장법 **stimulate stimulus**: 자극제, 자극 **stimulating**: 자극이 되는, 활기를 주는 **stimulant**: 흥분제, 자극이 되는 일 **stimulation**: 자극, 흥분, 고무, 격려 **intuition intuitive**: 직감[직관]에 의한, 직감하는, 이해하기 쉬운 **muscular muscularity**: 근골의 건장함, 강장(强壯), 강건 **nonsense nonsensical**: 터무니없는, 무의 **halt halter**: (말의) 고삐 **resemble resemblance**: 닮음, 비슷함, 유사함 **sociology sociologist**: 사회학자 **pet petting**: 애무 **tap untapped**: (이용할 수 있는 것을) 아직 손대지[사용하지] 않은 **simultaneous simultaneity**: 동시, 동시에 일어남, 동시성 **qualify qualified**: 자격(증)이 있는, 단서[조건]를 다는, 제한적인 **qualifying**: 자격을 주는, 한정하는, 제한하는 **qualification**: 자격[자격증], 단서, 조건 **disqualified**: 자격을 잃은, 실격[결격]이 된 **unqualified**: 자격이 없는, 무자격의, 완전무결한, 전폭적인 **overqualified**: 필요 이상의 자격[경력]을 갖춘 **disqualify**: 자격을 박탈하다, 실격시키다 **disqualification**: 자격 박탈, 무자격, 불합격, 실격 **persecute persecution**: (종교적) 박해, 학대, 졸라댐, 치근댐, 괴롭힘 **prophecy prophesy**: (종교적이나 마법적인 힘을 이용하여) 예언하다 **prophet**: 선지자, 예언자, 선도자, 예언서 **prophetic**: 예언자의 **reverence reverent**: 숭배하는 **irreverent**: 불손한, 불경한 **biography biographical**: 전기의, 전기체의 **biographer**: 전기 작가 **lofty loft**: 고미다락, (공을) 높이 차[던져] 올리다 **aloft**: 하늘[위로] 높이 **fog foggy**: 안개가 낀 **agony agonize**: 고민하다, 고뇌하다 **agonized**: 고뇌에 찬 **agonizing**: 고통스러운 **mist misty**: (엷은) 안개가 낀[자욱한], 부연, 흐릿한 **conspicuous inconspicuous**: 이목을 끌지 못하는, 눈에 잘 안 띄는 **conceal concealment**: 숨김, 은폐 **unconcealed**: 숨김없는, 노골적인 **furious fury**: (격렬한) 분노, 격분 **furiously**: 미친 듯이 노하여[날뛰어] **infuriate**: 극도로 화나게 만들다 **awe aweless**: 두려움이 없는, 무례한 **awed**: 외경심에 휩싸인[사로잡힌] **awe-inspiring**: 경외심을 불러일으키는, 장엄한 **awestruck**: 경이로워 하는 **awesome**: 경탄할 만한, 어마어마한, 엄청난 **erosion erode**: (비바람이[에])

침식[풍화]되다, (서서히) 약화시키다[무너뜨리다] **admire** **admiration**: 감탄, 존경 **admiring**: 감탄하는, 찬양하는 **admirable**: 감탄[존경]스러운 **admirer**: (유명한 사람·물건을) 찬미하는 사람, 팬, (여자를) 흠모하는 남자 **tooth** **teeth**: (복수) 이, 치아, (아기가) 이가 나기 시작하다 **teething**: 이[젖니]가 남, 이가 나는 시기 **toothbrush**: 칫솔 **toothless**: 이가 없는, 이빨 빠진, 권력[권한]이 없는 **toothed**: 이가 있는 **toothpick**: 이쑤시개 **toothsome**: (음식이) 맛있는 **approve** **unapproved**: 인정되지 않은, 허가되지 않은 **approving**: 찬성하는, 좋다고 여기는 **approval**: 인정, 찬성, (요청에 대한) 승인 **approbation**: 승인, 찬성 **disapprove**: 탐탁찮아[못마땅해] 하다 **disapproval**: 반감, 못마땅함 **disapprobation**: (도덕적으로 틀렸다고 생각하는 것에 대한) 반감 **disapproving**: 탐탁찮아[못마땅해] 하는 **nephew** **niece**: (여자) 조카 **relax** **relaxed**: 느긋한, 여유 있는, 편안한, 관대한[너그러운] **relaxing**: 마음을 느긋하게 해주는, 편한 **relaxant**: 이완제 **relaxation**: (즐거운 일을 하면서 취하는) 휴식, 휴식 삼아 하는 일, (법·규제 등의) 완화 **pious** **piety**: 경건함, 독실함 **impiety**: 신앙심이 없음, 경건하지 않음, 불경, 무례 **impious**: (하느님·종교에 대해) 불경한 **dominate** **dominant**: 우세한, 지배적인, (생물) 우성(優性)의 **dominating**: 지배하는, 우세하는, 우위를 차지하는 **dominance**: 우월, 권세, 지배, 우세, (생물) 우성(優性) **domination**: 지배, 통치, 우세 **predominant**: 두드러진, 뚜렷한, 우세한, 지배적인 **predominance**: 우위, 우세 **fertile** **fertility**: 비옥함, 생식력 **fertilize**: 수정시키다, (토지에) 비료를 주다 **fertilizer**: 비료 **fertilization**: (토질을) 기름지게 함[하는 법], 비옥화 **infertile**: (사람·동물·식물이) 불임의, 생식력이 없는 **infertility**: 불모, 불임 **coordinate** **coordinator**: 동격으로 하는 것[사람], 조정자, 진행자 **coordination**: 조직, 합동, 조화 (신체 동작의) 조정력 **tenant** **tenancy**: (주택·토지 등의) 차용[임차/소작] (기간), 차용[임차/소작]권 **confront** **confrontation**: 대치, 대립 **confrontational**: 대립을 일삼는 **preach** **preacher**: 전도사, 설교가 **preachy**: (못마땅함) 설교하려 드는 **haste** **hasten**: 서둘러 하다, (어떤 사건을) 재촉하다[앞당기다], 서둘러 가다[움직이다] **hasty**: 서두른[성급한], 경솔한 **hastily**: 급히, 서둘러서, 허둥지둥, 성급하게, 경솔하게 **verify** **verifiable**: 증명할 수 있는 **unverified**: 증명되지 않은 **verification**: 확인, 조회, 입증, 증명 **posture** **posturing**: 가식 **exploit** **exploiter**: 이용자, 착취자 **exploitation**: 착취, (토지·석유 등의) 개발, (부당한) 이용 **deputy** **deputation** 대표[사절]단 **rebel** **rebellion**: 반란, 모반, (조직·정당 등의 내부의) 반대[저항], (규칙·일반 통념 등에 대한) 반항 **rebellious**: (규칙·일반 통념 등에 대해) 반항적인, (국가·정부에) 반역[반대]하는, 반체제적인 **monument** **monumental**: 기념비적인, 엄청난[대단한], 기념물이 되는 **feeble** **feebly**: 약하게, 힘없이, 희미하게 **enfeeble**: 약화시키다, 쇠약하게 만들다 **conform** **conformity**: (관습·규칙 등에) 따름, 순응 **conformation**: (동물의) 형태, 구조 **unconformity**: 불일치, 부적합 **punish** **punishment**: 벌, 처벌, 형벌 **punishing**: 극도로 힘든, 살인적인 **punishable**: 처벌할 수 있는 **punitive**: 처벌[징벌]을 위한, 가혹한 **impunity**: 처벌을 받지 않음 **envy** **envious**: 부러워하는, 선망하는 **enviable**: 부러운, 선망의 대상이 되는 **unenviable**: (힘들거나 불쾌해서) 부럽지 않은[탐나지 않는] **seize** **seizure**: 압수[몰수](량), (무력을 이용한) 장악, 점령 **soap** **soapy**: 비누투성이의, 비누 같은 **agitation** **agitator**: 운동가, 선동가 **agitate**: (변경을 강력히) 주장하다[요구하다], (마음을) 뒤흔들다[불안하게 만들다], (특히 액체를) 휘젓다 **agitated**: 불안해하는, 동요된 **reinforce** **reinforcement**: 증강 병력, (감정·생각 등의) 강화 **borrow** **borrower**: 차용자, 대출자 **tangible** **intangible**: 뭐라고 (꼬집어) 말할 수 없는, (회사의 자신이) 무형의 **warn** **warning**: 경고(문), 주의, (징계 처분한다는) 경고, 계고 **quarrel** **quarrelsome**: 걸핏하면 싸우려 드는, 다투기 좋아하는 **potent** **impotent**: 무력한, 발기불능의 **impotence**: 무력, 무기력, 허약, 노쇠, 발기부전, 자제력이 없음 **potentate**: (특히

의회 등의 제재를 받지 않는) 강한 지배자[통치자] guardian guardianship: 후견인임, 후견인 위치 hospitality hospitable: (손님·방문객을) 환대하는, 친절한, (기후·환경이) 쾌적한[알맞은] inhospitable: (특히 기후 조건이) 사람이 지내기[살기] 힘든, (사람들이 손님에게) 불친절한, 대접이 나쁜 prevail prevalent: (특정 시기·장소에) 일반적인[널리 퍼져 있는] prevalence: 널리 퍼짐, 유행, 보급 prevailing: (특정 시기에) 우세한[지배적인], 우세한 바람의 duly unduly: 지나치게, 과도하게 heap heaped: (순가락 등에) 수북이[가득] 담긴 heal healer: (의학적 방법이 아닌 자연의 힘에 의한) 치유자, 치유의 힘이 있는 것 basement subbasement: 지하 2층 deaf deafen: (심한 소음으로) 귀를 먹먹하게 만들다, 귀를 먹게 만들다 fantastic fantasy: (기분 좋은) 공상[상상] fantasize: 공상하다, 환상을 갖다 symmetry symmetric(=symmetrical): (좌우) 대칭적인, 균형이 잡힌 asymmetrical: 비대칭(적) asymmetry: 어울리지 않음, 불균형, 비대칭 shine shiny: 빛나는, 반짝거리는 closet closeted: 은밀히 행하는, 비밀의 install installment: 분할 불입(의 1회분), 분할 불입금, (전집·연재물 등의) 1회분, 한 권 intersection intersect: (도로 등이) 교차하다[만나다], (어떤 지역을) 가로지르다 plea plead: 애원하다, (형사사건 피고가) 답변하다, 변호하다, 옹호하다, 변명으로 내놓다 immunity immune (질병에) 면역성이 있는, 면제되는 archaeological archaeologist: 고고학자 archaeology: 고고학 retire retired: 은퇴한, 퇴직한 retirement: (정년이 되어서 하는) 은퇴[퇴직], 은퇴 생활 retiring: 남과 잘 어울리지 않는, 내성적인 chorus choral: 합창(곡[단])의 insult insulting: 모욕적인 mandate mandatory: 법에 정해진, 의무적인 depreciation depreciate: 가치가 떨어지다[절하되다], 평가절하하다 clarify clarification: 설명, 해명, (액체 등을) 맑게 함, 정화 insect insectivorous: 곤충을 먹는, 식충성의 insecticide: 살충제 scandal scandalous: 가증스러운, 언어도단의, 스캔들[추문]을 담은 scandalize: (충격적인 행동으로) 분개하게 만들다 majesty majestic: 장엄한, 위풍당당한 roar uproar: 대소동, 소란, 엄청난 논란 uproarious: 시끌벅적한, 배꼽을 잡게 하는, 요절복통하게 하는 screw screwy: 나사가 풀린 듯한, 이상한 boom booming: 쾅 하고 울리는, 벼락 경기의, 급속히 발전하는, 굉장한, 멋진 depart departure: 떠남, 출발, (정도·일상 등으로부터) 벗어남[일탈] marital premarital: 결혼 전의, 혼전의 extramarital: 혼외의, 간통의 float afloat: (물에) 뜬, 도산은 안 당하는 floating: 유동적인 flotation: (회사의 첫) 주식 상장, (물 위에) 뜸[부유] cliff cliffhanger: 손에 땀을 쥐게 하는 상황 tenure tenured: 종신직의, 종신 재직권을 가진 dig digger: 채굴기, 땅을 파는 사람[동물] denote denotation: (단어를 통한) 지시, 명시적 의미 transient transience: 일시적임, 덧없음, 무상 fist fistful: 한 움큼[줌] propagation propagate: 번식시키다, 전파[선전]하다 sculpture sculpt: 조각하다, 형상을 만들다 sculptor: 조각가 homogeneous homogeneity: 동종[동질]성, 균질성 erect erection: (남자의) 발기, 건립, 설치, (대형) 구조물[건물] hazard hazardous: 위험한 biohazard: 생물학적 위험 indignation indignant: 분개한, 분해 하는 indignity: 수모, 모욕, 치욕 hay haystack: (필요할 때 쓰려고 쌓아 놓은) 건초 더미 disgust disgusted: 혐오감을 느끼는, 넌더리를 내는, 역겨워 하는 disgusting: 역겨운, 구역질나는, 혐오스러운, 너더리 나는 soluble solubility: 녹음, 용해성, 해결 가능성 insoluble: (미스터리 등이) 풀 수 없는, 용해되지 않는 fountain fountainhead: 수원, 근원 vengeance vengeful: 복수심에 불타는 meter metric: 미터법의, metrical: 계량의, 운율의 biometric: 생물 측정의 wax waxy: 왁스[밀랍]로 만든, 왁스[밀랍] 같은 beeswax: 밀랍 grab grabby: 욕심 많은, 탐욕스러운, 이기적인, 매혹적인, 꽉[꼭] 잡은 segregation segregate: 분리하다, 격리하다 segregated: 분리된, 격리된, 인종차별의 restrict restriction: 제한[규제], 제약[구속], 구속하는 것 trivial trivia: 하찮은 것들[정보] triviality: 사소한 문제, 사소함 trivialize: 하찮아 보이게 만들다

monarch **monarchy**: 군주제, 군주국, 군주 일가 **dumb** **dumbfounded**: (너무 놀라서) 말을 못 하는[말이 안 나오는] **skirt** **underskirt**: 속치마 **outskirt**: 변두리, 교외, 한계, 빠듯함 **sober** **soberly**: 술 기운 없이, 술 취하지 않고, 진지[침착]하게, 냉정히 **sobering**: 번쩍 정신이 들게 하는, 심각[진지]하게 만드는 **sobriety**: 술에 취하지 않은 상태, 맨정신, 냉철함, 진지함 **gloom** **gloomy**: 어둑어둑한, 음울한, 우울한, 침울한, (미래에 대해) 비관적인[우울한] **unite** **reunite**: 재회[재결합]하다, (분리된 지역·파벌 등이[을]) 재통합하다[시키다] **unity**: 통합, 통일, (미술 등에서) 통일성, (문학·연극에서) 일치 **immortal** **immortality**: 불멸 **immortalize**: (특히 문학작품·영화·그림 등을 통해) 불멸하게 하다[영원성을 부여하다] **mortal**: 영원히 살 수는 없는, 언젠가는 반드시 죽는, 치명적인, 대단히 심각한, 목숨을 건, 필사적인 **mortality**: 언젠가는 죽어야 함, 죽음을 피할 수 없음, 필사, (특정 기간·상황에서의) 사망자 수[사망률] **ambassador** **ambassadorial**: 대사의, 사절의 **articulate** **articulation**: (말로 하는) 표현, 관절 **articulated**: (두 부분 이상이) 연결된, 연접식인 **inarticulate**: (생각·감정) 표현을 제대로 하지 못하는, (표현이) 불분명한 **consume** **consumption**: 소비[소모]량, (상품의) 소비 **consuming**: 엄청나게 강렬한, 온 마음을 사로잡는 **mediation** **mediator**: 중재인, 조종관 **mediate**: 중재[조정]하다, (타결을) 보다 **mediatory**: 중재[조정]의 **exert** **exertion** 노력, 분투, (권력·영향력의) 행사 **overexertion**: 지나친[무리한] 노력 **polar** **polarization**: 극성을 가짐, 편광, 분극 **bipolar**: 양극의, 조울증의 **polarity**: 양극성, 극성 **symptom** **symptomatic**: 증상[징후]을 보이는 **obstruction** **obstructive**: 방해하는, (인체 내의 기도 등이) 폐쇄되는 **obstruct**: 막다, 방해하다 **hesitate** **hesitation**: 주저, 망설임, 우유부단 **hesitant**: 주저하는, 망설이는, 머뭇거리는 **hesitating**: 주저하는, 머뭇거리는, 망설이는 **hesitancy**: 주저, 망설임 **patron** **patronage**: (화가·작가 등에 대한) 후원, (지지자들에게 그 대가로 하는) 지원[임용] **patronize**: (윗사람 행세를 하며) 가르치려 들다, 아랫사람 대하듯 하다, (특정 상점·식당 등을) 애용하다, 후원하다 **dynasty** **dynastic**: 왕조의, 왕가의 **blend** **blender**: 믹서기, 분쇄기 **solitude** **solitary**: (다른 사람 없이) 혼자 하는, (사람·동물이) 혼자 있기를 좋아하는, 외딴, 단 하나의, 혼자 사는 사람 **outdoor** **indoor**: 실내의, 실내용의 **outdoorsy**: 옥외[야외]에 적합한, 외출용의, 옥외 생활[운동]을 좋아하는 **inquire** **inquiry**: 연구, 탐구, 조사, 취조, 심리, 질문, 문의 **inquiring**: 묻는, 알고 싶어 하는, 캐묻기 좋아하는, 미심쩍은 **inquisitive**: 꼬치꼬치 캐묻는, 탐구심[호기심]이 많은 **inquisitor**: 심문[조사]하는 사람, (가톨릭 종교 재판의) 재판관 **inquisition**: 심문, 종교 재판 **inquest**: 조사, 사인 규명, (실패 원인에 대한) 검토 **ally** **alliance**: 동맹, 연합 **allied**: 동맹한, 연합한, 동종의, 관련된 **anatomy** **anatomical**: 해부학상의, 해부의 **confidential** **confidentiality**: 비밀, 비밀리 **confidentially**: 은밀하게, 비밀 이야기로, 사적으로 **contention** **contentious**: 논쟁을 초래할 듯한, 논쟁을 좋아하는 **absorb** **absorbedly**: 열중[몰두]하여 **absorption**: 흡수, 통합, 몰두 **absorbent**: 잘 빨아들이는, 흡수력 있는 **absorbingly**: 몰두하여, 흥미진진하게 **absorptive**: 흡수하는, 흡수성의 **self-absorption**: 자기 몰두[도취], 열중, (방사선의) 자기흡수 **anticipate** **anticipation**: 예상, 예측, 기대, 고대 **anticipatory**: 예상[예기]하고서의, 예상하고[앞질러] 하는, 선행하는 **latent** **latency** 잠복, 잠재 **robe** **disrobe**: 옷을 벗다[벗기다] **wardrobe**: 옷장, (한 개인이 가지고 있는) 옷, (극단·방송사 등의) 의상 팀 **pragmatic** **pragmatist**: 실용주의자 **pragmatism**: 실용주의 **coil** **uncoil**: (둥글게 감긴 것을[이]) 풀다[풀리다] **arbitration** **arbitrate**: 중재하다 **arbitrator**: 중재자 **thirst** **thirsty**: 목이 마른, 갈증이 나는, 갈망하는, 목말라하는, (식물·들판 등이) 마른, 건조한 **prosperous** **prosper**: 번영[번창/번성]하다 **prosperity**: 번영, 번성, 번창 **twist** **twisted**: (형체가) 뒤틀린, 일그러진, 접질린, 삔 **twisty**: (사람의 마음·행동이) 뒤틀린 **chat** **chatty**: 수다스러운,

재잘거리는, (문체가) 격식을 차리지 않는, 친근한 어조의 **chatter**: 수다를 떨다, 재잘거리다, (춤추나 공포로 이가) 딱딱 맞부딪치다, (요란하게) 지저귀다[깩깩거리다], 수다, 재잘거림 **chitchat**: 잡담, 한담, 세상 공론, 잡담[한담]하다 kin **kindred**: 일가친척, 비슷한, 동류의, 관련된 **kinship**: 친족(임), 연대감, 동류의식 fuzzy **fuzz**: 솜털, 잔털, 경찰관 champion **championship**: 선수권대회, 챔피언전, 챔피언 지위 suppress **suppression**: 진압, 억제 monastery **monastic**: 수도승의, 수도원의, 수도승 같은 collision **collide**: 충돌하다, 부딪치다, (사람들이나 의견 등이) 상충하다 gossip **gossiping**: 쑥덕공론하는, 수다스러운, 수다, 좌담회 psychic **psychically**: 심리적으로, 정신적으로 **psychiatry**: 정신의학, 정신과학 transmit **transmission**: 전염, 전파, 전송, 변속기 **transmittable**: 전할 수 있는, 전염성의 **transmitter**: 전송기, 송신기 cheer **cheery**: 쾌활한 **cheerful**: 발랄한, 쾌활한, 생기를 주는, 쾌적한 **cheerfulness**: 기분 좋음 cheerless: 생기 없는, 칙칙한 weigh **outweigh**: ~보다 더 크다[대단하다] hammer **sledgehammer**: 큰 망치, 대형 해머 martial **Mars**: 화성 lodge **lodging**: 임시 숙소, 하숙, 셋방 **dislodge**: (억지로 치거나 해서) 제자리를 벗어나게 만들다, (지위·직장에서) 몰아내다[축출하다] anguish **anguished**: 번민의, 고뇌에 찬 slice **slicer**: 얇게 베는 사람, (빵·베이컨 등을) 얇게 써는 기구, 슬라이서 ripe **unripe**: (과일 등이 먹을 수 있을 정도로) 익지 않은, 덜 익은, 설익은 **ripen**: 익다, 숙성하다, 익히다, 숙성시키다 sediment **sedimentary**: 침전물의, 침전으로 생기는, 퇴적성의 plug **plugging**: 마개 막음, (치과) 충전 **unplug**: (전기) 플러그를 뽑다 contend **contender**: 도전자, 경쟁자 ash **ashy**: 회색의, 창백한, 재투성이의 cock **gamecock**: 투계, 싸움닭, 용감한 사람 **cocky**: 자만심에 찬 reciprocal **reciprocate**: (어떤 사람에게서 받는 것과 비슷한 행동·감정으로) 응답하다, 왕복운동을 하다 **reciprocity**: 호혜 chill **chilly**: 쌀쌀한, 추운, 냉랭한, 쌀쌀맞은 **chilling**: 으스스한 penetrate **penetrating**: 마음속을 꿰뚫어보는 듯한, (질문 등이) 예리한, (소리가) 귀를 찢는 듯한 **penetration**: 침투, 관통 **penetrable**: 뚫고 들어갈 수 있는, 관통할 수 있는 **impenetrable**: 관통할 수 없는, 눈앞이 안 보이는, 불가해한 coincidence **coincide**: 동시에 일어나다, 일치하다, 같은 공간을 차지하다 **coincidental**: 우연의 일치인, 우연의 **coincident**: 일치하는 orthodox **orthodoxy**: 통설, (종교 등의) 정설, 동방[그리스] 정교회 **unorthodox**: 정통적이 아닌, 특이한 **heterodoxy**: 이교, 이단, 이설 **heterodox**: 이설[이교]의 canon **canonical**: (성경이) 정본에 속하는, (문학 작품이) 고전으로 여겨지는 disclose **disclosure**: 폭로, 밝혀진 사실 **undisclosed**: 밝혀지지 않은, 비밀에 붙여진 melt **molten**: (금속·암석·유리가) 녹은 mischief **mischievous**: 짓궂은, 말썽꾸러기의, (남의 평판 등에) 해를 끼치는 macro **macrocosm**: 대우주, 전체 vulgar **vulgarity**: 상스러움, 음란물 inflate **inflation**: 통화 팽창, 물가 상승률, 부풀리기 **inflatable**: (공기나 가스로) 부풀리게 되어 있는 **inflated**: (물가가) 폭등한, (생각 등이) 과장된 vapor **vaporize**: 증발[기화]하다 **vaporous**: 수증기가 가득한, 수증기 같은 melody **melodic**: 선율의 **melodious**: 듣기 좋은, 음악 같은 virgin **virginity**: 처녀성, 동정 **virginal**: 처녀의, 순결한 thief **thieve**: 훔치다, 도둑질하다 recreation **recreate**: 기분 전환을 시키다, 즐겁게 하다, (과거에 존재하던 것을) 되살리다[재현하다] **recreational**: 레크리에이션[오락]의 lid **lidless**: 뚜껑[눈꺼풀]이 없는 **eyelid**: 눈꺼풀 deficient **deficiency**: 결핍[부족], 결점, 결함 **deficit**: 적자, 부족액, 결손 puzzle **puzzled**: 어리둥절해하는, 얼떨떨한 fetch **farfetched**: 믿기지 않는, 설득력 없는 hop **hopping**: 활발한, 바쁜 witch **witchcraft**: 마법, 마술 **witchy**: 마녀의[같은], 마법에 의한 **witching**: 매력이 있는, 매혹적인, 마력, 매혹 **bewitch**: 넋을 빼놓다, 홀리다, (~에게) 마법을 걸다 bubble **bubbly**: 거품이 많은[이는], 항상 명랑 쾌활한 **bubbling**: 졸졸 흐르는, 부글부글 거품이 이는 captive **captivity**: 감금, 억류 **captivating**: 매혹적인, 마음을 사로잡는 **captivate**: 마음을 사로잡다[매혹하다] auction **auctioneer**:

경매 **strife** **strive**: 분투하다 **dismiss** **dismissal**: 해고, 묵살, 일축, 기각 **dismissive**: 무시[멸시]하는 **jar** **jarring**: 삐걱거림, 진동, 부조화, 알력, 충돌, 삐걱거리는, 귀[신경]에 거슬리는 **disruption** **disruptive**: 지장을 주는, 파괴적인 **disrupt**: 방해하다, 지장을 주다 **hereditary** **heredity**: 유전(적 특징) **athletic** **athletics**: 육상경기, 운동경기 **athlete**: (운동)선수, 육상경기 선수 **malignant** **malignancy**: 악성종양, 암, 악성(인 상태) **tolerate** **toleration**: 관용, 용인, 인내 **intolerable**: 견딜[참을] 수 없는 **tolerably**: 참을 수 있을 만큼, 견딜 수 있을 만큼, 완만하게, 어지간히 **tolerable**: (썩 좋지는 않지만) 웬만큼 괜찮은, 웬만한, 참을 수 있는, 견딜 만한 **famine** **famish**: 굶주리게 하다, 아사시키다 **famished**: 배가 고파 죽을 지경인 **compulsory** **compulsion**: 강요, (위험하거나 어리석은 짓을 하고 싶은) 충동 **compulsive**: (행동이) 충동적인, 상습적인, (너무 흥미로워) 눈을 뗄 수 없는 **bourgeois** **bourgeoisie**: 중산층, 자본가[유산] 계급, 부르주아 **discern** **discernment**: 안목 **discerning**: 안목이 있는 **paste** **pasty**: 창백한 **fortress** **fort**: 보루, 요새, 진지(陣地) **ankle** **anklet**: 발찌 **impress** **impressed**: 인상 깊게 생각하는, 감명[감동]을 받은 **impressive**: 인상적인, 인상[감명] 깊은 **impressionable**: 민감한, 감수성이 예민한, 영향받기 쉬운 **impression**: 인상[느낌], 감명[감동], 인물화, 흉내, 자국, 흔적 **impressionism**: 인상주의, 인상파 **unimpressed**: 감명받지 않는 **unimpressive**: 인상적이 못 되는, 특별하지 않은, 평범한 **disturb** **disturbance**: 방해, 폐해, 소란[소동], (심리적) 장애 **disturbing**: 충격적인, 불안감을 주는 **undisturbed**: 그 누구도 건드리지[손대지] 않은, 누구의 방해도 받지 않는, (마음이) 흔들리지 않는 **diffuse** **diffusion**: 발산, 확산, 전파, 보급, 산만 **vacant** **vacancy**: 결원, 공석, 빈 방[객실], (관심·생각 등이 없이) 멍함 **vacate**: (건물·좌석 등을) 비우다, (일자리·직책 등에서) 떠나다 **toil** **toilsome**: 힘든, 고생스러운, 고된 **fidelity** **infidelity**: (배우자나 애인에 대한) 부정(不貞) **rectangular** **rectangle**: 직사각형 **violate** **violation**: 위반, 위배, 방해, 침해, (신성) 모독 **inviolable**: 침범할[어길] 수 없는, 불가침의 **metropolitan** **metropolis**: 주요 도시 **vendor** **vend**: 팔러 다니다, 판매하다, 행상하다 **persist** **persistence**: 고집, (없어지지 않고 오래 동안) 지속됨 **persistent**: 끈질긴, 집요한, 끊임없이 지속[반복]되는 **diminish** **diminishing**: 절감하는 **diminutive**: 아주 작은, 약칭 **freight** **freighter**: 화물선, 화물 수송기 **moist** **moisture**: 수분, 습기 **moisten**: 촉촉해지다, 촉촉하게 하다 **moisturize**: (피부에 크림 등을 발라) 촉촉하게 하다 **gut** **gutless**: 무기력한, 배짱이 없는 **gutsy**: 용기 있는, 배짱 있는, 강렬한 **guts**: 요지 **vibration** **vibrator**: 진동기, 진동 안마기 **vibrate**: (가늘게) 떨다, 진동하다 **vibrant**: 활기찬, 생기가 넘치는, 강렬한 **knot** **knotty**: (복잡하게) 얽히고설킨, 울퉁불퉁하고[혹투성이 같이] 함께 뒤틀린 **insane** **insanity**: 정신이상, 미친[무모한] 짓 **sane**: 제정신인, 정신이 온전한, 분별 있는, 온당한 **sanity**: 온전한 정신 (상태), 분별 있음 **bloom** **blooming**: 활짝 꽃 핀, 만발한, 번성한, 광장하다 **lust** **lusty**: 건장한, 튼튼한, 활기찬 **lustful**: (흔히 못마땅함) 욕정에 가득 찬 **orchestra** **orchestral**: 오케스트라[관현악단]의 **foregoing** **forego**: 앞에 가다, 앞서다 **foregone**: 앞선, 이전의, 기왕의, 기정(既定)의, 과거의 **reckon** **reckoning**: (특히 정확하지 않은) 계산, 추산, 추정, (인간의 행동에 대한) 심판 **bowel** **disembowel**: 내장을 꺼내다 **cooperate** **cooperative**: 협력[협동]하는, 협조하는, 협동조합 **cooperation**: 협력, 협동, 협조 **uncooperative**: 비협조적인 **cultivate** **cultivation**: 경작, 재배, (관계) 구축, (기술 등의) 함양 **cultivated**: 세련된, 교양 있는, 경작되는, 재배되는 **uncultivated**: (땅이) 경작되지 않는 **presume** **presumptive**: 추정상의 **presumed**: 당연한 것으로 여겨지는 **presumably**: 아마, 짐작건대 **presumptuous**: 주제넘은, 건방진 **presuming**: 주제넘은, 뻔뻔스러운, 외람된 **wander** **wanderer**: 방랑자 **racist** **racism**: 인종차별(주의), 민족지상주의 **wrap** **unwrap**: (포장지 등을) 풀다[뜯다/벗기다] **wrapping**: 포장 재료, 포장지 **wrapper**: 포장지 **pad** **keypad**:

조작기, 숫자판 **padding**: (푹신하게 만드는) 충전재, (연설 등을 길게 만들려고 넣은) 군더더기 **annoy** annoyed: 짜증이 난, 약이 오른 **annoyance**: 짜증, 약이 오름, 골칫거리 **annoying**: 짜증스러운 **punch** punchline: 핵심이 되는[결정적인] 구절 **punchy**: (간명하면서도) 아주 효과적인 **humiliation** humiliate: 굴욕감을 주다 **flush** flushed: (사람의 얼굴이) 빨간, 상기된 **boil** boiling: 몹시 더운, 푹푹 찌는 **boiler**: 보일러 **hard-boiled**: (달걀이) 완숙된, (사람이) 감정을 잘 드러내지 않는 **soft-boiled**: (달걀이) 반숙된 **applause** applaud: 박수를 치다, 갈채를 보내다 **scratch** scratchy: (몸에 닿으면) 가려운[따끔거리는], (무엇을) 긁는 듯한 소리가 나는, 휘갈긴, 휘갈겨 쓴[그린] **peril** perilous: 아주 위험한 **imperil**: 위태롭게 하다, 위험에 빠뜨리다 **pottery** potter: 도공, 옹기장이, 빈둥거리다 **leverage** leveraged: 자기자본[주주자본]에 비해 높은 비율의 차입금이 있는 **perish** perishing: 지독히 추운 perishable: (특히 식품이) 잘 상하는[썩는] **resent** resentment: 분함, 억울함, 분개 **resentful**: 분해[억울해] 하는, 분개하는 **conquer** conqueror: 정복자 **conquest**: (다른 나라나 민족에 대한) 정복, 점령지 **skeleton** skeletal: 뼈대[골격/해골]의, 해골 같은, 골격[뼈대]만 있는 **abolition** abolish: (법률·제도·조직의) 폐지하다 **abolishment**: 폐지 **abolitionism**: (사형) 폐지론, (노예제도) 폐지론 **slaughter** slaughterhouse: (가축) 도축[도살]장 **manslaughter**: (고의적이 아닌) 살인, 고살 **foam** foamy: 거품으로 된, 거품 같은 **reconcile** reconciliation: 화해, (두 가지 이상의 생각·요구 등을) 조화 **irreconcilable**: (차이가 너무 커서) 해소할 수 없는, (사상·의견이) 양립할 수 없는, (사람들이) 화해[타협]할 수 없는 **affirm** affirmative: 긍정의 (의미를 나타내는), 긍정[동의]하는, 긍정, 동의 **affirmation**: 확언, 단언, 지지, 확인, 긍정 **retrieve** retrieval: (제자리가 아닌 곳에 있는 것을) 되찾아 옴, (정보의) 검색 **penny** penniless: 무일푼인, 몹시 가난한 **multiply** multiplier: 승수, 곱하는 수 **multiple**: 많은, 다수[복수]의, 다양한, 복합적인, 배수 **multiplication**: 곱셈, 증식 **multiplying**: 중복하는, 복합하는, 곱셈하는 **multiplex**: 복합 상영관 **goat** scapegoat: 희생양 **pertinent** impertinence: 건방짐, 뻔뻔함, 무례, 버릇없음, 부적절, 불합리 **impertinent**: 무례한, 버릇없는 **adolescence** adolescent: 청소년, 청년 **demon** demonic: 악령[악마]의 **eventual** eventually: 결국, 종내 **eventuality**: 만일의 사태 **sleeve** sleeveless: 소매 없는 **scorn** scornful: 경멸[멸시]하는 **optimum** optimal: 최선의, 가장 바람직한, 최상의 **broker** brokerage: 중개업, 중개 수수료 **crust** crusty: (식품이) 딱딱한 껍질이 있는, (특히 노인이) 신경질적인, 화를 잘 내는 **crustacean**: 갑각류 동물 **incrustation**: 외피 형성, 외피 **encrusted**: 얇고 딱딱한 막 같은 것이) 싸인[덮인/형성된] **consolation** console: 위로하다, 위안을 주다 **inconsolable**: 슬픔을 가눌 수 없는 **appendix** append: (글에) 덧붙이다, 첨부하다 **appendage**: 부속물 **emancipation** emancipate: (법적·정치적·사회적 제약에서) 해방시키다 **fox** foxy: (모습이) 여우 같은, 성적 매력이 있는, 섹시한, 교활한, 간교한 **lump** lumpy: 덩어리[응어리]가 많은, 혹투성이의 **accession** accede: (요청·제의 등에) 응하다, (권좌에) 오르다 **preface** prefatory: 서문[서두] 역할을 하는 **transverse** transversal: 횡단선의, 횡단하는 **transversely**: 가로로, 가로축의 **announce** announcement: 발표 (내용), 소식, 발표 (행위) **announcer**: 방송 진행자, 아나운서 **unannounced**: 미리 알리지 않은, 사전 발표[경고]가 없는 **greet** greeting: (말이나 행동으로 하는) 인사, 안부의 말 **stain** stainless: 때 끼지 않은, 얼룩지지 않은, 녹슬지 않는, 흠 없는, 깨끗한, 결백한 **serpent** serpentine: 구불구불한 **infer** inference: 추론 **eagle** eaglet: 새끼 독수리 **whistle** whistling: 휘파람을 부는, 휘파람 같은 소리를 내는, 휘파람, 휘파람 같은 소리 **decoration** decorative: (물건이나 건물이) 장식이 된, 장식용의 **decorate**: 장식하다, 꾸미다, 실내장식을 하다[도배를 하다], (훈장을) 수여하다 **redecorate**: 실내장식을 새로 하다 **wreck** wrecker: (남의

계획·관계 등에 대한) 파괴자 **wreckage**: (사고 자동차·비행기 등의) 잔해 **solo soloist**: 독주자, 단독 공연자 **yeast yeasty**: 효모의, 발효하는, 거품이 나는, 거품으로 된, 활기 넘치는 **crush crushing**: 참담한[치명적인] **crusher**: 으깨는[부수는] 기구 **abdomen abdominal**: 복부의, 복근 **catalyst catalytic**: 촉매작용의, 촉매의 **assassination assassinate**: 암살하다 **assassin**: 암살범 **dash dashing**: (보통 남자가) 늠름한, (물건이) 멋진, 근사한 **dasher**: 돌진하는 사람, 위세 당당한 사람, 계기판 **heed heedful**: 세심한 주의를 기울이는 **heedless**: 세심한 주의를 기울이지 않는 **mock mockery**: 조롱, 조소, 흉내에 불과한 것 **mocking**: 비웃는 **mockup**: 실물 크기의 모형 **duck duckling**: 오리 새끼 **eloquence eloquent**: 웅변[연설]을 잘 하는, 유창한, 감정을 드러내는, 무언의 웅변을 하는 **exposition expository**: 설명적인, 해설적인 **raid raider**: 침입자 **manipulate manipulator**: (못마땅함) 조정하는 데 능한 사람 **manipulative**: (교묘하고 부정직하게) 조종하는, (기계 등을 능숙하게 다루는) 조작의 **manipulation**: 교묘한 처리, 솜씨 있는 취급, 시장조작, 조작된 가격 **procure procurer**: 획득자, 매춘부 알선자 **procurement**: 획득, 조달, 알선 **spear spearhead**: (활동·공격의) 선봉, 선봉에 서다, 진두지휘하다 **snap snappy**: 짧고 분명한, 산뜻한, 멋진, 통명스러운, 경쾌한 **snappish**: 꽉 무는, 무뚝뚝한, 화 잘 내는 **compliment complimentary**: 무료의, 칭찬하는 **optimism optimistic**: 낙관적인, 낙관하는 **optimist**: 낙천주의자, 낙관론자 **surround surrounding**: 인근의, 주위의 **swell swelling**: (살갗의) 부기, (몸의) 부어오른 곳 **swollen**: (몸의 일부가) 부어오른, (강물이) 불어난 **condemn condemnation**: 비난 **compel compelling**: 주목하지 않을 수 없는[눈을 뗄 수 없는], 강렬한, 설득력 있는, 강력한 **worm wormy**: 벌레가 들어 있는 **tapeworm**: 촌충 **wormhole**: 벌레 먹은 구멍, (물리) 웜홀 **silkworm**: 누에 **exhaust exhausted**: 기진맥진한, 고갈된 **exhaustion**: 탈진, 기진맥진, 고갈, 소진 **exhausting**: 진을 빼는, 기진맥진하게 만드는 **exhaustive**: (하나도 빠트리는 것 없이) 철저한[완전한] **inexhaustible**: 고갈될 줄 모르는, 무궁무진한 **superstition superstitious**: 미신을 믿는, 미신적인 **frost frosty**: 서리가 내리는, 몹시 추운[차가운], 서리로 뒤덮인, 싸늘한, 쌀쌀맞은 **frosted**: (유리가) 반투명인, 젖빛의, (케이크) 등이 당의(糖衣)를 입힌, 서리에 뒤덮인, 반짝거리는 성분이 든 **defrost**: (특히 식품을) 해동하다, 성에를[가] 제거하다[제거되다] **rash rashly**: 성급하게, 무분별하게, 경솔히 **freeze freezing**: 꽁꽁 얼게[너무나] 추운, 영하의, 결빙의 **unfreeze**: 녹이다[해동시키다], (자금·경제에 대한) 동결 조치를 풀다 **freezer**: 냉동고 **frozen**: 냉동된, 추워서 꽁꽁 얼 것 같은, (강·호수 등이) 얼어붙은 **modulation modulate**: (전파를) 조절하다, (목소리의 강도 등을) 조절하다, (음악의 장·단의) 조를 바꾸다 **troop trooper**: 기병, 포병 **pathetic antipathetic**: 반감을 가진, 비위[성미]에 맞지 않는, 본래부터 싫은 **apathetic**: 무관심한, 심드렁한 **abide abiding**: (느낌·믿음 등이) 지속적인, 변치 않는 **partisan bipartisan**: 양당의 **adhere adherence**: 고수, 집착 **adherent**: 지지자 **adhesion**: 접착력 **adhesive**: 접착제, 들러붙는 **terminate termination**: 종료, 임신 중절 수술 **terminator**: 끝내는 사람[것], (달·별의) 명암 경계선 **terminus**: 종착역 **terminal**: 공항터미널, (기차) 종착역, (버스) 종점, (컴퓨터) 단말기 **interminable**: (지겹고 짜증날 정도로) 끝없이 계속되는 **franchise enfranchise**: 선거권을 주다 **disfranchise**: 선거권을 빼앗다, 특권을 박탈하다 **interrupt interruption**: 중단(시키는 것), 중단(된 기간), (말을) 가로막음[방해함] **uninterrupted**: 중단[차단]되지 않는, 연속된 **mold moldy**: 곰팡이가 편, 곰팡내 나는, 심술궂은, 괘씸한 **graft grafter**: 접붙이는 사람, (유능한) 일꾼, 부패 정치인 **grafting**: 접목, 조직 이식 **dialect dialectal**: 방언의, 방언 특유의 **pilgrimage pilgrim**: 순례자 **catastrophe catastrophic**: 대변동[큰 재앙]의, 파멸의, 비극적인, 대단원의 **allusion allude**: 암시하다, 시사(示唆)하다, 넌지시 말하다, (암시적으로) 언급[논급]하다

hymn hymnal: 찬송가의, 성가의 **brute brutish**: 야수 같은 **brutal**: 잔혹한, 악랄한, 인정사정없는, 잔인할 정도의 **brutality**: 잔인성, 야만성, 무자비, 잔인한 행위, 만행 **linguistic linguistics**: 언어학 **linguist**: 언어학자 **jewelry jewel**: 보석, 보석류, 아주 소중한 사람[물건] **feudal feudalism**: 봉건제도 **cruise cruiser**: 순양함, 유람용 보트, 순찰자 **feather feathered**: 깃털이 있는, 깃털로 덮인 **greed greedy**: 탐욕스러운, 욕심 많은 **delete deletion**: 삭제, 삭제 부분 **indelible**: 잊을[지울] 수 없는, 지워지지 않는 **weed weeding**: 김매기, 제초 **weedy**: 몸이 마른[허약한], 잡초가 무성한 **dusk dusky**: 어스름한, (색깔이) 탁한 **treason treasonable**: 반역의, 대역(大逆)의, 국사범(國事犯)의 **odor odorous**: 냄새가 나는 **odorless**: 무취(無臭)의 **odoriferous**: 향기로운, (도덕적으로) 부당한, 냄새나는[구린] **malodorous**: 악취가 나는, 악취를 풍기는 **terrestrial extraterrestrial**: 외계인, 우주인, 지구 밖 생명체의, 외계의 **prudence prudent**: 신중한 **imprudent**: 현명하지 못한, 경솔한 **dive nosedive**. 급락, 폭락, 급락하다, 급강하다 **diver**: 잠수부 **diving**: 다이빙, 잠수 **westward eastward**: 동쪽으로, 동쪽 (지역, 지점) **northward**: 북을 향하여, 북쪽으로, 북을 향한, 북쪽으로의, 북, 북방 **southward**: 남쪽으로[에], 남쪽(으로)의, 남쪽을 향한, 남쪽, 남부 **ingenious ingenuity**: 기발한 재주, 재간, 독창성 **thrill thrilling**: 황홀한, 흥분되는, 아주 신 나는 **thrilled**: (너무 좋아서) 황홀해 하는, 아주 흥분한[신이 난] **glare glaring**: (좋지 않은 것이) 확연한, 두드러진, (불빛이) 너무 밝은, 눈부신, 노려보는, (분노로) 이글거리는 **turbulent turbulence**: 격동, 격변, 난기류 **sponsor sponsored**: 자선사업 기금 모금을 위한, 후원하는 **sponsorship**: 후원[협찬] **rack racking**: 고문하는, 몸을 괴롭히는, (두통·기침 등이) 심한, 계단 모양 쌓기 **embryo embryology**: 발생학, 태생학 **embryonic**: 초기의, 배아의 **inhibit inhibitor**: (화학 반응의) 억제제, 억제 유전자 **inhibitory**: 금지의, 억제하는 **uninhibited**: 아무 제약을 받지 않는, 거리낌이 없는 **cohesion cohesive**: 결합하는, 화합하는 **betray betrayer**: 매국노, 배신자, 배반자 **betrayal**: 배신, 배반 **nut nutty**: 견과 맛이 나는, 견과가 든, 약간 돈[정상이 아닌] **peanut**: 땅콩, 아주 적은[쥐꼬리만한] 액수 **walnut**: 호두, 호두나무 **nutshell**: 견과의 껍질, 아주 작은 그릇[집], 요약하다, 간결하게 말하다 **deceive deception**: 속임, 기만, 사기, 속임수 **deceptive**: 기만적인, 현혹하는 **deceiver**: 사기꾼, 협잡꾼 **deceit**: 속임수, 사기, 기만 **deceitful**: 기만적인, 부정직한 **undeceive**: 그릇된 생각을 깨우쳐 주다, 진실을 깨닫게 하다 **antique antiquity**: 고대(특히 그리스·로마시대), 아주 오래됨, (고대) 유물 **antiquarian**: 골동품[고서] (수집)의, 골동품 전문가 **antiquated**: (물건이나 생각이) 구식인 **ancestor ancestral**: 조상의, 조상 전래의 **ancestry**: 가계, 혈통 **dissolve dissolution**: (결혼 생활의) 파경, (사업상 관계의) 해소, (의회의) 해산, 소멸, (점차) 사라짐, (기관 등이) 해체 **accumulate accumulative**: 누적되는, 늘어나는 **accumulation**: 축적, 누적, (복리에 의한) 원금 증가 **accumulated**: 축적된, 누적된 **contemplate contemplation**: 사색, 명상, 응시 **trench entrench**: (변경이 어렵도록) 단단히 자리 잡게 하다 **clip clipped**: (태도가) 딱 부러지는 **clipping**: 깎아[잘라] 낸 조각 **clipper**: 깎는 도구, 쾌속 범선 **reflex reflexive**: 재귀의, 반응하는 **dispose disposition**: (타고난) 기질[성격] **predisposition**: 성향, 경향, (병에 대한) 소인 **disposal**: 처리, 처분 **disposable**: 사용 후 버리게 되어 있는, 일회용의, 이용 가능한 **cite citation**: 인용구[문], (특히 전시 무공에 대한) 표창장, 인용 **venerable venerate**: 공경[숭배]하다 **veneration**: 존경, 숭배, 숭상 **nausea nauseous**: 구역질나는, 메스꺼운 **nauseating**: 욕지기나는, 몹시 싫은 **nauseate**: 메스껍게 하다, 역겹게 하다 **aggregation aggregate**: 합계, 총액, (건설 자재용) 골재, 종합한 **melancholy melancholic**: 우울한 **bury burial**: 매장, 장례식 **assemble assembler**: 조립공[기술자] **reassemble**: 재조립하다, (휴식 후) 다시 모이다 **assembly**: 의회, 입법기관, 집회 **creep creeping**: (좋지 않은 일이) 서서히[몰래]

진행되는[다가오는] **creepy**: 오싹하게 하는, 으스스한, (섬뜩할 정도로) 기이한 **benevolent**
benevolence: 자비심, 박애, 자선, 선행 **climax climactic**: 절정의, 가장 신 나는[중요한]
anticlimactic: 점강적인, 용두사미의 **anticlimax**: 실망스런 결말, 용두사미 **invoke**
invocation: (신을 향한) 기도, (권한을 지닌 이를 향한) 탄원[호소], (영감 등을 비는) 주문
concession concede: (논리적으로) 인정하다[수긍하다], (마지못해) 허락하다 **conceded**:
인정된 **entrepreneur entrepreneurial**: 기업가의 **tiger tigress**: 호랑이의 암컷 **wipe**
wiper: 닦는 사람, 닦개, 걸레, 행주, 총잡이, 청부 살인업자 **spoon spoonful**: 한
숟가락[스푼] 가득한 양 **tablespoon**: 음식을 덜어줄 때 쓰는 큰 숟가락, 테이블스푼 하나
가득한 분량의 양 **teaspoon**: 찻숟가락, 찻숟가락 하나 가득한 양 **indulge indulgent**: (자기)
하고 싶은 대로 다 하게 놔두는, (남의 결점에) 너그러운[관대한] **acoustic acoustics**: 음향학,
음향효과 **hinder unhindered**: 아무 방해를 받지 않는 **hindrance**: 방해, 저해, 장애물
sterile sterilization: 불임케함, 불모로 만듦, 살균, 멸균 **sterilize**: 살균하다, 불임이 되게
하다 **spoil spoilt**: (응석받이로 자라) 버릇없는[제멋대로 하는] **unspoiled**: (장소가) 훼손되지
않은 아름다움을 지닌, (사람이) 버릇없이[응석받이로] 자라지 않은 **spoiler**: 방해물, 스포일러
trim trimming: (특별한 요리·만찬에 전통적으로) 곁들이는 음식, 가닛밥, (테두리 등의) 장식
trimmer: (생울타리·잔디 등을) 다듬는[손질하는] 기계 **telescope telescopic**: 망원경의,
망원경으로 본, (일부를 겹치게 해서) 늘였다 줄였다 할 수 있는 **dissent dissenter** (일반적으로
받아들여지는 것들에 대한) 반대자 **dissentient**: 다수 의견에 반대하는 **tutor tutorial**:
(대학의) 개별[그룹별] 지도 시간, 사용 지침서, 개인[개별] 지도[교습]의 **desktop laptop**:
노트북 **restrain restraint**: 규제, 통제, 제한, (움직임을 제한하는) 안전벨트[장치]
unrestrained: 억제되지 않은, 거리낌 없는 **tedious tedium**: 지루함 **forbid forbidden**:
금지된 **forbidding**: 험악한, 으스스한 **futile futility**: 무용(無用), 헛됨, 무가치, 무익,
쓸데없는 사물, 경박한 행동, 어리석은 행동, 헛된 노력 **extravagant extravagance**: 낭비(벽),
사치(품), 화려함 **extravagantly**: 사치스럽게, 낭비하여, 터무니없이 **extravaganza**:
화려한[호화로운] 오락물 **diligence diligent**: 근면한, 성실한 **pyramid pyramidal**:
피라미드의[같은], 거대한, 각추의 **magnet magnetic**: 자석 같은, 사람을 끌어당기는, 대단히
매력적인 **magnetism**: 자성, 자력, 매력 **magnetize**: (철을) 자화하다, (사람을)
매료[매혹]하다 **magnetization**: 자화 **delegate delegation**: 대표단, 위임 **shrink**
shrinkage: 줄어듦, 위축, 수축, 줄어드는 양 **shrunken**: (보기 싫게) 쪼그라든 **wilt wilted**:
(채소를) 살짝 익힌[데친] **glue gluey**: 끈적끈적한, 접착제를 바른 **unglued**: 벗겨진, 잡아뗀,
격노한, 이성을 잃은 **glutinous**: 차진, 끈기가 많은 **amiable amiably**: 상냥하게, 친절하게,
온화하게 **amiability**: 상냥함, 온화 **bicycle unicycle**: 외바퀴 자전거 **cyclist**: 자전거 타는
사람 **motorcycle**: 오토바이 **tricycle**: 세발자전거, 삼륜 오토바이 **peninsula peninsular**:
반도의 **pseudo pseudonym**: 필명, 익명 **pseudo-science**: 사이비 과학 **desolate**
desolation: 황량함, 적막함 **desolateness**: 황량함, 황폐 **provoke provocation**: 도발,
자극, 화낼 이유 **provoked**: 화난, 약오른 **provocative**: 도발적인, (성적으로) 자극적인
unprovoked: 정당한 이유 없는 **vine vineyard**: 포도밭, 포도원 **grapevine**: 포도
덩굴[나무], 정보가 퍼지는 경로, 비밀 정보망 **vinous**: 포도주의, 포도주로 기운을 낸 **dictate**
dictation: 받아쓰기 하기, 구술, 받아쓰기 시험 **embarrass embarrassed**: 쑥스러운,
어색한, 당황스러운, 재정적으로 곤란한, 돈이 없는 **embarrassing**: 난처한, 쑥스러운,
당혹스러운 **timid timidity**: 겁 많음, 수줍음 **tolerant intolerant**: (못마땅한) 너그럽지
못한, 편협한, 과민증이 있는 **tolerance**: 용인, 관용, 아량, 내성, 저항력, 허용 오차
intolerance: 옹졸, 참을 수 없음, 과민증, 편협 **reminiscent reminisce**: (행복했던 시절에
대한) 추억[회상]에 잠기다 **commence commencement**: 시작, 개시, 학위 수여식, 졸업식

diameter diametrically: 전혀[백팔십도로] 다른 **designate** designation: 지정, 지명, 명칭, 직함 **alphabet** alphabetic: 알파벳[자모]으로 된 **alphabetical**: 알파벳순의 **alphabetize**: 알파벳순으로 배열하다 **infamous** infamy: 악명, 오명, 악행 **lumber** lumbering: (육중한 덩치로) 느릿느릿 움직이는 **faction** factious: 당파적인, 당쟁을 일삼는 **diversion** divert: 방향을 바꾸게 하다, (돈 등을) 전용하다, (관심을) 다른 데로 돌리다 **diversionary**: 주의를 돌리기 위한 **resign** resigned: (괴롭거나 힘든 일을) 받아들이는[감수를 하는], 체념한 **resignation**: 사직, 사임, (괴롭거나 힘든 일을) 받아들임, 감수(甘受), 체념 **anesthesia** anesthetic: 마취의, 마취제 **gum** gummy: 고무진이 묻은[묻어 끈끈한], (미소가) 잇몸을 다 드러내는 **precipitate** precipitately: 곤두박질로, 다급히, 갑자기 **dough** doughy: 가루 반죽 같은, 설 구운, (지능이) 둔한 **refrigerator** refrigerate: 냉장하다[냉장고에 보관하다] **refrigerated**: 냉장한 **refrigeration**: 냉각, 냉동 **wary** wariness: 주의 깊음, 신중함 **warily**: 조심하여, 방심하지 않고 **alloy** unalloyed: 순수한, 합금이 아닌 **cube** cubic: 입방체의, 용적[체적]의, 정육면체의 **cubicle**: (큰 방 한쪽을 칸막이 해 만든) 좁은 방 **transcript** transcription: (구술된 내용 등을[의]) 글로 옮김[표기/인쇄(하기)], 표기, 편곡 **transcribe**: (생각·말을 글로) 기록하다, (데이터를 다른 기록 형태로) 바꾸다, (말소리를) 음성기호로 표기하다 **extinct** extinction: 멸종, 절멸, 소멸 **skeptical** skeptic: 회의론자, 의심 많은 사람 **skepticism**: 회의, 무신론 **dine** dining: 식사, 정찬 **diner**: (특히 식당에서) 식사하는 사람[손님] **doom** doomed: 운이 다한, 불운한 **doomsday**: (기독교에서 말하는) 최후의 심판일 **malice** malicious: 악의적인, 적의 있는 **corrosion** corrosive: 부식성의, 부식제 **corrode**: 부식하다, 침식하다 **dissemination** disseminate: (정보 등을) 전파하다[퍼뜨리다], 흩뿌리다 **ornament** ornamental: 장식용의 **ornamentation**: 장식 **vent** ventilation: 통풍, 환기장치, 자유토의, 문제의 공개 토론, (의견·감정 등의) 발로, 표출 **ventilate**: (방 등을) 환기하다, (감정·의견을) 표명하다 **ventilator**: 환풍기, 통풍구, 산소호흡기 **hyperventilate**: 과호흡하다 **deference** deferential: 경의를 표하는, 공손한 **proclaim** proclamation: 선언서, 성명서, 선언, 선포 **proficiency** proficient: 능숙한, 숙달한 **merge** merger: (조직체·사업체의) 합병 **jest** jestingly: 익살스럽게, 농담으로 **isolate** isolated: (건물·장소가) 외떨어진, 고립된, 단 하나의 **isolation**: 고립, 분리, 격리 **durable** durability: 내구성, 내구력 **hygiene** unhygienic: 비위생적인 **hygienic**: 위생적인 **teenager** teenage: (나이가 13~19세인) 십대의 **dew** dewy: 이슬에 젖은, 이슬 맺힌 **duplicate** duplication: 이중, 중복, 두 배, 복사, 복제 **idiot** idiocy: 저능, 백치 같은 짓 **idiotic**: 바보 같은, 멍청한 **ubiquitous** ubiquity: 도처에 있음, 편재 **remorse** remorseful: 후회하는, 양심의 가책을 받는 **remorseless**: 끝날 줄을 모르는, 갈수록 심해지는 듯한, 무자비한, 가차없는 **obsolete** obsolescence: 노후화, 진부화 **obsolescent**: 쇠퇴해 가는, 퇴행성의, 구식의 **paralysis** paralyze: 마비시키다, 무력하게 만들다, 쓸모없게 만들다 **vigor** vigorous: 활발한, 활기찬, 건강한 **invigorating**: 기운 나게 하는, (공기·미풍 등이) 상쾌한 **invigoration**: 기운 나게 함, 고무, 격려 **invigorate**: 기운 나게 하다, 활기를 북돋우다, (상황·조직 등을) 활성화하다 **paternal** paternity: 아버지임 **paternalism**: (국가·기업에서의) 가부장주의 **affiliated** affiliate: 제휴[연계]하다, 가입하다 **affiliation**: 제휴, 가입, 입회 **lapse** lapsed: 지나간, 없어진, 타락한, 신앙을 잃은, 쇠퇴한, 폐지된 **depict** depiction: 묘사, 서술 **bald** baldheaded: 대머리의, 무모하게 **baldy**: 대머리(사람을 가리킴) **baldness**: 대머리임, 꾸밈없음 **obsession** obsess: (마음을) 사로잡다, 강박감을 갖다 **obsessive**: 사로잡혀 있는, 강박적인 **inspect** inspection: 사찰[순시], 점검[검사], **inspector**: 조사관, 감독관, 경위, 검표원 **pearl** pearly: 진주로 된, 진주 같은 **indictment** indict: 기소하다 **woe** woeful: 통탄할,

한심한, 몹시 슬픈, 비통한 **woebegone**: 비통해하는, 비탄에 잠긴 **stunning stun**: (특히 머리를 때려) 기절[실신]시키다, 망연자실하게 만들다, 큰 감동을 주다 **stunner**: 굉장히 매력적인 것[사람], 기절할 정도로 놀라운[충격적인] 것[일] **vocation vocational**: (특정 종류의) 직업과 관련된 **trifle trifling**: 하찮은, 사소한 **frail frailty**: 노쇠함, 허약함, (성격상의) 약점, 취약점 **crawl crawler**: 아첨꾼, 기어 다니는[기어가는] 것[사람] **bureau bureaucratic**: 관료의, 관료주의적인, 요식적인 **bureaucrat**: (정부) 관료 **bureaucracy**: 요식 체계, 관료 국가 **dial redial**: 다이얼을 다시 돌리다, 전화를 다시 걸다, 자동 되걸기 기능 **frown frowning**: 찌푸린 얼굴의, 불쾌한, 험상궂은 표정의, 가파른 위압하는 듯한 **temperate temperance**: (도덕적·종교적 신념에 따른) 금주, 절제, 자제 **evaporation evaporate**: (액체가[를]) 증발하다[시키다], (차츰) 사라지다 **incision incise**: 새기다, 조각하다 **violet ultraviolet**: (물리) 자외선의 **cancel cancellation**: 취소, 취소(된 것), 무효화, 취소 **irritate irritated**: 짜증[화]이 난 **irritation**: 짜증나게 함, 짜증나는 것, 자극하는 것, (생리) 자극, 흥분 **irritating**: 흥분시키는, 자극하는, 화나는, 비위에 거슬리는 **irritable**: 짜증을 (잘) 내는, 화가 난 **irritability**: 화를 잘 냄, 성급함, 자극감수성, 과민성 **navigate navigation**: 항해(술), 운항 **navigational**: 항해의, 비행의 **navigator**: 조종사, 항해사 **navigable**: (강 등이) 배가 다닐 수 있는 **groom bridegroom**: 신랑 **grooming**: 차림새, 몸단장, (동물의) 털 손질 **dubious indubitable**: 의심할 나위 없는, 명백한 **wedge wedged**: 쐐기 모양의, 박혀서 꼼짝 않는 **discrepancy discrepant**: 서로 어긋나는, 모순된, 앞뒤가 안 맞는 **ecstasy ecstatic**: 황홀해 하는, 열광하는 **blush blushing**: 얼굴이 빨개진, 부끄럼을 잘 타는, 조심성 있는, 얼굴을 붉힘, 부끄러워함 **tyrant tyrannize**: 압제하다, 폭군같이 굴다 **tyrannical**: 폭군의, 압제적인 **tyranny**: 압제, 폭압, 포학 행위, 독재(정치), 독재국가 **invent invention**: 발명, 발명품, 지어냄[날조], 창의력, 독창성 **inventor**: 발명가, 창안자 **inventive**: 창의[독창]적인 **reinvent**: 다른 모습[이미지]을 보여주다 **toss toss-up**: 반반(의 가능성) **excavation excavate**: 발굴하다, 출토하다, (구멍 등을) 파다 **luminous luminance**: (빛의) 밝기(휘도) **luminary**: (특수 분야의) 전문가[권위자] **luminosity**: 광명, 광휘, 발광(성), 발광물(체), 빛나는[걸출한, 훌륭한] 것, 총명, 재기 발랄함 **blaze blazing**: 타는 듯이 더운, 맹렬한, 격렬한 **ablaze**: 불길에 휩싸인, 불타는 듯한, 환한, 이글거리는 **apologize apology**: 사과, 양해를 구하는 말 **apologetic**: 미안해하는, 사과하는 **deprive deprived**: 궁핍한, 불우한 **deprivation**: (필수적인 것의) 박탈[부족] **delusion delusional**: 망상(妄想)의 **delude**: 속이다, 착각하게 하다 **delusive**: 기만적인, 현혹하는 **satire satirical**: 풍자적인 **satiric**: 비꼬는, 풍자적인, 풍자하기 좋아하는, 빈정대는 **intestine intestinal**: 장의, 창자의, 장에 기생하는 **yoke unyoke**: 멍에를 벗기다, 해방하다 **logistics logistical**: 병참의, 수송의, 업무 조직에 관한 **rehearsal rehearse**: 리허설을 하다, (남에게 할 행동이나 말을 은밀히) 연습하다 **serene serenity**: (하늘·기후 등의) 고요함, 맑음, 화창함, 청명, (마음·생활의) 평온, 평정, 침착 **redundant redundancy**: 여분, 과잉, 장황 **respiration respirator**: 인공호흡기, 마스크 **respiratory**: 호흡의, 호흡기관의 **pronoun pronominal**: (문법) 대명사의 **mute muted**: 조용한, 낮은, 부드럽게 완화시킨, 소리 죽인, 밝지 않은, 눈부시지 않은, 약음기를 댄 **congress congressional**: 의회의, (미국) 의회의 **congressman**: 국회의원, 하원 의원 **arrogance arrogant**: 오만한 **inhabit cohabit**: 동거하다 **habitation**: 거주, 거주지, 주거 **inhabitable**: 살기에 적합한 **confine confinement**: 갇힘, 얽매임, 분만, 해산 **shrewd shrewdness**: 빈틈없음, 약삭빠름, 기민함, 현명함 **unanimous unanimity**: 만장일치 **leak leakage**: 누출, 새어나감 **leaky**: 새는, 구멍이 난 **pronounce pronouncing**: 발음의, 발음을 표시하는, 발음(함), 선언, 발표 **pronounced**: 확연한, 단호한, 천명된 **pronunciation**: 발음 **mispronunciation**: 틀린

발음 **dislocation** dislocate: (뼈를) 탈구시키다, (시스템·계획 등을) 혼란에 빠뜨리다 **uterus** uterine: 자궁의 **fright** frightful: (무엇이 나쁜 정도를 강조하여) 끔찍한[엉망인], 무서운, 끔찍한 **frighten**: 겁먹게[놀라게] 만들다 **frightening**: 무서운 **recollect** recollection: 기억(력), 기억하는 내용 **repent** repentance: 뉘우침, 회개, 후회 **repentant**: 뉘우치는, 회개하는 **unrepentant**: 부끄러워하지 않는 **repentant**: 뉘우치는, 회개하는 **tame** tameness: 길들임, 온순함 **untamed**: 길들여지지 않은, 야성 그대로의 **tamer**: 조련사 **invade** invasion: (적군의) 침략[침입], (귀찮을 정도로) 몰려듦, 쇄도, 침입, 침해 **invasive**: (특히 질병이 체내에) 급속히 퍼지는, 침습성의, (의학적 치료가) 몸에 칼을 대는, 외과적인 **invader**: 침략군[국] **astronomy** astronomer: 천문학자 **astronomical**: 천문학의, (양·가격 등이) 천문학적인, 어마어마한 **carpenter** carpentry: 목수일, 목공품 **notify** notification: 알림, 통고, 통지 **salute** salutation: (격식) 인사, 인사말 **jam** jamming: 전파방해 **cling** clingy: 점착성의, 들러붙어서 떨어지지 않는 **probation** probationary: 수습 기간 중인, 보호관찰 중인 **treachery** treacherous: 기만적인, 신뢰할 수 없는, (특히 겉보기와 달리) 위험한 **align** alignment: 정렬, 가지런함, (정치적) 제휴, 지지 **idol** idolater: 우상 숭배자, 이교도, (맹목적인) 숭배자, 심취자 **idolatry**: 우상 숭배, 숭배 **dwarf** dwarfish: 난쟁이 같은, 유난히 작은, 오그라져 작은, (지능이) 발달하지 않은 **radioactive** radioactivity: 방사능 **radiology**: 방사선학 **raft** rafting: 급류 타기 **rafter**: 뗏목 타는 사람, 뗏목 만드는 사람, 서까래 **menace** menacing: 위협적인, 해를 끼칠 듯한 **dazzling** dazzle: 눈이 부시게 하다, 황홀하게 하다, 눈부심, 황홀함 **calamity** calamitous: 재앙을 초래하는 **sting** stinging: 찌르는, 쏘는, 찌르는 듯이 아픈, 얼얼한 **stingy**: (돈에 대해) 인색한[쩨쩨한] **stinger**: 찌르는[쏘는] 것, 가시 돋친 말, 비꼼 **prohibit** prohibition: (특히 법에 의한) 금지, 금지법, 금지규정 **prohibitive**: (법으로) 금지하는, (가격·비용이) 엄두도 못 낼 정도로 높은[비싼] **bestow** bestowment: 증여자, 수여자 **bestowal**: 증여, 수여, 처치, 저장 **prescribe** prescribed: 규정된, 미리 정해진 **prescriptive**: 지시하는, 권위적인, 규범적인, 관행으로 인정되는 **prescription**: 처방전, 처방된 약 **relentless** relent: (거부하다가 마침내) 동의하다, (기세·강도 등이) 수그러들다[누그러지다] **uprising** uprise: 일어서다, 출현하다, 발생하다, 발생, 폭동, 해돋이 **tacit** tacitly: 말없이, 넌지시 **taciturn**: 과묵한 **taciturnity**: 과묵 **ascend** ascent: 올라감, 오르막(길), 상승, 향상 **incarnation** incarnate: (생각 등을) 전형[화신]이 되게 하다, 인간의 모습을 한 **reincarnation**: 환생 **bibliography** bibliophile: 장서가, 애서가 **scatter** scattering: 흩어져 있는, 흩어져 가는, 드문드문한, 분산한, 흩뿌리기, 분산 **yearn** yearning: 갈망, 동경 **confuse** confused: 혼란스러워 하는, 분명치 않은 **confusing**: 혼란스러운 **confusion**: 혼란, 혼동, 당혹 **superfluous** superfluity: (더 이상) 필요치 않은[불필요한] **revive** revival: 회복, 부활, 부흥, 재유행, (예전 연극의) 재공연 **cynical** cynicism: 냉소, 비꼬는 버릇, 냉소주의 **cynic**: 냉소가, 부정적인 사람 **rob** robbery: (특히 협박·폭력을 이용하는) 강도 **robber**: (특히 협박·폭력을 이용하는) 강도 **omit** omission: 생략, 빠진[누락된] 것 **embody** embodiment: (사상·특질을 보여주는) 전형[화신] **disembodied**: 알 수 없는 곳[사람]에서 나오는, 육신을 떠난, 육체에서 분리된

3979	**bibliography** [bib-lee-**og**-r*uh*-fee]	참고 문헌(목록)
3980	**scatter** [**skat**-er]	(흩)뿌리다, 황급히 흩어지다[흩어지게 만들다], (드문드문 있는) 소량, 소수
3981	**orchard** [**awr**-cherd]	과수원
3982	**yearn** [yurn]	갈망하다, 동경하다
3983	**evoke** [ih-**vohk**]	(감정·기억·이미지 등을) 떠올려 주다[환기시키다]
3984	**confuse** [k*uh* n-**fyooz**]	혼란시키다, A와 B를 혼동하다(~ A with B)
3985	**superfluous** [s*oo*-**pur**-floo-*uh* s]	여분의, 과잉의, (더 이상) 필요치 않은[불필요한]
3986	**revive** [ri-**vahyv**]	회복[소생]하다[시키다], 부활시키다, (연극 등을) 다시 제작하다
3987	**cynical** [**sin**-i-k*uh* l]	냉소적인, 부정적인
3988	**wizard** [**wiz**-erd]	(동화 등에 나오는 남자) 마법사
3989	**resin** [**rez**-in]	송진, 합성수지
3990	**rob** [rob]	(사람·장소를[에서]) 빼앗다, 훔치다
3991	**dump** [duhmp]	(적절치 않은 곳에 쓰레기 같은 것을) 버리다, 떠넘기다, 팔아 치우다, 폐기장

> 307. We find no real satisfaction or happiness in life without obstacles to conquer and goals to achieve. _Maxwell Maltz
> 극복할 난관과 성취할 목표가 없다면 우리는 인생에서 진정한 만족이나 행복을 찾을 수 없다. _맥스웰 몰츠

3992	**fugitive** [**fyoo**-ji-tiv]	도망자, 탈주자, 도망 다니는, 도피하는, 일시적인
3993	**omit** [oh-**mit**]	빠뜨리다, 누락[제외]시키다, ~하지 않다[못하다]
3994	**hind** [hahynd]	(동물의 다리·발을 가리킬 때) 뒤의, 뒤쪽의
3995	**anterior** [an-**teer**-ee-er]	(신체 부위가) 앞쪽인, 앞의
3996	**camel** [**kam**-*uh* l]	낙타
3997	**nun** [nuhn]	수녀, 여승
3998	**embody** [em-**bod**-ee]	(사상·특질을) 상징[구현]하다, 포함하다[담다]
3999	**palpable** [**pal**-p*uh*-b*uh* l]	감지할 수 있는, 명백한, 만질 수 있는
4000	**parity** [**par**-i-tee]	(보수·지위의) 동등함, (국가들 간 통화 단위상의) 동등성, 출산 경력

---

308. There is only one success - to be able to spend your life in your own way. _Christopher Morley
오직 한 가지 성공이 존재한다. 바로 자신만의 방식으로 인생을 살아갈 수 있느냐이다. _크리스토퍼 몰리

university

대학교는 대한민국을 이야기할 때 빼고 말할 수 없는 단어입니다. 한국은 전 세계에서 대학 졸업자 비율이 가장 높은 나라 중의 하나이기 때문입니다. 그럼 대학의 미래는 과연 어떻게 될까요? 대학교(university)의 단어 사용 빈도는 1970년을 정점으로 급감하기 시작하여 지금도 꾸준히 급감하고 있습니다. 사실 대학 고유의 기능과 역할은 여러 가지 상황과 맞물려 위축되고 있는 것이 현실입니다. 우선 예전에는 대학에 꼭 가야지만 배울 수 있었던 지식들을 이제는 대학 밖에서도 어렵지 않게 배울 수 있습니다. MOOC, COURSERA 같은 웹페이지를 이용하면 세계 최고의 대학의 강의도 무료로 들을 수 있는 시대가 열렸습니다. 이제는 모두가 대학의 역할에 대해 진지한 고민이 필요한 시점입니다. 학생도 학부모도 막연한 대학 진학이 더는 어떤 미래도 보장하지 않는다는 사실을 직시해야 합니다. 또 대학도 바뀌어야 합니다. 앞에서 언급한 것처럼 이제 영어를 조금만 할 수 있으면 세계 최고의 강의를 집에서 들을 수 있는 시대입니다. 대학도 글로벌 기준으로 진짜 경쟁력을 키워야 합니다. 우리만의 경쟁력이라고 말할 수 있는 부분이 없으면 앞으로 대한민국의 대학 더 나아가 대한민국 교육의 장래는 밝을 수 없을 것입니다. [X축: 연도, Y축: 총 단어 중 사용 빈도]

BIGVOCA core

단어를 외우는 가장 완벽한 방법

2016년 7월 22일 초판 1쇄 발행
2022년 5월 20일 초판 64쇄 발행

지 은 이 | 신영준
감 수 자 | 김필립, 황예슬, 황지환
펴 낸 이 | 김정수, 강준규

책임편집 | 유형일
마 케 팅 | 추영대
마케팅지원 | 배진경, 임혜솔, 송지유

펴 낸 곳 | ㈜로크미디어
출판등록 | 2003년 3월 24일
주   소 | 서울시 마포구 성암로 330 DMC첨단산업센터 318호
전   화 | 02-3273-5135 FAX | 02-3273-5134
편   집 | 070-7863-0333
홈페이지 | http://rokmedia.com
전자우편 | rokmedia@empas.com

값 12,000원
979-11-5999-666-5 (14740)
979-11-5999-649-8 세트

이 책의 모든 내용에 대한 편집권은 저자와의 계약에 의해 ㈜로크미디어에 있으므로
무단 복제, 수정, 배포 행위를 금합니다.